锦天城
律师事务所
经典案例集

---·---

诉讼与仲裁卷

上海市锦天城律师事务所
诉讼与仲裁专业委员会

——编——

上海人民出版社

编委会成员

序 言 PREFACE

在当今这个全球化、信息化的时代背景下，法律服务行业面临着前所未有的挑战和机遇。随着国际交往的日益频繁以及国内经济的快速发展，各类商业纠纷也随之增加，如何高效解决这些争议成为了各类型企业所共同关心的话题。

锦天城律师事务所自成立25年以来，一直致力于为客户提供专业、高效的法律服务，在诉讼与仲裁领域积累了丰富的经验。最近几年，每月受理委托的案件超过10 000件，而且还在不断快速增长中。因此，我们深知，在复杂的法律环境中，只有深刻理解法律法规的变化趋势及实践中的应用技巧，才能更好地为客户解决问题。

基于此，锦天城律师事务所诉讼与仲裁专业委员会组织编撰了这本案例集。本书汇集了锦天城在该领域的最新研究成果和经典案例分析，旨在为读者提供一个全面了解锦天城在争议解决领域最前沿成果的窗口。

我们希望这本案例集不仅能帮助专业人士提高业务水平，也能为广大读者提供实用的法律知识，让大家在遇到相关问题时能够更加从容应对。

在此，感谢所有参与本书编写的同仁们，是你们的专业精神和不懈努力让这一切成为可能。同时，我们也期待读者朋友们的宝贵意见和建议，以期不断完善我们的工作。

最后，祝愿每一位读者都能从中受益，并在各自的领域取得更大的成就。

上海市锦天城律师事务所执行主任

目　录 CONTENTS

刑民交叉、行政诉讼、公益诉讼 ｜ 385

合同类纠纷

锦天城律师事务所经典案例集

ALLBRIGHT
LAW OFFICES
锦天城

湖南某公司与福建某公司、长沙某公司合同纠纷案

——共同关联交易主体中一方行为的效力及于其他主体

林伙忠* 苏山湖**

一、案情介绍

湖南某有限公司（以下简称"湖南某公司"）于 1992 年 5 月 26 日成立，股东为香港某置业有限公司及万某投资有限公司，法定代表人为邱某坤。SUCCESS ** GROUP LIMITED（即成功公司）的公司地址在香港特别行政区，法定代表人为邱某坤，FAST ** HOLDINGS LIMITED（即发盈公司）为成功公司的唯一董事。而黄某燕为发盈公司的唯一董事，与邱某坤系夫妻关系。

2001 年 1 月 23 日，福建某集团股份有限公司（以下简称"福建某公司"）与湖南某公司签署《合作协议书》，该协议书载明甲方为福建某公司，乙方为湖南某公司（或乙方认可的企业）。协议书的主要内容如下：1. 湖南某公司（或湖南某公司认可的企业）同意提供长沙市某商业步行街项目与福建某公司合作，

** 上海市锦天城律师事务所律师。

组建合营公司或将湖南某公司（或湖南某公司认可的企业）改组成合营公司，双方各占 50% 的股份；2. 合营公司的注册资本为 3 000 万元人民币；3. 福建某公司确认投资 5 000 万元，一期于 2001 年 3 月到资 3 000 万元人民币，二期于湖南某公司（或湖南某公司认可的企业）负责为合营公司获得第一笔贷款后 20 天内到资 2 000 万元人民币，共计 5 000 万元人民币作为与湖南某公司（或湖南某公司认可的企业）合作的条件；4. 湖南某公司（或湖南某公司认可的企业）按注册资本所占的比例以现金方式出资，同时负责为合营公司获得 5 000 万元人民币的银行贷款。其中第一笔贷款不少于 3 000 万元且最终须于福建某公司第一笔投资款到位后 60 个工作日内到位，合营双方应向贷款银行提供相应的抵押或担保；5. 该项目由湖南某公司（或湖南某公司认可的企业）提供与福建某公司合作，湖南某公司（或湖南某公司认可的企业）在合营公司成立前所发生的所有前期费用，经双方协商同意按开发该项目税后利润的 10% 由湖南某公司（或湖南某公司认可的企业）包干使用；6. 湖南某公司（或湖南某公司认可的企业）负责按协议第 5.3 条款，及时办妥有关手续。同时，要为该项目的实施，做好与政府签订合作开发该项目相关协议的准备工作，负责协调本项目地块办妥土地使用权证之前与政府有关联的一切工作；7. 合营公司注册登记之日，为合营公司成立之日。董事会由 6 名成员组成，福建某公司、湖南某公司（或湖南某公司认可的企业）双方各委派 3 人，董事长由湖南某公司（或湖南某公司认可的企业）委派，总经理由福建某公司委派，股东、董事会以及董事长、总经理职责遵照合作公司章程执行；8. 由于湖南某公司（或湖南某公司认可的企业）与政府有关协调不到位，而影响项目的进展及成本，福建某公司有权视项目开发实际影响情况扣回部分业务费。邱某坤作为湖南某公司法定代表人在协议书上签字。

2021 年 2 月 8 日，福建某公司与案外人成功公司签订《（中外合资）长沙某实业开发有限公司合同》，约定福建某公司与成功公司建立合资经营公司长沙某实业开发有限公司（以下简称长沙某公司），合同另就经营目的、范围、投资总额与注册资本、合营各方的责任、董事会、经营管理机构、劳动管理、税务、财务、审计、不可抗力、合营期限、期满财产处理及保险、合同修改、变更与解除、违约的责任、争议的解决等作出了约定。

2001 年 2 月 12 日，福建某公司与成功公司共同申请成立了长沙某公司，福建某公司与成功公司各占 50% 的股份，法定代表人为邱某坤，任董事长。长沙某公司存档的公司章程第十五条规定："董事会是合营公司的最高权力机构，决定公司的一切重大事宜。1. 决定和批准公司提出的重要报告（如规划年度营业报告、资金等）；2. 批准公司年度财务报表、收支预算与年度利润分配方案……"；第二十五条规定："合营公司的财务会计按照国家财政部制定的中外合资企业财务会计制度规定办理。"第二十六条规定："合营公司的会计年度从每年一月一日起至十二月三十一日止，一切记账凭证、单据、报表、账簿，应符合规定。"

2001 年 3 月 11 日，长沙市人民政府办公厅作出长政办函〔2001〕31 号关于授权市财贸工作办公室负责处理某步行商业街工程建设问题的通知，授权长沙市人民政府财贸工作办公室与长沙某公司签订投资建设合同，同意长沙市人民政府财贸工作办公室提出的对投资方的各项优惠政策，协调各有关部门、单位按规划设计要求完成某步行商业街的各项建设任务，并支持配合投资方开展工作，依法履行合同约定的各项义务。

2001 年 3 月 12 日，长沙市人民政府财贸工作办公室与长沙某公司签订《投资建设长沙市某步行商业街项目合同书》，合同约定长沙某公司筹措资金对长沙市某步行商业街项目进行开发，合同书中就开发期限、长沙市人民政府财贸工作办公室的权利义务、长沙某公司的权利义务、双方权利义务、优惠政策、违约责任、争议解决办法等内容进行约定。

2001 年 6 月 28 日，福建某公司与湖南某公司签订补充协议，协议约定：一、双方合营企业长沙某公司资金充裕的前提下，福建某公司与湖南某公司同意按以下条款从长沙某公司暂时借出资金或回收资金：1. 福建某公司与湖南某公司首期各借 1 500 万元人民币；2. 首期资金借出后资金仍有富余时，双方同意按湖南某公司先收回 10% 的前期费用 2 500 万元人民币（湖南某公司先按此数预提，待项目结算后多退少补），福建某公司同时收回注册资金以外的投资款 3 500 万元人民币；3. 利润分配按福建某公司与湖南某公司于 2001 年元月 23 日签订之协议书规定的条款执行。二、根据目前实际投资情况，由于长沙市政府要求立即展开步行商业街东厢的项目改造，需增加 1.5 亿元人民币的投资，且需在近期立即投入前期拆迁费用约 4 500 万元人民币。福建某公司认为应确保步行商业街西厢开发项目的顺利进行为前提，经双方友好协商，达成如下协议：1. 福建某公司同意湖南某公司自行负责投资开发步行商业街东厢改造项目，东厢改造的权益和风险均归湖南某公司承担，湖南某公司愿意按东厢项目开发所得的税后利润之总额提取 3%，支付给福建某公司；2. 湖南某公司在以长沙某公司名义投资开发东厢改造项目时，不得影响福建某公司的权益，长沙某公司融得的资金，应优先保证西厢改造的需要，富余部分才可用于东厢改造项目（如福建某公司、湖南某公司已实施补充协议第一条的任何内容，则视为西厢的资金已经获得保证，该条款仅在双方实施补充协议的第一条之前有效。

2001 年 7 月 4 日，长沙某公司、福建某公司与湖南某公司签订协议书，协议书第三条约定："福建某公司与湖南某公司在 2001 年元月 23 日签订的协议书和 2001 年 6 月 28 日签订的补充协议书在实施的过程中，福建某公司同意在长沙某公司或湖南某公司提出要求时，取得质押方相应的书面同意提供给长沙某公司和湖南某公司，以免造成长沙某公司和湖南某公司的困难或损失，否则福建某公司需赔偿长沙某公司和湖南某公司因此造成的损失。"

2004 年 3 月 25 日，长沙市外经贸局、长沙市商贸局、长沙市工商局、长沙市法制办、长沙市天心区公安分局及省外商投资企业协会工作人员组成的联合调查组作出的《长沙某公司股东纠纷的调查报告》显示，外方（邱某坤）反映的主要问题第（2）B 项：长沙某公司支付外方 2 000 万元人民币是根据有关协议支付的前期费用。而外方的主要意见和设想中第（6）（7）项为：中外双方签订补充协议，共同出让股权，争取更有实力和经验的大企业把步行商业街项目做好。同意在 2003 年 8 月股权转让的框架协议的基础上，续谈转股协议。

2005 年 3 月 8 日，发盈公司作为成功公司的唯一董事，授权黄某燕（邱某坤之妻）与福建某公司和朱某健分别签订《关于长沙某公司 25% 股权买卖的协议》（以下简称股权转让协议），由福建某公司出价 9 500 万元受让了成功公司在长沙某公司 25% 的股份，由朱某健出价 8 000 万元受让了成功公司在长沙某公司另 25% 的股份。在成功公司和长沙某公司签订的股权转让协议第四条第 1 点约定：从审批机关批准股权转让及本协议全部履行之日起，成功公司在合资公司除仍然享有股权转让前其实际应分配利润额的免税及卖方转让股权所得用于国内再投资的退税权利外的一切权利（含签约前合资公司已经或应当实现的利润）和义务均由福建某公司享有和承担。第七条第 1.（6）项约定：在办妥工商变更登记后，成功公司与福建某公司共同销毁长沙某公司的中英文公章，成功公司确保持有长沙某公司的中英文公章在销毁前的使用不给长沙某公司造成任何债务，否则因此造成的债务由成功公司承担。2.（5）项约定：在本协议签署当日，福建某公司必须向律师事务所提供：福建某公司同意撤销及放弃执行下列诉讼的任何判决或裁决的有效承诺书（格式与内容见附件十）……福建某公司承诺，在本协议第五条第 5 款规定之律师所送交股权转让文件给审批机关之前按上述承诺书提交附件四第 7 条第（2）（3）款所述的申请书和有关法院的民事裁定书给律师事务所，以使股权转让获得审批机关的批准及办妥变更登记手续。有关解除财产保全、撤销及放弃执行的诉讼包括但不限于，详见附件四第 7 条（2）（3）：a.（2004）南民初字第 6 号诉案；b.（2004）南民初字第 7 号诉案；c.（2003）长中民二初字第 67 号诉案；d.（2004）长中民二初字第 277 号及第 278 号诉案；e.（2004）长中民三初字第 105 号诉案；f.（2003）闽经初字第 11 号诉案。第十二条第 4 项约定：本协议已包含了各方厘定相互关系的协议及作出一切保证、声明、承诺，并替代了之前各方之间可能已有的任何无论是书面或口头的承诺、协议、保证或默契。

（2004）长中民二初字第 277 号及（2004）长中民二初字第 278 号案系福建某公司诉湖南某公司借款纠纷案，湖南某公司在（2004）长中民二初字第 278 号案件的庭审过程中主张：福建某公司诉请的 600 万元借款实为前期费用。2005 年 3 月 9 日，福建某公司向湖南省高级人民法院申请撤回（2004）长中民二初字第 277 号及（2004）长中民二初字第 278 号案件的起诉，湖南省高级人民法院当日作出裁定书予以准许。（2003）长中民二初第 67 号案件，系福建某公司起诉港鹏公司、兆祥公司担保合同纠纷案件，福建某公司请求判令港鹏公司返还福建某公司承担的担保款人民币 2 000 万元及利息，并由兆祥公司承担连带保证责任。湖南省高级人民法院于 2003 年 5 月 6 日作出（2003）长中民二初第 67 号民事判决，判决港鹏公司向福建某公司偿付 2 000 万元及利息，并由兆祥公司承担连带清偿责任。港鹏公司及兆祥公司不服，向湖南省高级人民法院上诉，湖南省高级人民法院于 2004 年 4 月 27 日作出（2003）湘高法民二终字第 57 号民事判决，判决驳回上诉，维持原判。2004 年 11 月 24 日，湖南省高级人民法院作出（2004）湘高法民监字第 231 号民事裁定，决定另行组成合议庭进行再审。2005 年 6 月 22 日，湖南省高级人民法院作出（2004）湘高法民再字第 231 号民事调解书，协议内容如下："一、港鹏公司对本案撤回再审申请；二、福建某公司放弃湖南省高级人民法院（2003）湘高法民二终字第 57 号民事判决和长沙市中级人民法院（2003）长中民二初字第 67 号民事判决赋予福建某公司的一切权利，放弃执行上述判决并在任何时候、任何情况下都不再对该案提起诉讼。"在上述诉讼过程中，邱某坤为港鹏公司与兆祥公司的法定代表人。

在上述两份股权转让协议签订的同时（即 2005 年 3 月 8 日），成功公司与福建某公司签订了《协议书》，约定：1. 在买卖协议生效之后，双方都不得对原已发生的纠纷继续进行法律诉讼和投诉，也不得违反买卖协议的任何条款，否则首先违约方必须承担一切责任并负赔偿守约方由此产生的全部损失。2. 如果在买卖协议生效后九个月内，发盈公司或邱某坤无再状告福建某公司与长沙某公司，或长沙某公司未被税务机关处以罚款，则福建某公司无条件将上述 500 万元人民币支付给成功公司。同日，福建某公司与成功公司签订《股权转让合同》，第 4 点约定：股权转让后，福建某公司承继成功公司作为长沙某公司股东的一切权利义务（双方另有约定的除外），承担长沙某公司相应的债权债务。

上述协议书签订同日，长沙某公司召开董事会会议并形成决议，同意成功公司将 50% 的股权分别转让给福建某公司和朱某健，并同意邱某坤、邱某平、黄某燕董事退出公司董事会。同日，长沙某公司向长沙市商务局申请进行股权转让变更登记。2005 年 3 月 10 日，长沙市商务局作出长商务发〔2005〕039 号关于长沙某公司股份转让等有关事项变更的批复，同意长沙某公司股权变更登记申请。2005 年 3 月 14 日，成功公司、福建某公司与朱某健共同向长沙市商务局出具履约报告，确认股权转让合同已履行完毕。

2006 年 12 月 11 日，湖南某公司向湖南省高级人民法院提起诉讼，被告为福建某公司，案由为合作开发纠纷。2007 年 11 月 9 日，湖南某公司向湖南省高级人民法院申请撤回起诉。2007 年 11 月 12 日，湖南省高级人民法院作出（2007）湘高法民一初字第 2 号民事裁定书，准许湖南某公司撤回起诉。

2008 年 1 月 17 日，湖南省建设厅、长沙市人民政府作出的建房函〔2008〕6 号《关于邱某坤先生与福建某公司有关纠纷调查处理情况的复函》载明：长沙某公司成立伊始，福建某公司与邱某坤先生合作良好。2002 年 2 月 9 日商业步行街开街后，双方在开发理念和工作细节等方面发生分歧，而投资比例又各占50%，意见难以统一，有碍项目建设。经过合作双方高层多次谈判，2002 年 9 月 24 日，成功公司与第三人朱某健先生签订股权转让协议，将成功公司所占的50% 股权以 24 700 万元转让给朱某健（案外人）先生。因利益分配产生分歧，股权转让协议没有得到履行，纠纷由此产生，司法、行政、社会等各方面曾经介入。2002 年至 2005 年，据不完全统计，福建某公司、朱某健先生、邱某坤先生就有关纠纷，在湖南、福建两地相互提起的诉讼多达 9 起。2002 年起，应福建某公司、朱某健先生、邱某坤先生的迫切要求，长沙市政府组织三方进行 10 多次协商，促成福建某公司与成功公司于 2005 年 3 月 8 日签订股权转让协议。协议明确由福建某公司出资 9 500 万元受让邱某坤先生 25% 的股权，朱某健先生以 8 000 万元受让邱某坤先生 25% 的股权，合计股权转让价格为 17 500 万元。股权转让协议签署后，双方就协议履行问题再起纠纷。1.2006 年 9 月 20 日，成功公司就股权转让协议中约定的 500 万元预留款问题，向中国国际经济贸易仲裁委员会申请裁决福建某公司支付 500 万元预留款。2007 年 9 月 10 日，成功公司向长沙市中级人民法院申请执行。2.2006 年 11 月 19 日，邱某坤先生的湖南某公司就项目税后净利 10% 作为前期费用的问题，向湖南省高级人民法院提起诉讼，后又撤回该案的起诉。3.国家税务总局将长沙某公司利用关联企业低价进行房屋交易、规避纳税义务的违法行为，作为 2005 年全国十大涉税违法要案查处。随后，长沙某公司取消与福建某公司和成功公司的关联交易，退回商业店铺 82 209 平方米。三、主要诉求及其争执。目前，邱某坤先生提出四点诉求，长沙某公司表达了不同意见，双方分歧体现在：诉求一，要求支付前期费用。双方在合作协议中曾约定以项目的税后净利 10% 作为前期费用给湖南某公司，并在相关补充协议中确认该约定及其履行的方式。邱某坤先生强烈要求福建某公司支付曾约定的前期费用。而福建某公司则认为双方没有实际履行合作协议，相应补充协议无效，邱某坤先生在 2005 年 3 月 8 日以前的权益均应包含在股权转让的价款中，因此，拒绝支付前期费用。

2009 年 12 月 31 日、2011 年 12 月 23 日、2013 年 12 月 20 日、2015 年 12 月 18 日、2017 年 12 月 12 日、2019 年 12 月 5 日，湖南某公司向福建某公司寄送催告函，要求福建某公司与其结算并支付 10% 的前期费用。福建某公司未予回应，湖南某公司遂诉至法院。

二、争议焦点

本案的争议焦点有四：一、原告主体是否适格；二、长沙某公司是否应当承担前期费用的支付责任；三、股权转让协议是否一揽子解决了前期费用；四、关于对福建某公司的诉讼请求是否超过诉讼时效。本案最为重要的争议焦点系"股权转让协议是否一揽子解决了前期费用的问题"。下文主要针对该争议焦点进行分析，两审法院均以转让协议已经一揽子解决了前期费用为主要理由，驳回湖南某公司的全部诉讼请求及上诉。

三、法律分析

关于"股权转让协议是否一揽子解决了前期费用的问题"，湖南某公司主张股权转让协议并未一揽子解决前期费用的问题，主要理由有四：一是《合作协议书》的乙方主体是湖南某公司，成功公司不是该协议的主体。该合同首部乙方主体和合同落款处乙方主体存在差异，应以最终签章主体即湖南某公司作为协议主体。湖南某公司与成功公司，一个在境内，一个在境外，两者除法定代表人相同外，其他基本信息完全不同，根本不符合法律上"人格混同"的特征。湖南某公司是前期费用的唯一权利主体，成功公司不是该权利的主体，湖南某公司从未将前期费用的权利转移或授权给成功公司，成功公司不可能默示继受前期费用权益。二是《股权转让协议》的"各方"指成功公司及其担保人邱某坤等，以及福建某公司及其担保人。而湖南某公司被定义为"其他公司"，不属于《股权转让协议》约定的"各方"，湖南某公司也未在《股权转让协议》上盖章，不属于《股权转让协议》的主体，故《股权转让协议》对湖南某公司并无约束力。三是《股权转让协议》第三条约定的"股权转让价款"仅包含"卖方的出资款和应分配利润"，并不包含前期费用。四是《股权转让协议》并未提及前期费用，不包括前期费用的任何处理和安排，前期费用的权利不存在法定默示放弃的情形。综上，湖南某公司的主要观点其实就是，根据合同相对性，《合作协议书》仅对湖南某公司具有约束力，而《股权转让协议》只对成功公司具有约束力。

我国《合同法》第8条规定："依法成立的合同，对当事人具有法律约束力。"《中华人民共和国民法典》（以下简称《民法典》）第456条第2款规定："依法成立的合同，仅对当事人具有法律约束力，但是法律另有规定的除外。"这是我国《合同法》和《民法典》关于"合同相对性原则"的规定。根据前述规定，一般情况下，合同仅对当事人具有法律约束力，对当事人以外的民事主体并无约束力。

我国民法体系中突破合同相对性的常见情形主要有以下几种：（一）建设工程合同中分包人的连带责任的情形。《民法典》第791条第2款规定，总承包人或者勘察、设计、施工承包人经发包人同意，可以将自己承包的部分工作交由第三人完成。第三人就其完成的工作成果与总承包人或者勘察、设计、施工承包人向发包人承担连带责任。（二）发包人与转包人、违法分包人对实际施工人承担连带责任的情形。根据《最高人民法院关于审理建设工程施工合同纠纷案件适用法律问题的解释（一）》第43条第2款规定，实际施工人可以突破合同相对性起诉发包人，人民法院在查明发包人欠付转包人或者违法分包人工程价款的金额后，可以判决发包人在欠付建设工程价款范围内对实际施工人承担责任。（三）债权人行使代位权的情形。根据《民法典》第535条规定，因债务人怠于行使其债权或者与该债权有关的从权利，影响债权人的到期债权实现的，债权人可以向人民法院请求以自己的名义代位行使债务人对相对人的权利。（四）债权人代位保存权的情形。根据《民法典》第536条规定，债权人的债权到期前，债务人的债权或者与该债权有关的从权利存在诉讼时效期间即将届满或者未及时申报破产债权等情形，影响债权人的债权实现的，债权人可以代位向债务人的相对人请求其向债务人履行、向破产管理人申报或者作出其他必要的行为。（五）债权人撤销权的情形。根据《民法典》第539条规定，债务人以明显不合理的低价转让财产、以明显不合理的高价受让他人财产或者为他人的债务提供担保，影响债权人的债权实现，债务人的相对人知道或者应当知道该情形的，债权人可以请求人民法院撤销债务人的行为。但是，以上情形均有法条予以明确规定。那么，在法条未明确规定的情况下，哪些情形可以突破合同相对性？

我们认为，在当事人能够举证证明合同的签订亦代表或体现合同外特定主体的真实意思表示的情况下，该合同对该合同外特定主体亦应具有约束力，即合同相对性应当予以突破。本案中，我们作为福建某公司的代理律师，提出的主要答辩理由是："《股权转让协议》签订前，湖南某公司、成功公司、发盈公司等外方公司与中方福建某公司已就前期费用等多项问题发生争议，并引发了多起诉讼。为了解决中外双方的全部争议，成功公司代表外方与中方福建某公司通过签署《股权转让协议》，以外方转让合营公司即长沙某公司全部股权，全面退出合作项目的方式，一揽子解决了双方此前发生的全部争议。"对此，我们主要从以下三个方面进行举证和论证：

第一，《股权转让协议》签订前，湖南某公司、成功公司、发盈公司等外方公司与中方福建某公司已就前期费用等多项问题发生争议，并引发多起诉讼。

第二，成功公司与福建某公司签订《股权转让协议》，该协议包含解决中外双方此前全部争议的意思表示，即《股权转让协议》已经对前期费用以及中外双方的其他争议一并作出处理。

第三，成功公司系湖南某公司依据《合作协议书》之约定，所指定的与福建某公司组建合营公司的主体。湖南某公司和成功公司均受邱某坤实际控制，两者存在"密切的关联关系"，甚至"混为一体"。成功公司签署的《股权转让协议》亦代表湖南某公司的意思表示，对湖南某公司具有约束力。《股权转让协议》已经一揽子解决了前期费用的问题。

四、裁判结果

一审法院认为：

（1）从《合作协议书》的行文来看，乙方为湖南某公司（或乙方认可的企业），因"乙方认可的企业"与湖南某公司之间用的是"或"字，且用括号括了起来，从文义解释的角度，可以理解为合作协议的乙方为湖南某公司或其认可的企业中二选一。从后续合同的履行来看，在成功公司作为湖南某公司认可的企业与福建某公司共同成立项目公司后，湖南某公司仍与福建某公司、长沙某公司签订补充协议，且湖南某公司与成功公司的法定代表人均为邱某坤。福建某公司与成功公司进行股权转让的时候，成功公司要求福建某公司撤诉和放弃权利的诉讼案件中包括福建某公司诉湖南某公司的两起借款纠纷，故一审法院认为在合作协议履行的过程中，湖南某公司与长沙某公司系"共同体"。

（2）从股权转让前发生的事实来看，2004年福建某公司起诉湖南某公司要求偿还借款，湖南某公司主张不是借款，是前期费用。2004年3月，在政府联合调查组进行调查时，邱某坤所代表的外方主张长沙某公司支付给港鹏公司的2 000万元为合作协议约定的前期费用。可见，双方在股权转让前就前期费用有过多次异议和磋商。在此前提下，福建某公司与成功公司达成一致，签订股权转让协议，并约定"本协议已包含了各方厘定相互关系的协议及作出一切保证、声明、承诺，并替代了之前各方之间可能已有的任何无论是书面或口头的承诺、协议、保证或默契"。在股权转让协议签订时，双方已有多次异议和磋商的前期费用问题亦没有被特别约定予以保留，应视为湖南某公司或成功公司在合作协议中前期费用的权利已根据上述协议约定被厘清并被股权转让协议所替代。

（3）从股权转让协议的内容来看，协议约定的福建某公司放弃诉讼权利的案件均系湖南某公司主张涉及前期费用的诉讼案件，故股权转让协议的内容亦涵盖了湖南某公司关于前期费用的主张和考虑。

综合所述，一审法院认为股权转让协议已经一揽子解决了前期费用的问题。

二审法院认为：

原审认定股权转让协议已经一揽子解决包括案涉前期费用在内的所有纠纷并无不当，具体理由如下：

（1）在案涉项目的合作开发中，湖南某公司与成功公司的权利义务具有高度一致性。第一，邱某坤与黄某燕系夫妻关系，湖南某公司与成功公司的法定代表人均系邱某坤。从湖南某公司的企业信息来看，邱某坤是湖南某公司的董事长，黄某燕是湖南某公司的董事。成功公司的唯一董事系发盈公司，发盈公司的唯一董事系黄某燕。故湖南某公司与成功公司系邱某坤与黄某燕实控的关联公司。第二，虽然《合作协议书》系湖南某公司与福建某公司签订的，但《合作协议书》约定的乙方为湖南某公司（或乙方认可的企业）。合同签订后，湖南某公司并未实际参与合营公司的组建，而是安排了成功公司参与组建合营公司。因此，无论是成功公司取得长沙某公司股权并参与项目开发的依据，还是湖南某公司主张的前期费用的依据，均来源于《合作协议书》。第三，长沙某公司成立后，湖南某公司并未退出对合作项目的管理。第四，《补充协议书》约定湖南某公司可以提前收回前期费用。合同双方对于长沙某公司系成功公司与福建某公司的合营公司，还是湖南某公司与福建某公司的合营公司未作区分。第五，股权转让协议虽系成功公司与福建某公司、朱某健所签署，但在协议中同样处置了湖南某公司与福建某公司的债权债务。

（2）案涉股权转让协议的签订目的，是解决邱某坤代表的外方公司与福建某公司之间的矛盾纠纷，最终为外方退出合作项目。第一，在股权转让协议签订前，所发生的诉讼案件中已经涉及前期费用。长沙市人民政府成立专门调查组对双方分歧意见进行调查了解并作出调查报告。调查组亦认为快速解决双方矛盾的最好方法是：双方在 2003 年 8 月签订的转股框架协议上，进一步完善相关条款和转让底价，外方退出合营公司。第二，从股权转让协议内容来看，并非单纯解决成功公司与福建某公司、朱某健的股权转让问题，还包括福建某公司与湖南某公司、港鹏公司、成功公司等一系列债权债务纠纷。第三，两份股权转让协议均约定"本协议包含了各方厘定相互关系的协议及作出一切保证、声明、承诺，并替代了之前各方之间可能已有的任何无论是书面或口头的承诺、协议、保证或默契"。第四，邱某坤、黄某燕、邱某平也按照股权转让协议的安排，在股权转让协议签订后，全部退出了长沙某公司的董事会。

（3）邱某坤本人及妻子黄某燕均参加了股权转让协议的签订，两人对股权转让协议的签订目的以及具体内容应当明知。在股权转让协议中，合作双方将福建某公司与邱某坤、黄某燕实控的多家关联公司的债权债务一并予以解决的情况下，仅留下福建某公司与湖南某公司的前期费用问题不予处理，明显不合常理。

（一）裁判结果

2021 年 5 月 26 日，长沙市中级人民法院作出（2020）湘 01 民初 1034 号《民事判决书》，判决：驳回湖南某公司的全部诉讼请求。

湖南某公司不服一审判决，向湖南省高级人民法院提起上诉。2023 年 8 月 31 日，湖南省高级人民法院作出（2021）湘民终字 1171 号《民事判决书》，判决：驳回湖南某公司上诉，维持原判。

（二）案例亮点

（1）该案例体现了共同关联交易主体中一方行为的效力及于其他主体，即合同相对性应予突破。

（2）为突破合同相对性，一审法院在论证湖南某公司与长沙某公司关系时，创造性地提出了"共同体"的概念。

（3）为突破合同相对性，二审法院在论证湖南某公司与长沙某公司关系时，创造性地提出了两者"权利义务具有高度一致性"的概念。

陕西松日置业有限公司与陕西碧桂园置业有限公司等合同纠纷案

——最高人民法院基于公平原则及诚实信用原则对合同中约定的过高违约金和资金占用费予以调整

田亚强* 张　佺**

一、案情介绍

2017 年 7 月，陕西 BGY 置业有限公司（以下简称"BGY 公司"）与陕西 SR 置业有限公司（以下简称"SR 置业公司"）、黄某某、西安 JR 置业有限责任公司（以下简称"JR 置业公司"）就合作西安市某某村城中村改造项目约 267.1 亩（统称目标地块）住宅土地事宜签署《SX 省 XA 市 XS 国际项目合作开发合同》。

《合作合同》第一条约定项目基本情况为：该项目配套开发用地的土地面积约 412 亩，其中一期已开发土地 99.7 亩，已开发建筑面积 31.7 万平方米，该项目剩余配套开发用地 281.349 亩，其中住宅用地约 267.91 亩，教育用地约 14.37

---

*　上海市锦天城律师事务所高级合伙人。

**　上海市锦天城律师事务所律师。

亩，开发用地目前的规划指标如下：住宅用地（包括 DK-4、DK-5、DK-6、DK-8、DK-12、DK-14、DK-15）：267.91 亩，教育用地（DK-13），开发用地四至及控规指标详见附件二。

第十条约定合同价款：甲乙双方确定的目标地块的合作价款包含拆迁安置补偿款 746 万元 / 亩及土地出让金 240 万元 / 亩，目标地块的合同总价款为 264 159.26 万元（暂定 267.91 亩 ×986 万元 / 亩，最终根据土地出让合同记载的面积调整）。

第十七条约定目标地块的一级开发整理：2017 年 10 月 15 日前，甲方负责按照本合同的约定完成首期目标地块的一级开发整理工作，并整理为可供开发建设的净地。2017 年 12 月 30 日前，完成所有目标地块的一级开发整理工作，并整理为可供开发建设的净地……

第十九条约定目标地块的规划设计：如乙方解除本合同，甲方及目标公司需返还乙方基于本合同向目标公司提供的所有借款（含注册资本）且需按照年利率 20% 的标准向乙方支付资金占用利息，乙方退出目标公司。

第二十条约定目标地块的出让：1. 甲方负责协调政府相关部门于 2018 年 2 月 14 日前按如下条件挂牌出让目标地块全部用地并发布挂牌出让公告（以报纸公示为准）……3. 如甲方未能协调政府相关部门在 2018 年 2 月 14 日前挂牌出让目标地块，则自 2018 年 2 月 15 日起至乙方获取目标地块时止（以签订成交确认书为准）乙方可对前期提供的所有资金（股权转让款除外）按照年利率 15% 的标准向甲方收取资金占用利息，该笔利息可直接从应付目标公司的补偿价款中扣减。

第二十三条约定目标地块的交付：甲方须于 2017 年 10 月 15 日前完成首期目标地块的一级开发整理工作；甲方须于 2017 年 12 月 30 日前完成所有目标地块的一级开发整理工作。在需一级开发整理的目标地块完成拆迁并形成净地后 2 日内，甲方须将符合如下条件的用地交付乙方或项目公司，并协助配合乙方或项目公司办理规划报建工作……

《合作合同》第六章违约责任中第二十八条约定，如甲方未能按照本合同约定完成目标地块的土地一级整理并向乙方或项目公司交付目标地块，每逾期一日，应按照本合同约定的当期应交付目标地块对应合同价款的万分之五向乙方支付违约金，逾期超过 30 日的，乙方有权解除合同。如乙方解除合同，甲方须向乙方支付违约金人民币 1 亿元并赔偿乙方因此遭受的损失。

《合作合同》签订后，BGY 公司自 2017 年 7 月 10 日起至 2017 年 11 月 27 日止，共分五笔向英大信托及 JR 置业公司支付 159 407.793 8 万元。作为《合作合同》附件，担保人李某某向 BGY 公司出具《担保函》，载明：其本人自愿为甲方 1、甲方 2 履行上述合作合同约定的义务向贵司提供不可撤销的连带责任保证担保。

2018 年 7 月 3 日，市人民政府组织召开市政府第 16 届 58 次常务会议形成《XA 市人民政府常务会议纪要》。该纪要明确：四、审议并原则同意《关于某某城改项目用地有关问题的请示》。市规划局和市政府办公厅负责，根据会议审议要求和具体意见修改完善，抓紧实施。会议确定，（一）市国土局负责，对某某村地块进行整体确权。供地时，对某某村城改项目与地铁建设不重复的地块先行供地。（二）市规划局、市城改办负责，对某某村城改项目与地铁建设不重复的地块，先行办理规划等手续。（三）区政府、市轨道办、市城改办牵头，市国土局、市规划局、生态区管委会配合，与某某村城改项目主体单位协商，妥善处理好城改项目用地补偿和调整补充事宜。

2018 年 8 月 10 日，市城改办召开专项会议并形成《XA 市城中村（棚户区）改造办公室专项问题办公会议纪要》。该纪要载明：某某村 2009 年 9 月取得《改造方案的批复》，并于 2013 年进行了方案结转，投资主体为西安 JR 置业公司。该项目规划总体用地 465 亩，容积率 3.55，共计 15 块地……2017 年 6 月，该项目办理控规调整时，发现地铁 8、10 号线环园中路停车场和 10 号线环园中路站与某某村城改项目用地存在 196 亩规划重合。市政府第 16 届 58 次常务会议对某某村城改项目有关事项进行了研究安排。会议经研究，确定以下事项：一、JR 置业公司和地铁就重叠部分充分协商，妥善处理好城改项目用地补偿和调整补充事宜……

2019 年 1 月 8 日，区人民政府向市城改办出具《区人民政府关于某某村城改项目补偿用地事宜的函》（政函〔2019〕5 号），载明：城改项目规划用地 465 亩，其中约 210 亩被地铁重复规划占用。JR 置业公司提出，要求政府调整用地约 210 亩。经我区调研核实，并梳理项目周边土地情况，目前我区无法提供项目调整用地。

当前，该项目仍处于停滞状态。一期开发中的 DK4、DK8 两块地（共计 67.5 亩）已于 2017 年 9 月 27 日实际交付，二期中的 DK14（62.85 亩）仍在拆迁之中，尚未形成净地，未交付。一期中的 DK5、DK6、DK12（96.3 亩）及二期中的 DK15（40.95 亩）因与地铁规划相重叠而未交付。

2019 年 1 月 21 日，BGY 公司向省高级人民法院提起诉讼，第一次庭审中，BGY 公司向法院提交《变更诉讼请求申请书》，将被告 JR 置业公司变更为第三人，并变更诉讼请求为：1. 判令 SR 置业公司、黄某某继续履行《XS 国际项目合作开发合同》，并按照上述合同的约定向 BGY 公司交付目标地块，协调政府相关部门按上述合同约定的条件将目标地块一次性挂牌出让；2. 判令 SR 置业公司、黄某某赔偿 BGY 公司自逾期交付目标地块之日至实际交付目标地块之日的违约金（以当期应交付目标地块对应合作价款为基数，按照每日万分之五计算，暂计至 2019 年 5 月 9 日为 52 242.273 3 万元）；3. 判令 SR 置业公司、黄某某支付因其未能协调政府导致目标地块逾期挂牌出让，产生的自逾期之日即自 2018 年 2 月 15 日起至 BGY 公司获取目标地块（以签订成交确认书为准）之日的资金占用费（以 BGY 公司除股权转让款外的前期投入资金 150 267.793 8 万元为基数按照年利率 15% 计算，暂计至 2019 年 5 月 9 日为 28 112.599 76 万元）；4. 判令李某某对上述第 2、3 项诉讼请求承担连带保证责任；5. 判令 SR 置业公司、黄某某、李某某承担本案保全费、诉讼费。

一审法院经审理并于 2020 年 11 月 27 日前往市城中村和棚户区改造事务中心及区城中村和棚户区改造事务中心对相关问题进行调查了解到：2019 年 9 月，市城中村改造领导小组会议（第 1 次）会议纪要明确，同意区人民政府选定的三个地块约 228 亩用地（含超出原项目约 19 亩用地）作为置换用地纳入项目开发用地范围。城改项目单位与市轨道集团分别对原城改项目土地及置换用地进行补偿并整理至净地，双方净地移交。JR 置业公司已经交给地铁约 121 亩用地，地铁至今未移交任一宗置换用地。

一审法院经过审理，判决如下：一、被告 SR 置业有限公司、黄某某向原告 BGY 置业有限公司交付目标地块 DK14；二、被告 SR 置业有限公司、黄某某于本判决生效之日起三十日内支付原告 BGY 置业有限公司违约金（以 619 701 000

元为基数，自 2018 年 1 月 2 日起至实际交付目标地块 DK14 之日止，按日万分之五计算）；三、被告 SR 置业有限公司、黄某某于本判决生效之日起三十日内支付原告 BGY 置业有限公司资金占用费（以 150 267.79 万元为基数，自 2018 年 2 月 15 日起至实际付款之日，按年利率 15% 计算），该资金占用费的支付依照合同约定可直接从应付目标公司的补偿价款中扣减；四、被告李某某对前述判决第二项、第三项承担连带保证责任；五、驳回原告 BGY 置业有限公司其他诉讼请求。

一审败诉后，SR 置业公司委托笔者提起上诉，主要诉请为：撤销陕西省高级人民法院（2019）陕民初 11 号民事判决第一项、第二项、第三项，将本案发回重审或改判驳回 BGY 公司全部诉讼请求。

SR 置业公司在二审期间向最高院提交调取证据申请书，申请法院调取：1. 案涉城改项目 DK14-1、DK14-2 规划的具体规划指标是否作出及内容；2. 城改项目 DK 新 -1、DK 新 -3、DK4-2、DK14-1、DK14-2 规划条件是否为一个整体；3. 城改项目 DK14 土地报批进展情况，是否取得集体土地转为建设用地的批复，以证实 DK14 是否具备可以交付的条件。BGY 公司向法院提交调取证据申请书，申请法院调取地铁 8 号线、10 号线用地与项目用地重叠部分向 SR 置业公司交付补充用地的相关文件。法院经向市、区城中村和棚户区改造事务中心等单位调查后确认，由于案涉土地置换批复仍未办理完毕，故暂未向案涉项目移交置换用地，上述部门对于 SR 置业公司和 BGY 公司申请调查的其他情况未作答复，其他调查情况与一审法院调查情况一致。

另查明，案涉 DK14 正在拆迁整理，因位于该地块的企业性质特殊，暂未搬离，街道办事处正在组织安排洽谈动迁工作。

二、争议焦点

（1）一审法院判决继续履行案涉《合作合同》是否有误？

（2）一审判决判令 SR 置业公司、黄某某向 BGY 公司交付 DK14 地块是否有误？

（3）一审判决判令 SR 置业公司、黄某某向 BGY 公司支付违约金及资金占用费是否有误？

（4）一审法院准许 BGY 公司变更诉讼请求是否合法？

三、法律分析

（1）关于一审法院判决继续履行案涉《合作合同》是否有误的问题。

首先，案涉《合作合同》系 BGY 公司与 SR 置业公司、黄某某、JR 置业公司各方真实意思表示，SR 置业公司、黄某某并未直接以集体土地出资，故合同内容不违反法律及行政法规强制性规定，合法有效，对各方当事人均有约束力。

其次，BGY 公司直接向一审法院起诉请求解除案涉《合作合同》，合同解除的效力应由法院予以判定，在法院判决未生效前，BGY 公司并未丧失请求继续履行合同的基础，故 SR 置业公司不能以收到起诉状为由主张合同已解除，否则就变相剥夺了当事人变更诉讼请求的权利。

最后，案涉《合作合同》约定的合作范围虽因地铁重复规划被占用已经无法交付，但是市城中村改造领导小组会议（第 1 次）会议纪要明确载明，同意区人民政府选定相应的置换地块纳入案涉城改项目开发用地范围，故《合作合同》在置换用地范围内仍具有继续履行的基础。

综上，一审法院根据合同约定及本案客观实际，从维护交易的稳定性等方面综合考虑，认定《合作合同》应继续履行是正确的。SR 置业公司关于《合作合同》已告解除的上诉理由不能成立。

（2）关于一审判决判令 SR 置业公司、黄某某向 BGY 公司交付 DK14 地块是否有误的问题。

《最高人民法院关于适用〈中华人民共和国民法典〉时间效力的若干规定》第二条规定："民法典施行前的法律事实引起的民事纠纷案件，当时的法律、司法解释有规定，适用当时的法律、司法解释的规定，但是适用民法典的规定更有利于保护民事主体合法权益，更有利于维护社会和经济秩序，更有利于弘扬社会主义核心价值观的除外。"行为时有效的《中华人民共和国合同法》第一百零七条规定："当事人一方不履行合同义务或者履行合同义务不符合约定的，应当承担继续履行、采取补救措施或者赔偿损失等违约责任。"对于合法有效的合同，当事人应当依据合同约定全面履行自己的义务。本案中，依据案涉《合作合同》第二十三条约定："SR 置业公司、黄某某应于 2017 年 10 月 15 日前完成首期目标地块的一级开发整理工作；2017年12月30日前完成所有目标地块的一级开发整理工作；在需一级开发整理的目标地块完成拆迁并形成净地后2日内，甲方须将符合如下条件的用地交付乙方或项目公司，并协助配合乙方或项目公司办理规划报建工作……"第二十条约定："甲方负责协调政府相关部门于2018年2月14日前按约定条件挂牌出让目标地块全部用地并发布挂牌出让公告。"BGY公司已经依据《合作合同》的约定，向英大信托及JR置业公司共计支付1 594 077 938元。BGY公司作为《合作合同》的守约方，有权要求SR置业公司、黄某某继续履行《合作合同》约定的相应义务。案涉地块中与地铁规划重复而未交付的为DK5、DK6、DK12、DK15，BGY公司与SR置业公司、李伟斌对上述事实均认可。同时，SR置业公司提交的《有关城改项目用地DK14现状的情况说明》载明，因位于案涉DK14的企业性质特殊暂未搬离，街道办事处正在拆迁整理。故二期开发中的DK14未交付不是因地铁重复规划造成的，不属于客观上不能交付的情形，SR置业公司、黄某某应当按照《合作合同》的约定，在DK14完成一级开发整理后按期向BGY公司交付该地块。而且，《合作合同》第十条约定最终根据土地出让合同记载的面积调整，故DK14面临的规划调整属于正常的商业风险范围，不是SR置业公司、黄某某不依约履行合同义务的原因。在《合作合同》继续履行的情况下，SR置业公司、黄某某应当依约完成DK14的一级开发整理、交付并协调政府相关部门进行挂牌出让等义务。一审判决判令SR置业公司、黄某某向BGY公司"交付目标地块DK14"表述不够准确，应予纠正。SR置业公司关于其不应履行DK14项下相应义务的理由不能成立。

（3）关于一审判决判令SR置业公司、黄某某向BGY公司支付违约金及资金占用费是否有误的问题。

首先，关于SR置业公司、黄某某应否向BGY公司支付违约金的问题。本案中，根据《合作合同》第十七条的约定，SR置业公司、黄某某完成首期目标地块及所有目标地块一级开发整理工作的时间分别是2017年10月15日和2017年12月30日。《合作合同》第二十三条约定，SR置业公司、黄某某在目标地块完成拆迁并形成净地后2日内，须将符合合同约定条件的用地交付BGY公司或项目公司。SR置业公司、黄某某未能如期完成案涉土地一期开发

DK5、DK6、DK12（共计 96.3 亩）及二期开发中的 DK14、DK15（共计 103.8 亩）开发整理和交付工作，构成违约，应当向 BGY 公司承担相应的违约责任。但 DK5、DK6、DK12、DK15 未能交付的主要原因是政府规划造成的项目用地与地铁规划重叠，未能交付系客观上的履行不能。而且，市城中村改造领导小组会议（第 1 次）会议纪要已确定会对占用地块予以置换，在下一步继续履行《合作合同》时仍可在置换用地范围内解决上述地块的交付问题，对合同目的的最终实现未产生实质影响。如让 SR 置业公司、黄某某在此种情形下承担上述地块不能交付的违约责任，将有失公平，故一审法院认定应由 SR 置业公司、黄某某对于应交未交的目标地块 DK14（62.85 亩）承担违约责任是正确的。《合作合同》第二十八条约定，如甲方违约，未完成目标地块的土地一级整理并向乙方或项目公司交付目标地块，每逾期一日，应按照本合同约定的当期应交付目标地块对应合同价款的万分之五向乙方支付违约金，逾期超过 30 日的，乙方有权解除合同，如乙方解除合同，甲方须向乙方支付违约金人民币 1 亿元并赔偿乙方因此遭受的损失。因 SR 置业公司、黄某某逾期未交付 DK14 的行为已经构成违约，按照上述约定，逾期 30 日的，BGY 公司有权解除合同。现 BGY 公司并未主张解除合同，在其要求继续履行合同的情况下，如果仍按照目标地块对应合同价款日万分之五的利率计算 SR 置业公司、黄某某的违约责任至实际交付之日，则 SR 置业公司、黄某某承担的违约责任将远远高于在解除合同情形下所应承担的责任，明显有失公允。根据行为时有效的《最高人民法院关于适用〈中华人民共和国合同法〉若干问题的解释（二）》第二十九条第一款的规定："当事人主张约定的违约金过高请求予以适当减少的，人民法院应当以实际损失为基础，兼顾合同的履行情况、当事人的过错程度以及预期利益等综合因素，根据公平原则和诚实信用原则予以衡量，并作出裁决。"我国合同法中关于违约金的规定应当理解为是补偿性的，而非惩罚性的，所以在当事人约定的违约金责任突破了公平原则及诚实信用原则时，基于当事人的诉辩主张，人民法院可以适当调整当事人关于违约责任的约定。本案中，SR 置业公司关于其不应承担违约责任、违约金远远超出 BGY 公司实际损失等主张，符合"当事人主张约定的违约金过高请求予以适当减少的"情形，故法院对 SR 置业公司、黄某某因该项违约行为所应承担的违约金数额予以调整，逾期 30 日内按照日万分之五的利率计算违约金，逾期 30 日后按照 1 亿元计算，故 SR 置业公司、黄某某就其未按期交付 DK14 应当承担的违约金为 109 295 515 元（619 701 000 元 ×0.000 5×30 日 +100 000 000 元 =109 295 515 元）。

其次，关于 SR 置业公司和黄某某应否向 BGY 公司支付资金占用费的问题。本案中，案涉《合作合同》第二十条约定："1. 甲方负责协调政府相关部门于 2018 年 2 月 14 日前按如下条件挂牌出让目标地块全部用地并发布挂牌出让公告（以报纸公示为准）……3. 如甲方未能协调政府相关部门在 2018 年 2 月 14 日前挂牌出让目标地块，则自 2018 年 2 月 15 日起至乙方获取目标地块时止（以签订成交确认书为准）乙方可对前期提供的所有资金（股权转让款除外）按照年利率 15% 的标准向甲方收取资金占用利息，该笔利息可直接从应付目标公司的补偿价款中扣减。"因案涉土地并未在 2018 年 2 月 14 日进行挂牌出让，BGY 公司未按约获取所有目标地块，BGY 公司主张 SR 置业公司、黄某某支付资金占用费符合上述合同约定。本案中，案涉《合作合同》在置换地块上仍继续履行，BGY 公司对案涉地块的可得利益仍然可以得到保障，应当仅对于因 SR 置业公司、黄某某逾期行为造成的损失，予以补偿。从《合作合同》约定的内容看，第二十条及第二十八条都是关于合同违约责任的承担，两条叠加将导致违约方承担过重的违约责任。SR 置业公司上诉请求违约金与资金占用费不应当重复计算，应当视为当事人向法院提出减轻资金占用费的申请。基于公平原则，本院对资金占用利息的计算标准予以调整，以 1 502 677 938 元为基数，自 2018 年 2 月 15 日起至 2019 年 8 月 19 日止按照中国人民银行同期同类人民币贷款基准利率，自 2019 年 8 月 20 日起至实际付清之日止参照违约行为发生时全国银行间同业拆借中心公布的一年期贷款市场报价利率计算资金占用利息。

最后，关于一审判决判令 SR 置业公司、黄某某同时支付违约金和资金占用费是否构成重复的问题。BGY 公司依据《合作合同》第二十条的约定，主张由 SR 置业公司、黄某某向其支付前期提供所有资金的资金占用费，系 SR 置业公司、黄某某未能履行协调部门将案涉地块及时挂牌出让的合同义务所承担的违约责任。BGY 公司依据《合作合同》第二十八条的约定，主张由 SR 置业公司、黄某某向其支付相应的违约金，系 SR 置业公司、黄某某未能按期依约完成目标地块的一级整理及交付的合同义务所承担的违约责任。一审判决判令 SR

置业公司、黄某某就其未能履行的两项合同义务分别承担违约责任并无不当。

综上，SR 置业公司、黄某某应当承担的违约责任为违约金 109 295 515 元及资金占用利息（以 1 502 677 938 元为基数，自 2018 年 2 月 15 日起至 2019 年 8 月 19 日止按照中国人民银行同期同类人民币贷款基准利率，自 2019 年 8 月 20 日起至实际付清之日止参照违约行为发生时全国银行间同业拆借中心公布的一年期贷款市场报价利率计算）。

（4）关于一审法院准许变更诉讼请求是否合法的问题。

BGY 公司于 2019 年 6 月 17 日提交变更诉讼请求申请书，系其于一审法庭辩论终结前变更诉讼请求，符合法律规定。一审法院予以准许并基于变更后的诉讼请求审理本案并无不当。

另，关于一审法院诉讼费用分配是否正确的问题。当事人在二审程序中提出变更案件受理费用负担请求的，人民法院可依法有权予以审查，并决定是否需要变更及如何变更。当事人请求继续履行的诉讼请求，属于财产性诉讼请求，应当以合同金额确定案件标的额，故一审法院依据案涉合同金额计算诉讼费并无明显不当。

四、裁判结果

（一）裁判结果

最高人民法院经审理作出（2021）最高法民终 751 号民事判决如下：

一、撤销省高级人民法院（2019）陕民初 11 号民事判决第一项、第四项、第五项；

二、变更省高级人民法院（2019）陕民初 11 号民事判决第二项、第三项为：SR 置业有限公司、黄某某于本判决生效之日起三十日内支付 BGY 置业有限公司违约金 109 295 515 元及资金占用利息（以 1 502 677 938 元为基数，自 2018 年 2 月 15 日起至 2019 年 8 月 19 日止按照中国人民银行同期同类人民币贷款基准利率，自 2019 年 8 月 20 日起至实际付清之日止参照违约行为发生时全国银行间同业拆借中心公布的一年期贷款市场报价利率计算），资金占用费的支付依照合同约定可直接从应付目标公司的补偿价款中扣减；

三、SR 置业有限公司、黄某某继续履行与 BGY 置业有限公司及 JR 置业有限责任公司签订的《陕西省西安市香颂国际项目合作开发合同》；

四、李某某对前述第二项所确定的债务承担连带清偿责任；

五、驳回 BGY 置业有限公司的其他诉讼请求。

（二）案例亮点

1. 当公平原则与意思自治原则冲突时的价值导向

意思自治原则所内含的民法价值主要是自由，其强调民事主体的自主选择、自主行为与自主责任，其在本质上排斥他人对自己事务的干涉。公平原则所内含的民法价值主要是公平、正义。一般情况下，自由是公平正义的前提和基础，同时也是公平原则的基本价值要求，但在一些特殊情况下，自由处分可能会有损他人利益和违反社会公平正义。此时的公平则意味着对自由的限制和干涉。本案的判决结果充分体现当公平原则与意思自治原则冲突时的价值导向，即应当优先适用公平原则。最高人民法院对本案的处理结果，公平地保护了各方民事主体的合法权益，有力地维护社会和经济秩序，同时也弘扬了社会主义核心价值观。

2. 发生情势变更，程序上保证当事人可以请求法院进行调整

情势变更制度下，当事人本身并不享有实体法意义上的合同解除权或变更权，其赋予当事人的只是在程序上向法院或仲裁机构提出解除或变更合同的请求权，最终如何调整，由法院或仲裁机构确定。BGY 公司作为《合作合同》的守约方，有权要求 SR 公司继续履行约定的合同义务。案涉地块 DK14 未交付是由政府规划导致目标地块需统一报建、置换、规划等一系列原因造成，故 DK14 面临的规划调整属于正常的商业风险范围，不是 SR 公司不依约履行合同义务的原因。

3. 依据公平原则，当事人可请求调整明显过高的违约金和资金占用费

SR 置业公司未能向 BGY 公司按约定时间交付目标地块，主要原因是政府规划造成的项目用地与地铁规划重叠，系客观上的履行不能。而且，市政府城改办确定对地铁占用地块予以置换，继续履行仍可在置换用地范围内予以解决，对合同目的的最终实现未产生实质影响。综合考虑案件情况，最高人民法院认

为：SR 置业公司应当承担违约责任，但对违约金标准进行了主动调整，依照合同解除的条件分段调整为逾期 30 日内按照万分之五的利率计算违约金，逾期 30 日后按照 1 亿元计算。对于资金占用利息也予以调整，以 15 亿元为基数，自应交付目标地块之日起至实际付清之日参照全国银行间同业拆借中心公布的一年期贷款市场报价利率计算。截至 2021 年 12 月 1 日，两项合计较一审判决减少近 10 亿元。

本案涉及守约方主张合同约定的违约责任时，如何认定履行不能的原因极为复杂和重要，既要尊重合同各方的真实意思表示，又要考虑政府规划重叠所带来的风险影响；既要保证城市城改项目的稳步推进，又要兼顾公共民生工程的建设需要。其中涉及政府公共政策、房地产开发建设以及各参与主体之间复杂的社会关系。具有创新性、独特性和重要性的特点。创新性体现在项目开发同时涉及物权、合同、公司、行政管理等法律关系的融合与平衡。独特性体现在项目开发流程包括立项、规划审批、实施主体、土地出让等受政府行政行为的制约问题，均具有鲜明的政策属性和地域差别。重要性体现在项目需综合运用不同的法律、政策以及社会主义核心价值观来解决社会发展过程中具体的矛盾和争议。

本案最大的突破点在于最高人民法院将我国《民法典》确定的公平原则这一民法基本原则作为审理民事纠纷的基本裁判准则。公平原则要求民事主体从事民事活动时要秉持公平理念，公正、平允、合理地确定各方的权利和义务，并依法承担相应的民事责任。公平原则体现了民法促进社会公平正义的基本价值，对规范民事主体的行为发挥着重要作用。当公平原则与意思自治原则发生冲突时，案件审理的价值导向坚定地选择适用公平原则。

虽然当事人的行为导致合同约定的解除条件成就，但解除合同将导致缔约双方利益严重失衡的，人民法院基于案件具体情形，运用公平原则，限制约定解除权的行使，以维护正常的交易秩序。法院裁判时充分尊重了作为当事人意思自治产物的合同约定应得到严格遵守，又结合情势变更对实现合同正义而对意思自治进行调整，但这种调整限定在非常必要的范围内。如判决正文中所述"我国合同法中关于违约金的规定应当理解为补偿性的，而非惩罚性的，所以在当事人约定的违约金责任突破公平原则及诚实信用原则时，基于当事人的诉辩主张，人民法院可以适当调整当事人关于违约责任的约定"；又如"合同第二十条及第二十八条都是关于合同违约责任的承担，两条叠加将导致违约方承担过重的违约责任。SR 置业公司上诉请求违约金与资金占用费不应当重复计算，应当视为当事人向本院提出减轻资金占用费的申请。基于公平原则，本院对资金占用利息的计算标准予以调整。"均属适用公平原则进行裁判的具体表现，对于法律规则具有补充作用并且为案件的裁判理由提供了更加充分的论理依据。

4. 司法权与行政权的边界与平衡

本案中，一方面，根据合作合同约定，作为非违约方的 BGY 公司有权要求 SR 置业公司交付目标地块 DK14，当事人的民事权利需要得到人民法院的保护与支持。另一方面，交付目标地块 DK14 涉及许多属于行政机关行政管理权限和职责范围的事项，比如土地一级整理、挂牌出让、土地规划条件等，这些具体事项需要行政机关依据职权进行审查并作出决定是否许可，而这些行为能否最终实现，能否得到行政机关的许可与最终确认，均存在不确定性。

具体到案涉项目，前期确实存在因政府重复规划等影响当事人权利实现的情形，后期也不能完全排除再次出现类似的情况，在这种情况下，如果人民法院直接判决交付目标地块 DK14，将来有可能会发生司法权与行政权的冲突。

最高院认为，在《合作合同》继续履行的情况下，SR 置业公司、黄某某应当依约完成 DK14 的一级开发整理、交付并协调政府相关部门进行挂牌出让等义务。一审判决判令 SR 置业公司、黄某某向 BGY 公司"交付目标地块 DK14"表述不够准确，应予纠正。最高人民法院以此判决合同继续履行，而改判驳回直接交付目标地块 DK14 的诉讼请求，充分保护了当事人的合法权益，又平衡了司法权与行政权的边界，避免了不确定因素可能引起的司法权与行政权的冲突，彰显了最高人民法院在确保社会大局稳定、人民安居乐业方面提供有力的司法保障。

YF 公司与 YM 公司等买卖合同纠纷案

——"名实不符与合同效力"的认定及责任承担

李　云*

一、案情介绍

2013 年 8 月 17 日，当事人各方合同签订情况如下：（1）A 公司作为卖方与 B 公司作为买方签订《煤炭销售合同》；（2）B 公司作为卖方与 C 公司作为买方签订《煤炭销售合同》；（3）C 公司作为卖方与 YF 公司作为买方签订《煤炭采购合同》；（4）YF 公司作为卖方与 YM 公司作为买方签订《煤炭销售合同》；（5）YM 公司作为卖方与 A 公司作为买方签订《煤炭销售合同》。上述合同均约定：买卖的合同标的物为产自内蒙古的原煤 3 万吨，质量标准为全水分 ≤ 8%，灰分 ≤ 25%，硫 ≤ 1%，挥发分 ≤ 20%，低热 ≥ 6 000 大卡 / 千克；交货方式为买方在秦皇岛港根据卖方有效提单自提，交货时间为卖方在收到货款后 30 天内完成应发数量，提货前的仓储费用由卖方承担；由卖方开具本合同项下货物的全额增值税发票原件及货权转移证明；质量以双方共同约定的第三方的检验机构的装车化验结果为准，数量以货场计重设备计量的数量为准；还约定了合同

---

*　上海市锦天城律师事务所高级合伙人。

的变更和解除条款、违约及违约责任条款等。

各方之间的上述五份合同，除原煤的单价和总金额不同、合同发生争议时约定的管辖法院不尽相同外，合同内容基本相同。根据合同约定，（1）A公司卖给B公司的原煤售价为797.5元/吨，数量为3万吨，合同金额为2 392.5万元；（2）B公司卖给C公司的原煤售价为799元/吨，数量为3万吨，合同金额为2 397万元；（3）C公司卖给YF公司的原煤售价为800元/吨，数量为3万吨，合同金额为2 400万元；（4）YF公司卖给YM公司的原煤售价为814元/吨，数量为3万吨，合同金额为2 442万元；（5）YM公司卖给A公司的原煤售价为815元/吨，数量为3万吨，合同金额为2 445万元。

2013年8月18日，相同的合同当事人以同样的买卖关系继续签订《煤炭销售合同》或《煤炭采购合同》，除买卖的原煤数量、合同金额不同，原煤质量标准有所差别外，其他均与2013年8月17日所签合同内容相同。

2013年8月25日，各方继续按照上述合同关系，签订两份《煤炭销售合同》或《煤炭采购合同》，除买卖的原煤单价、数量、合同金额不同，原煤质量标准有所差别外，其他均与8月17日与8月18日所签合同内容相同。

综上，各方之间签订四份《煤炭销售合同》或《煤炭采购合同》，根据合同约定，各方之间原煤买卖数量共计16.7万吨，（1）A公司买入的合同总金额为12 215.32万元，卖出的合同总金额为11 908.25万元；（2）B公司买入的合同总金额为11 908.25万元，卖出的合同总金额为11 933.3万元；（3）C公司买入的合同总金额为11 933.3万元，卖出的合同总金额为11 950万元；（4）YF公司买入的合同总金额为11 950万元，卖出的合同总金额为12 193.4万元；（5）YM公司买入的合同总金额为12 193.4万元，卖出的合同总金额为12 215.32万元。按照合同约定，买卖16.7万吨原煤，A公司总计亏损307.07万元，B公司总计赚取25.05万元，C公司总计赚取16.7万元，YF公司总计赚取243.4万元，YM公司总计赚取21.92万元，各方赚取的数额总和与A公司亏损的数额相同。

各方当事人之间的合同履行情况如下：

第一，各方付款情况。（1）YF公司于2013年9月27日、9月29日、10月10日、10月11日、10月12日共计向C公司支付合同总金额11 950万元；（2）C公司于同日向B公司支付合同总金额11 933.3万元；（3）B公司于同日向 A 公司支付合同总金额 11 908.25 万元；（4）A 公司于 2013 年 10 月 12 日、12 月 20 日、12 月 24 日、12 月 30 日、12 月 31 日、2014 年 2 月 24 日、2 月 25 日、2 月 26 日、2 月 27 日共计向 YM 公司付款 4 197.92 万元，于 2014 年 5 月 13 日另向 YM 公司付款 200 万元，而合同总金额为 12 215.32 万元，尚欠 7 817.4 万元；（5）YM 公司于同日或次日向 YF 公司付款共计 4 176 万元，而合同总金额为 12 193.4 万元，尚欠 8 017.4 万元。

第二，各方交货情况。2013 年 9 月 15 日，A 公司向 YM 公司出具了四份收货确认函，同日，YM 公司向 YF 公司出具了四份收货确认函。2013 年 9 月 29 日和 10 月 15 日，YF 公司记载有出库单，同日，C 公司记载有入库单，入库单和出库单记载的原煤总量与上述收货确认函记载的原煤总量相同，均为合同约定的 16.7 万吨。

根据合同约定，交货方式为买方在秦皇岛港根据卖方有效提单自提，提货前的仓储费用由卖方承担；质量以双方共同约定的第三方的检验机构的装车化验结果为准，数量以货场计重设备计量的数量为准。各方提供的证据中未见提单，未见检验原煤质量及计量原煤数量的单据，也未见相关运输、仓储单证。秦皇岛港口亦证实，在 2013 年 8 月 16 日—2013 年 9 月 16 日期间，并没有 YF 公司作为"作业委托人"发生煤炭作业业务。经法庭当庭询问，各方均确认没有提单或提单存根。

第三，各方开票情况。（1）A 公司于 2013 年 9 月 24 日向 B 公司开具票额为合同总金额 119 082 500 元的增值税发票；（2）B 公司于 2013 年 9 月 27 日及 2013 年 10 月 10 日向 C 公司开具票额为合同总金额 119 333 000 元的增值税发票；（3）C 公司于 2013 年 9 月 29 日及 2013 年 10 月 15 日向 YF 公司开具票额为合同总金额 119 500 000 元的增值税发票；（4）YF 公司于 2013 年 9 月 30 日向 YM 公司开具票额为合同总金额 121 934 000 元的增值税发票；（5）YM 公司于 2013 年 10 月 23 日向 A 公司开具票额为合同总金额 122 153 200 元的增值税发票。

原告 YF 公司因 YM 公司拖欠其货款 8 017.4 万元及逾期付款的利息损失 62 810 288.49 元（暂计至起诉之日，两项暂计人民币 142 984 288.49 元），向法院提起诉讼。案件审理中，YF 公司申请追加 C 公司为本案第三人，YM 公司先后申请追加 A 公司、B 公司为本案第三人。后 YF 公司将诉讼请求明确为：判令 YM 公司支付 YF 公司货款 80 174 000 元，并支付此款自 2013 年 10 月 1 日起按中国人民银行同期贷款利率四倍计算的违约利息至实际偿付之日止（暂计至起诉之日为 62 810 288.49 元，两项暂计人民币 142 984 288.49 元）。如果人民法院确认 YF 公司与 YM 公司签订的四份《煤炭销售合同》无效，请求同时判令：1. 确认 YF 公司与 C 公司签订的四份《煤炭采购合同》无效；2. 判令 YM 公司和 C 公司共同退还 YF 公司货款 77 740 000 元；3. YM 公司、C 公司、B 公司、A 公司共同赔偿 YF 公司利润 2 434 000 元和利息损失 62 810 288.49 元。

二、争议焦点

本案在审理过程中，一审法院、二审法院根据诉辩双方的理由及查明的事实，分别归纳了本案争议焦点，具体如下。

（一）一审法院归纳的争议焦点

1. YF 公司主张权利是否已经超过诉讼时效。

一审法院认为，YF 公司提供的邮寄单及催收公函虽然由上海 YF 化工公司寄出，但出函单位是 YF 公司，邮寄单上写明公函字样，又有 YM 公司业务员的签收签字，签收后 YM 公司也未提出异议；因此，YF 公司在诉讼时效内向 YM 公司主张过权利，引起诉讼时效中断的法律后果，YF 公司的诉讼请求未过诉讼时效。

2. 案涉买卖合同（各方当事人之间的《煤炭销售合同》或《煤炭采购合同》）是否为当事人的真实意思表示；若买卖合同并非真实意思表示，其隐藏的真实意思是什么；买卖合同是否有效。

一审法院认为，本案中，虽然有买卖合同的文本，虽然可见当事人自己出具的《收货确认函》《出库单》《入库单》，但并没有其他证据可证明卖方曾"交付标的物或者交付提取标的物的单证，并转移标的物所有权"，各方当庭确认没有代表货物所有权的提单或提单存根，也未见合同约定的由第三方出具的存储、运输、检验的单据，秦皇岛港也确认未发生过 YF 公司委托作业。可见，各方当事人均明知没有货物的真实交易，各方当事人均没有进行买卖合同的真实意思。

YM 公司、C 公司和 B 公司均称，其真实意思是为了增加业绩、应对国企考核，结合其在交易安排中的地位和作用，应对其陈述予以采信。YF 公司对其真实意思避而不谈，A 公司拒不到庭，但相关证据显示，A 公司、B 公司、C 公司、YF 公司与 YM 公司之间签订的买卖合同首尾相接，A 公司高价买入、低价卖出，形成一闭合性贸易链条，这一交易形式违背《中华人民共和国民法总则》关于营利性法人的基本特征的规定，违背 A 公司作为营利性法人的基本商业常识；而且，形成该闭合性贸易链条并非如 YF 公司所称是一偶然性的巧合，而是通过一系列的安排，通过内容基本相同、合同金额形成差价的买卖合同的形式，通过 A 公司高买低卖，通过使 A 公司的亏损金额完全等同于本贸易链上的其他各方赚取的金额之和等来实现。按照合同约定，买卖 16.7 万吨原煤，A 公司亏损 307.07 万元，B 公司赚取 25.05 万元，C 公司赚取 16.7 万元，YM 公司赚取 21.92 万元，YF 公司赚取 243.4 万元；YF 公司将款项付到 C 公司和 B 公司之后，C 公司和 B 公司在扣除合同价差后，于同日将款项付到 A 公司，一段时间之后，A 公司将款项付给 YM 公司，扣除合同价差后，YM 公司将款项于同日或次日付给 YF 公司；根据交易安排及实际操作，可认定 YF 公司和 A 公司的真实意思是融资（借贷），YF 公司是提供资金一方，A 公司是使用资金一方。

《中华人民共和国民法总则》第一百四十三条规定，民事法律行为有效的要件之一是意思表示真实；第一百四十六条第一款规定，行为人与相对人以虚假的意思表示实施的民事法律行为无效。如前所述，本案中形成闭合性贸易链条的各买卖合同并非各当事人的真实意思表示，因此，案涉买卖合同均无效。

3. 若买卖合同无效，应否恢复原状，哪方是造成合同无效的过错方，应否赔偿损失。

YF 公司认为，若其与 YM 公司之间买卖合同无效，则其与 C 公司之间买卖合同亦无效，C 公司应返还其货款 7 774 万元，YM 公司由于债的加入共同承担货款的偿还责任，YM 公司、C 公司、B 公司、A 公司共同赔偿 YF 公司利润 243.4 万元和利息损失 6 281 万余元。YM 公司认为，买卖合同因虚假意思表示而无效，而隐藏的 YF 公司与 A 公司之间的民间借贷关系有效，YF 公司可向 A 公司继续主张欠款，其作用是 YF 公司委托其付款给 A 公司，尚未走款给 A 公司的 200 万仍由其走款给 YF 公司。C 公司认为,其在本案所涉交易中不存在任何过错,真实的意思是通过货物买卖行为增加业绩,合同订立时对 YF 公司与 A 公司融资的目的不知情,且所有合同已履行完毕,C 公司对 YF 公司主张如合同无效造成的损失不应承担赔偿责任。B 公司认为,其对于融资性贸易并不知情,本案中无任何证据证明 B 公司参与交易链条的组织及策划,且该案件案涉交易从形式上看确为煤炭购销,B 公司已尽到审慎义务,其并不存在任何过错行为,故对 YF 公司的财产损失无需承担损害赔偿责任,且合同因虚伪意思表示而无效并不适用《中华人民共和国合同法》第五十八条中合同无效而导致的"返还财产""折价赔偿"及"赔偿损失"的规定。

一审法院认为,本案中,如前所述,各方之间的买卖合同是虚伪意思表示,隐藏的真实意思是融资行为;但实际上,虚伪意思表示与隐藏的民事法律行为(买卖合同与融资行为)并非同时并存,并不存在两个并行的民事法律行为,表现出来的只有虚伪意思表示(买卖合同),对其效力作出否定评价之后,隐藏的民事法律行为(融资行为)代替了虚伪意思表示(买卖合同),应该按照隐藏的民事法律行为(融资行为)进行审理,若其为有效,按照其确定法律责任,若其为无效,按照其进行合同无效的返还及赔偿;因此,虚伪意思表示无效,并不会导致《中华人民共和国合同法》第五十八条和《中华人民共和国民法总则》第一百五十七条所规定的无效后果的适用,否则,若隐藏的民事法律行为亦无效时,则会产生双重返还及赔偿的问题。

本案中,未有证据证明 YF 公司与 A 公司之间的融资借贷行为有法律规定的无效情形,应认定为有效,买卖合同因虚假意思表示而无效,各方真实目的不尽相同,都参与了并无真实货物买卖却签订买卖合同的虚假意思表示,但结合整个贸易链条情况,结合 YM 公司和 C 公司提交的《公证书》的内容,可认定 YF 公司是整个虚假贸易链条的知情者和设计者,YM 公司、C 公司、B 公司基于自身的增加业绩需求、配合 YF 公司作出虚假意思表示并不构成对其的过错,对其损失不承担缔约过失的赔偿责任。A 公司作为借款人应当向出借人 YF 公司返还借款本金及利息,但由于经法庭释明 YF 公司在庭审中明确表示,在本案中不请求 A 公司承担基于借贷关系的法律责任,因此,对于 A 公司基于借贷关系的还款责任,不做审理及判决,YF 公司可另案主张。

（二）二审法院归纳的争议焦点

1. 五方当事人之间法律关系的性质和效力如何认定的问题。

二审法院认为，根据已经查明的事实，五方当事人之间虽然签订有《煤炭采购合同》和《煤炭销售合同》，YF 公司据此主张其和 YM 公司之间存在煤炭买卖合同关系，但是从查明的事实看，案涉交易模式存在以下不同于买卖合同关系之处：第一，本案中各方当事人之间并没有货物的实际交付，只有资金的往来。虽然有买卖合同的文本和当事人自己出具的收货确认函、出库单、入库单，但并没有其他证据可证明卖方曾交付标的物并转移标的物所有权。合同约定的交货方式为买方根据提单自提，但各方在一审庭审时均确认没有代表货物所有权的提单或提单存根，所以一审判决据此认定各方当事人均明知没有货物的真实交易并无不当。第二，五方当事人之间签订的买卖合同首尾相接，各方当事人既是买方又是卖方，形成闭合循环，其中，A 公司高价买入、低价卖出，这一交易模式明显不符合公司的营利性特征，违背基本商业常识。第三，从款项走向看，YF 公司先支付款项；C 公司收到款项后，于同日扣除合同价差后支付给 B 公司；B 公司于同日扣除合同价差后将款项支付给 A 公司；A 公司在分别经过了十九日、两个月、三个月等一段时间之后，分笔将款项支付给 YM 公司，但未按合同约定的价款足额给付；阳泉国贸公司在同日或者次日扣除合同价差后，将款项支付给 YF 公司。可见，对于 YF 公司支付的款项，其他当事人都是收到款项同日或者次日即支付给下家，而 A 公司对资金的占用时间最长。再者从合同约定的价差看，B 公司、C 公司和 YM 公司分别每吨赚取价差 1.5元、1 元、1 元，YF 公司每吨赚取价差 14 元，A 公司则每吨亏损 17.5 元。可见，通过案涉交易模式，A 公司亏损的金额主要去向为 YF 公司。综合上述分析，可以认定 YF 公司主张的煤炭买卖合同关系为各方当事人之间虚假的意思表示，YF 公司和 A 公司之间实际为借款合同关系，YF 公司为出资方，A 公司为用资方，资金使用的成本即体现在合同约定的价差上。故根据《中华人民共和国民法总则》第一百四十六条有关"行为人与相对人以虚假的意思表示实施的民事法律行为无效。以虚假的意思表示隐藏的民事法律行为的效力，依照有关法律规定处理"的规定，一审判决认定案涉《煤炭采购合同》和《煤炭销售合同》均无效并无不当。至于各方当事人之间隐藏的借款合同关系的效力，因为在一审庭审中，经一审法院释明后，YF 公司明确表示，在本案中不请求 A 公司承担基于借款关系的法律责任，故对于借款合同关系的效力和责任承担，本案不做审理和认定，YF 公司可另行主张。

2. YM 公司应否向 YF 公司支付货款及利息的问题。

二审法院认为，YF 公司向 YM 公司主张货款及利息，是基于双方签订的《煤炭销售合同》所产生的买方的付款义务，根据上文所述，《煤炭销售合同》项下买卖合同关系为虚假的意思表示，应为无效，故 YF 公司该项主张不能成立。

3. 如果《煤炭销售合同》和《煤炭采购合同》无效，YM 公司和 C 公司应否共同向 YF 公司退还货款，YM 公司、C 公司、B 公司、A 公司应否共同向 YF 公司赔偿利润和利息损失的问题。

二审法院认为，YF 公司向 C 公司支付货款，表面上看是履行双方之间签订的《煤炭采购合同》，实际上只是实现 YF 公司借款给 A 公司的一个环节，故相关款项应基于隐藏的借款合同关系进行处理。YF 公司以《煤炭采购合同》无效为由主张退还货款，仍是基于煤炭买卖合同关系提出的诉请，故其主张不能成立。YF 公司主张 YM 公司、C 公司、B 公司、A 公司共同向其赔偿利润和利息损失，是认为煤炭买卖合同关系被认定无效是该四家公司的过错所致。但根据已经查明的事实，YF 公司对案涉交易模式下没有货物实际交付、只有资金交付等异于正常买卖模式之处是明知的，而且根据 YM 公司提交的《公证书》等证据显示，YF 公司是案涉交易模式的主导者，即其对形成虚假的意思表示负有主要过错，故其要求其他几方对其进行上述赔偿的主张不能成立。

三、法律分析

本案所涉买卖合同，名实不符，属于一种较为复杂的交易模式。司法实践中，名实不符通常包括两种类型：一种类似于"阴阳合同"，也就是当事人之间存在两份或两份以上的合同文本；比如在建设工程施工合同纠纷领域，"阴阳合同"又称"黑白合同"，通常在发包人与承包人之间存在一份备案的施工合同和另一份双方"私下"签订的施工合同。《最高人民法院关于审理建设工程施工合同纠纷案件适用法律问题的解释（一）》第二条、第二十三条、第二十四条等对此种情形予以了规定，基本确立了同类型案例的裁判原则。名实不符的另一种类型，则表现为当事人之间仅签订了一份合同文本，交易链条拉长，权利义务主体分散进入不同的交易环节，意思表示与合同文本的分离；比如本案中所涉及的典型的名为买卖、实为借贷的融资性贸易案件。

本所作为被告 YM 公司的代理人，首先面临的巨大压力来自彼时的同类型案例大多对 YM 公司不利，本案原告 YF 公司在起诉被告 YM 公司之前，已经拥有类似案件的胜诉经验；而本案被告 YM 公司却有类似案件的败诉经历。

与本案类似的名实不符的案件，关键在于对"真实意思表示的认定"。尤其对于存在多个交易环节的贸易链条，整体真实交易目的的认定，需要审慎突破合同相对性。

本案当中，向法庭呈现完整的循环贸易链条从而证明买卖并非真实交易至关重要，但又殊为不易，且 YM 公司本身对整个闭环的贸易链条也并不清楚。代理律师在对案情进行综合研判、反复考量的基础上，确立基本的诉讼策略和抗辩思路，步步为营，层层推进，并根据案件进展情况予以调整，并及时申请追加相关主体作为案件第三人，最终使整个案件事实真相大白，水落石出。

首先，YM 公司提了分别与 YF 公司和 A 公司之间的款项来往流水单，从相应款项一进一出的短暂间隔时间，可以说明 YM 公司仅仅是负责将 A 公司支付的款项代为转付给 YF 公司，三者之间不存在煤炭买卖的事实。此时，YF 公司为了说明其出售给 YM 公司的煤炭真实存在，向法庭提交了其与 C 公司之间的买卖合同等一套资料，以试图说明其是将向 C 公司购买的货物转卖给了 YM 公司，交易是真实的；其次，当法庭追加 A 公司和 C 公司作为本案第三人时，C 公司又提交了其与 B 公司之间的买卖合同等一套资料；再次，当法庭依法追加 B 公司为案件第三人后，B 公司向法庭提交了其与 A 公司之间的买卖合同等一套资料；最后，YM 公司将其业务员与 YF 公司业务员的 QQ 通话记录全程办理了公证，并进行详细的梳理，充分证明整个交易的策划、设计以及每一个环节的把控均是由 YF 公司和 A 公司负责。特别值得一提的是，证明合同各方并无实货交付是本案重要的一环。为证明此点，代理律师就特定时间段是否存在 YF 公司所主张到港货物，申请法庭前往秦皇岛港进行了调查，结果证明并未发生过 YF 公司主张的作业事宜。至此，案件真相大白，结合整个交易过程中 YF 公司的获益情况及 A 公司的亏损情况，本案名为买卖、实为借贷，各方的真实意思表示得以认定。一审法院先后经过多次开庭审理，查明相关事实，采信了本所律师的代理意见，驳回了原告的诉讼请求。

本案另一个关键在于查明事实之后，各方民事法律关系的认定，到底是买卖合同关系还是融资借贷关系。民事法律关系的认定，直接关系到各方权利义务的界定，而类似问题在司法实践中长期以来具有较大的分歧。

首先，买卖合同关系的法律特征一定是出卖人转移标的物的所有权于买受人，买受人支付价款；出卖人应当履行向买受人交付标的物或者交付提取标的物的单证，并转移标的物所有权的义务。其次，案涉 A 公司作为以取得利润并分配给股东等出资人为目的成立的营利法人，其如果进行正常的买卖交易，必然是以取得利润为目的，正如俗话所说"亏本的买卖不能做"。再次，结合本案中 A 公司高价买入、低价卖出，与其他各方当事人形成一闭合性贸易链条，可以看出 A 公司作为买卖合同的当事人违背基本商业逻辑，其买卖的意思表示不真实。最后，根据《民法总则》第一百四十六条的规定，"行为人与相对人以虚假的意思表示实施的民事法律行为无效。以虚假的意思表示隐藏的民事法律行为的效力，依照有关法律规定处理"，结合各方缔约背景、交易目的、交易结构、履行行为以及当事人是否存在虚构交易标的等事实，认定各方当事人之间的实际民事法律关系为隐藏在贸易外观下的融资借贷法律关系，进而确定了各方的权利义务及责任承担。

四、裁判结果

（一）裁判结果

本案一审法院判决如下：一、A 公司与 B 公司之间的四份《煤炭销售合同》无效，B 公司与 C 公司之间的四份《煤炭销售合同》无效，C 公司与 YF 公司之间的四份《煤炭采购合同》无效、YF 公司与 YM 公司之间的四份《煤炭销售合同》无效，YM 公司与 A 公司之间的四份《煤炭销售合同》无效；二、YM 公司返还 YF 公司款项 221.92 万元；三、C 公司返还 YF 公司款项 16.7 万元；四、

B 公司返还 YF 公司款项 25.05 万元；五、驳回 YF 公司的其他诉讼请求。

一审判决后，YF 公司不服，上诉到最高人民法院。最高人民法院经审理认为 YF 公司的上诉理由和上诉请求均不能成立，应予驳回；一审判决裁判结果正确，应予维持。

（二）案例亮点

本案自 2017 年 11 月 YF 公司提起诉讼以来，直到 2022 年 6 月最高人民法院送达二审判决书，共经历了四年多的时间，这期间《民法总则》于 2017 年 10 月 1 日开始实施，随后《民法典》又于 2021 年 1 月 1 日开始实施。《民法总则》第 146 条的具体适用，亦伴随着司法实践的不断发展而逐渐落地。某种意义上说，本案审理的过程，正是司法实践对《民法总则》第 146 条（也就是《民法典》第 146 条）的理解与适用不断深化和发展的过程。

令本案代理律师深感欣慰的是，代理律师最终不仅成功让一、二审法院接受本案合同属于名实不符的情形，是名为买卖、实为借贷的观点，全面驳回了原告 YF 公司的诉讼请求，有力维护了客户 YM 公司的合法权益，而且 2023 年 12 月最高人民法院民二庭、研究室编著出版的《最高人民法院民法典合同编通则司法解释理解与适用》一书中，对《最高人民法院关于适用〈中华人民共和国民法典〉 合同编通则若干问题的解释》（下称《民法典合同编通则司法解释》）第十五条进行具体阐释时，该书第 186 页直接引用了本案作为典型案例。

同时在该书的《合同法律适用应当把握的思维方法——以〈民法典合同编通则解释〉为中心（代序）》中，明确谈到"合同法适用中的辩证思维"，其中在该书第 19 页有关"'透过现象看本质'的司法运用"内容，以审理与本案同类型的循环贸易纠纷涉及走单不走货等情形为例，提出"人民法院要有担当，合理运用穿透思维，依据《民法典》第 146 条第 1 款认定当事人以虚假意思表示订立的合同无效，再根据该条第 2 款认定被隐藏合同的效力。不能仅从形式上判断当事人之间的法律关系，而应当从实质上把握当事人之间的权利义务关系"。

2023 年 12 月 5 日实施的《民法典合同编通则司法解释》第十五条规定："人民法院认定当事人之间的权利义务关系，不应当拘泥于合同使用的名称，而应当根据合同约定的内容。当事人主张的权利义务关系与根据合同内容认定的权利义务关系不一致的，人民法院应当结合缔约背景、交易目的、交易结构、履行行为以及当事人是否存在虚构交易标的等事实认定当事人之间的实际民事法律关系。"不难看出，这一条文的规定，正是本案 YF 公司与 YM 公司等买卖合同纠纷案件的高度概括。

换言之，也正是本案与其他名实不符的同一类型合同纠纷案件，在某种意义上共同推动最高人民法院出台了这一条文，正式以司法解释的形式确立了这一类型案件的裁判规则。

某液化天然气有限公司与某设备有限公司合同纠纷案

——生效判决认定买卖合同货款后能否另行提起诉讼追究违约责任

刘景明*

一、案情介绍

2011年1月9日，某液化天然气公司与某设备公司签订《某液化天然气有限公司LNG 2台3 000 m³储罐项目承建合同》，由某设备公司承建2台LNG储罐项目，约定合同总价为1 219万元，工期为用户基础、验收合格并三通一平具备安装施工条件后90天内完成（雨天除外），并必须由甲方出具证明当天天气状况方可认可，如工程延期，每延期一天应缴纳合同金额0.5%的违约金。合同还对工程验收、违约责任等其他事项作了相关约定。此外，双方还签订了几份《低温液体运输半挂车定作合同》。上述合同所涉及的储罐项目于2011年7月20日正式开工，2012年9月15日安装完毕并交付某液化天然气公司，于2012年12月19日投入使用。2015年，某设备公司收到某液化天然气公司的《往来询证函》，某液化天然气公司确认截至2015年4月30日尚欠某设备公司应付账款

---

* 上海市锦天城律师事务所高级合伙人。

4 896 839.01 元，并要求某设备公司予以复核账目并及时函复。2015 年 5 月 19 日，某设备公司在该询证函上盖章确认。

2017 年 6 月 26 日，某设备公司向某区人民法院提起诉讼，请求某液化天然气公司支付货款及逾期付款利息。2017 年 8 月 24 日，某区人民法院作出一审民事判决，判决某液化天然气公司支付货款 5 513 839 元及逾期付款利息。

2020 年 1 月，某液化天然气公司向某市中级人民法院申请再审，再审申请理由为：1. 某液化天然气公司于 2019 年 12 月发现新证据另案生效判决，该案为某设备公司与某建设集团公司纠纷，该生效判决中确认了某液化天然气公司代某设备公司向某建设集团公司支付工程款的事实，某设备公司也因某液化天然气公司的代付而在其应向某建设集团公司支付的款项中扣除了代付款项。原审判决中，某液化天然气公司提出该代付款项主张及相关证据后，某设备公司故意隐瞒证据、作虚假陈述，隐瞒并否认某液化天然气公司已代某设备公司向施工单位支付工程款的事实。事实上，在该案开庭时，某设备公司已收到生效判决书，该判决书对上述事实作出了认定，但某设备公司对此故意隐瞒并且故意否认申请人提交的证据。在此情形下，原审判决认定的事实与此前已生效的法律文书相互矛盾。因某设备公司故意隐瞒导致原审判决认定事实错误，现有新的证据可以证明上述错误情形，新证据足以推翻原判决；2. 某设备公司未按合同约定工期按时完成储罐项目承建工作，存在严重的违约行为。开工报告以及竣工验收报告显示证明，该项目于 2011 年 7 月 20 日正式开工，2012 年 9 月 15 日安装竣工，工期达 424 天，严重超出合同约定工期 334 天，按合同约定某设备公司应付违约金：1 219×0.5%×334=2 045.73 万元。申请人在一审庭审中已提出抗辩，某设备公司没有按照合同约定的工期按时完成储罐承建工作，给申请人造成了很大的经济损失。原判决认定某设备公司已按约履行完合同义务，某液化天然气公司作为违约方应支付相应金额货款的基本事实缺乏证据证明；3. 一审法院将某液化天然气公司与某设备公司于 2011 年 1 月 9 日签订的《某液化天然气公司 LNG 2 台 3 000 m³ 储罐项目承建合同》的合同性质认定为买卖合同，并直接适用买卖合同的相关法律规定存在错误。某液化天然气公司与某设备公司签订的《某液化天然气公司 LNG 2 台 3 000 m³ 储罐项目承建合同》应为建设工程施工合同，应适用建设工程施工合同的相关法律规定，原审中将合同定性为买卖合同并适用买卖合同的相关法律规定属于明显的法律适用错误，该案管辖应为专属管辖，原审判决未移送管辖存在错误。

2020 年 6 月 10 日，某市中级人民法院作出民事裁定书，裁定对本案再审并提审。

2020 年 10 月 19 日，某市中级人民法院作出再审民事判决，将某液化天然气公司代付的工程款从应付货款中予以扣除。

2021 年 1 月 20 日，某液化天然气公司以某设备公司为被告向项目所在地人民法院提起合同纠纷诉讼，诉讼请求为：1. 某设备公司向某液化天然气公司支付工期延误违约金；2. 某设备公司向某液化天然气公司支付其他违约金；3. 本案诉讼费用由某设备公司承担。主要事实及理由为：根据《工程开工报审表》《开工报告》《工程交工证书》以及《产品合格证》证实，案涉项目于 2011 年 7 月 20 日正式开工，2012 年 9 月 15 日进行交工，工期超过 424 天，严重超出合同约定工期。由于某设备公司单方原因造成工期严重延误，给某液化天然气公司造成巨大损失，某设备公司应当依约承担工期延误的违约责任。此外，案涉合同约定某设备公司应提供驻地跟班服务及提供备品备件及更换等维修服务，某设备公司未按照该约定履行其义务，应当承担违约责任。某设备公司认为：1. 涉案工程已经双方结算，某液化天然气公司在结算后再就本案工程结算前的违约行为提出索赔主张不应得到支持。根据某市中级人民法院再审判决书，某液化天然气公司在结算时没有提出相关索赔主张或声明保留，完成工程价款结算后又以双方之前存在的违约行为提出索赔主张，依法应不予支持；2. 本案已超过诉讼时效。本案工程完工日期为 2012 年 9 月 15 日，根据当时法律关于时效的规定，某液化天然气公司主张工期延误及其他违约赔偿的最后期限为 2014 年 9 月 14 日。因此，本案诉讼时效已过，依法不应支持；3. 某液化天然气公司诉称工期延期 334 天不符合事实，案涉项目开工时未完成三通一平，只能部分施工。并且，2011 年 7 月 20 日至 2012 年 9 月 15 日期间，雨雪天气共计 191 天，该 191 天应从总工期中扣除；4. 某液化天然气公司请求违约金过高。

一审判决认为案涉项目超过工期 334 天，某液化天然气公司主张工期延误违约金未违反法律规定，应予支持。关于工期诉讼时效问题，某液化天然气公司在某区人民法院另案中提出了工期违约抗辩，但该院认为某液化天然气公司未提起反诉，因此所涉工期问题及后果在该案中不予审理与处理，该另案再审判决于2020年10月19日作出，某设备公司关于诉讼时效已过的主张不予采纳。某液化天然气公司主张的其他违约金未提供相应证据，不予支持。

某液化天然气公司、某设备公司均不服一审判决，提起上诉。二审判决认为原审对于以下事实未予查清：1. 本案是否超过诉讼时效；2. 在案涉项目施工过程中，是否存在因雨天不能施工的情况；3. 某设备公司是否按照合同约定向某液化天然气公司提供了3年驻地跟班保证运行服务及3年备品备件，是否存在违约行为。原审认定基本事实不清，裁定撤销原审判决、发回重审。

重审一审判决认为：1. 按合同约定，雨天除外的日期应由某液化天然气公司认可，某设备公司主张的191天雨雪天气未经某液化天然气公司认可；2. 某设备公司确存在工期延误行为，超过工期334天，根据合同约定应当支付工期延误违约金，某液化天然气公司主张的工期延误违约金未违反双方的约定及法律规定，应予支持；3. 案涉工程于2012年9月15日交付，某设备公司仍然应向某液化天然气公司免费提供三年驻地跟班保证运行服务，免费提供三年备品备件至2015年9月15日止，在某区人民法院案件审理期间（2017年6月26日—2017年8月24日）、某市中级人民法院再审案件审理期间（至2020年10月19日），诉讼时效中断，某液化天然气公司于2021年1月20日提起诉讼没有超过法定诉讼时效；4. 某液化天然气公司未提供证据证明某设备公司未履行驻地跟班服务、提供备品备件及更换等违约服务给某液化天然气公司造成了相应的损失，对该其他违约金不予支持。

重审二审、再审维持重审一审判决，某设备公司应当向某液化天然气公司支付工期违约金。

二、争议焦点

本案主要争议焦点如下：

（1）本案在某区人民法院就买卖合同纠纷作出一审判决后，某液化天然气公司当时并未提起上诉，某液化天然气公司是否有权申请再审；

（2）本案一审判决于2017年8月24日作出，某液化天然气公司于2020年再向法院申请再审是否已超过法定期限；

（3）某液化天然气公司在一审中未就某设备公司工期违约责任提出反诉，其在再审中是否有权就此提出主张，再审应否就此审理与处理；

（4）因双方当时已经对账确认了货款欠付金额，且某液化天然气公司在对账时未就工期违约责任主张权利，因此某液化天然气公司能否再向某设备公司主张工期违约责任；

（5）某液化天然气公司提起工期延误等违约责任诉讼是否超过诉讼时效；

（6）本案涉及 LNG 储罐项目，属于特种设备安装工程，本案是否适用专属管辖，在当事人未提起管辖权异议的情况下，法院是否应依职权移送管辖；

（7）某液化天然气公司在一审过程中未提出管辖异议，一审法院未移送管辖，再审中提起管辖异议法院是否应予以受理；

（8）某液化天然气公司是否有权另案提起诉讼就案涉项目向某设备公司主张承担违约责任。

三、法律分析

关于某液化天然气公司是否有权就买卖合同纠纷提起再审问题。根据《最高人民法院关于适用〈中华人民共和国民事诉讼法〉的解释》第三百八十三条：当事人申请再审，有下列情形之一的，人民法院不予受理：（一）再审申请被驳回后再次提出申请的；（二）对再审判决、裁定提出申请的；（三）在人民检察院对当事人的申请作出不予提出再审检察建议或者抗诉决定后又提出申请的。目前尚无法律明确规定申请再审必须经过上诉。但是根据《民事诉讼法》第一百六十四条第一款规定："当事人不服地方人民法院第一审判决的，有权在判决书送达之日起十五日内向上一级人民法院提起上诉。"第一百六十八条规定："第二审人民法院应当对上诉请求的有关事实和适用法律进行审查。"据此，两审终审制是我国民事诉讼的基本制度。当事人如认为一审判决错误的，应当提起上诉，通过二审程序行使诉讼权利。即当事人首先应当选择民事诉讼审级制度设计内的常规救济程序，通过民事一审、二审程序寻求权利的救济。再审程序是针对生效判决可能出现的重要错误而赋予当事人的特别救济程序。如在穷尽了常规救济途径之后，当事人仍然认为生效裁判有错误的，其可以向人民法院申请再审。对于无正当理由未提起上诉且二审判决未改变一审判决对其权利义务判定的当事人，一般不应再为其提供特殊的救济机制。本案由于某设备公司隐瞒足以导致原审判决错误的新证据，且因某设备公司隐瞒该新证据造成生效判决出现相互矛盾，因此在法律未明确规定未经上诉不能申请再审的情况下，应当赋予某液化天然气公司申请再审的权利。

关于某液化天然气公司就买卖合同纠纷申请再审是否已超过法定期限问题。根据《中华人民共和国民事诉讼法》第二百条规定，"当事人的申请符合下列情形之一的，人民法院应当再审：（一）有新的证据，足以推翻原判决、裁定……"第二百零五条规定，"当事人申请再审，应当在判决、裁定发生法律效力后六个月内提出；有本法第二百条第一项、第三项、第十二项、第十三项规定情形的，自知道或者应当知道之日起六个月内提出"。原审判决中，某设备公司故意隐瞒证据，隐瞒并否认某液化天然气公司已代某设备公司向某建设集团公司支付工程款的事实。事实上在开庭时，某设备公司已取得生效判决，判决对上述事实作出了认定，但某设备公司对此故意隐瞒并且故意否认申请人提交的证据。在此情形下，原审判决认定的事实与此前已生效的法律文书相互矛盾。因某设备公司故意隐瞒，原审判决认定事实错误。某液化天然气公司后来才知晓该份判决，该份判决属于新证据，自某液化天然气公司知道该份判决至提起再审时未超过六个月的法定期限。

关于某液化天然气公司在一审中未就某设备公司工期违约责任提出反诉，再审应否就此审理与处理相关主张问题。根据《最高人民法院关于审理建设工程施工合同纠纷案件适用法律问题的解释（一）》第十六条规定："发包人在承包人提起的建设工程施工合同纠纷案件中，以建设工程质量不符合合同约定或者法律规定为由，就承包人支付违约金或者赔偿修理、返工、改建的合理费用等损失提出反诉的，人民法院可以合并审理。"根据《最高人民法院建设工程施工合同司法解释（二）理解与适用》相关规定，双方当事人在合同中明确约定可直接将工程质量违约金或赔偿金从应付工程款中予以扣减，原告也同意在本诉中根据双方约定直接抵扣的，法院可以在本诉中一并处理，将被告的该主张视为抗辩，无须再提起反诉。因此，对于工期违约金司法实践中一般认为需通过反诉的形式主张，在原审过程中当事人未提起反诉主张工期违约金，再审过程中一般不予审理及处理。但本案在原一审中，某液化天然气公司提出了工期违约抗辩，因人民法院未予审理与处理，因此某液化天然气公司可另行起诉主张。

关于双方之间对账是否影响某天然气另行向某设备公司主张工期违约责任等问题。在双方未对工程进行双向结算，双方未对违约方应当承担的违约责任以及违约责任的承担方式达成一致的情况下，一方有权向另一方主张违约损害赔偿责任。即使双方已经完成工程结算，若在对工程有关款项进行结算时，未涉及逾期竣工等违约行为造成损失的内容，只是对已完成工程量进行确认，双方未对违约方应当承担的违约责任以及违约责任的承担方式达成一致，一方并没有放弃追究违约方的违约责任，违约方对造成该损失负有过错责任，在结算后另一方有权向违约方主张承担该损失赔偿责任。本案中，询证函上明确载明"本函仅为复核账目之用，并非催款结算"，且某液化天然气公司并未明确表明放弃追究某设备公司违约责任，民事权利的放弃必须采取明示的意思表示才能发生法律效力。因此，某液化天然气公司仍有权某设备公司主张工期违约责任。

关于某液化天然气公司提起工期延误等违约责任诉讼是否超过诉讼时效问题。案涉工程因某设备公司逾期完工且未按合同约定向某液化天然气公司提交竣工验收资料导致工程一直未能进行竣工验收，某设备公司亦未提交工程结算资料，因双方对工程款仍未进行双向结算、违约金的数额亦未确定。且某设备公司的交工时间为2012年9月15日，某设备公司承诺在工程交付后提供3年的驻地跟班保证运行服务和备品备件等服务还未实际履行，截至询证函出具时（2015年5月19日）还未届合同义务履行届满期（即2012年9月15日），某设备公司对于该部分的违约责任在2012年9月15日前还不能最终确定，这进一步说明双方并未就案涉工程进行最终的双向结算，只有完成双向结算且履行期限届满时诉讼时效才开始起算。且案涉合同中第十五条中也有明确规定，"乙方未按照本合同的约定履行维修服务的，甲方有权委托第三方进行维修，维修费用及迟延维修给甲方造成的损失由乙方承担，甲方有权从应付乙方的货款中直接扣除"，该约定也表明在某设备公司违约的情形下某液化天然气公司有拒付货款的权利，某液化天然气公司也因此未支付全部工程款，某液化天然气公司在向某设备公司发送的函件中明确表示因某设备公司违约而拒付款项，因而某液化天然气公司拒付款项是对某设备公司延误工期等违约行为的抗辩，亦为要求某设备公司支付违约金的主张，该行为直至双方进入诉讼程序。因此，双方尚未就某设备公司违约责任索赔等事项达成一致，对于某液化天然气公司在扣除某设备公司应承担的违约金之后最终应当支付的价款未达成一致，双方未进行双向最终结算，本案诉讼时效应当自完成双向结算且履行期限届满时诉讼时效才开始起算。

此外，某设备公司主张的货款以及某液化天然气公司主张的工期等违约问题系基于同一合同产生，不应将双方的诉讼时效分别计算。从有利于实现合同目的方面看，某液化天然气公司主张工期延误等违约责任的诉讼时效应与某设备公司请求支付工程款的诉讼时效相一致。在另案某液化天然气公司与某设备公司买卖合同纠纷一案中，某液化天然气公司就某设备公司未能按照合同约定完成案涉储罐安装事宜已经提出工期违约的抗辩，该抗辩构成诉讼时效的中断，且该案生效判决认定某液化天然气公司可另行主张某设备公司违约责任。因此，在认定某设备公司主张货款未超过诉讼时效且某液化天然气公司在诉讼中明确就其违约行为提出抗辩的情况下，某液化天然气公司请求某设备公司承担违约责任的诉讼时效已经中断，某液化天然气公司请求某设备公司承担违约责任并未超过诉讼时效。

关于本案是否适用专属管辖以及在当事人未提起管辖权异议的情况下，法院是否应依职权移送管辖问题。从案涉储罐承建合同及技术协议约定内容来看，包含了工程承包范围、质量及技术标准、工程工期及竣工验收等相关事项，其内容均属建设工程施工合同内容，案涉储罐项目承建工程除建设单位和承包单位外，还涉及设计单位、监理单位，案涉纠纷确系建设工程施工合同纠纷。此外根据《中华人民共和国建筑法》以及《建设工程质量管理条例》规定，本案的涉案储罐安装工程是属于特种设备安装工程，应为建设工程施工合同纠纷。本案合同内容虽然包括了买卖及储罐安装工程两方面内容，但是特种设备安装属建设工程合同类，依法应属不动产专属管辖。专属管辖因素无论其在合同中占比大小，诉讼管辖均不得违反专属管辖的规定。根据《中华人民共和国民事诉讼法》第三十三条、第一百二十七条以及第三十六条等相关规定，建设工程合同类纠纷依法应属不动产专属管辖，不论原、被告是否提出异议，人民法院应主动审查，诉讼管辖均不得违反专属管辖的规定。某区人民法院对本案纠纷无管辖权。根据《最高人民法院关于适用〈中华人民共和国民事诉讼法〉的解释》第三百三十一条规定："人民法院依照第二审程序审理案件，认为第一审人民法院受理案件违反专属管辖规定的，应当裁定撤销原裁判并移送有管辖权的人民法院。"因此，本案应当撤销原审判决，并将案件移送案涉项目所在地人民法院。某液化天然气公司向项目所在地人民法院提起诉讼，主张工期违约索赔等，项目所在地人民法院认可本案适用专属管辖并受理本案，后续二审、再审法院也均认可本案适用专属管辖。

关于某液化天然气公司在一审过程中未提出管辖异议，一审法院未移送管辖，再审中提起管辖异议法院是否应予以受理问题。根据《最高人民法院关于适用〈中华人民共和国民事诉讼法〉审判监督程序若干问题的解释》第三十八条，"人民法院按照第二审程序审理再审案件，发现原判决认定事实错误或者认定事实不清的，应当在查清事实后改判。但原审人民法院便于查清事实，化解纠纷的，可以裁定撤销原判决，发回重审；原审程序遗漏必须参加诉讼的当事人且无法达成调解协议，以及其他违反法定程序不宜在再审程序中直接作出实体处理的，应当裁定撤销原判决，发回重审"。在原判决存在认定事实不清、认定事实错误且严重违反法定程序的情形下，应当依法发回重审适用一审程序审理，而又因原审法院为无管辖权的法院，此种情形下应当裁定撤销原判决，将本案移送案涉项目所在地人民法院。

关于某液化天然气公司是否有权另案提起诉讼就案涉项目向某设备公司主张承担违约责任问题。某液化天然气公司与某设备公司买卖合同纠纷一案中，某液化天然气公司提出某设备公司存在延期完工等违约情形，某区人民法院作出的《民事判决书》明确对于所涉工期问题及后果事宜，该案中不予审理与处理，某液化天然气公司可另行主张权利。某液化天然气公司不服该判决，向某市中级人民法院申请再审，根据《最高人民法院关于适用〈中华人民共和国民事诉讼法〉的解释》第四百零五条第一款之规定，"人民法院审理再审案件应当围绕再审请求进行。当事人的再审请求超出原审诉讼请求的，不予审理；符合另案诉讼条件的，告知当事人可以另行起诉"，因此，某市中级人民法院再审审理的范围并未且不能超过原审诉讼请求，再审应当在原审基础上进行审查，原审并未涉及某设备公司工期延误等违约情况，再审也未就此进行审理。并且，某市中级人民法院作出再审《民事判决书》，除撤销原审判决第一项、第三项（即将已代付工程款从货款中减除）外，其他内容予以维持，原审判决未被撤销的部分仍为有效，而原审判决认定某液化天然气公司可就工期问题等事项另行主张权利。因此，某液化天然气公司依据原审判决向项目所在地人民法院另行起诉某设备公司违约事宜，符合法律规定。

四、裁判结果

（一）裁判结果

2020 年 6 月 10 日，某市中级人民法院作出《民事裁定书》，裁定对该案再审并提审，2020 年 10 月 9 日作出《民事判决书》，撤销了部分原判决，支持了某液化天然气公司部分再审请求。之后，针对未支持的再审请求部分某液化天然气公司另案提起诉讼，项目所在地人民法院于 2021 年 5 月 13 日作出《民事判决书》，判决某设备公司向某液化天然气公司支付工期违约金。某设备公司提起上诉，二审法院于 2021 年 7 月 7 日作出《民事裁定书》，将本案发回重审。2021 年 12 月 27 日，重审一审法院作出《民事判决书》，判决某设备公司向某液化天然气公司支付工期违约金。某设备公司提起上诉，重审二审法院于 2022 年 4 月 29 日作出《民事判决书》，判决驳回上诉，维持原判。之后，某设备公司向某省高级人民法院申请再审，某省高级人民法院于 2022 年 9 月 26 日作出《民事裁定书》，裁定驳回某设备公司的再审申请。

（二）案例亮点

本纠纷属疑难复杂案件，历经广西、项目所在地法院两次再审，其中另行起诉的案件历经一审、二审、重审一审、重审二审、再审程序，历时近三年，涉及广西、项目所在地基层法院、中院、高院等多个司法机关。本案第一次向某市中级人民法院申请再审时面临申请再审已过法定期限、一审未上诉的案件申请再审人民法院一般不予受理、再审能否提出管辖权异议、再审能否反诉、案涉工程在结算后是否可另行就违约行为主张索赔、主张违约责任已过诉讼时效、案涉工程工期该如何计算等多方面的问题。在前期已考虑到前述可能出现的种种问题和障碍下，通过制定相应的应对策略，尽管再审未支持某液化天然气公司的全部再审请求，但是已为某液化天然气公司接下来赴项目所在地人民法院另案提起诉讼打下了良好的基础。某液化天然气公司在某市中级人民法院再审时提起反诉，对后续合同违约纠纷案件的最终胜诉起到积极和关键性的作用，案件历经复杂诉讼程序最终人民法院均支持了某液化天然气公司的大部分诉讼请求，维护了当事人的合法权益、维护了社会的公平正义，也为化解重大矛盾纠纷、维护社会稳定作出了重大贡献。

某液化天然气公司在当地投资建设经营 LNG 储备站列入了当地十大民生重点项目，该储备站为城市储气调峰的重要配套设施，关系到民生的大型重点工程，特殊时期可作为应急保供和调峰气源使用，多次在当地液化天然气紧张的情况下发挥其重要作用，为当地天然气的稳定供应提供保障，某液化天然气公司对稳定当地天然气供应和保障民生具有重要作用。某液化天然气公司为保民生已付出巨大的努力。本案的最终胜诉为解决某液化天然气公司的困境及后续生存问题发挥了重要的作用，是法律护航民生、维护社会稳定的典型案例。

代表世界 500 强某央企与湖北某省属国企关于高速公路建设工程合同应诉案

—— 行政审计结论是否影响双方结算协议的效力？

刘景明[*]

一、案情介绍

2014 年上半年，世界 500 强某央企 Z 企业与湖北某省属国企 J 企业签订施工合同，由 Z 企业承包监利至江陵高速公路项目第二标段土建工程（以下简称"案涉工程"）。案涉工程于 2014 年 6 月 24 日开工，2016 年 12 月交工，双方于 2019 年 12 月办理了竣工结算，其中清单结算报表载明，借土（砂）超运和水运方案借砂超运距两个项目的工程结算（变更后）金额合计 56 932 330 元，J 企业已支付完毕超运距工程款。2020 年 6 月，某省审计厅对案涉工程进行审计并于 2020 年 11 月 25 日出具《审计报告》，在《审计报告》的审计查明主要问题和处理意见中载明"审计发现，设计院清单、咨询单位初审清单、指挥部审定的招标清单中，借土（砂）超运子目暂定工程量均为空包。四个土建标段施工单位

_____

* 上海市锦天城律师事务所高级合伙人。

无施工时报监理单位的取砂场及超运距工程量相关资料、办理工程计量和结算时，指挥部与监理单位、施工单位后补料源地变更和运距核定等两份会议纪要。经核实，四个施工单位所用青砂均为商品砂，系供货商送货上门。"并明确指出，以上行为不符合土建招标文件及合同相关约定，要求被审计单位某省交通投资集团有限公司应查明 J 企业联合监理及施工单位弄虚作假原因，界定有关人员责任，据实扣减工程款。

2022 年 4 月 21 日，J 企业向监利市人民法院提起诉讼，请求 Z 企业返还工程款 55 931 800 元及利息，共计约 6 000 万元。J 企业认为根据招投标文件、补遗书及施工合同中项目专用条款约定："借土（砂）超运按监理人核实的超运距离和土方量，以立方米 . 公里计量。本子目计价范围仅包含 204 章节 204-1-b 和 204-1-k 子目中借土填筑、借砂填筑方量。超运距离为经监理人核准的取土场运至各段路基中心桩号距离超出 5 km 部分，取砂场运至各段路基中心桩号距离超出 20 km 部分，此工程量以暂定数量列入 204-1-1 子目进行计量。若未经监理人批准，承包人自行选择取土（砂）场时，运距不论远近均为免费运距。取土（砂）运距费用应根据实际工程量据实结算。"Z 企业施工过程中，青砂超运距工程量发生前取砂场未经监理人批准，依约前述青砂超运距离均为免费运距，不应记取超运距工程量，也不应予以计量和支付。另外，根据 J 企业核实情况，Z 企业案涉工程所用青砂均为商品砂，由供货商送货上门，故不论是否存在超运距情况，其超运距均未产生额外费用，不得记取超运距工程款。

本团队接受委托代表 Z 企业进行应诉。一审审理过程中，历经数次庭审，一审法院曾以本案必须以另一案的审理结果为依据，而另一案尚未审结为由，裁定中止审理。最终，经审理，一审法院驳回了 J 企业全部诉讼请求。J 企业不服一审判决提起上诉，最终二审法院作出裁判文书维持了一审判决。本案历经多次庭审，其间人民法院裁定中止审理，历时一年多，Z 企业最终获得全面胜诉。

二、争议焦点

本案主要争议焦点如下：

（1）审计机关做出的审计报告是否影响双方结算协议的效力？

Z 企业与 J 企业已经就案涉工程完成最终结算并就案涉争议超运距工程款支付完毕，但是某审计厅就案涉工程进行审计后认为不符合土建招标文件及合同相关约定，要求 J 企业查明情况并据实扣减工程款，J 企业据此提起诉讼要求 Z 企业返还工程款，因此行政审计报告是否会影响结算效力是本案的关键性问题。

（2）案涉青砂超运距是否实际发生，双方就青砂超运距进行了结算是否有依据？

本案 J 企业诉请返还的工程款即为青砂超运距工程款，因此，案涉工程青砂料源地是否实际发生变更并由此导致实际增加运距工程量是本案需要论证的重要事实问题。如果案涉青砂确为商品砂，即由供货商送货上门，在此情形下能否再计取超运距费？

（3）是否应对案涉超运距工程量进行鉴定？

建设工程合同纠纷案件中，如双方对工程价款未能达成一致，则法院一般会根据一方申请对工程造价进行鉴定。本案审理过程中，J 企业以审计报告认定的相关事实向法院申请就超运距工程量进行鉴定，但是双方此前已经就工程款进行结算，对此法院是否应准许鉴定申请也是本案争议的焦点之一。

三、法律分析

（一）关于审计机关作出的审计结论是否影响双方结算协议的效力问题

1. 双方合同中未明确约定以审计结论作为结算依据，审计结论是否影响双方结算协议的效力。

根据《最高人民法院关于建设工程承包合同案件中双方当事人已确认的工程决算与审计部门审计的工程决算价款不一致时如何适用法律问题的电话答复意见》（〔2001〕民一他字第 2 号），"审计是国家对建设单位的一种行政监督，不影响建设单位与承建单位的合同效力。建设工程承包合同案件应以当事人的约定作为法院判决的依据。只有在合同明确约定以审计结论作为结算依据或者合同约定不明确、合同约定无效的情况下，才能将审计结论作为判决的依据"。另根据《最高人民法院关于人民法院在审理建设工程施工合同纠纷案件中如何认定财政评审中心出具的审核结论问题的答复》(〔2008〕民一他字第 4 号),"财政部门对财政投资的评定审核是国家对建设单位基本建设资金的监督管理,不影响建设单位与承建单位的合同效力及履行。但是,建设合同中明确约定以财政投资的审核结论作为结算依据的,审核结论应当作为结算的依据"。2015 年 5 月,《全国民事审判工作会议纪要》第四十九条规定:"依法有效的建设工程施工合同,双方当事人均应依约履行。除合同另有约定,当事人请求以审计机关作出的审计报告、财政评审机构作出的评审结论作为工程价款结算依据的,一般不予支持。"2017 年 6 月 5 日,全国人大常委会法工委作出《关于对地方性法规中以审计结果作为政府投资建设项目竣工结算依据有关规定提出的审查建议的复函》(法工备函〔2017〕22 号),该复函否定了地方性法规中有关"以政府审计为准"规定的合法性,即在没有合同约定的情况下,发包人及地方法院不得"以政府审计为准"的要求作为工程结算的依据。2020 年 9 月 1 日,国务院实施的《保障中小企业款项支付条例》第十一条规定:"机关、事业单位和国有大型企业不得强制要求以审计机关的审计结果作为结算依据,但合同另有约定或者法律、行政法规另有规定的除外。"最高人民法院相关案例的裁判要旨亦认为审计是国家对建设单位的一种行政监督,不影响建设单位与承建单位的合同效力。建设工程承包合同案件应以当事人的约定作为法院判决的依据。从前述政策性文件、最高院指导性意见可以看出,政府审计部门对工程项目资金的审计行为,不影响发包人和承包人之间施工合同的履行。政府审计与工程决算不存在必然的联系,若发包人与承包人在施工合同中没有明确约定以"审计结论"作为结算依据,审计部门的审计结论并非当事人结算的法定依据。审计结论不影响双方结算协议的效力。

本案中,发包人主张工程款超付的依据为某省审计厅派出审计组对某高速公路建设项目进行审计而出具的《审计报告》,但根据案涉合同约定,案涉工程的结算程序为承包人向监理人提交结算申请单,由监理人在核查之后发送发包人审核,案涉工程的结算未约定以行政审计结论作为工程结算依据。

此外,审计报告中所依据的《建设项目审计处理暂行规定(审投发〔1996〕105 号)》(以下简称《暂行规定》)已经废止。2020 年 11 月 20 日某省审计厅出具审计报告,但是 2020 年 10 月 9 日,审计署、国家发展和改革委员会、财政部、住房和城乡建设部、国家市场监督管理总局五部门联合印发了《关于废止建设项目审计处理暂行规定的决定》，正式废止《建设项目审计处理暂行规定》。国家审计署固定资产投资审计司司长公开发文《公共投资审计法治化建设的重要举措——深刻认识五部门联合印发〈关于废止建设项目审计处理暂行规定的决定〉的法治意义》，该文认为废止暂行规定是投资审计法治建设中的一件大事，标志着《暂行规定》完成了它的使命，揭开了投资审计法治建设的新篇章。《暂行规定》制定出台的 1996 年，正值我国社会主义市场经济体制建立初期，在社会经济蓬勃发展的同时，对规范市场竞争和健全法规也提出了新要求。随着社会主义市场经济不断完善，法治建设不断推进，以及投融资体制改革的深化和审计法修正、民法典颁布等，当时《暂行规定》制定出台的客观条件和法治环境已发生了深刻变化，《暂行规定》的相关内容难以适应新形势、新变化和新要求。事实上，很长时间以来，大多数审计机关已不再以《暂行规定》作为处理依据。为避免个别地方仍然存在的误读误用，依法废止是必然的。经过几十年的发展，我国社会主义市场经济体制不断健全，法治体系日益完备，依法治国的观念深入人心。社会主义市场经济本质上是法治经济，更加尊重市场规律和"契约精神"，要求充分发挥市场在资源配置中的决定性作用，推进建立高标准投资贸易便利化制度体系、优化营商环境已成为大势所趋。2017 年以来，审计署坚持依法审计，先后出台《审计署关于进一步完善和规范投资审计工作的意见》（审投发〔2017〕30 号）、《审计署办公厅印发〈关于进一步完善和规范投资审计工作的意见〉贯彻落实中常见问题解答的通知》（审办投发〔2019〕59号）、《审计署办公厅关于进一步严格规范投资审计工作的通知》（审办投发〔2019〕95 号）三个文件，从服务党和国家事业发展的大局，从规范和推进投资审计全面发展等方面对投资审计工作作了进一步完善和规范。《暂行规定》多个条款既与《财政违法行为处罚处分条例（2011 修订）》和《国家重点建设项目管理办法》等规定相抵触，又与《优化营商环境条例》不断解放和发展社会生产力、《中华人民共和国民法典》保护民事主体合法权益等原则不一致，也与审计署前述三个文件要求相悖。暂行规定的部分内容与新时代的工作审计要求相抵触，某省审计厅出具的审计报告误读误用已废止的暂行规定，认定本项目的青砂超运距的事项必然会发生错误。

根据《中华人民共和国审计法》规定，行政审计是行政监督行为，审计部门对建设资金的审计是国家对建设单位基本建设资金的监督管理，调整的是行政机关与国有企业、事业单位之间的行政法律关系，而双方之间的建设工程施工合同法律关系，属于平等主体之间的民事法律关系，两者法律关系性质不同，即无论案涉工程是否依法必须经审计机关审计，均不能认为审计机关的审计结论可以成为确定本案双方当事人之间结算的当然依据。本案中，双方没有关于将行政审计作为工程结算依据的合同约定，因此，本案工程是否经审计机关进行审计，不影响双方当事人对于工程款结算的效力，在双方已经签订《结算证书》确认了工程结算价款并已基本履行完毕的情况下，且 J 企业并未主张《结算证书》存在无效或可撤销情形，该审计结论不是双方结算的法定依据，不影响发包人与承包人的合同、结算的效力及履行，不能否定双方已达成的结算合意，该审计结论不能作为 J 企业要求中交公司返还工程价款的依据。

2. 如双方合同中约定以审计结论作为结算依据，是否必须以审计结论作为双方的结算依据，承包人是否可以向法院申请鉴定。

根据《建筑工程施工发包与承包计价管理办法》第 18 条"工程完工后，应当按照下列规定进行竣工结算：（一）承包方应当在工程完工后的约定期限内提交竣工结算文件"之规定，提交竣工结算文件是承包人的法定义务。承包人要求发包人支付工程款，应当积极促成工程结算条件的成就。对于承包人未提交结算资料导致无法进行审计，则视为其未履行法定义务而恶意规避结算条款的适用。但是，如因发包人原因导致未能及时进行审计的，如发包人收到承包人报送的竣工结算资料后未及时提交审计或者未提交完整的审计资料等，可视为发包人不正当地阻止条件成就，承包人请求以申请司法鉴定的方式确定工程造价的，人民法院予以支持。此外，如因审计单位原因未及时出具审计意见的，人民法院可以函告审计单位在合理期间内出具审计意见。审计单位未在合理期间内出具审计意见又未能作出合理说明的，承包人请求以申请司法鉴定的方式确定工程造价的，人民法院予以支持。

一般情况下，涉及政府投资的重大基础设施公共工程项目通常会在合同中约定接受项目审计，但是关于约定以审计结论作为最终依据系指最终结算工程价应通过专业的审查途径或方式，确定结算工程款的真实合理性，如审计结论存在不真实、不客观、不合理的情形时，不应直接以审结结论来认定结算工程款。根据2015年《全国民事审判工作会议纪要》第四十九条，"依法有效的建设工程施工合同，双方当事人均应依约履行。除合同另有约定，当事人请求以审计机关作出的审计报告、财政评审机构作出的评审结论作为工程价款结算依据的，一般不予支持。合同约定以审计机关出具的审计意见作为工程价款结算依据的，应当遵循当事人缔约本意，将合同约定的工程价款结算依据确定为真实有效的审计结论。承包人提供证据证明审计机关的审计意见具有不真实、不客观情形，人民法院可以准许当事人补充鉴定、重新质证或者补充质证等方法纠正审计意见存在的缺陷。上述方法不能解决的，应当准许当事人申请对工程造价进行鉴定"。根据《最高人民法院新建设工程施工合同司法解释（一）理解与适用》在对第三十三条的解析中，第344页"审判实践中应注意的问题"部分谈及"约定以政府审计为结算依据的案件，能否申请工程造价鉴定"这一问题时，最高人民法院民事审判第一庭认为："在审核审计长期没有结果的情形下，应当区分情况，如果查明政府部门确实无法进行审核审计的，应当允许通过司法鉴定的方式确定工程造价，解决当事人的纠纷。在审核审计结果与工程实际情况或者合同约定不符的情况下，比如，审计结果存在漏项的，或者采用了与合同约定不符的计价依据的，应当允许当事人就不符部分另行通过司法鉴定确定造价，但申请鉴定的一方当事人应当举证证明不符情形的存在。"此外，湖南省高级人民法院关于审理建设工程施工合同纠纷案件若干问题的解答（湘高法〔2022〕102号）第十三条规定，"当事人约定以行政审计、财政评审作为工程款结算依据，一方以审计、财政评审结论不真实、客观要求重新鉴定如何处理？审计部门明确表示无法审计或拖延审计如何处理？当事人约定以行政审计、财政评审作为工程款结算依据的，按约定处理。当事人有证据证明审计结论不真实、客观，法院可以准许当事人补充鉴定、重新鉴定或者补充质证等方法对争议事实作出认定。行政审计或财政评审部门明确表示无法进行审计，或在约定期限及合理期限内无正当理由未出具审计结论，当事人就工程价款结算无法达成一致申请司法审计鉴定的，应予准许"。因此，即使当事人双方在合同中约定以审计结论作为双方结算依据，但是如有证据证明审计结论具有不真实、不客观情形，不宜直接以审计结论作为双方结算依据，在此情形下可以允许一方申请鉴定来确定最终结算工程价款。

（二）关于案涉双方就青砂超运距结算是否有依据问题

案涉施工合同已明确约定根据原设计确认的取砂点应由 J 企业向承包人中交公司支付的借土（砂）超运价款为 35 195 160 元，之后双方根据合同约定以及因借砂超运变更所实际发生的核增超运距费用进行了结算。案涉工程的借砂超运变更系经监理人核准，且经由承包人、监理单位、设计代表、发包人各方批准确认，设计单位根据实际采用的路基填砂料源地和运距重新编制了全线土石方计算表及运量表，监理单位对案涉全部借砂超运变更均签发了工程变更令且确认了超运变更费用，案涉路基工程每一段青砂超运变更均有监理单位签发的《工程变更令》，经发包人荆潜指挥部签字盖章确认的《工程费用变更申请/批复单》《借砂超运变更数量金额对比表》，经承包人、发包人、监理单位、造价咨询单位签字确认的《审核意见单》，均明确记载了每一段青砂超运距数量及金额的变更并经承包人、发包人、监理单位等各方确认及认可。最终双方依据实际超运距工程量结算运距费用进行了结算。在案客观证据可以形成完整的证据链足以证实案涉双方根据合同约定变更了青砂料源地并实际产生了超运距费用。

案涉青砂超运距核增工程量产生的原因为项目建设期间，出现青砂供应不足、且价格不断攀升情况，为保证本项目建设期间路基填筑用砂的充足供应、价格稳定和节约项目总体造价，因而变更青砂料源地。因此，各方均确认此前设计的青砂料源地无法满足施工的需要，受施工条件限制，不得不变更青砂料源地，因而产生核增超运距费用，该费用的产生系因施工实际需要，并非承包人虚构。案涉工程原设计的青砂料源地无法满足施工需要，承包人必须在其他料源地取砂，超运距工程量必然发生，该工程量经发包人、设计单位、监理单位核准同意，无论承包人与青砂供应商之间的结算方式及结算价款是否超过按照合同约定计算的超运距费用，发包人均应该按照案涉协议约定支付超运距工程价款。无论案涉项目所用青砂是否选择供应商送货上门，均系承包单位基于自身管理水平、资源组织能力、成本控制能力所享有的商业自主选择权利。发包单位也不能以此否认因原设计料源地发生变更而实际必然发生的超运距工程量及相应费用。因此，双方按照招标清单中的计量标准结算青砂超运距费用符合实际情况及合同约定，发包人主张返还全部青砂超运距费用与事实不符且对承包人而言有失公允。

（三）关于是否应对案涉超运距工程量进行鉴定问题

《最高人民法院关于审理建设工程施工合同纠纷案件适用法律问题的解释（一）》第二十九条规定："当事人在诉讼前已经对建设工程价款结算达成协议，诉讼中一方当事人申请对工程造价进行鉴定的，人民法院不予支持。"根据建筑行业惯例，发包人、承包人一般都会在合同条款中对涉及工程价款结算的事项进行全面约定。但建设工程施工合同因履行期限长，受国家政策、市场变化以及规划调整等诸多条件影响，很难完全按照施工合同既定条款执行。故应允许并尊重当事人在履行合同出现重大变化时，对工程价款结算约定进行相应调整。本条规定中的"对建设工程价款结算达成协议"就是双方在履行施工合同过程中就工程价款结算达成的新协议。从司法实践看，多数工程款结算协议并非单指结算工程价款内容，而是对违约责任、损失赔偿等事项所达成的一揽子解决协议。因此，本条规定所称"结算达成协议"，更类似于事后清算协议，与建设工程施工合同中事先约定的结算条款完全不同。实践中还有以继续履行施工合同为前提的工程价款结算。例如，发包人和承包人结算工程进度款后，发包人未按约定支付工程进度款，承包人在继续履行建设工程施工合同的前提下，起诉要求发包人支付工程进度款。关于本条中"诉讼前"的条件，虽然多数情况下建设工程价款结算协议都是在诉讼前达成，但不能因此而忽略少数诉讼中当事人达成建设工程价款结算协议的情形。此类建设工程价款结算协议未必有法院的介入，甚至很多时候法院事先都不知情。诉讼中当事人就建设工程价款达成结算协议与诉讼前达成同类协议，两者只有时间先后区别，内容都是当事人对结算价款的真实意思表示，都应予以尊重和保护。本案中，双方已经对案涉工程进行结算并已基本履行完毕，双方签订的《结算证书》不存在任何无效或可撤销的情形，而且案涉项目也已经交付使用多年，因此对于J企业就案涉超运距工程量进行鉴定的申请依法应不予准许。

四、裁判结果

（一）裁判结果

2023 年 1 月 18 日，一审法院作出判决，驳回了原告 J 企业的近 6 000 万元的全部诉讼请求。一审判决后，J 企业不服提起上诉，本所继续代理 Z 企业积极应对，2023 年 3 月 29 日，人民法院作出二审裁判文书，维持了一审判决结果。本案历经多次庭审，其间人民法院裁定中止审理，历时一年多，Z 企业最终获得全面胜诉。

（二）案例亮点

在以政府投资或以政府投资为主的建设项目施工中，政府有关部门通常会对工程进行审计并出具审计结论，不少地方性法规曾经明确规定，在政府投资或以政府投资为主的建设项目中，应当在招标文件或合同中明确约定以审计结果作为工程结算的依据。在司法实务中，发包人以审计结论未出具为由拒绝结算付款或以审计结论为依据要求承包人返还工程的情况，屡见不鲜。尤其是对于工程造价超出预算的，发包人强行与承包人结算审计金额，使得行政审计几乎成为"减价的审计"，压榨承包人的工程价款，损害了自愿、公平、公正的市场交易原则。同时，以行政定价强行介入民事经济关系，拖延了结算进程，严重损害了施工单位的合法权益。行政审计是行政监督行为，审计部门对建设资金的审计是国家对建设单位基本建设资金的监督管理，调整的是行政机关与国有企业、事业单位之间的行政法律关系，而双方之间的建设工程施工合同法律关系，属于平等主体之间的民事法律关系，两者法律关系性质不同，即无论案涉工程是否依法必须经审计机关审计，均不能认为审计机关的审计结论可以成为确定本案双方当事人之间结算的当然依据。本案涉及政府投资的建设工程项目中行政审计与结算之间的关系，本案对人民法院在厘清政府投资项目的行政管理与各方当事人之间民事权利和义务关系具有典型意义。本案的依法审判，对此类纠纷的解决具有非常典型的参考价值。

本案涉及是否应中止审理、是否应进行鉴定等典型的程序性问题，在对相关法律的适用方面提供了重要的实务范本。根据《民事诉讼法》第一百五十三条规定,"有下列情形之一的,中止诉讼:(一)一方当事人死亡,需要等待继承人表明是否参加诉讼的;(二)一方当事人丧失诉讼行为能力,尚未确定法定代理人的;(三)作为一方当事人的法人或者其他组织终止,尚未确定权利义务承受人的;(四)一方当事人因不可抗拒的事由,不能参加诉讼的;(五)本案必须以另一案的审理结果为依据,而另一案尚未审结的;(六)其他应当中止诉讼的情形。"该项条款的立法意图在于避免裁判上的相互矛盾及节约诉讼成本。因为案件审理过程中,审理案件可能与其他程序存在着关联性,如果程序同时进行,很可能使两者的结果发生冲突或者不利于另一程序的进行,这时可以暂停该审理程序以等待其他程序结束。而是否必须以其他案件的审理结果为前提,则取决于案件审理的需要。根据该条规定,只有在另一案的审理作为本案审理的前提时(存在先决关系),本案民事诉讼才能中止。其中,另一案的审理包括刑事案件、民事案件和行政案件。但是,本案中关于另案 J 企业与其他两铁路局公司建设工程合同纠纷案件,虽然本案审理的民事纠纷与其他两案在案件事实上存在一定关联,但二者之间为独立的法律关系,本案不属于必须以另案的审理结果为依据需要中止诉讼的情形。因此,代理律师立即提出了关于不应中止审理的法律意见,人民法院恢复了案件审理。此外,本案诉讼过程中,J 企业又申请对案涉超运距工程量进行鉴定。关于鉴定问题,诉讼过程中当事人申请司法鉴定并不必然启动鉴定程序,人民法院应根据对相关事实的认定需要作出是否启动鉴定程序的决定。一般来说,为确保程序的正当性,在启动鉴定之前人民法院会听取各方当事人的意见,因此,当事人应当及时围绕关联性、必要性、可行性、正当性发表意见,充分阐述是否应当准许鉴定申请的理由,以获得人民法院支持。本案中,人民法院在听取各方当事人的意见后,对 J 企业的鉴定申请不予准许。

案涉工程的总承包方世界 500 强某央企是公路桥梁重点工程建设的"国家队",是全球领先的特大型基础设施综合服务商,建设或参与建设了一大批代表世界最高水平的交通基础设施。案涉监利至江陵高速项目又称江北高速公路项目,是《某省"十二五"综合交通发展规划》的"七纵五横三环"高速公路网的重要组成部分,同时,它也是荆州"六纵三横一环二联"高速公路网"三横"

线组成部分，全长 69.132 公里，总投资 75 亿元，是国家大型基础设施类工程，该高速公路项目涉及多个标段，争议金额巨大。案涉工程争议事项涉及建设单位、施工单位、监理单位、设计单位等众多主体，且距项目施工、竣工时间较为久远，给代理工作带来了极大的挑战。审计报告认为相关会议纪要文件存在后补的情形，监理及施工单位存在弄虚作假的行为，青砂超运费用未实际产生，本案不仅关乎 J 企业主张返还的款项是否有依据，同时还可能牵涉相关主体行政责任乃至刑事责任的问题。代理律师在疫情期间克服重重困难搜集证据并向相关人员探寻案件细节情况以厘清事实，最终形成条理清晰、层次分明、逻辑严谨的论证体系，分别从事实层面及法律层面进行鞭辟入里的分析，代理意见获得人民法院的采信，本案最终取得了全面胜诉。本案的最终胜诉依法保障了当事人作为承包人的合法权益，为当事人挽回了巨额财产损失。

代表世界 500 强某央企与中国铁路某局集团有限公司及刘某等铁路修建合同纠纷再审案

——建设工程施工合同中变更工程结算的认定与辨析

刘景明 *

一、案情介绍

2009 年 9 月，为完成某沿海铁路某标段工程的修建，某央企铁路项目指挥部将部分工程分包给某建筑安装公司。某建筑安装公司将其中 DK88+790-DK99+000 段部分劳务分包给刘某。因该路段中的 DK95+623-DK96+000 段与既有线路交叉，且受征地拆迁和施工组织调整的影响，无法满足铺轨开工仪式的要求，建设单位某局集团公司决定对此段路进行临时填筑，以满足临时铺轨条件，由建设单位、设计单位、监理单位、施工单位就该变更事项签发《现场会审纪要》《变更设计通知书》等。

2011 年 9 月，某央企铁路项目指挥部向建设单位某局集团公司建议变更设计，制作了《变更设计建议书》《变更设计通知单》，载明 DK96+800-DK97+400

---

* 上海市锦天城律师事务所高级合伙人。

段到发线因房屋拆迁和村民阻工等原因，导致工程进度严重滞后，建议将该段路基工程的路基本体和基床底层的填料变更为 AB 组填料，增加的造价估算为 1 012 312 元，同日监理单位审查后同意此变更，但建议未获得设计单位和建设单位批准。

2012 年 3 月，某央企铁路项目指挥部与刘某签订一份协议，将 DK95+623.27-DK96+000 段部分变更的工程施工交由刘某完成，2012 年 4 月，双方完成结算，结算金额为 2 882 086 元，某央企铁路项目指挥部将结算款支付完毕。后经建设单位与施工单位之间结算，DK95+623.27-DK96+000 段部分变更的工程结算金额为 2 602 765 元。

2012 年 4 月，案涉项目竣工，案涉各方均已完成结算。

2015 年 5 月，为弥补项目亏损某央企铁路项目指挥部向建设单位发出《请示报告》，请求以 DK95+623.27-DK96+000 段、DK96+800-DK97+400 段右侧到发线设计填料变更为由，增加结算款分别为 2 756 438 元、1 012 312 元。

2019 年 3 月，原告刘某向某市铁路运输法院起诉要求某央企支付 DK95+623.27-DK96+000 段、DK96+800-DK97+400 段到发线、DK96+800-DK97+400 段正线三段路基由原设计 C 料填筑变更 AB 料而增加的工程款和利息共计 900 多万，该案开庭三次后撤诉。

2020 年 4 月再次起诉至某市铁路运输法院，原一审判决驳回刘某的诉讼请求。刘某不服原一审判决向某市铁路运输中级法院提起上诉，原二审判决撤销原一审判决支持了刘某的全部诉讼请求。某央企原二审全案败诉后委托本所律师向某自治区高级人民法院申请再审。

二、争议焦点

本案主要争议焦点如下：

（1）案涉三段路基工程是否发生由原设计的 C 组填料变更为 AB 组填料，以及是否实际进行填料变更施工？

刘某主张某央企支付工程款及利息的依据是自己已经根据某央企的要求将 DK95+623.27-DK96+000 段、DK96+800-DK97+400 段道发线、DK96+800-DK97+400 段正线三段路基原设计的 C 组填料变更为 A、B 组填料填筑。刘某在本案中提交多份涉及前述三段路基工程变更的《现场会审纪要》《变更设计建议书》《变更通知书》《确认书》等,对该等证据应如何认定,三段路基工程是否发生填料变更以及变更施工是本案的关键及难点问题。

(2)某央企是否为本案适格被告?

某央企为案涉工程的总承包人,其将包括案涉工程在内的工程分包给某建筑安装公司,而某建筑安装公司又将包括案涉工程在内的工程分包给刘某施工。刘某作为实际施工人在分包合同范围内能否直接向总承包人主张工程款。

(3)工程结算后刘某能否再向某央企另行主张工程款?

案涉工程于2012年4月已经完成竣工验收,各方早已经完成结算,刘某在结算过程中并未就工程款提出异议或进行追索,其在结算多年后能否再向法院提起诉讼另行向某央企主张变更施工的工程款是本案的关键性问题。

三、法律分析

关于案涉DK95+623.27-DK96+000段、DK96+800-DK97+400段到发线、DK96+800-DK97+400段正线三段路基工程是否发生由原设计的C组填料变更为AB组填料,以及是否实际进行填料变更施工问题。

其一,关于是否履行了变更施工的程序方面。铁路工程变更需要履行严格的变更及签证程序,根据铁道部下发的《铁路建设项目变更设计管理办法》的相关规定,变更设计必须坚持"先批准、后实施,先设计、后施工"原则,严格依法按程序进行变更设计,严禁违规进行变更设计。根据该管理办法,案涉变更属于Ⅱ类变更,Ⅱ类变更程序分为提出变更建议、进行现场核实、确定变更设计方案、审核下发变更施工图等,须经建设单位、设计单位、监理单位等审批同意。此外,根据案涉分包协议约定,工程数量变更增加或减少须经监理、设计院及业主单位批准,按照乙方实际完成并经各分部、甲方总工、监理签字审定认可的变更数量计量。而事实上,根据案涉工程实际发生工程变更项目,均履行了完整的变更程序。2011年11月,为了顺利举行"铺轨仪式",在业主单位及监理单位同意后,对DK95+623.27-DK96+000段进行变更设计。该变更签发了DK95+623.27-DK96+000段《变更建议设计书》《变更设计通知单》,经过设计单位、监理单位、建设单位专业审核意见、概算审核意见、负责人审批,并盖了设计单位、监理单位、建设单位的印章，同时由某央企与刘某就该段变更施工签订了《施工协议》，某央企与刘某对相关变更项目进行了验收和结算，签有完整的《验工计价表》《结算单》等交验、结算文件。本案中，刘某主张其对 DK95+623.27-DK96+000 段路基进行了变更填料填筑的主要依据是其提交的 2011 年 11 月 3 日《现场会审纪要》以及 2011 年 11 月 5 日相关内容为变更填料的《变更设计建议书》《变更设计通知单》，对 DK96+800-DK97+400 段到发线、DK96+800-DK97+400 段正线进行了变更填料填筑的依据是相关内容为变更填料的 2011 年 9 月 30 日《变更设计建议书》《变更设计通知单》。该几份变更材料虽加盖有某央企指挥部的印章，但除此之外，监理审查意见、设计审查意见、建设单位审批等其他部分均为空白。根据建设方《关于某铁路有关调查情况的复函》也可证实，如确有变更的都办理了变更设计并办理了验工、计价及工程款支付，而 DK96+800-DK97+400 段路基并未变更设计，更不存在办理验工、计价等。因此，刘某提交的前述会审纪要与变更等资料并未履行相关的变更手续，结合法律法规之规定、合同约定、工程惯例以及本案各方当事人就同一工程关于 DK95+623.27-DK96+000 段变更工程的实际操作方式可看出，变更需在建设单位审批同意后签发《变更设计通知单》，《变更设计通知单》需经过设计单位、监理单位、建设单位专业审核意见、概算审核意见、负责人审批，并盖设计单位、监理单位、建设单位的印章。同时，需签订变更《施工协议》。变更施工后，如需结算，应进行验收和结算并签有《验工计价表》《结算单》等交验、结算文件。因此，未经建设单位、设计单位审批同意的《变更设计建议书》《变更设计通知单》《请示报告》并不能作为主张案涉变更工程款的主要依据，刘某提交的前述会审纪要与变更材料手续不完备，其据此主张三段路基填料变更不合理。

其二，关于填料的变更是否实际发生方面。刘某主张其完成填料变更的施工量的主要依据是《变更设计建议书》《变更设计通知单》《请示报告》《委托测量确认书》中载明的工程量，以及刘某提交的三份《确认书》。前述文件明确写明"造价估算""预计拟"等计划性用语，并不能推断出是否进行了变更的实际施工，也无法核实施工主体和工程量。前述《变更设计建议书》等文件，均只是某央企单方的申请，均是过程性文件，这些过程性文件均不涉及刘某，也都并未得到建设单位的审批同意。而《请示报告》中也明确载明是"弥补亏损"，但建设单位未同意，在工程结算中不能作为计价依据。其中，刘某提交了三份《确认书》，内容均为：刘某是实际施工人，其组建的施工队编号为路基四队，完成了 DK95+623.27-DK96+000 段、DK96+800-DK97+400 段到发线、DK96+800-DK97+400 段正线路基将原先的 C 组填料变更为 AB 组填料的施工。三份《确认书》落款处分别为"路基总队总工程师""施工方代表""现场监理"，均显示有相关人员签名字样。但是，该三份《确认书》明显不符合正常施工过程中工程报验资料的一般形式和要求，《确认书》并非工程施工过程中依法形成的签证，而系证人证言，证人均未依法出庭接受质证。对于这种书面证人证言，在质证时一般从真实性、合法性、关联性三方面来分别陈述意见，尤其对于其合法性不予认可，相关证人均未出庭。但是，对于这种证人未出庭的书面证言，法院是否可以参考，或者结合其他证据用来认定案件事实，2019 年 12 月 25 日新修订的《民事诉讼证据的若干规定》对此予以明确，即人民法院应当要求证人出庭作证，接受审判人员和当事人的询问，无正当理由未出庭的证人以书面等方式提供的证言，不得作为认定案件事实的根据。因此，本案中因这些证人都未实际到庭接受法庭调查，也未接受双方当事人询问，根据前述规定不能作为认定案件事实的证据。某央企在原一审及二审中均对《确认书》真实性提出了异议，在再审过程中找到《确认书》上签名的三人并向人民法院申请证人出庭作证，证人出庭证实《确认书》上所载人员签名字样不是本人签名。刘某提供的另一份"路基总队总工程师"《确认书》中有"杨某"字样，但杨某在原撤诉案件中以证人身份出庭质证，其陈述自己是由某建筑安装公司的代理人蒋某聘请，作为某建筑安装公司的总工，2009 年 9 月 28 日至 2012 年 10 月 25 日代某建筑安装公司进行施工质量管理，不负责经营结算，后离职，其当庭陈述并不知道变更段落，明确在施工过程中，并没有参与刘某与某央企的合同签订、施工，也并不知道刘某的施工方量，因此该《确认书》不能采信。而刘某提交的"现场监理"《确认书》，签字的三人身份有无证明能力等都无法证实，该证言依法也不能采信。另某央企与刘某之间、刘某与某建筑安装公司之间、某央企与某建筑安装公司之间的所有结算文件都不涉及刘某提交的《确认书》中的人员签字，《确认书》中的人员并无权对工程量、工程价款等与工程结算有关的事项进行确认，因此《确认书》不能采信。最后，3 份《确认书》最后确认的 DK95+623.27-DK96+000 段、DK96+800-DK97+400 段到发线、DK96+800-DK97+400 段正线的实际施工量与刘某提交的几份变更材料预估的工程量完全一致，不符合实际施工规律，明显不符合常理。因此，可以综合判定，刘某主张的填料的变更并未实际发生。

其三，关于变更填料的必要性方面。根据设计单位出具的关于案涉路基工程填料说明，案涉路基工程基床底层采用 A、B 组填料或改良土，基床以下本体部分采用 A、B 或 C 组填料，只要压实系数满足要求即可，案涉路基工程基床底层和本体填料并未作过变更。根据《路基设计总说明》（一）中第 7 项可知，A、B 组填料和 C 组填料都是可用的，在刘某提交的上述变更材料、会议纪要以及完成施工量的相关材料真实性均存疑的情况下，不能证明案涉工程施工存在变更填料的必要。

其四，关于双方的施工协议与结算方面。刘某在《民事起诉状》中陈述"为进一步明确双方的权利义务，2012 年 3 月 18 日，被告以指挥部的名义与原告补充签订了《施工协议》"，显然截至 2012 年 3 月 18 日案涉 DK96+800-DK97+400 段到发线、DK96+800-DK97+400 段正线、DK95+623.27-DK96+000 段路基工程已基本施工完毕，既然补签该《施工协议》是"为进一步明确双方的权利义务"，显然是对此前全部已变更设计的内容进行确认，该协议中明确的只有"DK95+623.27-DK96+000 段路基"变更设计，不可能存在三段中只补签一段而遗漏两段的可能，间接证实并未发生案涉填料变更及施工。此后，双方于 2012 年 4 月 26 日进行结算时，工程费用中未包括三段路基变更填料的费用，刘某也未对此提出异议，不符合常理。

关于某央企是否为本案适格被告的问题。根据 2020 年最新修订的《建工合同司法解释（一）》第四十三条规定，"实际施工人以转包人、违法分包人为被告起诉的，人民法院应当依法受理。实际施工人以发包人为被告主张权利的，人民法院可以追加转包人或者违法分包人为本案当事人。发包人只在欠付工程款范围内对实际施工人承担责任"。该条文为转包、违法分包情形下的实际施工人突破合同相对性向发包人主张权利提供了法律依据，其起源可以追溯到 2004 年《建工合同司法解释》第二十六条第二款，并历经 2018 年《建工合同司法解释（二）》第二十四条的修订。该条解释涉及三方当事人两个法律关系：一是发包人与承包人之间的建设工程施工合同关系；二是承包人与实际施工人之间的转包或者违法分包关系。原则上，当事人应当依据各自的法律关系，请求各自的债务人承担责任。该条解释为保护农民工等建筑工人的利益，突破合同相对性原则，允许实际施工人请求发包人在付工程款范围内承担责任，对该条解释的适用应当从严把握。首先，该条解释仅针对发包人，并未包含总承包人等其他主体。其次，该条解释只规范转包和违法分包两种关系，未规定借用资质的实际施工人以及多层转包和违法分包关系中的实际施工人有权请求发包人在欠付工程款范围内承担责任。因此，可以依据《建工合同司法解释（一）》第四十三条的规定突破合同相对性原则请求发包人在欠付工程款范围内承担责任的实际施工人不包括借用资质及多层转包和违法分包关系中的实际施工人。

《2011年全国民事审判工作会议纪要》第二十八条规定，"人民法院在受理建设工程施工合同纠纷时，不能随意扩大《关于审理建设工程施工合同纠纷案件适用法律问题的解释》第二十六条第二款的适用范围，要严格控制实际施工人向与其没有合同关系的转包人、违法分包人、总承包人、发包人提起的民事诉讼，且发包人只在欠付工程价款范围内对实际施工人承担责任"。该规定更加强调要严格遵循合同相对性，发包人并不包含转包人、违法分包人、总承包人。《民法典》第465条规定，"依法成立的合同，受法律保护。依法成立的合同，仅对当事人具有法律约束力，但是法律另有规定的除外"。该条文更加明确合同相对性原则。实际施工人不能向没有合同关系的转包人、违法分包人、总承包人提起民事诉讼主张工程款，且发包人只在欠付工程价款范围内对实际施工人承担责任。本案中，某央企将包括案涉工程在内的工程分包给某建筑安装公司，而某建筑安装公司又将包括案涉工程在内的工程分包给刘某施工。某央企是案涉工程的总承包人，并非案涉项目的发包人，刘某作为实际施工人在分包合同范围内不能突破合同相对性直接向总承包人主张工程款。但是如果实际施工人与总承包人存在事实合同关系的情况下，则法院仍会支持实际施工人向总承包人主张工程款。

案涉各方均已完成结算，刘某并未在结算时提出异议，是否能再向某央企另行主张工程款的问题。建设工程施工合同当事人在进行工程竣工结算时，应当依照合同约定就施工过程中所产生的各种债权债务进行审核和确认。结算的目的在于最终确定因履行建设工程施工合同所产生的债权债务，最终结算金额是就建设工程施工合同履行过程产生的包括工程款争议在内的各种争议进行协商达成一致的结果。因此，除在结算时因存有争议而声明保留的项目外，最终结算金额属于合同各方进行工程价款清结的最终依据。一方当事人在进行结算时没有主张权利或声明保留，完成工程价款结算后又另外再主张工程款项应不予支持。但是，如果双方在对工程有关款项进行结算时，未涉及逾期竣工等违约行为造成损失的内容，只是对已完成工程量进行确认，双方未对违约方应当承担的违约责任以及违约责任的承担方式达成一致，一方并没有放弃追究违约方的违约责任，违约方对造成该损失负有过错责任，则在结算后另一方向违约方主张承担该损失赔偿责任一般会予以支持。本案中，刘某请求某央企支付工程款并非赔偿损失等，案涉工程于 2012 年 4 月已经完成竣工验收，某央企与建设单位某局集团公司、某央企与分包单位某建筑安装公司、某建筑安装公司与刘某、某央企与刘某均已经完成结算并完成款项支付，刘某在结算过程中以及结算后长达 7 年的时间里并未就工程款提出异议，在 7 年之后又再次提出增加变更费用不符合常理，有违诚实信用原则。

四、裁判结果

原一审法院认为：

关于案涉 DK96+800-DK97+400 段到发线、DK96+800-DK97+400 段正线路基是否存在填料变更及某央企是否应支付路基工程款及利息的问题。上述两段路基原本包含在某建筑安装公司分包给刘某施工的范围内，这两段路基的工程款已由某建筑安装公司与刘某按双方所签订协议及实际施工内容进行了结算，刘某主张施工过程中按某央企的指示进行了填料变更施工，而某建筑安装公司称其并不知情，且刘某与某建筑安装公司结算时未就填料变更及应增加的工程款提出异议。刘某未与某央企就上述两段路基的施工签订施工协议，刘某未提供充分有效的证据证明其按某央企指示进行了填料变更的施工，某央企亦不认可。虽然某央企发出的《请示报告》有提到案涉 DK96+800-DK97+400 段到发线路基本体和基床底层的填料变更为 AB 组填料，但刘某并未举证证明实际施工过程中进行了填料的变更及变更的工程量，且从现有证据看项目业主方自始至终未同意某央企进行填料变更。故对刘某主张案涉 DK96+800-DK97+400 段到发线、DK96+800-DK97+400 段路基存在填料变更本院不予采信，刘某要求某央企支付上述两段路基因填料变更而增加的工程款及利息，本院不予支持。关于 DK95+623.27-DK96+000 段路基是否存在填料变更及某央企是否应支付路基工程款及利息的问题。虽然某央企与刘某签订的《施工协议》无效，但刘某确实进行了相应的施工，且建设工程质量验收合格，某央企参照实际履行的协议，按施工内容及工程量与刘某进行结算并支付工程款并无不当。结合有四方盖章的《变更设计通知单》及《施工协议》中约定的挖除临时填筑的 C 料后，再用 AB 料填筑的内容，刘某确实有变更填料的施工，但刘某在施工完成后与某央企结算时未就 AB 料价款及填筑 AB 料费用提出异议或明确保留主张该款项的权利，现无其他证据证明某央企承诺在《施工协议》之外向刘某支付变更设计后的 AB 料价款及填筑 AB 料费用，刘某在结算后长达 7 年的时间里未提出异议或进行过追索，直至 2019 年提起诉讼。综上，对刘某要求某央企支付路基填料变更而增加的工程款及利息本院不予支持。

原二审法院认为：

某央企于 2011 年 9 月作出的《变更设计建议书》载明，原设计 DK96+800-DK97+400 段右侧到发线路基基床表层为 AB 组填料，基床底层设计为 BC 组填料填筑，路基本体设计为土填筑。为避免该段路基填筑的工期延误而影响站场铺轨，建议将该段路基本体和基床底层填料变更为 AB 组填料。某央企于 2011 年 11 月作出《变更设计建议书》载明，原设计路基 DK95+623.27-DK96+000 段基床底层采用挖方中 I、II 掺 4% 水泥改良，基床以下采用挖方中合格的 B 组及 C 组中的块石雷填料填筑。根据 2011 年 11 月签认的会审纪要决定对此段路基进行临时填筑，待铺轨开工仪式举办后，挖除临时填料，拆换已铺设轨道，并将此段原设计路基 C 组填料变更为 AB 组填料填筑。路基总队总工程师、施工方代表以及现场监理出具了三份《确认书》，确认刘某是实际施工人，其组建的施工队编号为路基四队，完成了前述三段路基从 C 组填料变更为 AB 组填料的施工。而《委托测量确认书》，也确认了 DK96+800-DK97+400 段未完成的 C 组填料变更为 AB 组填料的方量。某央企于 2015 年提交的《请示报告》也明确提到 DK95+623.27-DK96+000 段、DK96+800-DK97+400 段到发线填料变更。

结合以上《变更设计建议书》、三份《确认书》《委托测量确认书》以及《请示报告》的内容和制作时间分析，上述证据能相互印证，形成证据链，证明刘某受某央企指示，实际完成了案涉三段路基 C 组填料变更为 AB 组填料施工。因以上施工内容并未包含在刘某与某建筑安装公司的分包合同中，也未包含在刘某与某央企签订的《施工协议》中，某央企应就该部分施工向刘某支付相应的工程款。

再审法院认为：

关于某央企是否尚欠刘某工程款及利息的问题。刘某主张某央企支付工程款及利息的依据是自己已经根据某央企的要求将 DK95+623.27-DK96+000 段、DK96+800-DK97+400 段道发线、DK96+800-DK97+400 段正线三段路基原设计的 C 组填料变更为 A、B 组填料填筑。对此：一、变更施工的手续是否完备方面。本案中，某央企与刘某于 2012 年 3 月签订《施工协议》，约定对 DK95+623.27-DK96+000 段进行抢筑施工，内容包括借土填筑 C 料、挖除 C 料、C 料外运、AB 料二次倒运等。该协议的施工内容与 2011 年 11 月 5 日经施工单位、监理单位、设计单位、建设单位四方会审形成的《变更设计会审纪要》以及四方均盖章确认的《变更设计通知单》中关于"待铺轨开工仪式举办后，挖除临时填筑的路堤，拆换已铺设轨道，按照施工图重新进行路基填筑……采取事先将该段路基施工图的填料运至施工现场附近，择地储备，边挖边填……"的施工要求一致。刘某主张其对 DK95+623.27-DK96+000 段路基进行了变更填料填筑的主要依据是 2011 年 11 月 3 日《现场会审纪要》以及内容为变更填料的 2011 年 11 月 5 日《变更设计建议书》《变更设计通知单》，对 DK96+800-DK97+400 段道发线、DK96+800-DK97+400 段正线进行了变更填料填筑的依据是内容为变更填料的 2011 年 9 月 30 日《变更设计建议书》《变更设计通知单》。本院认为，该上述四份变更材料虽然加盖有某央企指挥部的印章，但除此之外，监理审查意见、设计审查意见、建设单位审批等其他部分均为空白，会审纪要的各方落款签字也均不完整，并且 2011 年 9 月 30 日《变更设计建议书》《变更设计通知单》涉及的标段为 DK96+800-DK97+400 段道发线关于 DK96+800-DK97+400 段正线没有相对应的变更手续材料。此外，刘某还提交一份涉及 DK97+000-DK97+460 段正线和到发线路基填料变更的 2011 年 11 月 8

日《变更设计会审纪要》，但该份纪要不但涉及的标段与其主张填料变更的标段不符，各方落款签字也均不完整。相比之下，某央企要求刘某对 DK95+623.27-DK96+000 段挖除临时填筑的路堤、按施工图重新进行填筑的施工内容，与经施工单位、监理单位、设计单位、建设单位签字盖章确认的《变更设计会审纪要》与《变更设计通知单》内容一致，手续完备。同时，某央企与业主方结算的案涉工程项目合同价款调整预算表也显示 DK95+623.27-DK96+000 段路基发生的工程款与四方签字盖章的《变更设计通知单》上的金额相符，与业主方《复函》中关于 DK95+623.27-DK96+000 段路基已办理了变更设计、验工计价及工程款支付，DK96+800-DK97+400 段路基未办理变更设计的答复也可以对应。因此，刘某提交的上述会审纪要与变更材料手续不完备，本院认为刘某据此进行了三段路基的填料变更不合理，本院不予采信。二、完成的施工量是否客观真实方面。刘某主张其完成填料变更的施工量的主要依据是三份《确认书》以及《委托测量确认书》。首先，无法确认在三份《确认书》上签字的人员的实际身份是否与《确认书》上所列职务一致，以及其是否有权限对施工量进行确认，且徐某在再审听证时已经确认其不负责签字确认路基队的工程量，《确认书》上"徐某"的签字并非其本人所签。此外《委托测量确认书》中的测量人员郭某的职务身份，以及其是否具有测量资质也无法确认；其次，《委托测量确认书》的形成时间为 2011 年 9 月，而本案各方提交的关于变更填料的最早材料为 2011 年 11 月的会审纪要。在没有其他变更填料的相关依据之前就先进行了填料方量测量，不符合常理。且《委托测量确认书》落款盖章为"某央企第三项目部"，该印章在本案其他施工相关材料中没有出现过，不能证明该印章的真实性以及该印章系某央企在案涉项目上的有效印章；最后，三份《确认书》最后确认的 DK95+623.27-DK96+000 段与 DK96+800-DK97+400 段道发线的实际施工量与刘某提交的四份变更材料预估的工程量完全一致，DK96+800-DK97+400 段正线的实际施工量则与《委托测量确认书》测量的未完成方量完全一致，不符合实际施工规律。综上，刘某提交的三份《确认书》以及《委托测量确认书》形式上过于简单，其载明的内容也无法证实是否客观真实，本院对其完成施工量的主张不予采信。三、变更填料的必要性方面。根据《路基设计总说明》（一）中第 7 项可知 A、B 组填料和 C 组填料都是可用的，在刘某提交的上述变更材料、会议纪要以及完成施工量的相关材料真实性均存疑的情况下，不能证明案涉工程施工存在变更填料的必要。四、刘某与某央企就 DK95+623.27-DK96+000 段挖除临时填筑的路堤、按施工图重新进行填筑的变更施工签订有《施工协议》，而刘某主张的三段路基变更填料不但未签订有协议，刘某与某央企于 2012 年 4 月进行结算时，工程费用中未包括三段路基变更填料的费用，刘某也未对此提出异议，不符合常理。综上所述，刘某主张其对 DK95+623.27-DK96+000 段路基进行了填料变更，证据不足，故其要求某央企支付相应工程款及利息的诉讼请求，无事实依据，本院不予支持。

（一）裁判结果

2021 年 10 月 13 日，某自治区高级人民法院作出《民事裁定书》，裁定对案件进行提审。2023 年 3 月 27 日，某自治区高级人民法院作出再审《民事裁定书》，裁定撤销某市铁路运输中级法院原二审判决及某市铁路运输法院原一审民事判决，并将本案发回某市铁路运输法院重审。2023 年 11 月 23 日，某市铁路运输中级法院作出一审民事判决，判决驳回刘某的全部诉讼请求。本案历经复杂诉讼程序，历时数年，撤销原生效判决，全案改判，驳回原告全部诉讼请求，某央企最终获得全面胜诉。

（二）案例亮点

（1）本案是通过当事人申请再审途径成功启动再审并获得改判的典型案例，为该类型诉讼提供了重要参考。再审程序的目的在于对已生效而确实有错误的判决和裁定，通过法院再次审理并作出裁判予以纠正。在实践中素来存在"再审难"的问题，主要体现在"再审申请难"与"再审成功难"。再审案件无论是传统型案件，还是新类型案件，难度远高于普通程序的案件。再审审查如同再审程序的敲门砖，只有结合案情和证据，精准契合《民事诉讼法》第二百零七条规定的 13 种应当再审的情况，才有可能成功拿下这块敲门砖，敲开再审的大门。本案中，刘某提交多份涉及案涉变更的《现场会审纪要》《变更设计建议书》《变更通知单》，另提交《施工方案》《请示报告》《确认书》，并认为前述证据可以形成证据链，共同印证案涉三段路基工程发生填料变更，原二审判决支持了刘某的前述主张，因此再审中如何推翻对案涉《现场会审纪要》《变更设计建议书》《变更通知单》《施工方案》《请示报告》《确认书》的认定进而主张刘某所主张的填料变更缺乏依据成为本案的难点及关键性问题。

本所律师接受委托后，对案件进行了全面梳理和分析，寻找到案件的关键突破口。经整理全部案卷材料后发现：1. 本案原二审判决认为案涉《变更设计建议书》《委托测量确认书》《请示报告》以及三份《确认书》能够互相印证，形成证据链，证明刘某受某央企指示，实际完成对案涉三段路基工程由原先的C组填料变更为AB组填料的施工。但是，我们发现前述《变更设计建议书》《委托测量确认书》《请示报告》并未涉及案涉全部路基段落，其中《变更设计建议书》《请示报告》均未涉及DK96+800-DK97+400段正线路段，涉及该段路基工程的只有一份《委托测量书》，《委托测量确认书》均未涉及DK95+623.27-DK96+000段、DK96+800-DK97+400段到发线路段，刘某将相关真、假证据交错编造，造成能够相互综合印证的假象，而原二审判决未将证据中所涉路段进行区分，从而认为刘某提交的证据可以形成证据链存在错误，原二审判决认定基本事实缺乏证据证明，事实认定存在错误。2. 刘某提交的《变更设计建议书》《变更通知书》《请示报告》等均为单方申请文件，并未经建设单位等最终批准，且前述材料中均未涉及某央企直接向刘某指示变更施工的。原二审判决采信的关键性证据三份《确认书》系证人证言，相关人员未出庭质证，涉嫌伪造的情形，最终我们通过努力寻找到相关人员申请出庭证实相关签字并非本人签字，因此原二审认定的基本事实缺乏证据证明。3. 刘某主张案涉工程发生填料变更与客观事实存在多处矛盾之处，包括刘某主张系雨天缘故需要进行填料变更，但是经查询主要的施工期间均系晴天，另刘某主张根据所谓《施工方案》进行案涉填料变更施工，但是其提交的《施工方案》并未有相关单位或人员盖章签字，且《施工方案》载明的日期已接近完工时间，与其主张变更施工的时间存在明显矛盾，明显与常理不符。4. 刘某未能提供充分证据证明其实际对案涉工程进行了填料变更施工。关于其提交的《质量验收记录表》只能证明压实质量符合要求，无法证明进行了实际的填料变更施工。根据《高速铁路路基工程施工质量验收标准》规定，对基床底层的填料没有种类的硬性要求，即既可以填筑普通填料也可以填筑改良土，只要压实系数满足标准即可。5. 原二审判决存在超出原告诉讼请求裁判的情形，原告刘某诉请主张利息标准为按同期银行贷款基准利率每年 4.34%，但是二审判决却将利息标准认定为 4.75% 的基准利率标准，此外将以欠付工程款为基数计算利息从 2020 年 7 月 1 日起计算提前至 2019 年 8 月 20 日计算导致利息增加，明显超出了原告刘某的诉讼请求。在本案再审中我们紧紧围绕《民事诉讼法》第二百零七条规定就二审判决中存在的实体及程序问题提出主张，获某自治区高院采信，裁定再审并提审。

（2）案涉某铁路是我国重大基础设施工程，该铁路南连北部湾港口群，北端通过南昆铁路、云桂铁路，可直达贵州西部和云南地区，通过柳南高速铁路、金南铁路、黔桂铁路及渝黔铁路可通达贵州中部及重庆、四川和西北地区，是中国西部地区出海最便捷通道的重要组成部分。某央企作为承包方为该基础设施建设作出了卓越贡献。某央企作为中国最早进入国际工程承包市场的大型国企之一和中非合作的开路先锋，参与了多个"一带一路"标杆工程建设。在该案二审全案败诉后，某央企委托我所申请再审，希望可以纠正二审法院的错误判决，维护国有资产安全。代理律师基于对铁路建设工程施工项目的专业研究，从纷繁复杂的案件材料中抽丝剥茧，最终取得全案胜诉，有效维护了为国家基础设施作出了卓越贡献的央企的合法权益，是避免国有资产流失的典型案例。

（3）该案原告于 2019 年首次提起诉讼后，经过三次开庭后又撤诉。2020 年 4 月再次起诉，经历一审、二审、再审、重审一审，历经复杂诉讼程序。本案涉及建设单位、分包单位、总承包单位、实际施工人、涉及单位等众多主体，法律关系错综复杂。此外，案涉工程为铁路工程，涉及非常强的专业性。本案从申请再审获得法院高度关注，经过自治区高院多位资深法官的审查，其间组织各方进行多次庭审。经某自治区高院审查后认为原审事实不清、证据不足，并将案件发回重审。发回重审后由主管副院长担任审判长。为更好地了解本案事实，代理律师在疫情期间多次奔赴某省各级人民法院及案涉项目地调取相关材料，并协助寻找相关证人出庭作证查清案件事实，通过认真细致分析相关材料发现对方主张存在诸多疑点及矛盾之处，并就此展开论证并逐一击破对方的主张，对本案的最终胜诉起到非常关键的作用。本案从首次提起诉讼以来历时数年最终获得再审改判，有力地维护了社会公平正义，打击不诚信的诉讼行为。

中美航次租船亏舱费索赔案

——国际航次租船合同约定的亏舱费是否适用民法典违约金调整规则

王中华*

一、案情介绍

（一）申请人的仲裁请求及事实和理由

申请人在《仲裁申请书》中称，2021 年 9 月 16 日，申请人作为船东与被申请人作为租船人订立了《航次租船合同确认书》（Fixture Note）。《航次租船合同确认书》约定："货物为约 5 000 吨袋装饲料级无害 98.5％赖氨酸盐酸盐，如因租船人和 / 或托运人引起的无论何种原因，租船人未装载《航次租船合同确认书》项下全部或部分货物，按照 100％运费支付亏舱费。""装货港为中国天津新港……卸货港为美国密西西比河……""受载期为 2021 年 11 月 10 日至 12 月 31 日。""运费：每吨 113 美元，租船人负责装卸……""凡因本航次租船合同确认书 / 合同引起的或有关的任何争议，均应提交中国海事仲裁委员会，按照该会现行有效的仲裁规则在北京仲裁，中国法适用，仲裁裁决是终局的，对双方均有约束力。"10 月 22 日，被申请人提出将《航次租船合同确认书》项下的

---

* 上海市锦天城律师事务所合伙人。

货物分两批每批 2 500 吨装运。11 月 2 日，申请人通知被申请人承运船为 MV PLATANOS。11 月 9 日，申请人通知被申请人船舶预计于 2021 年 11 月 22 日抵达装货港。11 月 13 日前后，被申请人告知申请人取消货物装运。在《航次租船合同确认书》约定的 2021 年 11 月 10 日至 12 月 31 日受载期内，被申请人未提供《航次租船合同确认书》约定的货物。《中华人民共和国海商法》第一百条规定，承租人应当提供约定的货物，因未提供约定的货物致使出租人遭受损失的，承租人应当负赔偿责任。《中华人民共和国民法典》第五百八十五条规定，当事人可以约定一方违约时应当根据违约情况向对方支付一定数额的违约金，也可以约定因违约产生的损失赔偿额的计算方法。案涉《航次租船合同确认书》第 2 条明确约定了被申请人未提供货物情况下的损失赔偿额的计算方法，即按照 100% 运费支付亏舱费。申请人多次向被申请人催要亏舱费，但被申请人以"赔偿费不是说收就收"为由拒绝支付。为此，申请人依据《航次租船合同确认书》中约定的仲裁条款，向中国海事仲裁委员会提出仲裁申请，请求：

1. 被申请人向申请人支付亏舱费 565 000 美元；

2. 被申请人向申请人支付律师费人民币 170 255 元；

3. 仲裁费、财产保全申请费、财产保全担保费及本案仲裁员因办理案件发生的实际费用全部由被申请人承担。

索赔额的计算及各项计算数值的说明和依据：1. 案涉《航次租船合同确认书》第 2 条约定"货物为约 5 000 吨袋装饲料级无害 98.5% 赖氨酸盐酸盐，如因租船人和/或托运人引起的无论何种原因，租船人未装载《航次租船合同确认书》项下全部或部分货物，按照 100% 运费支付亏舱费，"第 9 条约定"运费每吨 113.00 美元"。因此亏舱费金额为 5 000 吨 ×113.00 美元＝565 000 美元。2. 申请人就本案与上海锦天城（青岛）律师事务所订立的《民事案件委托代理合同》第 6 条约定代理费为 170 255 元。

申请人向仲裁庭提交了《航次租船合同确认书》、申请人与被申请人之间的微信往来聊天记录，以及与律师事务所订立的委托代理合同、律师费发票、律师费付款凭证、大连海事法院就本案所涉纠纷出具的诉前财产保全民事裁定书、法院出具的财产保全申请费收据、保险公司就案涉诉前财产保全出具的保函、财产保全担保保险费发票及申请人支付保险费的付款凭证作为证据材料以支持其全部仲裁请求。

（二）被申请人的答辩意见

被申请人在《答辩意见》中称：1. 申请人未经被申请人同意，以单方终止履行合同的方式解除了案涉《航次租船合同确认书》，由此产生的责任应由申请人自行承担，申请人无权向被申请人主张任何费用。案涉《航次租船合同确认书》项下的货物分两批装运，2021 年 11 月 15 日至 30 日装运第一批 2 500 吨，2021年 12 月 15 日至 30 日装运第二批 2 500 吨。在申请人就第一批货物宣船后，被申请人并未告知申请人取消货物装运的情况下，申请人擅自单方终止合同的履行，未向被申请人发送有关船舶预计抵港的时间，未递交船舶就绪备妥通知书（NOR），未实际装运第一批货物，亦未安排船舶承运第二批货物，构成违约。因此，申请人以单方终止履行合同的方式解除《航次租船合同确认书》，应当由其自行承担货物未装运的后果和责任，被申请人不应当承担申请人主张的任何费用。2. 在不影响前述意见的前提下，即便假设被申请人应当承担亏舱费，被申请人不应就第二批货物的装运支付任何亏舱费。如前所述，对于第二批货物，申请人单方违约未能提供合适的受载船舶，未能实际装运并非可归咎于被申请人一方的原因，被申请人不应支付这部分货物的亏舱费。即便假设取消装运的原因可归咎于被申请人，因申请人根本没有宣船，申请人对第二批货物未能实际装运并没有产生任何损失，其也无权主张亏舱费。3. 就第一批货物的装运而言，申请人是否对外承担责任、实际产生损失及损失的情况在现阶段均无法确定，本案的审理可能需要以其他案件的审理结果为依据。据被申请人了解，申请人并非其所通知的承运船舶（MV PLATANOS）的船东或实际承运人，就第一批货物的运输，申请人未直接与实际船东订立租船合同关系，二者之间还隔着多个租船合同；目前，包括申请人作为被告或被申请人在内的前几手租约也已进入诉讼或仲裁阶段。因此，申请人就第一批货物的装运是否对外承担责任、遭受了损失等，现阶段尚未可知，本案的审理可能需要以其他案件的审理结果为依据。如允许申请人在未产生任何损失的情况下主张亏舱费，将使申请人不当获利，于被申请人而言是非常不公平的。综上所述，申请人的仲裁请求缺乏事实和法律依据，恳请仲裁委员会依法驳回其全部仲裁请求。

（三）仲裁庭开庭审理情况

申请人和被申请人对双方提交的证据当庭进行了质证，被申请人在庭审后向仲裁庭提交了《质证意见》。申请人提交了申请人作为船东与被申请人作为租船人订立的编号为 20210916-3 的《航次租船合同确认书》，证明以下事项：申请人与被申请人之间的航次租船合同关系成立并生效；《航次租船合同确认书》第 5 条约定的受载期为 2021 年 11 月 10 日至 12 月 31 日；根据《航次租船合同确认书》第 2 条及第 9 条之约定，被申请人应当向申请人支付的亏舱费金额为 5 000 吨 ×113.00 美元＝565 000 美元。被申请人对该证据的真实性、合法性和关联性没有异议，对证明事项有异议。（1）《航次租船合同确认书》本身不能证明被申请人应当向申请人支付亏舱费这一事实。（2）《航次租船合同确认书》约定的受载期并非货物的实际装运日期，受载期本质上是约束出租人提供合适受载船舶的期限，而不是约束租家提供约定货物的期限。装运货物的期限应当是船东宣船经租家确认后，船舶在受载期内抵达装货港、递交 NOR、靠泊后起算的实际装运期限。（3）《航次租船合同确认书》第 2 条约定亏舱费为 100％运费并不合理，亏舱费的法律性质属于违约金，该标准明显过高，即便申请人有证据证明被申请人应当支付亏舱费，仲裁庭应当根据申请人的实际损失情况予以调整。此外，违约金作为合同各方对违约损害赔偿责任的事先约定，本就兼具惩罚性与补偿性的双重性质，而目前双方对于是否需要承担违约责任尚有争议，且实际的损失也并未明确的情况下，申请人即主张要求被申请人承担违约金利息完全于法无据且有违公平原则。

申请人提交了申请人与被申请人之间的微信往来聊天记录及电子邮件，证明以下事项：（1）2021 年 10 月 22 日，被申请人提出将《航次租船合同确认书》项下的货物分两批每批 2 500 吨装运。11 月 2 日，申请人通知被申请人承运船舶为 MV PLATANOS。11 月 9 日，申请人通知被申请人船舶预计于 2021 年 11 月 22 日抵达装货港。11 月 13 日前后，被申请人告知申请人取消货物装运。（2）在《航次租船合同确认书》约定的 2021 年 11 月 10 日至 12 月 31 日受载期内，被申请人未提供合同约定的货物。（3）被申请人以"赔偿费不是说收就收"为由拒绝支付亏舱费。被申请人对该证据的真实性、合法性没有异议，对关联性和证明事项有异议。(1)申请人提供的聊天记录并无被申请人明确通知取消装运的内容,因此,该聊天记录不能证明申请人在仲裁申请书中主张的"被申请人在11月13日前后告知申请人取消货物装运"的事实。(2)申请人主张的证据二证明事项"被申请人明确告知申请人其租家在11月和12月受载期内不能提供任何货物",与事实不符。相反,该证据可以证明被申请人依法履约,已经备妥了第一批货物。比如11月5日申请人微信告知集货已经有1 000多吨了,到11月20日2 500吨应该差不多。还有11月9日,申请人业务人员与其代理天津海德的聊天记录,记载:货已经发了,大部分在仓库里。(3)11月12日的微信中的邮件截图,是被申请人转发美国租家关于协议延长装运期的请求,不等于被申请人取消装运。而11月12日和11月16日被申请人发送给申请人的两封邮件中也从未提及被申请人要求取消货物装运或不能备货的意思表示。相反,被申请人明确提出其目的是希望双方能够寻求合理和专业的措施解决争议,控制损失的进一步扩大,结合微信沟通记录,可以看出被申请人一直想办法积极沟通和解决货物问题。是申请人贸然在受载期未开始的时候,就以其单方预判的"被申请人可能预期违约、取消装运",单方解约,并终止履行合同。因此,申请人据此主张其有权解除合同并要求被申请人支付全部的亏舱费缺乏事实和法律依据。(4)若申请人认为被申请人的行为属于"以自己的行为表明不履行主要债务",应当先终止履行并给被申请人一个合理的期限以纠正违约,而非直接解除合同。而申请人仅以其单方预判的"被申请人可能预期违约、取消装运"擅自终止合同的履行,构成以行为的方式解除合同,因此,本案系申请人违约在先,应当由其自行承担货物未装运的后果和责任。

申请人提交了船舶规范及配载图,证明船舶亏舱损失的实际发生。被申请人对该证据的真实性无法确认,请仲裁庭核实。对关联性和证明事项有异议。(1)载重吨包括总载重吨和净载重吨(Dead Weight Cargo Tonnage,DWCT),含义是不一样的。申请人提供的船舶规范如果属实,在未作区分的情况下,81 123吨的DWT应当是总载重吨。也就是说,81 123吨是船舶根据载重线标记规定所能装载的最大限度的重量,它包括船舶所载运的货物、船上所需的燃料、淡水和其他储备物料重量的总和。申请人根据实际装货量和总载重吨进行对比,来判断船舶是否满舱是不对的。而且船舶的载货量受货物的积载因数、港口和泊位情况、船舶吃水等多种因素影响。（2）案涉船舶在停靠天津港装货前，曾先挂靠鲅鱼圈港装货，而申请人仅提供了天津港的积载图，因此，不能证明申请人的亏舱损失已客观发生。（3）案涉船舶是否满载，与本案被申请人无关，本案《航次租船合同确认书》并非整船租赁，双方从来没有约定过第一批 2 500 吨货物的装运将使得案涉船舶满载。因此，仅根据船舶规范及装货港的积载图不能证明申请人的亏舱损失已客观发生，亦不能证明被申请人应当承担违约赔偿责任。

申请人提交了申请人因本案所涉纠纷与上海锦天城（青岛）律师事务所订立的委托代理合同、律师费发票、律师费付款凭证、大连海事法院就本案所涉纠纷作出的诉前财产保全民事裁定书、法院出具的财产保全申请费收据、保险公司就案涉诉前财产保全出具的保函、财产保全担保保险费发票及申请人支付保险费的付款凭证，证明申请人因本案所涉纠纷遭受了人民币 170 255 元律师费损失、人民币 5 000 元财产保全申请费损失及人民币 7 614 元财产保全担保费损失，被申请人应予赔偿。被申请人对该上述证据真实性、合法性和关联性没有异议，对证明事项有异议。（1）关于律师费、保全费、保全担保费，申请人的主张没有事实和依据，因此其所花费的此等费用应由其自行承担。（2）即便假设仲裁庭最终支持了申请人的部分仲裁请求，申请人的律师费也过高，仲裁庭应当综合案件的结果、复杂程度、代理人的实际工作量等多方面的因素予以调减。保全担保费非胜诉方支出的合理必要费用，根据《民事诉讼法》和《最高人民法院关于人民法院办理财产保全案件若干问题的规定》当事人申请财产保全时可采用多种担保方式，并非必然产生保全担保费用。且案涉《航次租船合同确认书》对该费用的负担并未作出约定，故不应支持申请人关于该项费用的主张。（3）另外，律师费、仲裁费等法律费用是仲裁双方当事人为保护自己权益而产生的费用，与申请人为履行合同而必须支出的成本的性质截然不同。因此，即便仲裁庭认为被申请人应当承担部分法律费用，但申请人就此部分费用主张利息也远远超出了其在合同订立之时可预见的损失范围，属不当得利，不应予以支持。

被申请人提交了 2021 年 9 月 30 日—10 月 26 日申请人与被申请人业务人

员之间的微信聊天记录,证明 2021 年 10 月 25 日至 26 日,申请人通过微信通知被申请人,船东方面确认同意 5 000 吨货物分 2 批装运,第一船 2 500 吨,装期 11 月 15 日至 30 日;第二船 2 500 吨,装期 12 月 15 日至 30 日。申请人对该证据没有异议。被申请人提交了 2021 年 11 月 15 日至 12 月 15 日申请人与被申请人业务人之间的微信聊天记录,证明申请人在仲裁申请书中主张"2021 年 11 月 13 日被申请人告知其取消货物装运"的情况不属实。2021 年 11 月 15 日至 16 日期间,被申请人还在沟通货物装运的事宜,申请人曾多次催问被申请人是否取消装运,被申请人均没有给予确认。申请人对该项证据的证明目的有异议,该证据等于说被申请人承认了不能装运货物的事实,如果被申请人想履行,应当明确回应。

被申请人提交了关于亏舱费约定过高应予调整的参考案例:案例一,法院对于被告应承担的违约金按照原告实际损失上浮 30% 确定;案例二,法院认定,合同约定的 51 000 美元的违约金标准显然过高,综合各种因素,酌情调整为 6 000 美元。申请人认为被申请人提供的所谓参考案例不应该作为证据,证据是对事实的证明,两个案例对本案没有参考意义。申请人和被申请人双方当庭就本案应当适用的法律、被申请人的行为是否构成违约以及被申请人未履行本案《航次租船合同确认书》给申请人造成的损失结果等争议焦点问题进行了辩论。

(四)申请人与被申请人的主要代理意见

申请人在《代理意见书》中称,第一,综合双方的微信聊天记录及电子邮件往来,尤其是 2021 年 11 月 12 日的微信聊天记录,运用逻辑推理、经验法则、事实推定和司法认知等证据审核认定方法,显然被申请人在约定的受载期未提供货物、取消货物装运的意思表示非常明确。如果被申请人没有取消货物装运,在面对申请人要求其支付亏舱费的微信通知和电子邮件通知时,其怎么可能作出"亏舱费不是说收就收、同意船东任何减少损失的做法"等回复,而不是应当回复"货早已集港了,为什么还不派船"吗?被申请人转发其下家租家的邮件,提出:如果船东不同意放弃亏舱费解除合同,希望船舶将装货期修改为其他时间——或许是 2022 年 2 月或 3 月。这种情况显然属于对《航次租船合同确认书》约定的受载期的变更。对于合同的变更，《民法典》第五百四十三条规定，当事人协商一致，可以变更合同。第五百四十四条规定，当事人对合同变更的内容约定不明确的，推定为未变更。因申请人上家船东不同意受载期变更，申请人相应没有同意被申请人提出的受载期变更要约。另外，申请人在11月5日微信聊天中提到："这个客户在港外有租仓库，目前应该是集了1 000来吨了，11月20号2 500吨应当差不多，供参考吧。"是因为被申请人迟迟不能提供货物集港信息，申请人找人帮忙打听发货人货物情况，打听到发货人在港外租赁仓库内有1 000来吨货物。但事后才知道发货人的货物是为其他船舶准备的，并不是为案涉船舶装船集港准备。所以被申请人在11月19日仍不能提供货物集港情况，在11月12日转发其下家租家的邮件告知卖方不能提供订购的货物，要求将受载期变更到2022年2月或3月。综上，被申请人在《航次租船合同确认书》约定的受载期未提供货物、取消货物装运的事实清楚，证据充分。

第二，被申请人未举证证明在受载期内已经备好了货物、安排货物集港等待装运，应承担举证不能的法律后果，应向申请人支付全部5 000吨亏舱费。受载期，包含两种含义：第一，承租人有义务在受载期的第一天前将货物备好可以装船。第二，承运人有义务在受载期的最后一天前将船舶准备好可以受载货物（参见《海商法大词典》第50页，《航次租船合同》第159页也有类似表述）。案涉《航次租船合同确认书》第5条约定受载期为2021年11月10日至12月31日。后来双方通过聊天记录对受载期进行了变更，变更为第一船装期11月15日至30日，第二船装期为12月15日至30日，各2 500吨。被申请人应当举证证明其在约定的受载期的第一天前将货物备好可以装船，否则应当承担举证不能的法律后果，应认定其取消了全部货物装运，应向申请人支付全部5 000吨亏舱费。

第三，被申请人罔顾客观事实，连取消货物装运、未提供货物这一基本事实都不认可，既违背了诚实信用原则，也涉嫌虚假陈述，建议仲裁庭给予适当惩戒。

第四，首先，《海商法》第九十四条规定，本章其他有关合同当事人之间的权利、义务的规定，仅在航次租船合同没有约定或者没有不同约定时，适用于航次租船合同的出租人和承租人。此处规定了合同约定优先原则，这是航次租船合同的特殊性之一。本案中，显然应当依据《航次租船合同确认书》约定认定被申请人应当承担的亏舱费赔偿责任。其次，退一步讲，即使适用《民法典》关于违约金的规定，此处亏舱费约定的是因违约产生的损失赔偿的计算方法，属于约定的损害赔偿，其功能不仅在于赔偿，还在于督促保证债务人履行，它只与违约有关，与是否存在损失无关，与是否可能产生损失也无关。被申请人提出的第三点答辩意见不能成立。再次，申请人已经提供了船舶规范和配载图，证明承运船舶案涉航次远未满舱满载，亏舱损失客观发生，被申请人应承担违约赔偿责任。同时，另案的被申请人是申请人上家合同相对人，申请人已经提供担保和租金运费抵消的方式按照双方《航次租船合同确认书》约定的每吨 108 美元向上家支付了 2 500 吨的亏舱费共计 27 万美元，剩余 2 500 吨亏舱费，双方还在协商之中。对此，本案被申请人或仲裁庭可以向另案的被申请人核实。因此申请人的损失已经客观产生。而且申请人对上家承担亏舱费赔偿责任也属于必然发生的损失，即使暂未向上家支付，被申请人也应当赔偿。即使适用《民法典》关于违约金的规定，被申请人作为违约方也应当对违约金约定过高的主张承担举证责任。

被申请人在《代理意见》中称，第一，《海商法》第九十四条及第一百条的规定与《民法典》第五百八十四条的适用在本案中并不冲突。亏舱费作为双方在《航次租船合同确认书》中约定的对于承租人违约导致出租人遭受损失的一种损失补偿违约金，也应同时受到公平原则的调整，不应过分高于实际损失。（1）即便假设被申请人未能按时提供货物的行为构成违约，申请人根据《海商法》的相关规定主张赔偿损失也不能够当然规避《民法典》的适用。基于以上前提，即便仲裁庭经审理最终认定被申请人的损失赔偿责任，也不应超过申请人的实际损失以及签订《航次租船合同确认书》时能够预见的可得利益损失。在实践中，亏舱费，大多数情况下也被称为"货物落空违约金"，本质上是租船合同项下出租人因承租人未能及时提供约定货物且无法提供出租人满意的替代货物而导致出租人承担的船舶未满载损失的一种兼具惩罚性与补偿性的违约金，往往是以明示的"总运费的 30%"的形式在租船合同中进行约定。而在涉案《航次租船合同确认书》中，尽管约定了货物落空时被申请人应当按照 100%

运费的标准进行赔偿，但这并不能当然排除被申请人基于民法中的公平原则，就申请人主张的亏舱费标准超出行业惯例的实际损失的情况提出调整的权利。《海商法》作为调整船舶关系和海上货物运输关系的特别法，同时也适用民法的基本原则和原理，仅在《海商法》与民法的约定相竞合产生冲突时，优先适用《海商法》的规定。而纵观《海商法》第四章的规定，即便是在第一百条第二款中也仅是明确承租人应承担因未能提供约定货物而给承租人造成的损失，而并没有约定损失的确定方法。因此，被申请人基于公平原则，在本案中援引《民法典》及相关司法解释、指导意见中关于违约金的调整方法和认定标准的规定，要求按照申请人能够举证证明的、因被申请人违约而给其所造成的实际损失对违约金标准进行调整，于法有据。（2）申请人未能举证证明其实际损失与其主张的100%运费的亏舱费相一致，应当自行承担举证不能的不利结果。结合事实情况和庭审中申请人提交的证据材料来看，对于第二批2 500吨货物，因申请人并未宣船和订舱，其并未实际产生任何亏舱损失；对于第一批的2 500吨货物，因案涉船舶为散货船而非整船租赁，申请人提交的证据船舶规范及配载图也仅能说明船舶的基本情况和装运情况，不能证明申请人的亏舱损失已客观发生。申请人未能充分举证证明其主张的损失赔偿与其实际损失相当，应当自行承担举证不能的不利后果。

第二，被申请人提出延期装运货物的申请并不构成案涉《航次租船合同确认书》项下的违约。（1）被申请人向申请人转达上家美国公司的延期发货请求，仅是出于受不可抗力的影响尽可能减少双方损失的目的进行协商，而非作出明确的违约意思表示，是申请人在受载期未开始之前，单方终止合同履行。无论是从双方业务人员聊天记录或是邮件往来中均可看出来，被申请人从未作出明确的意思表示，也从未要求取消案涉货物的装运。被申请人在2021年12月12日将上家美国公司的延期发货请求转发给申请人，也是出于向申请人如实解释，案涉货物无法按时集港是基于国内厂家受到限产限电等不可抗力因素影响，迫不得已才提出延期发货以尽量减少各方损失的方案，且被申请人一直在积极沟通和解决货物问题。然而，申请人在2021年11月12日，即第一批2 500吨货物的受载期未到之时，即以其单方预判的"被申请人可能预期违约、取消装运"的情况，单方终止合同履行。申请人此举构成以行为的方式单方解除合同，因此，本案系申请人违约在先，应当由其自行承担货物未装运的后果和责任。（2）即便申请人认为被申请人要求延期装运货物的行为构成"以自己的行为表明不履行主要债务"，也应当按照《民法典》的相关规定先行使不安抗辩权的程序，给予被申请人合理期限继续履行或者提供履约担保，而非直接解除合同，因此产生的扩大损失应由申请人自行承担。如前所述，被申请人从未作出明确拒绝履行合同义务的意思表示，反而是一直在督促上家美国公司集港，并继续与申请人协商延期交货的安排。尽管因不可抗力原因导致了合同一时难以履行之虞的客观情势，但被申请人主观上仍有继续履行的意愿，且实际情况也的确是仍存在多种措施（比如延期发货或寻找替代货）可以解决无法履行合同的障碍，合同目的仍可以实现，故被申请人的行为并不构成可以使得申请人直接要求解除合同的明示预期违约行为。有鉴于此，即便申请人主观上认为被申请人提出延期装运货物的行为是"以自己的行为表明不履行主要债务"，根据《民法典》第五百八十二条的规定以及《中华人民共和国民法典合同编的理解与适用》中的相关审判指引，在被申请人没有明确表示不履行合同义务的情况下，申请人也不应直接解除合同或者请求损害赔偿，而是应当行使不安抗辩权，通知被申请人其拟中止合同履行或拒绝履行己方合同义务的表示，并给予被申请人一定的合理期限以继续履行或提供担保，以确定被申请人是否能够继续履行合同。然而，尽管被申请人多次表示要求继续履行合同，申请人仍在11月份船舶受载期未到之前就单方解除了合同，其应自行承担因此导致的损失和责任。恳请仲裁庭能够结合公平原则对以上意见予以充分考虑，维护被申请人的合法权益。

二、争议焦点

（1）被申请人未依据《航次租船合同确认书》的约定提供5 000吨货物装船运输的行为是否构成预期违约？

（2）申请人提出的航次租船合同亏舱费损失赔偿请求，因其法律性质属于违约金或约定的损害赔偿金，则在法律适用上，本案除适用《中华人民共和国海商法》外，是否还应当根据《中华人民共和国民法典》关于违约金调整的规则进行调整？

三、法律分析

（一）关于争议焦点一

2021 年 11 月 12 日，被申请人通过转发其租家的邮件截图给申请人的方式，明确表示："因生产问题和全球经济，卖方不能提供其订购的产品，基于长期合作关系希望被申请人能够予以协助，如果船东不同意放弃亏舱费解除合同，其请船舶将装货期修改为其他时间，或许是 2022 年 2 月或 3 月。"申请人的回应是："我们做的最大的工作就是 12 月先不提，先说 11 月这条船的，这已经够意思了，还能咋样。"其后被申请人发给申请人的电子邮件回复说，基于将来顺利合作，其会努力促使各方修正错误打算，其同意船东任何减少损失的做法，其会优先采用合理的方法解决问题。被申请人对申请人提交的证明上述事实的微信聊天记录和邮件中译文没有异议。因此被申请人转给申请人的邮件已经明确表示了被申请人无法向申请人提交《航次租船合同确认书》约定的 5 000 吨袋装饲料级无害 98.5% 赖氨酸盐酸盐。虽然被申请人在其与申请人后续微信沟通时拒绝使用取消合同的明确语言来对其真实意思表示进行确认，但其明确传达的无法提供货物、不具备履行合同条件、合同目的无法实现的意思表示是明确的。被申请人提出的所谓解决方案是把已经生效的合同约定的装货期修改为其他时间，提出"或许是 2022 年 2 月或 3 月"。被申请人单方提出的延期发货的请求本身就印证了被申请人无意继续履行《航次租船合同确认书》所约定的货物受载期的意思表示，而不是如被申请人所说的本意是继续履行合同而不是取消合同。虽然被申请人主张申请人解除合同在先，无权主张亏舱费损失，并没有提交任何充分可靠的证据证明其主张的申请人单方拒绝履行合同的事实存在；相反，申请人提出的解决方案是"12 月先不提，先说 11 月这条船的亏舱费"可以证明申请人还是想让被申请人继续履行 12 月 2 500 吨货物装船合同义务，但一直没有得到被申请人的回应。被申请人同时主张其无法提交货物是因为不可抗力，也同样没有提供充分可靠的证据证明有影响其提交货物的符合法定构成不可抗力条件的情形存在。因此，对被申请人的上述主张不予支持。

（二）关于争议焦点二

申请人与被申请人之间系涉及国际海上货物运输的航次租船合同关系，租约第 14 条约定中国法适用，因此本案应当首先适用《中华人民共和国海商法》第四章第七节关于航次租船合同的特别规定。《海商法》第九十四条规定，本章其他有关合同当事人之间的权利、义务的规定，仅在航次租船合同没有约定或者没有不同约定时，适用于航次租船合同的出租人和承租人。《中华人民共和国海商法诠释》[1] 对此诠释认为：除了第四十七条和第四十九条的规定外，第四章关于海上货物运输合同当事人之间权利义务的规定，包括航次租船合同的特别规定，对于航次租船合同的出租人和承租人没有强制适用效力，仅在合同没有约定或没有不同约定的情况下适用。也就是说，合同有约定的，按照合同约定；合同没有约定的，按照第四章的有关规定处理；合同的约定与有关规定不同的，按照合同的约定处理。这是航次租船合同的特殊性之一，也是航次租船合同与件杂货运输合同的重大区别。这一规定在很大程度上体现了航次租船合同当事人的意思自治原则。只要航次租船合同不是在受胁迫的情况下签订，合同条款不构成显失公平，都应承认其效力。最高人民法院提审的艾斯欧洲集团有限公司与连云港明日国际海运有限公司、上海明日国际船务有限公司航次租船合同纠纷案（（2011）民提字第 16 号案，最高人民法院公报 2011 年第 8 期刊登）也再次体现了上述法律精神。最高人民法院在该案判决中认为：《中华人民共和国海商法》将航次租船合同作为特别的海上货物运输合同予以规定。该法第九十四条规定："本法第四十七条和第四十九条的规定，适用于航次租船合同的出租人。本章（海上货物运输合同）其他有关合同当事人之间的权利、义务的规定，仅在航次租船合同没有约定或者没有不同约定时，适用于航次租船合同的出租人和承租人。"因此，航次租船合同当事人的权利义务主要来源于合同的约定。在航次租船合同有明确约定的情形下，出租人应当按照航次租船合同的约定履行义务，并履行《中华人民共和国海商法》第四十七条、第四十九条规定的义务。《海商法》第九十四条的规定了合同约定优先原则，这是航次租船

---

[1] 傅旭梅主编：《中华人民共和国海商法诠释》，人民法院出版社 1995 年版，第 180 页。

合同的特殊性之一。

四、裁判结果

（一）裁判结果

关于争议焦点一，仲裁庭认为，根据《民法典》第五百七十八条规定，"当事人一方明确表示或者以自己的行为表明不履行合同义务的，对方可以在履行期限届满前请求其承担违约责任。"被申请人的行为已经构成了以自己的行为表明不履行合同义务的事实，申请人有权在合同履行期限届满前请求被申请人承担违约责任，被申请人关于申请人应通过行使不安抗辩权程序行使权利的主张缺乏事实和法律依据，应不予支持。

关于争议焦点二，仲裁庭认为，《民法典》总则第十一条规定，其他法律对民事关系有特别规定的，依照其规定。本案应当根据该条规定所确立的特别法优先适用原则优先适用调整国际航次租船合同法律关系的《海商法》有关航次租船合同的特别规定，该特别规定没有规定的，适用《民法典》的相关规定。《海商法》第九十四条规定："本法第四十七条和第四十九条的规定，适用于航次租船合同的出租人。本章其他有关合同当事人之间权利、义务的规定，仅在航次租船合同没有约定或者没有不同约定时，适用于航次租船合同的出租人和承租人。"该条规定确立了除《海商法》第四十七条和第四十九条规定之外的航次租船合同出租人和承租人之间权利、义务的约定优先适用的原则，只有在航次租船合同没有约定或者没有不同约定时才适用"本章其他有关合同当事人之间权利、义务的规定"。这是《海商法》作为特别法所确立的不同于《民法典》合同编调整合同当事人之间权利、义务关系时所适用的合同约定优先适用原则。被申请人主张《海商法》第九十四条的规定与《民法典》第五百八十四条、五百八十五条的规定并不冲突的主张缺乏法律依据；其提交的海事法院个案判决书对本案不具有法律适用上的指导意义。本案《航次租船合同确认书》第 2 条约定原文为 "100pct dead freight to be charged if charterers fail to load complete or partial cargo under c/p whatever reason caused by charterers and/or their shippers"。申请人提交的中译文为"如因租船人和 / 或托运人引起的无论何种原因，租船人未装载《航次租船合同确认书》项下全部或部分货物，按照100％运费支付亏舱费"。被申请人对该译文未提出异议。该条清楚明确地约定了"100pct dead freight"即亏舱运费的计算方法，不存在《航次租船合同确认书》没有约定或者与《海商法》第四章有关合同当事人之间权利义务的规定没有不同约定的情形，应当优先于相关法律有关合同当事人之间权利、义务的规定而适用。根据《航次租船合同确认书》第2条约定货物数量为约5 000吨、第9条约定海运价为每吨113美元（明确不包括装卸费），本案被申请人应当承担的亏舱费损失赔偿额为5 000吨×113美元／吨＝565 000美元。

（二）案例亮点

仲裁裁决书作出后，被申请人以申请人隐瞒了足以影响公正裁决的证据以及由于其他不属于被申请人负责的原因未能陈述意见为由向天津海事法院申请撤销仲裁裁决，申请人答辩认为，申请撤销仲裁裁决必须严格依照法定事由审慎审查，尊重裁决一裁终局性；本案属于涉外仲裁裁决，应当根据《中华人民共和国民事诉讼法》第二百八十一条第一款关于撤销涉外仲裁裁决的规定而非《中华人民共和国仲裁法》第五十八条关于撤销国内仲裁裁决的规定进行审查；被申请人没有提供任何证据证明发生了符合撤销涉外仲裁裁决规定的事项。天津海事法院完全采纳了申请人的意见，驳回了被申请人撤销仲裁裁决申请。

在被申请人提供多起海事法院参考类案的情况下，锦天城律师代表申请人创造性地提出案涉航次租船合同应首先适用海商法，有约定从约定，不应适用民法典关于违约金调整的规定，说服仲裁庭在申请人未遭受任何实际损失的情况下全额支持了56万美元亏舱费请求。该案充分体现出锦天城律师对海商法规定本质的深刻认识，系国内第一起支持航次租船合同违约金不适用民法违约金调整规则的案例。

捷豹路虎公司诉常州路捷公司合同纠纷管辖权异议案

——非必要共同诉讼时，约定管辖条款应如何适用？

蔡　城[*]

一、案情介绍

2021 年 4 月 1 日，捷豹路虎（中国）投资有限公司（下称"捷豹路虎中国公司"）、奇瑞捷豹路虎汽车销售有限公司（下称"奇瑞捷豹路虎公司"）、捷豹路虎（宁波）贸易有限公司（下称"捷豹路虎宁波公司"）（合称为"捷豹路虎公司"或"三被告"或"三上诉人"）与常州路捷汽车销售服务有限公司（下称"常州路捷公司"或"原告"或"被上诉人"）分别签订了一份《经销商协议》，约定由常州路捷公司作为常州地区的授权经销商，销售、维修、修理和保养捷豹路虎公司品牌产品。在三份《经销商协议》中，均约定一旦产生纠纷，由（捷豹路虎）"公司"所在地法院管辖，即分别应由上海市浦东新区人民法院、江苏省常熟市人民法院、浙江省宁波市北仑区人民法院管辖。后三被告共同与原告针对三份《经销商协议》签订了一份《经销商协议补充协议》（下称"《补充协议》"），明确三被告作为一个整体与原告就配件销售目标及责任等进行补充约定，其他条款仍以《经销商协议》的约定为准。

2022 年 6 月 9 日，常州路捷公司向捷豹路虎公司提出对店面部分空间进行改造调整。捷豹路虎公司在回函中明确不允许捷豹路虎门头下展厅内同时存在两个品牌平台运营。常州路捷公司未按照捷豹路虎公司的要求将店面恢复原状，且将展厅进行隔断并销售其他品牌汽车。三被告于 2023 年 3 月 16 日共同向原告发送一份函件，认为常州路捷公司违反了《经销商协议》关于展厅要求的约定，解除三份《经销商协议》。

常州路捷公司遂将三被告起诉至原告所在地江苏省常州市武进区人民法院，认为三被告单方面终止《经销商协议》，违反了《中华人民共和国合同法》《中华人民共和国反垄断法》和《汽车销售管理办法》，要求三被告继续履行《经销商协议》，并赔偿原告经营损失及资金占用利息。

三被告在提交答辩状期间，对管辖权提出异议，认为原告将与三被告分别签署和履行的三份商事合同项下的纠纷合并起诉至法院不符合立案要件，本案也并非必要共同诉讼，原告合并起诉缺乏法律和事实依据。三被告各自与原告签署合法有效的管辖协议，根据协议约定，相关争议或者索赔应提交（捷豹路虎）公司所在地即三被告所在地人民法院管辖，故申请将本案分别移送至上海市浦东新区人民法院、江苏省常熟市人民法院、浙江省宁波市北仑区人民法院审理。

二、争议焦点

（1）本案是否属于必要共同诉讼；《补充协议》的签署是否构成三份《经销商协议》主体的合并或变更并影响该三份《经销商协议》的独立性；三被告共同向原告发函解约，能否据此判定构成共同行为，成立一个新的法律关系。

（2）一审法院对本案是否具有管辖权，原告与三被告签订的《经销商协议》中管辖约定条款是否适用于本案。

三、法律分析

（一）本案是否属于必要共同诉讼

一审中原告主张其与三被告虽分别签订了三份《经销商协议》，但协议内容、权利义务关系、合同目的等完全相同，均基于同一事实和法律上的原因产生，在合同的签订、履行上具有共同性、一致性、整体性，诉讼标的也具有同一性和不可分性。为避免裁判冲突，可以认定本案属于一种特殊的必要共同诉讼，法院可以合并审理。

一审常州市武进区人民法院支持原告的主张，认为本案中，原告与三被告分别签订了《经销商协议》，由原告为三被告各自经营的车辆提供销售、保养、维修等服务，在该协议中约定双方的争议分别由公司即三被告所在地人民法院管辖。上述协议签订后，三被告又与原告签订了《补充协议》，该协议明确捷豹路虎方将作为一个整体与经销商进行协商并约定《经销商协议》中提及的公司配件和公司附件的销售目标，而不会就各自《经销商协议》进行分别约定。2023 年 3 月，因原告对店面空间进行改造调整，三被告又共同发函要求终止与原告之间的合作。原告认为三被告的这一行为对原告造成了一定的损失，故向本院提起诉讼。从原告起诉中所列举的房屋空置期、装修等损失来看，该损失与三被告的共同行为有关，事实上三被告在《补充协议》中已经明确表示作为一个整体，且终止函也由三被告共同作出，上述损失在三被告之间也难以作出准确划分，亦不能予以简单平均分摊，故本案属于不可拆分的必要共同诉讼，本院也无权要求原告将三被告进行拆分，予以分别诉讼。

上海市锦天城律师事务所律师在二审阶段接手此案，代理捷豹路虎公司上诉至江苏省常州市中级人民法院，并发表如下代理意见：

三上诉人与被上诉人分别签署和履行的三份《经销商协议》是三份相互独立的协议，各独立协议的主体分别受该协议的约束，《补充协议》的签署并不会构成上述三份《经销商协议》主体的合并或变更并影响该三份《经销商协议》的独立性。

（1）常州路捷公司为经销捷豹路虎品牌下的不同车型的车辆，分别与捷豹路虎中国公司、奇瑞捷豹路虎公司和捷豹路虎宁波公司签署和履行了三份《经销商协议》，而非同一份协议。该三份《经销商协议》的协议主体、销售车型等关键协议内容完全不同。同时，《经销商协议》也分别约定了不同的管辖法院解决纠纷。虽然三份《经销商协议》涉及的车辆品牌均为捷豹路虎，但是该等协议分别属于不同的民事法律关系。

（2）尽管在上述三份《经销商协议》签署时，常州路捷公司与捷豹路虎中国公司、奇瑞捷豹路虎公司和捷豹路虎宁波公司同时签署了一份《补充协议》，但该《补充协议》的签订并不构成上述三份《经销商协议》主体的合并，甚至影响该三份《经销商协议》的独立性，原因如下：

①《补充协议》第5.2条即明确约定："本补充协议未约定或与经销商协议不相冲突的事项适用经销商协议的相关规定。"根据该条约定可知，三份《经销商协议》依旧是三份合法有效且相互独立的协议，该三份《经销商协议》依然分别约束协议各方当事人，三份协议主体并未发生了变更。《补充协议》中亦没有任何关于变更协议主体、合并签约、变更《经销商协议》等任何意思表示或相关表述。因此《补充协议》的签订并不构成三份《经销商协议》主体的合并且影响该三份《经销商协议》的独立性，并未替代原有的经销关系，并不能据此判定成立了一个新的法律关系。

②《补充协议》第2.1条亦明确约定："捷豹路虎方在各自与经销商签署的经销商协议第3条中均有关于应就销售目标达成一致的约定。鉴于公司配件和公司附件业务的复杂性及灵活性以及捷豹路虎品牌客户售后服务的不可拆分性，为方便经销商订购操作并给予经销商更大的灵活性，各方同意：捷豹路虎方作为一个整体与经销商进行协商并约定经销商协议中提的公司配件和公司附件的销售目标，而不会就各自经销商协议进行分别约定。"根据该条可知，《补充协议》是四家公司主要针对"整体公司配件和公司附件销售目标"而非"汽车整车销售目标"而进行的补充约定，《经销商协议》和《补充协议》两者并不冲突，《补充协议》是对《经销商协议》的补充而非对其主体进行的变更。正如上文所述，四家公司之所以采用这样的合约安排，目的是方便经销商订购操作并给予经销商更大的灵活性，以更好地服务捷豹路虎品牌旗下客户。一审裁定断章取义，仅截取部分内容，就据此认定三上诉人在《经销商协议》的各个

方面都作为一个整体，这完全不符合本案事实，也严重偏离了当事人的明确合意。

③ 从三份《经销商协议》的实际履行情况看，在《经销商协议》和《补充协议》签署后，常州路捷公司就其经销的车型，也是分别与捷豹路虎中国公司、奇瑞捷豹路虎公司和捷豹路虎宁波公司三家公司开票、结算以及付款，根本不存在任何主体合并的情况。

④ 被上诉人所主张的合同的"主体合并"亦缺乏法律根据。一方面，常州路捷公司主张《补充协议》合并了三份不同的主协议的协议主体，但该等主张根本不存在对应的法律概念。本案中基于《补充协议》，各方当事人缺乏任何合同（即经销商协议）发生主体变更或者混同等意思表示。因此，本案中并不存在常州路捷公司所称的协议主体变更的事实和法律依据。

⑤ 因为捷豹路虎中国公司、奇瑞捷豹路虎公司和捷豹路虎宁波公司均是捷豹路虎品牌旗下的不同主体，从品牌管理的角度，同一品牌下的不同主体在与汽车经销商建立经销授权关系时，就品牌授权管理的某一问题或事项，共同与经销商进行沟通和协商，这是中国汽车经销市场的普遍现象。但并不能据此认为，凡是同一品牌的公司，在法律上均应视为同一个主体，同一品牌的不同厂商与经销商建立的经销关系和经销协议均是相互独立存在的，否则显然会动摇《公司法》法人人格独立的基石和违背《民法典》合同编合同相对性的基本原则。

综上，三上诉人分别与被上诉人签署和履行三份相互独立的《经销商协议》，该等协议的主体、内容和管辖权条款等均不相同，本案也不存在协议主体变更或者管辖权条款约定不明的事实。

常州路捷公司将捷豹路虎中国公司、奇瑞捷豹路虎公司和捷豹路虎宁波公司作为共同被告合并起诉至法院并不符合法定立案要件。

《中华人民共和国民事诉讼法》（下称《民事诉讼法》）第一百二十二条明确规定，起诉需符合下述条件：（a）原告是与本案有直接利害关系的公民、法人和其他组织；（b）有明确的被告；（c）有具体的诉讼请求、事实和理由；（d）属于人民法院受理民事诉讼的范围和受诉人民法院管辖。可见，根据《民事诉讼法》关于立案条件的明确规定和中国民事诉讼实务的普遍司法实践，原

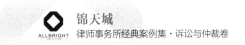

被告之间需存在直接利害关系。

就本案而言，假设常州路捷公司基于其与捷豹路虎中国公司之间签订的《经销商协议》起诉捷豹路虎中国公司，那么基于合同的相对性原理，由于奇瑞捷豹路虎公司和捷豹路虎宁波公司并非该纠纷所涉协议的主体，与本案无利害关系而非该案适格被告。同理，常州路捷公司在起诉奇瑞捷豹路虎公司或捷豹路虎宁波公司时同样适用该原理。因此，常州路捷公司基于三份协议主体、协议内容和协议管辖法院均不相同的《经销商协议》将捷豹路虎中国公司、奇瑞捷豹路虎公司和捷豹路虎宁波公司作为共同被告共同起诉至法院，必定会导致其中两家被告和案件无利害关系而非适格被告，显然不符合法定的案件受理要件。如果常州路捷公司认为捷豹路虎中国公司、奇瑞捷豹路虎公司和捷豹路虎宁波公司均违反了和单独自己签署的《经销商协议》构成根本违约，应当将该三家公司分别起诉至有管辖权的法院，而非为了自身的诉讼便利而违反《民事诉讼法》中关于法定管辖的规定和《经销商协议》中关于协议管辖的约定。

因此，常州市武进区人民法院受理常州路捷公司的合并起诉不符合法定立案条件，在三份独立的《经销商协议》均约定管辖法院的情况下，常州市武进区人民法院对本案则无管辖权。常州路捷公司将彼此之间不存在利害关系的被告合并至无管辖权的法院起诉，并不符合立案受理条件，法院不应当予以受理。

因此，本案并非必要共同诉讼，常州市武进区人民法院受理原告的合并起诉并认为该案件属于必要共同诉讼缺乏法律依据，也明显违背案件事实。

（1）本案不符合必要共同诉讼的构成要件。

《民事诉讼法》第五十五条明确规定，当事人一方或者双方为二人以上，其诉讼标的是共同的，或者诉讼标的是同一种类，人民法院认为可以合并审理并经当事人同意的，为共同诉讼。依据前述规定，只有在诉讼标的具有同一性或者诉讼标的为同一种类且当事人同意的情况下，方构成共同诉讼，人民法院才可以进行合并审理。

（2）本案亦不属于《民诉法解释》所列必要共同诉讼的具体情形。

就必要共同诉讼的具体情形，最高人民法院发布的《关于适用〈中华人民共和国民事诉讼法〉的解释》（下称《民诉法解释》）有着明确规定，具体可参见《民诉法解释》第54条、58—59条、第63条、第65—67条和第70—72条。

本案中，捷豹路虎中国公司、奇瑞捷豹路虎公司和捷豹路虎宁波公司作为相互独立的商事主体分别与常州路捷公司签订了《经销商协议》，该三份《经销商协议》项下针对的汽车产品（即车型）各不相同。捷豹路虎中国公司、奇瑞捷豹路虎公司和捷豹路虎宁波公司就其运营的不同产品分别与常州路捷公司建立相互独立的经销合同关系，不存在诉讼标的同一的情况，自然也不存在构成必要共同诉讼的情形。同时三份协议所约定的管辖法院均非常州市武进区人民法院，常州市武进区人民法院将本案作为必要共同诉讼予以受理，明显缺乏法律依据。

（3）本案亦不符合诉的客观合并的构成要件。

《民诉法解释》第二百一十六条明确规定，基于同一事实发生的纠纷，当事人分别向同一人民法院起诉的，人民法院可以合并审理。同时，最高人民法院在（2011）民二终字第42号案例中也明确表示，诉的客体合并是人民法院将其均具有管辖权的彼此联系的诉合并在同一个诉讼程序中审理。而最高人民法院民法典贯彻实施工作领导小组办公室编著的《最高人民法院新民事诉讼法司法解释理解与适用》有关第216条的解释列明了可以认定合并审理的4种情形：（a）各个诉的当事人诉求指向同一法律关系（例如指向同一合同关系）；（b）各个诉的当事人的诉求基于同一事实产生，例如离婚行为产生的离婚关系、子女抚养关系和财产分割关系；（c）各个诉之间的法律关系存在主从关系，如出借人起诉借款人和担保人；（d）各个诉之间的当事人存在不真正连带债务。就本案而言，不存在前述任何一种情况。案涉的三份《经销商协议》主体不同，针对产品或车型不同，法律关系彼此独立，亦不存在牵连关系，一审原告完全可以单独起诉。

（4）一审裁定因损失难以划分，故本案构成必要共同诉讼的认定系适用法律错误。

被上诉人作为一审原告，其依据合同关系起诉并主张三被告承担包括违约损失赔偿在内的相关违约责任，则原告当然负有证明其在三份不同合同项下所遭受损失的举证责任，否则即应当承担举证不能的不利后果。一审法院竟然以"本院无权要求原告将三被告进行拆分"为由，允许原告合并起诉，这显然混淆了举证责任和诉讼请求的前后关系，从果推因。暂且不论原告并未主张其无法证明或无法分拆其在三份不同《经销商协议》项下所遭受的损失，即便在本案的实体审理过程中，原告无法举证，也是其诉请能否全部或部分获得支持的问题，而不能据此认为原告有权合并起诉或本案构成必要共同诉讼。就损失区分的问题，完全可以通过举证责任制度查明事实和妥善处理。一审裁定却本末倒置，臆断原告无法区分不同《经销商协议》项下的违约损失，因此就将本不属于必要共同诉讼的三个合同纠纷放在同一个案件中作为必要共同诉讼处理，系明显的适用法律错误。

一审裁定称，"上述损失在三被告之间也难以做出准确划分，亦不能简单平均分摊"，这显然是在进行实体审理，也明显偏离了管辖权异议程序仅应针对程序问题进行审理和裁判的法律规定和司法实践。

综上，本案不符合必要共同诉讼的构成要件，亦不属于《民诉法解释》所列必要共同诉讼的具体情形，更不符合诉的客观合并的构成要件，损失难以区分亦不是合并审理的法定理由，常州市武进区人民法院受理常州路捷公司的合并起诉并认为该案件属于必要共同诉讼缺乏法律依据，也明显违背案件事实。

三上诉人共同向被上诉人发函解约，不能理解为一个所谓共同行为，一审裁定混淆了侵权与合同的法律关系。

（1）三上诉人共同向被上诉人发函实质上是三上诉人分别向被上诉人行使约定合同解除权。

就合同关系而言，合同相对性是一个基本的合同法法理，也具有明确的法律依据。路虎捷豹中国公司、奇瑞捷豹路虎公司和路虎捷豹宁波公司之所以共同向常州路捷公司发函解约，究其原因是常州路捷公司在未经路虎捷豹中国公司、奇瑞捷豹路虎公司和路虎捷豹宁波公司三家公司同意的情况下，擅自对展厅进行隔断，并在场所及展厅内销售其他品牌汽车，该等行为同时严重违反了三份《经销商协议》的约定。也就是说被上诉人同时对三上诉人构成根本违约，三上诉人均具有单独对被上诉人行使约定解除权的权利。但基于三上诉人同属于捷豹路虎品牌旗下公司以及过往的合作习惯，以及节约资源提高效率的考虑，遂三上诉人通过共同发函的方式进行解约。据合同相对性原则，即使三上诉人共同发函，分别解除的还是被上诉人与三上诉人各自签署的《经销商协议》。究其本质，该共同发函解约的行为应理解为路虎捷豹中国公司、奇瑞捷豹路虎公司和路虎捷豹宁波公司三家公司在同一时间分别向常州路捷公司发出解约通知，属于形式合并，实质分离。在实体审理时，三上诉人行使合同解除权是否具有事实、合同和法律依据，当然只能依照三份《经销商协议》的相关约定并结合事实和证据来判定。

（2）一审法院裁定混淆了侵权法律关系与合同法律关系。

一审法院裁定中关于"共同行为造成损失"的表述明显属于侵权法上的分析逻辑。但是，本案纠纷属于合同违约之诉，同时常州路捷公司的诉讼请求也是主张路虎捷豹中国公司、奇瑞捷豹路虎公司和路虎捷豹宁波公司三家公司分别承担继续履行各自签署的《经销商协议》等违约责任。

（3）《补充协议》所约定的事项与本案争议无关。

需要说明的是，本案涉及的三份《经销商协议》的约定合同解除权的行使之争议，并不涉及销售目标问题，所以在本案中完全不应当考虑《补充协议》的内容，《补充协议》的签署也并不导致三个相互独立的法律关系变成同一个法律关系，常州路捷公司无权依据《补充协议》合并起诉捷豹路虎中国公司、奇瑞捷豹路虎公司和捷豹路虎宁波公司三家公司。

被上诉人常州路捷公司辩称，本案是必要共同诉讼。被上诉人与三上诉人虽分别签订了三份《经销商协议》，但协议内容、权利义务关系、合同目的等完全相同，均基于同一事实和法律上的原因产生，在合同的签订、履行上具有共同性、一致性、整体性，诉讼标的也具有同一性和不可分性。为避免裁判冲突，可以认定本案属于一种特殊的必要共同诉讼，法院可以合并审理。

二审常州市中级人民法院经审查认为，案涉《经销商协议》及《补充协议》系被上诉人与三上诉人分别签订，权利义务各自独立，故不属必要共同诉讼。因三上诉人不同意合并审理，故本案亦不作普通共同诉讼合并审理。

（二）一审法院对本案是否具有管辖权

一审中，三被告主张其各自与原告签署合法有效的管辖条款，明确约定相关争议或者索赔应提交公司所在地即三被告所在地人民法院管辖，故申请分别移送至有管辖权的法院审理。

一审法院认为，原告与三被告签订的《经销商协议》中管辖约定不适用于本案，本院具有本案的管辖权。虽然原告与三被告签订的《经销商协议》对管辖问题作出了约定，该约定对原告与其中任一被告所发生的纠纷引起诉讼时应适用该管辖约定，现原告将其与三被告同时发生的共同行为提起诉讼，则无法适用该约定。根据原告与三被告共同签订的《补充协议》第5.2条"本补充协议与经销商协议冲突的事项以本补充协议约定为准"，故本案应当根据《补充协议》来确定管辖法院，而《补充协议》中双方对此并无约定，则应适用法定管辖之规则。《中华人民共和国民事诉讼法》第二十四条规定，因合同纠纷提起的诉讼，由被告住所地或者合同履行地人民法院管辖。《最高人民法院关于适用〈中华人民共和国民事诉讼法〉的解释》第十八条第二款规定，合同对履行地点没有约定或者约定不明确，争议标的为给付货币的，接收货币一方所在地为合同履行地……其他标的，履行义务一方所在地为合同履行地。即时结清的合同，交易行为地为合同履行地。本案中，根据《经销商协议》和《补充协议》，原告的合同义务指向明确，系为三被告经营的车辆提供销售、保养、维修等服务，原告方为履行义务一方所在地，即合同履行地，而原告住所地在本院辖区范围内，故本院就该案具有管辖权。

二审中，锦天城律师代理三上诉人认为，三上诉人分别与被上诉人签署的三份《经销商协议》中的管辖约定适用于本案，常州市武进区人民法院认为不适用于本案，明显违反《民事诉讼法》相关法律依据，也不符合《经销商协议》的约定。

三上诉人在各自与被上诉人签订的《经销商协议》中，均对管辖法院有明确约定，具体而言：

（1）捷豹路虎中国公司与常州路捷公司签署的《经销商协议》第27.2条明确约定："对于因本协议引起的、导致的或与本协议有关的一切争议或索赔，应由双方首先进行友好协商。若在三十（30）天内未能协商解决，则任何一方有权将此类争议或索赔提交至公司所在地人民法院通过诉讼方式解决，公司所在地人民法院对此拥有排他的管辖权。"前述"公司"表述，根据合同首部约定即为捷豹路虎中国公司，其所在地位于上海自由贸易试验区。因此，常州路捷公司与捷豹路虎中国公司签署的《经销商协议》的管辖法院应为上海市浦东新区人民法院。

（2）捷豹路虎宁波公司与常州路捷公司签署的《经销商协议》第27.2条同样明确约定："对于因本协议引起的、导致的或与本协议有关的一切争议或索赔，应由双方首先进行友好协商。若在三十（30）天内未能协商解决，则任何一方有权将此类争议或索赔提交至公司所在地人民法院通过诉讼方式解决，公司所在地人民法院对此拥有排他的管辖权。"前述"公司"表述，根据合同首部约定即为捷豹路虎宁波公司，其所在地位于浙江省宁波市北仑区。因此，该合同项下的管辖法院应为浙江省宁波市北仑区人民法院。

（3）奇瑞捷豹路虎公司与常州路捷公司签署的《经销商协议》第27.2条同样明确约定："对于因本协议引起的、导致的或与本协议有关的一切争议或索赔，应由双方首先进行友好协商。若在三十（30）天内未能协商解决，则任何一方有权将此类争议或索赔提交至公司所在地人民法院通过诉讼方式解决，公司所在地人民法院对此拥有排他的管辖权。"前述"公司"表述，根据合同首部约定即为奇瑞捷豹路虎公司，其所在地位于江苏省常熟市经济技术开发区。因此，该合同项下的管辖法院应为江苏省常熟市人民法院。

同时，《补充协议》并未对前述管辖约定进行修改。相反，该《补充协议》第5.2条明确约定："补充协议未约定或与经销商协议不相冲突的事项适用经销商协议的相关约定"。因此，《补充协议》的签订并未改变三份《经销商协议》项下的管辖权条款的约定。另外，《补充协议》中约定的事项与三份《经销商协议》不可分割，是分别针对三份《经销商协议》内容的补充。根据中国相关司法实践，例如在（2015）执申字第33号案中，最高人民法院明确表示，若补充协议并不独立于主协议，那么主协议的管辖约定及于补充协议。就本案而言，即便按照《补充协议》来确定管辖法院，也应当是《经销商协议》约定的上海市浦东新区人民法院、江苏省常熟市人民法院、浙江省宁波市北仑区人民法院。所以，无论是基于合同的明确约定，还是基于民事诉讼有关管辖制度的法理，本案中常州市武进区人民法院均非《经销商协议》纠纷的合法管辖法院。

综上，被上诉人与三上诉人分别签署和履行的三份《经销商协议》是三份相互独立的协议，各协议的主体分别受该协议的约束，《补充协议》的签署并不构成三份《经销商协议》主体的合并或变更并影响该三份《经销商协议》的独立性。常州路捷公司将捷豹路虎中国公司、奇瑞捷豹路虎公司和捷豹路虎宁波公司作为共同被告合并起诉至法院并不符合法定立案要件；本案并非必要共同诉讼，常州市武进区人民法院受理常州路捷公司的合并起诉并认为该案件属于必要共同诉讼完全缺乏法律依据，也明显违背案件事实。三上诉人向被上诉人发函解约，也不能理解为一个所谓的共同行为，一审裁定混淆了侵权与合同的法律关系。被上诉人与三上诉人分别签署的三份《经销商协议》中的管辖约定适用于本案，常州市武进区人民法院认为不适用本案明显违反《民事诉讼法》相关法律依据，也不符合当事人之间的管辖约定。

被上诉人常州路捷公司辩称，本案所涉协议中约定的管辖法院系不同的三家法院，不具确定性和唯一性，应视为管辖约定不明，故适用法定管辖原则，原告方为履行主合同义务一方，故原告住所地法院对本案具有管辖权。

二审常州市中级人民法院认为，因三份《经销商协议》均有管辖约定，且均不在常州市辖区，本院无法分案移送其他管辖法院，被上诉人可以向有管辖权的法院另行起诉。

四、裁判结果

（一）裁判结果

一审中，捷豹路虎公司由其他律所律师代理，常州市武进区人民法院于2023年8月8日作出（2023）苏0412民初7275号《民事裁定书》，驳回捷豹路虎公司的管辖权异议。

上海市锦天城律师事务所接受捷豹路虎公司的委托，向常州市中级人民法院提出上诉，请求依法撤销一审民事裁定，依法改判裁定驳回本案起诉，或将被上诉人针对三上诉人提起的诉讼分别移送至有管辖权的法院继续审理。常州市中级人民法院于2023年10月16日作出（2023）苏04民辖终377号《民事裁定书》，终审裁定撤销常州市武进区人民法院（2023）苏0412民初7275号民事裁定；驳回常州路捷公司的起诉。

（二）案例亮点

本案主要涉及必要共同诉讼的区分、管辖法院的确定等复杂的民事诉讼程序问题。在对这两大争议焦点的分析中,又涉及合同相关条款的解释,还原当事人在订立合同时的真实意图。同时,本案还涉及合同相对性原则、合同违约责任等诸多实体法律问题。

锦天城律师一一指出一审裁定在基本事实认定、法律适用等方面的诸多明显错误,提出本案不属于必要共同诉讼,相反应当分别就不同的合同法律关系分案处理,案涉三份《经销商协议》项下各自合法有效的管辖约定应适用于本案,一审法院对于本案不具有管辖权。二审法院支持了捷豹路虎公司的全部上诉请求,从而确保了捷豹路虎公司在诉讼程序中的合法权益得到充分保护。

锦天城律师事务所经典案例集

公司类纠纷

某创业投资公司与魏某与公司有关的纠纷案

——股东会决议变更公司发展目标是否构成对赌协议的变更或解除？

林　雁[*]

一、案情介绍

2012 年 4 月 16 日，投资方福建某创业投资有限公司（以下简称"JY 公司"）与福建某公司（后更名为"福建某股份有限公司"，以下简称"ZX 公司"）签订《增资协议》，约定 JY 公司以现金向 ZX 公司增资 2 000 万元，以每股 5 元的价格，取得 ZX 公司 400 万股的股权。同日，JY 公司与 ZX 公司及其控股股东魏某签订《增资协议之补充协议》，其中约定：（1）如 ZX 公司未能在 2014 年 12 月 31 日前实现境内外资本市场 IPO 上市，JY 公司有权要求魏某回购 JY 公司持有 ZX 公司的全部股份；（2）JY 公司要求魏某回购股份时，回购价款为 2 000 万元 ×（1+12%× 资金占用年数）–JY 公司获得的现金红利，资金占用年数是指自 JY 公司增资款进入 ZX 公司账户至 JY 公司要求回购日止；（3）魏某应在

JY 公司提出回购要求之日起 3 个月内将回购价款支付给 JY 公司，逾期支付款项的，应以逾期金额为基数按每日万分之五的标准向 JY 公司支付违约金。上述协议签订后，JY 公司依约履行了出资义务，并成为 ZX 公司的在册股东。

因 ZX 公司未能在 2014 年 12 月 31 日前实现境内外资本市场 IPO 上市，2015 年 3 月 7 日，ZX 公司召开第一届董事会第八次会议，参会董事一致通过关于 ZX 公司申请在新三板挂牌的提案，JY 公司的代表出席了会议。3 月 23 日，ZX 公司召开 2015 年第一次临时股东大会，参会股东一致通过关于 ZX 公司申请在新三板挂牌的议案，JY 公司的代表出席了会议，并在会议记录上加盖了 JY 公司的公章。4 月 1 日，JY 公司向辅导挂牌工作的券商提供了一份"不存在对赌协议"的声明，该声明体现"JY 公司作为 ZX 公司的股东，与 ZX 公司以及 ZX 公司的大股东、实际控制人未签订对赌协议"。JY 公司的代表在该声明上签字并加盖 JY 公司的公章。6 月 18 日，ZX 公司在新三板挂牌。

2016 年 2 月 23 日，JY 公司向魏某发出《关于要求回购股份并承担违约责任的函》，魏某确认签收函件。2016 年 12 月 3 日，魏某先行回购 JY 公司持有的 20 万股股份。2019 年 2 月 21 日，JY 公司与魏某签订一份《股权回购协议》（以下简称"2019 回购协议"），该协议明确根据《增资协议》《补充协议》的约定，对 JY 公司持有 ZX 公司其中 175.5 万股股份的回购价款及支付方式作出了新的安排；同时，协议明确另有 20 万股已完成回购，放弃 4.5 万股的所有权益。但双方对剩余 180 万股股份的回购事宜未达成新的合意，魏某亦未再履行回购义务。

本团队接受 JY 公司的委托，于 2021 年 7 月提起本案诉讼，要求魏某依约履行剩余 180 万股股份的回购义务，按照《补充协议》之约定支付股权转让款并支付逾期付款违约金。

魏某则抗辩认为，JY 公司已通过赞成 ZX 公司挂牌新三板并作出"不存在对赌协议"的声明，与 ZX 公司和魏某达成了解除案涉"对赌协议"的合意。具体理由如下：

第一，ZX 公司与 JY 公司于 2012 年 4 月 16 日签订《补充协议》已经终止。魏某虽与 JY 公司签订以境内外 IPO 上市为条件的"补充协议（含有对赌内容）"，但在履行过程中各方已经终止 IPO 上市并转为申请新三板挂牌，在挂牌前 JY 公司亦声明不存在对赌协议等内容。ZX 公司为了 IPO 上市，于 2011 年 7 月份与证券公司就辅导 ZX 公司上市签订了相关协议。2012 年 11 月，证监会开展声势浩大的 IPO 自查与核查运动，IPO 申报被暂停。JY 公司与魏某等 ZX 公司的股东于 2014 年 11 月 25 日决定与证券公司解除了上述上市辅导服务相关协议。ZX 公司于 2015 年 3 月 7 日召开董事会会议，决定放弃 IPO 上市，转而申请新三板挂牌（按当时资本市场管理规定，不允许挂牌新三板与 IPO 并行），并于 2015 年 3 月 23 日经股东大会审议通过该决定，JY 公司、魏某等 ZX 公司的股东参加了股东大会并表决赞同该决定。在 ZX 公司决定放弃 IPO 上市转为申请新三板挂牌后，JY 公司、魏某作为 ZX 公司的参与对赌的股东，为了支持 ZX 公司申请新三板挂牌，双方同意终止了含有对赌性质的《补充协议》。JY 公司、魏某均出具了不存在签订任何对赌协议以及其他任何可能导致公司控股股东、实际控制人发生变化，影响公司持续稳定经营的协议的声明。

第二，魏某与 JY 公司就 JY 公司代持自然人黎樱等人的 175.5 万股签订了《股权回购协议》并约定了回购价款，足以证明补充协议已实际终止，魏某与 JY 公司所代持股份的自然人出于个人关系按照实际情况承诺予以回购或由第三方回购，本次诉讼所涉及的股权并不在该承诺范围内。2017 年 1 月、12 月，ZX 公司分别与隶属国资控股的环保科技公司、产业基金（有限合伙）签订了增资协议，引入国资方作为战略投资者。魏某基于引入战略投资者后 ZX 公司的发展前景，并考虑新三板挂牌后股市交易存在流动性不足的现实情况，基于 JY 公司所代持股份的部分自然人为了及时收回投资欲转让股权的意愿，出于个人关系，于 2019 年 2 月 21 日签订《股权回购协议》，承诺予以回购或由新股东收购其所持股份，本次诉讼所涉及的股权并不在该承诺范围内。

第三，JY 公司于 2021 年 7 月 31 日的起诉已过了诉讼时效，依法应当驳回 JY 公司的诉讼请求。2016 年 3 月 3 日，魏某收到了 JY 公司发出的《关于要求回购股份并承担违约责任的函》。魏某在收到上述函件时已明确答复补充协议约定的对赌约定已经失效，不会回购。JY 公司于 2021 年 7 月 31 日才向法院提出诉讼，超过 5 年的时间要求魏某回购。根据《中华人民共和国民法典》第一百八十八条的规定，向人民法院请求保护民事权利的诉讼时效期间为三年，JY 公司的诉讼请求已经超过诉讼时效，依法应当予以驳回。

第四，《补充协议》约定的对赌条款已经解除，被告不存在履行该协议约定的回购股权的义务，亦不存在承担违约责任的情形。

ZX 公司述称：与魏某的答辩意见一致。

二、争议焦点

本案是发生于股权投融资领域的一则极具典型性的案例，争议焦点围绕当前司法实践中热点问题"对赌"协议相关纠纷而展开，主要涉及"对赌"协议有关纠纷中公司法与合同法的适用边界如何区分等法律问题，争议焦点和难点是：

（1）投资方赞成股东会作出调整上市目标决议是否构成对赌协议的变更或解除？

（2）应信披要求出具的无对赌声明是否构成对赌协议的变更或解除？

三、法律分析

（1）在对赌条件已然触发的情况下，JY 公司在董事会、股东会决议上同意 ZX 公司挂牌新三板，是对 ZX 公司后续发展决策的支持，并不构成对 JY 公司与魏某之间对赌条款的变更或解除。

IPO 是投资方就投资目标公司与目标公司控股股东达成"对赌协议"的常见对赌目标之一。投融资双方通常约定若目标公司未能在一定期限内完成 IPO，则控股股东负有向投资方回购股权的义务。在对赌条件触发后，目标公司股东为了实现公司利益和股东利益的最大化，往往可能对其发展方向和目标进行调整，如变更为新三板挂牌或寻求被上市公司并购等。在此情况下，目标公司股东出于对公司后续经营发展的支持，亦考虑自身利益的最大化，投资方往往会同意配合目标公司在调整上市目标的董事会、股东会决议上投出赞成票。那么，该等"公司决议"是否构成"对赌协议"所约定条件的变更或解除呢？

"股东会决议"是公司股东依据公司法和公司章程规定，对"法定事项"以"多数决"的方式形成并上升为公司"团体意志"，属于公司的内部治理行为，只产生公司治理意义上的法律后果。它约束公司行为但不是公司行为本身，不直接与公司的交易相对方设立、变更或终止某一民事法律关系。而"对赌协议"

来源于投资方和控股股东作为平等民事主体之间的共同合意，受合同法规则调整，相对于目标公司而言是一项"外部行为"。可见，股东各自投票行为所形成的"公司决议"不能构成变更或解除"对赌协议"的共同合意。根据《中华人民共和国民法典》第五百四十四条的规定，对合同的修改、变更或解除须有合同当事人存在明确的意思表示，对于变更意思不明确的，推定为未变更。因此，如果投资方和控股股东意图对"对赌协议"的对赌目标进行修改，一般需要另行订立明确的放弃、变更或解除"对赌协议"的补充协议。

投资方以股东身份在公司内部治理过程中所做出的意思表示，其利益考量和出发点，均与其和控股股东出于自身利益而签署的"对赌协议"不同，即使"公司决议"与"对赌协议"体现的内容存在冲突也并不当然地产生对"对赌协议"内容发生变更的法律效果。反言之，如果认为投资方在"公司决议"上的内部行为可以改变外部的"对赌协议"，相当于认定投资方主动放弃了高溢价投资所对应的合理回报，这种认识并不符合正常的商业和投资惯例，亦违反公平原则。简言之，对于多产生于高风险高收益的风险投资领域的"对赌协议"，更应当注重合同双方当事人的真实合意，严格按照合同法相关规则审查合同是否发生变更。而作为公司内部治理的决议性文件，无法直接等同于合同主体对合同权利的处分，更不能构成投资方与控股股东之间"对赌协议"的合意变更或解除。

本案中，在 ZX 公司不能实现境内外资本市场 IPO 上市的情况下，ZX 公司需要继续经营与发展，作为股东之一的 JY 公司同意 ZX 公司调整方向挂牌新三板，是股东对 ZX 公司后续经营发展的支持，这与 JY 公司和魏某之间对赌协议的存续与否没有必然关联，不能转化为双方就此达成解除对赌之合意。与本案存在类似情形的王小军、许鹏股权转让纠纷案，最高人民法院（2018）最高法民终 645 号民事判决的认定理由代表了当前司法实践对此类争议的基本观点。最高人民法院认为："若要解除上市及股权回购条款，必须各方当事人签订书面的协议。本案中没有证据显示各方当事人签署了相关的书面协议解除《增资扩股协议书》中的有关上市和股权回购条款。且这份《董事会会议纪要》是威尔罗根公司内部对公司的发展、决策和管理等形成的书面文件，不具备对外效力，即使该《董事会会议纪要》属实，本案中也没有鋆泰合伙授权高倩颖签署解除

《增资扩股协议书》相关条款的授权证明文件等证据，因此该份《董事会会议纪要》不能证明《增资扩股协议书》中的上市及股权回购条款已经解除。……各方当事人仍应按照《增资扩股协议书》的相关约定履行合同义务。"

（2）在 ZX 公司申请挂牌新三板期间，JY 公司基于股东身份应证券监管的信息披露要求而作出的"不存在对赌协议"的声明，有其特定语境和特殊规范要求，与其作为平等主体而与控股股东魏某签署的"对赌协议"没有直接关联，不能径行认定为是对"对赌协议"变更或解除的意思表示。

首先，对赌条款的披露涉及投资者利益保障及社会公众监督，是新三板挂牌审核的必备内容之一。证券监管部门及股转系统公司通过业务规则对拟挂牌全国中小企业股份转让系统（即"新三板"）的公司提出有关监管要求，其中包括对"对赌协议"这类特殊条款的信息披露。该等声明或承诺在实践中形成"格式条款"，通常将股东之间、股东与目标公司之间等不同类型的"对赌协议"均纳入"不存在"声明之列，并未考虑目标公司实际情况。这就导致在一些案件中，该等声明或承诺在内容上与投资者和控股股东已经签订的"对赌协议"存在一定冲突。实务中，为确保拟挂牌公司履行信息披露义务，主办券商和律师根据股转系统公司所制定的业务规则，均会要求各股东出具"不存在对赌协议"的相关声明或承诺，在实践中成为新三板挂牌顺利获得核准的前期行为和必经程序。

其次，案涉"不存在对赌协议"的声明，属于全国中小企业股份转让系统与证券监管部门的自律监管与行政监管范畴下的信息披露问题，由此可能产生相关主体接受自律监管措施、纪律处分或者行政处罚等责任后果，但并不影响 JY 公司与魏某之间按照双方意思自治所达成的"对赌协议"。在设置"对赌"的股权投融资交易中，投资者以高溢价投资目标公司，其目的是为获取目标公司挂牌或上市后股权增值部分的收益，而为促使目标公司顺利实现上市或挂牌目标，作为股东的投资者往往同意配合目标公司应监管要求出具前述声明或承诺。因此，从这种声明或承诺的法律性质而言，实际上是一种信息披露文件，旨在保障公司和投资者利益以及接受社会公众监督，属于证券监管机构对公司规范发行及运作的监督管理范畴。

本案中，JY 公司作为 ZX 公司的股东之一，为支持 ZX 公司顺利通过行政许可审查而配合出具的单方声明，因不具备真实基础而涉嫌虚假陈述，由此可能产生相关主体接受自律监管措施、纪律处分或者行政处罚等责任后果，但该行为之性质属于全国中小企业股份转让系统的自律监管与证券监管部门的行政监管范畴。而作为投资方的 JY 公司与控股股东魏某签订的"对赌协议"，并非基于股东身份，而是作为平等民事主体基于与 ZX 公司及其控股股东之间的投资法律关系。因此，案涉"对赌协议"不会因为作为投资方的 JY 公司基于另一种身份并且是应证券监管要求而作出的看似内容"相反"的承诺或声明而受到影响。

再次，证券法与合同法属不同规范领域，自有其适用边界，立法旨意亦不相同。该等声明既然是根据证券法相关规范作出，则应当在证券法范畴内判断其效力，不能任意突破其证券监管的规范领域而进入合同法领域，更不能认定是合同当事人对其私权利的处分或构成股东之间变更或解除对赌协议的合意。因此，在 JY 公司没有明确放弃要求魏某回购股权权利，也没有与魏某达成了解除案涉对赌条款合意的情况下，案涉声明并不构成在合同法层面对案涉对赌协议的补充、变更或解除。

（3）魏某在案涉声明出具后的持续实际回购行为，表明双方认可对赌协议有效存续，证明双方均认可案涉声明仅仅是一份形式文件。

案涉声明于 2015 年公司申请挂牌新三板时出具，而魏某自 2016 年 12 月起至 2019 年初，通过多次实际回购案涉股权并签订关于继续履行对赌回购的相关补充协议的事实行为，不断表明双方均认可对赌条款有效存续，进一步证明案涉声明仅是挂牌新三板的形式文件，双方均认可对赌协议没有变更或解除。

（4）魏某主张 2019 回购协议是其与 JY 公司另行达成的新的股权转让合意，与本案客观事实不符，不能成立。2019 回购协议作为在案涉《增资协议》《补充协议》基础上达成的协议，是 JY 公司向魏某主张回购权利的结果，构成诉讼时效中断的法律后果，JY 公司的起诉没有超过诉讼时效。

2019 回购协议是在案涉《增资协议》《补充协议》的基础上签订，主要涉及的就是回购条件触发后，魏某如何继续履行回购义务的问题。2019 回购协议的"鉴于"条款重述了案涉《增资协议》《补充协议》中所涉 JY 公司向 ZX 公司增资事实以及对赌条款约定的具体回购条件和回购价款计算方式，同时也明确约定："根据上述《增资协议》《补充协议》约定，双方平等协商，乙方（魏某）同意回购甲方（JY 公司）及其委托代持人在 ZX 公司所持的 175.5 万股份，并就此部分股权回购的相关事宜协商一致。"

本案没有证据证明魏某所谓 "ZX 公司在 2019 年以增资扩股的方式引入国资" 与 2019 回购协议有任何关联，显然是魏某为了逃避履行回购义务，将两件毫不相关的事情 "嫁接" 后编造的内容。事实上，魏某所谓 "ZX 公司在 2019 年以增资扩股的方式引入国资" 的事宜在当时只是一个意向而已，ZX 公司的注册资本自 2015 年 8 月至今都没有发生任何变化。

因此，魏某关于 2019 回购协议是与 JY 公司另行达成的新的股权转让合意，缺乏证据证明，不能成立。2019 回购协议作为在案涉《增资协议》《补充协议》基础上经双方达成的协议，是 JY 公司向魏某主张回购权利的结果，构成诉讼时效中断的法律后果，JY 公司的起诉没有超过诉讼时效。

（5）案涉协议中约定的逾期付款违约金，系双方当事人意思自治，应当予以尊重。而且本案系股权投资纠纷，并非民间借贷法律关系，民间借贷利率标准在本案中并无适用空间。

首先，案涉协议中的违约金并非民间借贷中的利息，二者法律性质完全不同，以民间借贷的利率上限规制违约金标准并无正当性。且《九民纪要》第 42 条第 2 款和第 50 条中明确对违约金适用民间借贷利息管制的裁判思路进行了否定，明确提出应当避免简单地以民间借贷利率的司法保护上限作为调整依据。

其次，案涉《补充协议》约定的逾期付款违约金并不畸高。本案并非民事主体之间的民间借贷法律关系，在股权投资领域，企业融资需要加上财务顾问、征信费用等一系列费用支出，综合成本均远高于民间借贷利率标准，这是基本的商业惯例，因此约定万分之五的逾期付款违约金并不畸高，且魏某并未举证证明案涉《补充协议》约定的违约金存在过高的情形。

再次，违约金具有损失补偿和惩罚功能，酌定调整违约金比率须具备约定违约金与实际损失相比畸高或畸低的条件。

四、裁判结果

一审法院认为：

JY 公司等人与 ZX 公司、魏某签订了《增资协议》后 JY 公司又与魏某、

ZX 公司签订了《补充协议》，案涉纠纷实际系因履行《补充协议》而引发。经审查，案涉《增资协议》《补充协议》内容具备"对赌协议"基本特征，根据"九民会议纪要"精神，JY 公司与魏某等人之间的股权回购约定，系当事人自愿签订，意思表示真实，不违反法律和行政法规的强制性规定，本院予以确认。本案主要争议焦点问题：1. JY 公司的起诉是否超过诉讼时效；2.《补充协议》中的对赌条款是否已经终止履行。本院认为，诉讼时效方面，2015 年 1 月 1 日起，JY 公司有权向 ZX 公司主张权利，诉讼时效开始起算。2016 年 2 月 23 日，JY 公司向魏某及 ZX 公司发出《关于要求回购股份并承担违约责任的函》，魏某于 2016 年 3 月 3 日确认收到该函件，诉讼时效中断，重新起算。2019 年 2 月 21 日，JY 公司与魏某签订的《股权回购协议》，是在《增资协议》《补充协议》的基础上，经双方协商后达成了协议，系 JY 公司向魏某主张回购权利的结果，该主张行为产生诉讼时效中断的法律后果。综上，JY 公司起诉未超过法律规定的诉讼时效。关于对赌条款是否终止履行。特别是对"关于股东不存在对赌协议的声明"性质问题，JY 公司提出，其出具声明属于证券机构监管范畴，不能认定是对私权利的处分或构成解除回购的合意。对此，本院予以采纳，对合同的解除尚应有明确的书面约定，"关于股东不存在对赌协议的声明"并无明确解除意思表示，各方仍应依约履行。综上，ZX 公司未能在 2014 年 12 月 31 日前实现境内外资本市场 IPO 上市，JY 公司可以要求魏某回购 JY 公司持有 ZX 公司的全部股份。至于回购款项的支付，《补充协议》约定了由 ZX 公司在 JY 公司提出回购要求之日起 3 个月内将回购价款支付给 JY 公司，逾期支付款项的，应以逾期金额为基数按每日万分之五的标准向 JY 公司支付违约金，JY 公司本案中虽未诉请 ZX 公司承担支付责任，但是魏某作为回购方，且从合同目的上看，对 JY 公司诉请魏某支付回购款应予支持。

二审法院认为：

关于对赌协议是否解除的问题，首先，依据《最高人民法院关于适用〈中华人民共和国民事诉讼法〉的解释》第九十一条第一款第二项"人民法院应当依照下列原则确定举证证明责任的承担，但法律另有规定的除外：（二）主张法律关系变更、消灭或者权利受到妨害的当事人，应当对该法律关系变更、消灭或者权利受到妨害的基本事实承担举证证明责任。"之规定，魏某对其主张对赌协议业已解除承担举证责任。其次，JY 公司于 2015 年出具的《关于股东不存在对赌协议的声明》中，虽有载明 JY 公司与 ZX 公司大股东之间存在对赌协议的内容，但 JY 公司出具该《声明》系在 ZX 公司向新三板上市过程中所出具，JY 公司所承诺的对象是新三板的管理部门，不足以证实 JY 公司与魏某达成解除对赌协议的合意。再次，JY 公司于 2016 年 2 月 23 日向魏某发出《关于要求回购股份并承担违约责任的函》中明确载明要求魏某履行对赌协议中约定的回购义务，魏某本人签收了该函件，其并未提出对赌协议业已解除的异议，可佐证双方没有达成解除对赌协议的合意；最后，JY 公司与魏某于 2019 年 2 月 21 日签订《股权回购协议》，该协议中清晰载明双方认可对赌协议的效力，并就部分股权回购事宜达成了合意。综合上述几点，足以认定案涉对赌协议并未解除，魏某主张对赌协议已解除不能成立，不予支持。

关于 JY 公司的起诉是否过诉讼时效的问题，根据双方协议约定，回购权自 2015 年 1 月 1 日成就，即本案诉讼时效自该日起算，JY 公司于 2016 年 3 月向魏某主张回购、2017 年邮寄律师函以及 2019 年签订回购协议，均构成诉讼时效中断，故 JY 公司在 2021 年 7 月提起本案诉讼未过诉讼时效。

（一）裁判结果

本案历经四审，一审法院驳回原告 JY 公司的全部诉讼请求，二审法院依法撤销原审判决、发回重审。重审一审判令魏某向 JY 公司支付股权回购款 1 316.91 万元及相关利息，重审二审驳回魏某上诉，维持原审判决。

（二）案例亮点

本案争议涉及公司法、证券法与合同法的适用边界区分，此类问题在后续的司法实践中可能多有发生，本案处理思路和裁判结果对明晰此类"对赌"纠纷的法律适用边界，具有直接的参考价值。本案纠纷涉及公司股权投融资、资本市场上市与监管等非诉专业领域，对律师在非诉讼业务中如何处理变更公司发展目标、出具"无对赌"声明等问题具有直接的指导意义。

四川国江企业管理咨询有限公司与巴塘县砂西玉山矿业有限公司等公司决议效力确认纠纷案

朱玉菡*

一、案情介绍

巴塘县砂西玉山矿业有限公司（以下简称"玉山公司"）成立于 2012 年 10 月，公司类型为有限责任公司，股东为山南大利通商务服务有限公司（以下简称"山南公司"）及四川国江企业管理咨询有限公司（以下简称"国江公司"）。2021 年 8 月前，注册资本 8 000 万元，山南公司持股比例 67%，国江公司持股比例 33%，注册资本已全部实缴。

2021 年 8 月 5 日，玉山公司通过邮政 EMS 方式向国江公司邮寄股东会会议通知，投递结果为未妥投。2021 年 8 月 20 日，玉山公司召开 2021 年第三次临时股东会，会议议题为：1. 玉山公司拟新增注册资本 1.6 亿元，注册资本变更为 2.4 亿元；2. 股东山南公司拟认缴新增注册资本 1.6 亿元，认缴期限为五年；3. 修改公司章程。山南公司对上述三项议题表决予以认可并作出决议。2021 年

---

* 上海市锦天城律师事务所合伙人。

8 月 23 日，玉山公司在四川省巴塘县市场监督管理局完成上述事项的变更登记。2021 年 8 月 27 日，玉山公司通过邮政 EMS 方式向国江公司邮寄《玉山公司关于召开临时股东会的通知》，国江公司于 2021 年 8 月 30 日签收该邮件；《玉山公司关于召开临时股东会的通知》载明会议议题为：是否同意山南公司以 1.8 亿元对价对外转让其持有玉山公司股权中的认缴出资额 1.68 亿元，国江公司是否行使优先购买权，并据此修改公司章程。2021 年 8 月 27 日，山南公司通过邮政 EMS 方式向国江公司邮寄《玉山公司股权转让通知书》通知山南公司股权转让事宜。2021 年 9 月，国江公司向山南公司邮寄回函，对玉山公司股东持股比例变更提出质疑，认为山南公司拟转让的认缴出资额 1.68 亿元如系增资，国江公司有权按照出资比例优先认缴，但国江公司从未收到任何玉山公司增资的通知，属违法增资，同时表示对山南公司拟转让的股权不放弃行使优先购买权。2021 年 8 月 23 日，因三被告故意隐瞒原告，在未召开股东会亦未征得原告同意情况下，在巴塘县工商局完成了玉山公司的变更登记，将玉山公司注册资本金由 8 000 万元变更为 24 000 万元；将山南公司出资 5 360 万元人民币（持股比例 67%），国江公司出资 2 640 万元人民币（持股比例 33%）变更为山南公司出资 21 360 万元人民币（持股比例 89%），国江公司出资 2 640 万元人民币（持股比例 11%）。山南公司通过认缴形式单方完成上述增资行为后，国江公司持股比例由 33% 被不当稀释到 11%。

二、争议焦点

本案系委托方与被告之间关于案涉价值 1.87 亿元的探矿权系列纠纷案件之一。在前续案件中，本团队代理委托方向成都市中级人民法院就拍卖玉山公司名下勘探探矿权提出了执行异议，最终法院裁定撤销执行裁定、暂停拍卖。在此背景下，被告通过增资并稀释委托方持股比例，以达到单方控制和转卖探矿权的目的。本案中，办案争议焦点和难点在于：

（1）如何积极主张玉山公司于 2021 年 8 月 20 日作出的 2021 年第三次临时股东会决议存在效力上的瑕疵问题，最大程度维护委托方的利益；

（2）在股东会决议符合可撤销情形时，一方仅主张无效，法院是否可直接撤销股东会决议。

三、法律分析

在公司治理过程中，公司决议代表的是公司的最高内部意思决定，是公司意思自治的体现，主要包括股东会决议、股东大会决议（公司法修订草案不再采用"股东大会"，统一为"股东会"）以及董事会决议。作为公司自治之起点，公司决议不应含有内容或程序上的瑕疵。公司决议效力的认定涉及公司内部自治、股东权利保护和外部债权人保护三重价值目标的实现。公司决议存在瑕疵，不仅会给股东的利益尤其是中小股东的利益造成损害，还会影响公司的整体利益。实践中，利用公司决议侵害股东、公司利益的现象时有发生。《中华人民共和国公司法》针对公司决议之诉设置三种救济途径：决议无效、决议可撤销和决议不成立，这三种情形均是决议瑕疵的具体体现，依据瑕疵的性质、严重程度和违法的原因来认定，内容上的违法必然无效，程序上的一般瑕疵构成决议的可撤销，程序上的瑕疵严重到使决议的存在已毫无意义，就构成了决议的不成立。

（一）相关法律规定

当前，我国有关公司决议瑕疵以及对决议进行撤销的法律规定，主要源于以下条文：

《中华人民共和国民法典》第八十五条：营利法人的权力机构、执行机构作出决议的会议召集程序、表决方式违反法律、行政法规、法人章程，或者决议内容违反法人章程的，营利法人的出资人可以请求人民法院撤销该决议。但是，营利法人依据该决议与善意相对人形成的民事法律关系不受影响。

《中华人民共和国公司法》第二十二条：公司股东会或者股东大会、董事会的决议内容违反法律、行政法规的无效。股东会或者股东大会、董事会的会议召集程序、表决方式违反法律、行政法规或者公司章程，或者决议内容违反公司章程的，股东可以自决议作出之日起六十日内，请求人民法院撤销。股东依照前款规定提起诉讼的，人民法院可以应公司的请求，要求股东提供相应担保。公司根据股东会或者股东大会、董事会决议已办理变更登记的，人民法院宣告该决议无效或者撤销决议后，公司应当向公司登记机关申请撤销变更登记。

《最高人民法院关于适用〈中华人民共和国公司法〉若干问题的规定（四）》第四条：股东请求撤销股东会或者股东大会、董事会决议，符合民法典第八十五条、公司法第二十二条第二款规定的，人民法院应当予以支持，但会议召集程序或者表决方式仅有轻微瑕疵，且对决议未产生实质影响的，人民法院不予支持。

《全国法院民商事审判工作会议纪要》（以下简称《九民纪要》）第四十二条：一方主张合同无效，依据的却是可撤销事由，此时人民法院应当全面审查合同是否具有无效事由以及当事人主张的可撤销事由。当事人关于合同无效的事由成立的，人民法院应当认定合同无效。当事人主张合同无效的理由不成立，而可撤销的事由成立的，因合同无效和可撤销的后果相同，人民法院也可以结合当事人的诉讼请求，直接判决撤销合同。

（二）如何判断股东会决议的效力问题

司法实践中，股东会决议瑕疵包括两种情形：一是程序存在瑕疵，如《公司法》第二十二条第一、二款中的会议召集程序、通知程序、表决事项、决议方式等违反了法律、行政法规或公司章程的规定的即程序性瑕疵。股东会程序瑕疵可能导致的后果为决议不成立或可撤销两种情形。存在程序瑕疵构成股东会决议可撤销的事由，但不是绝对的可撤销，法院在判断应否撤销股东大会决议时，会首先考虑程序性瑕疵是否有可能对决议的形成产生实质性影响，虽然股东会存在程序瑕疵，但不必然改变实体性结果且撤销股东会决议反而会增加公司经营困难或不利于矛盾最终解决的，在权衡程序瑕疵与决议所产生利益正当性之利弊的情况下，法院不会支持原告撤销决议的请求，故程序违法非故意为之且程度轻微就构成不撤销决议的标准。二是决议内容存在瑕疵，主要指决议内容违反法律、行政法规、公司章程的规定，如不符合法定条件决议解除股东资格、不符合法定条件决议限制股东权利、决议涉及股东个人利益的情形、决议分配或不分配利润等。股东会决议内容违反法律、行政法规的规定可能导致的后果为决议无效，而违反公司章程的规定则可能导致的后果为决议可撤销。除前述公司决议内容违法情形外，实务中公司决议内容违法的具体情形将五花八门，且不断涌现新类型。个案中，法院根据公司决议违法的总体审查原则，对具体情形作出逐一判断。

具体到本案，首先需要判断玉山公司作出的股东会决议是否违反法律、行政法规的强制性规定，以达到主张决议无效的法律效果。其次需要判断玉山公司作出的股东会决议是否存在程序瑕疵，以达到主张决议可撤销的法律效果。

本案一审程序中，被告辩称，玉山公司此次股东会召集、召开、主持、决议均符合法律法规及章程的规定且山南公司此次增资具有正当目的，不宜认定此次增资无效。

本团队主张依据《公司法》第二十二条、第三十四条的规定，"股东按照实缴的出资比例分取红利；公司新增资本时，股东有权优先按照实缴的出资比例认缴出资。但是，全体股东约定不按照出资比例分取红利或者不按照出资比例优先认缴出资的除外"，以及玉山公司《章程》第十三条"股东的权利"第五项的规定，"公司新增资本时，股东可按出资比例优先认缴出资"。可以认定：

首先，玉山公司增资时，国江公司有权按照公司章程确定的实缴出资比例33%优先认缴出资。其次，公司召开股东会，需要有效通知股东参加。玉山公司《章程》中并未规定召开临时股东会的通知方式，国江公司亦未向玉山公司签字确认其通知方式。玉山公司以国江公司工商登记的地址及联系方式书面通知国江公司法定代表人召开2021年第三次临时股东会的邮件因国江公司办公地址搬迁、收件人电话无人接听、未联系上的情况被退回玉山公司后，玉山公司通过该工商登记电话联系国江公司未果，在自称该联系电话未停机的情况下，至少应该将此临时股东会的具体时间、地点及议题通过短信方式发送国江公司。本案中被告亦无充分证据证明国江公司已知悉该次临时股东会的具体内容且恶意拒收邮件或拒绝参加临时股东会。玉山公司在未穷尽送达方式有效通知国江公司的情况下召开该次临时股东会，剥夺了国江公司的知情权及股东权利。再次，股东对增资的优先认缴权属于法定权利，非经股东同意不可剥夺，股东会有权对公司增加注册资本作出决议。玉山公司在增资决议未按照公司章程规定经董事会制定方案且国江公司未表态是否选择行使优先认缴权的情况下，通过决议方式直接剥夺小股东国江公司法定的优先认缴权，严重侵害小股东国江公司的利益。

一审法院认可了本团队的全部主张，判决玉山公司于2021年8月20日作出的 2021 年第三次临时股东会决议无效。

二审中，相比一审代理意见，本团队提出新的观点：关于新增注册资本 1.6 亿元的决议效力问题，本案中因山南公司的持股比例达 67%，根据《公司法》第四十三条规定，增资的决议获得了代表三分之二以上表决权的股东通过，即便决议内容本身并不违反法律、行政法规的规定。但是，根据《公司法》第四十一条及玉山公司《章程》的相关规定，"召开股东会会议，应当于会议召开十五日前通知全体股东"，本案中，玉山公司虽给国江公司邮寄了召开 2021 年第三次临时股东会的通知，但该邮件因国江公司办公地址搬迁、未联系到收件人等原因被退回，玉山公司电话联系国江公司的通话显示被取消，总之现有证据并不能证明玉山公司的通知方式足以让国江公司知晓本次临时股东会的召开事宜，在此情况下，国江公司未参加本次临时股东会，损害了其享有的情权、参与重大决策权等程序权利，属于股东会的召集程序存在瑕疵，根据《公司法》第二十二条第二款关于"股东会或者股东大会、董事会的会议召集程序、表决方式违反法律、行政法规或者公司章程，或者决议内容违反公司章程的，股东以自决议作出之日起六十日内，请求人民法院撤销"的规定，股东享有对公司决议的撤销权。

（三）国江公司关于决议无效的主张不成立的情况下，法院能否直接认定撤销决议

本案中，我们提出国江公司虽然仅主张了决议无效，但同时提出了可撤销的事由，基于法律行为无效和可撤销的后果相同，人民法院对其主张的事项是否可撤销进行审查，应是正当、合理的。尽管《公司法》及相关司法解释中并没有此类程序性的规定，但《九民纪要》第四十二条规定："一方主张合同无效，依据的却是可撤销事由，此时人民法院应当全面审查合同是否具有无效事由以及当事人主张的可撤销事由。当事人关于合同无效的事由成立的，人民法院应当认定合同无效。当事人主张合同无效的理由不成立，而可撤销的事由成立的，因合同无效和可撤销的后果相同，人民法院也可以结合当事人的诉讼请求，直接判决撤销合同。"鉴于对合同效力的审查是解决合同纠纷的基础，如果以当事人未提起撤销之诉为由，就对当事人提出合同具有可撤销事由的抗辩不

予审查，进而认定合同有效并作出相应判决。则在当事人另案诉请撤销合同，并且获得胜诉判决时，基于生效判决作出的前案判决需通过审判监督程序纠正，如此既不利于一揽子解决纠纷，也不利于维护裁判之间的协调性、统一性。有鉴于此，《九民纪要》规定只要当事人以合同具有某项可撤销事由提出抗辩的，人民法院就应审查合同是否具有该项可撤销事由以及是否超过了撤销权的行使期限，进而对合同效力作出判断。可撤销合同毕竟不同于无效合同，人民法院只能基于当事人主张的可撤销事由对合同效力进行审查，而不能无视当事人的主张依职权对全部的可撤销事由进行全面审查。为避免当事人在一审中以某一项可撤销事由提起诉讼（包括反诉）或抗辩，二审中又以另一项可撤销事由提起上诉或抗辩，导致人民法院在审查合同效力时处于不确定状态，一旦当事人以合同可撤销为由提起诉讼（包括反诉）或抗辩，一审法院就要向其释明，告知其明确可撤销事由。该事由一经明确，人民法院仅须针对当事人主张的该一项或多项可撤销事由进行审查即可，无须审查其他可撤销事由。

如前所述，本案诉争的玉山公司 2011 年第三次临时股东会的会议召集程序有违《公司法》第四十一条及玉山公司《章程》的相关规定，具备可撤销事由，同时，国江公司向人民法院提起本案诉讼的时间为 2021 年 9 月 3 日，距离股东会决议的作出时间 2021 年 8 月 20 日，不足六十日，未超过撤销权的行使期间，在此情况下，玉山公司关于增资 1.6 亿元的股东会决议虽非无效，但应予以撤销。在本案中，二审法院创造性地在公司决议效力审查过程中，类推适用合同效力审查的程序规范，及时定争止纷，避免了双方当事人的诉累。

四、裁判结果

一审中，原告（即委托方）国江公司诉请：1. 确认被告一玉山公司作出的注册资本金由 8 000 万变更为 24 000 万元以及被告二山南公司认缴全部增资的股东会决议无效；2. 三被告配合办理恢复被告一 2021 年 8 月 23 日之前的注册资本金及持股比例的工商变更登记；3. 诉讼费、保全费、保全保险费由被告承担。

一审法院认为：

首先，国江公司有权按照公司章程确定的实缴出资比例 33% 优先认缴出资。其次，公司召开股东会，需要有效通知股东参加。玉山公司在未穷尽送达方式有效通知国江公司的情况下召开该次临时股东会，剥夺了国江公司的知情权及股东权利。再次，系山南公司滥用股东权利，通过决议方式直接剥夺小股东国江公司法定的优先认缴权，严重侵害小股东国江公司的利益，既违反了玉山公司《章程》关于公司新增资本时股东可按出资比例优先认缴出资的规定，亦违反了《中华人民共和国公司法》(2018 年修订版，以下简称《公司法》)第三十四条股东有权优先按照实缴的出资比例认缴出资的规定，依照《公司法》第二十二条第一款、第四款的规定，该股东会决议应属无效。

二审中，上诉人（即一审被告）玉山公司上诉请求：1. 撤销一审判决；2. 裁定本案发回重审，或改判驳回国江公司的全部诉讼请求；3. 本案诉讼费、保全费由国江公司负担。事实和理由为：1. 一审程序违法，一审法院对本案无管辖权。2. 一审判决认定国江公司实缴出资 2 640 万元，且有权按照出资比例优先认缴出资是其法定权利，属于事实认定错误和法律适用错误。国江公司未按照法律规定和公司章程约定履行任何出资义务，其不享有优先认缴出资的权利。3. 一审判决认定玉山公司未穷尽送达方式有效通知国江公司召开临时股东会及未按照公司章程约定经董事会制定方案，损害国江公司利益，属于法律适用错误及事实认定错误。玉山公司董事会于该次股东会召开前 15 日通过邮政快递向国江公司工商登记注册地邮寄《临时股东会通知》，通知国江公司于 2021 年 8 月 20 日召开临时股东会。在国江公司未签收的情况下，玉山公司法定代表人张国佳多次拨打国江公司工商登记电话均被拒接。国江公司故意不参加此次股东会，并不影响玉山公司已通知的事实。且依据《公司法》第二十二条之规定，只有在股东会决议内容违反法律、行政法规时才能认定为无效，而股东会会议通知、表决方式等是否违反法律、行政法规规定或章程约定，决议内容是否符合章程约定属于对公司决议撤销审查的范围。4.2021 年第三次临时股东会决议在决议内容上并未违反法律法规规定，一审判决认定此次决议无效属于适用法律错误。依据《公司法》第二十二条之规定，只有在股东会决议内容违反法律、行政法规这一种情形才能认定为无效，即应理解为只有决议内容违反了效力性强制性规定的，才属无效。关于股东享有增资优先认缴权的规定不属于效力性强制性规定。5. 玉山公司此次增资具有正当目的，是从玉山公司的整体利益出发，以便筹集资金，使玉山公司的唯一资产探矿权在前期投入超 3 亿元的情况下不被灭失，不宜认定此次增资无效。玉山公司增资是出于以上情形全面及时作出的合理经营判断和决策，不存在部分股东在无增资必要的情况下，滥用资本多数决原则，故意稀释国江公司持股比例的情形。若认定决议无效、继而恢复原状，拖延的时间将严重损害玉山公司及山南公司的利益，在此情况下，应优先考虑交易稳定性，不应轻易否定增资决议的效力。

二审法院认为：

首先，关于新增注册资本 1.6 亿元的决议效力问题。现有证据并不能证明玉山公司的通知方式足以让国江公司知晓本次临时股东会的召开事宜，玉山公司关于国江公司系故意不参加此次股东会的上诉理由，缺乏充分的事实和法律依据，不能成立。在此情况下，国江公司未参加本次临时股东会，损害了其享有的知情权、参与重大决策权等程序权利，属于股东会的召集程序存在瑕疵。就本案而言，国江公司虽然主张的是决议无效，但其提出并主张了可撤销的事由，基于法律行为无效和可撤销的后果相同，人民法院对其主张的事项是否可撤销进行审查，应是正当、合理的。本案诉争的玉山公司 2011 年第三次临时股东会的会议召集程序有违《公司法》第四十一条及玉山公司《章程》的相关规定，具备可撤销事由，同时，国江公司向人民法院提起本案诉讼的时间为 2021 年 9 月 3 日，距离股东会决议的作出时间 2021 年 8 月 20 日，不足六十日，未超过撤销权的行使期间，在此情况下，玉山公司关于增资 1.6 亿元的股东会决议虽非无效，但应予以撤销。其次，因玉山公司新增注册资本的决议被撤销，由山南公司认缴增资的决议已丧失存在的基础，亦应一并予以撤销。

（一）裁判结果

一审法院判决：1. 玉山公司于 2021 年 8 月 20 日作出的 2021 年第三次临时股东会决议无效；2. 玉山公司于判决生效之日起 10 日内向公司登记机关四川省巴塘县市场监督管理局申请撤销 2021 年 8 月 23 日注册资本金及持股比例的工商变更登记；3. 驳回国江公司的其他诉讼请求。二审法院判决：维持一审判决第二项，即玉山公司于判决生效之日起 10 日内向公司登记机关四川省巴塘县市场监督管理局申请撤销 2021 年 8 月 23 日注册资本金及持股比例的工商变更登记；变更一审判决第一项"四川省巴塘县砂西玉山矿业有限公司于 2021 年 8 月 20

日作出的 2021 年第三次临时股东会决议无效"为"撤销巴塘县砂西玉山矿业有限公司于 2021 年 8 月 20 日作出的 2021 年第三次临时股东会决议"。

（二）案例亮点

公司作为自治团体，经营事务的管理大多通过内部机关来自行处理，但当公司内部机关的决议出现瑕疵时，公司就需借助司法介入来进行救济，从而引发国家干预权与公司自治权之间的冲突以及如何实现两者的平衡问题。2005 年《公司法》修订时首次确立了股东会决议瑕疵之诉，由于相关规定过于笼统，导致司法适用存在较多问题。2017 年 8 月 25 日，《公司法解释（四）》正式公布，新增了决议不成立瑕疵类型，使司法介入公司决议瑕疵的路径更清晰。

本案在向四川省巴塘县人民法院提起本案诉讼后，移送至四川省甘孜藏族自治州中级人民法院审理，代理人从被告明知原告有效送达方式而未通知原告参加股东会议、大股东滥用股东权利、侵害小股东的优先认缴权入手，主张股东会决议无效，一审法院判决支持原告全部诉讼请求。对方当事人上诉后，该案件经四川省高级人民法院二审，判决撤销案涉股东会决议并要求被告配合完成向登记机关申请撤销工商变更登记。股东会决议无效和撤销是并列的两类决议效力瑕疵，但从公司法及相关司法解释的规定来看，股东会决议无效与撤销在诉讼程序上是互动的，在法定事由上是交叉的。从两者运行情况看，立法者对于决议撤销持开放态度，对于决议无效持谨慎态度。顺应于此，代理律师在二审中重点强调了即便决议内容本身并不违反法律、行政法规的规定，但存在重大的、与股东会决议的结果有必然因果关系，并且与行使撤销权的股东的受损利益有相当密切因果关系的程序性瑕疵，应当撤销；同时，代理律师提出法律行为无效和可撤销的后果相同，人民法院对决议无效进行审查的同时对该决议是否可撤销进行审查，符合立法本意和制度原理。最终，四川省高级人民法院创新性地将合同效力审查规范，即《九民纪要》第四十二条类推适用于公司决议效力审查，在我方主张决议无效也提出了可撤销的理由时，一并予以审查，并根据审查结果直接认定撤销决议并要求被告配合完成向登记机关申请撤销工商变更登记。该裁判结果最终达到了委托方的诉讼目的，维护了委托方作为玉山公司股东的合法权益。

东营宏太房地产开发有限责任公司诉山东新鸥鹏文旅产业发展集团有限公司、第三人东营新宏置业有限公司等损害公司利益责任纠纷案

——房地产公司大股东利用操盘项目开发的便利，任意调配项目公司资金且长期不还，小股东如何维护公司和自身的权益？

兰　芳[*]　程绍起^{**}

一、案情介绍

2017年5月20日，东营宏太房地产开发有限责任公司（简称"宏太房地产公司"）与山东新鸥鹏文旅产业发展集团有限公司（简称"山东新鸥鹏公司"）签订《合作开发协议书》，双方同意共同投资、合作开发位于东营市广饶县的地块，经双方协商就有关合作开发事宜，自愿达成如下协议：

"一、合作项目地块情况。合作地块坐落于东营市广饶县以北，土地使用权面积约80亩。……

＊　上海市锦天城律师事务所合伙人。

＊＊　上海市锦天城律师事务所律师。

二、合作模式。1. 双方合资注册成立项目公司，以项目公司名义开发建设合作项目以上地块。2. 项目公司初始注册资金 2 000 万元，宏太房地产公司出资 980 万元，占 49% 的股权，山东新鸥鹏公司出资 1 020 万元，占 51% 股权。3. 项目公司及合作项目的具体开发、建设、销售、运营、操盘等事务均由山东新鸥鹏公司全面且独立负责，宏太房地产公司不具体参与目标公司的经营管理及合作项目的开发建设。4. 双方对项目公司及合作项目共同投资、盈亏共担，按本协议约定方式获得投资回报。

三、项目公司及治理结构。1. 双方同意自协议生效之日起 15 日内，共同出资成立项目公司——东营新宏公司，注册资金 2 000 万元，注册资金采用认缴方式。宏太房地产公司认缴 980 万元，占 49%；山东新鸥鹏公司认缴 1 020 万元，占 51%。2. 项目公司股东按持有股权比例行使表决权，除增资、减资、分立、合并、解散、变更公司形式等事项需要三分之二以上表决权通过外，其他事项均二分之一表决权通过。公司不设立董事会，设立执行董事 1 名，由山东新鸥鹏公司委派，执行董事担任公司法定代表人。公司不设监事会，设监事 1 名，由宏太房地产公司委派。

四、项目公司所需后续土地款、开发建设资金等，优先以项目公司及合作项目土地进行融资解决。不能融资解决的部分，双方应按持股比例并根据实际需要及时提供给项目公司。双方投入项目公司的资金，除注册资金外，超出部分均作为股东借款，借款利率均按年息 8% 计算。一方未按持股比例向项目公司提供股东借款的，另一方超过持股比例多提供的股东借款部分，除由项目公司按 8%/ 年支付利息外，未按比例提供股东借款的一方须另行支付 15%/ 年的利息。

……

七、投资偿还及收益分配。1. 项目公司有销售收入，在保证和满足项目公司日常运营和项目开发建设资金的前提下，项目公司应优先归还宏太房地产公司、山东新鸥鹏公司的股东借款；归还股东借款，应优先归还按股权比例多投入一方的超出部分，再按股权比例向双方归还余下部分，若项目公司与融资方形成的相关协议对股东借款的归还顺序有不同约定的，以该协议为准。2. 项目公司在还清股东借款和对外融资，保证和满足项目公司日常运营和项目开发建设资金的前提下，项目公司可向双方进行预分红。3.项目公司财务部门每月出具财务报表，宏太房地产公司、山东新鸥鹏公司各一份。……执行董事将利润分配方案提交股东会进行表决，股东会通过后，双方按所持有的项目公司的股份比例分配收益。4.项目开发建设完毕，完成全部税务清算后，如有存留资产，原则按双方各自的股权比例进行分配。5.在对全部利润及存留资产进行分配后，如双方共同决定项目公司不再投资别的项目，则由双方共同注销该项目公司。

八、其他约定。1.鉴于合作项目及项目公司使用山东新鸥鹏公司集团总部重庆新鸥鹏公司做品牌宣传，另项目公司以外的山东新鸥鹏公司及集团总部工作人员为项目提供多方面协助、支持、服务等，宏太房地产公司、山东新鸥鹏公司同意：项目公司须按合作项目销售总额的3%提取包干方式，向山东新鸥鹏公司或其集团总部支付品牌使用费，该费用根据项目实际销售情况每半年支付一次。2.由于项目融资需由山东新鸥鹏公司或其集团担保，故在归还完股东借款，且不具备分红条件时，在保证和满足项目公司日常运营和项目开发建设资金的前提下，如仍有富余资金，山东新鸥鹏公司有权调配；凡调出项目公司的资金，如实际成本低于年息8%，则由山东新鸥鹏公司按年息8%向项目公司支付利息，如实际成本高于年息8%，由按实际年息成本向项目公司支付利息；若因山东新鸥鹏公司调出资金，造成项目运作困难，全部责任由山东新鸥鹏公司承担。"

2017年6月2日，宏太房地产公司与山东新鸥鹏公司按照前述《合作开发协议书》的约定成立东营新宏公司进行房地产开发经营，宏太房地产公司持股49%，山东新鸥鹏公司持股51%。

东营新宏公司分别于2020年7月15日、2020年9月16日、2020年12月22日召开股东会，形成相应的股东会决议。

2020年7月15日股东会决议内容如下：

"1.股东山东新鸥鹏公司认缴的注册资本1 020万元已全部实际出资，占股51%；股东宏太房地产公司认缴的注册资本980万元已经实际出资，占股49%。

2.股东双方测算后于2020年4月23日出具了项目公司《东营新宏公司广饶春风十里项目利润预分配方案》，该测算依据项目公司截至2020年3月31日实际发生数据及未来预计发生数据相结合计算原则得出的结论。

3. 全体股东审议一致通过对东营新宏公司 2017 年度至 2020 年 3 月底实现的未分配利润中 2 167 万元（预计实现净利润 7 409 万元，扣除未实现收入的剩余房产及车位 5 242 万元）按照持股比例进行预分配。（其中股东山东新鸥鹏公司应预分红 1 105 万元，实际已分红 0 元；股东宏太房地产公司应预分红 1 062 万元，实际已分红 0 元）。

4. 全体股东审议并一致通过对东营新宏公司偿还股东前期投入资金，按照实际情况支付股东。其中东营新宏公司需偿还股东山东新鸥鹏公司 22 067.68 万元，利息 1 196 万元（即东营新宏公司不需要偿还股东借款）；东营新宏公司需偿还股东宏太房地产公司前期投入 2 412 万元，利息 639.76 万元。

……

7. 股东山东新鸥鹏公司有权按照双方合作协议在不影响公司正常运营的情况下对公司资金进行调配，山东新鸥鹏公司为东营新宏公司对外所有债务及股东分红在其调配资金范围内承担连带保证责任，且所有因调配资金引起的法律、经济责任及损失均由山东新鸥鹏公司独立承担，股东双方对此再次确认。"

2020 年 9 月 16 日，山东新鸥鹏公司、宏太房地产公司对《东营新宏公司广饶春风十里项目股东分配清算及退出议案》进行了审议，各方达成一致意见，形成决议事项如下：

"1. 同意股东宏太房地产公司对项目利润分配清算情况进行审核，审核结果于 10 月底前确定。

2. 利润分配清算复核完毕后，再另行确定召开第三次股东会议时间，审议利润分配结果。

3. 各方股东同意在分配清算且支付完成后，由山东新鸥鹏公司以 980 万元收购宏太房地产公司持有的东营新宏公司 49% 股份，并在股权变更完成后 5 日内，支付宏太房地产公司股权对价款 980 万元。"

山东新鸥鹏公司与宏太房地产公司对东营新宏公司的利润数据预计测算数额不同。2020 年 8 月 31 日，山东新鸥鹏公司认可的利润（已售、含税）为 7 186.85 万元，宏太房地产公司认可的利润（已售、含税）为 8 803.39 万元，上述利润未包括未售货值 4 500 万元（不含物业用房），成本、税金按已售货值/全货值比例进行分摊计算。2020 年 11 月 26 日，山东新鸥鹏公司认可的利润

（全期、含税）为 7 720.16 万元，宏太房地产公司认可的利润（全期、含税）为
9 342.46 万元，销售收入未含 10 套物业用房。

2020 年 12 月 22 日，东营新宏公司召开利润分配会议并形成会议纪要，内
容如下：

"1. 利润分配方案：暂按照 7 186 万元利润，扣除未售货值成本 3 897 万元
后，利润金额 3 289 万元，山东新鸥鹏公司按照 51% 的比例，应分配 1 677.39
万元，已分配 1 105 万元，本次应分配 572.39 万元；宏太房地产公司按照 49%
的比例，应分配 1 611.61 万元，已分配 1 062 万元，本次应分配 549.61 万元。
剩余资产按照股东持股比例进行分配。股东宏太房地产公司具体分配面积、套
数如下：车位 233 个，储藏室 129 个，商业 4 个，物业用房 5 个。分配资产于
2020 年 12 月 31 日完成，签署完成资产转让协议。分配现金于 2021 年 1 月 31
日前支付给宏太房地产公司。

2. 东营新宏公司作减资，暂按照减资 50% 以上办理。按照工商局认可的最
低要求办理。办理减资完成后五个工作日内东营新宏公司退资宏太房地产公司。

3. 资产分配方案：商业资产分配后暂不网签，东营新宏公司协助宏太房地
产公司办理签约产权事宜。车位储藏室资产分配后，双方签署资产转让协议。
资产分配后，与分配资产相关的收入和支出由各自权属方承担。车位分配后，
宏太房地产公司委托东营新宏公司办理车位转让手续，因办理车位转让手续产
生的一切风险由宏太房地产公司承担。未售车位三年内（2023 年 12 月 31 日前）
免收车辆管理费。分配后，宏太房地产公司的 233 个车位维修管理保养等由宏
太房地产公司自行承担。

4. 涉及土地增值税、企业所得税清算方面工作，各方配合完成。

5. 东营新宏公司在 2021 年 5 月 30 日前完成项目所有清算工作。

6. 东营新宏公司应提供工程成本核算情况报宏太房地产公司审核认可。

7. 以上东营新宏公司开发建设销售经营费如达不成共识，任何一方可以找
第三方审计部门进行审核。"

自东营新宏公司成立后，山东新鸥鹏公司从东营新宏公司转走款项
410 124 000 元，后陆续转回部分款项，仍有 184 887 685.89 元款项未返还。山
东新鸥鹏公司利用掌控东营新宏公司的便利，将东营新宏公司巨额资金转入山

东新鸥鹏公司供其及其关联公司使用，甚至直接收取和使用应属于东营新宏公司的款项。在合作项目已近清算时，山东新鸥鹏公司仍有大量资金未予返还项目公司，严重损害了项目公司及股东的利益。

因东营新宏公司受山东新鸥鹏公司控制，且东营新宏公司的印章全部由山东新鸥鹏公司掌控，山东新鸥鹏公司无法自行主张权利。此种状况下，宏太房地产公司只能以股东代表诉讼的方式来维护目标公司的合法权益。

2021年8月10日，宏太房地产公司向东营新宏公司监事发出《请求函》，请求东营新宏公司监事向人民法院提起诉讼，要求山东新鸥鹏公司归还东营新宏公司所有款项及资金占用利息。

2021年8月12日，东营新宏公司监事向宏太房地产公司回复："因东营新宏公司的印章、财务均掌控在山东新鸥鹏公司手中，且本人无法支付起诉所需的律师费、诉讼费等费用，因此，本人无法提起诉讼。"宏太房地产公司遂以山东新鸥鹏公司为被告，以东营新宏公司为第三人，提起股东代表诉讼，请求山东新鸥鹏公司返还占用东营新宏公司的资金本息，以维护东营新宏公司的合法权益。

宏太房地产公司在起诉时，同时主张由目标公司承担宏太房地产公司因本案诉讼所支出的律师费用。

二、争议焦点

本案原、被告双方在房地产合作开发项目中约定，项目公司及合作项目的具体开发、建设、销售、运营、操盘等事务均由被告方全面且独立负责。被告在合作项目实际运营过程中可以随意调配项目资金，原告方小股东在合作项目中无法掌控项目资金的流向，小股东认为大股东侵害了项目公司和自身权益。而被告认为，双方多次通过股东会决议的形式对资金调配行为进行确认，并且被告对资金的调配系有偿使用，没有损害项目公司和小股东的权益。本案是典型的房地合作开发项目中操盘方大股东任意调配项目资金而损害项目公司和小股东权益的案件，项目公司被大股东即侵权方控制着，已经失去意思自治，孤立无援的小股东在此种情况下想要维权，面临重重阻碍。本案争议焦点和难点如下：

（1）宏太房地产公司（小股东）是否有权提起本案股东代表之诉？

根据《中华人民共和国公司法》（2018修正）（简称"《公司法》（2018）"）第一百五十一条的规定，股东认为公司的权益受到损害而欲提起股东代表诉讼，需要满足相应的诉讼前置程序。在本案中，我方代理的宏太房地产公司已履行股东代表诉讼的前置程序，而被告方认为项目公司的监事是原告宏太房地产公司的实际控制人、股东，与宏太房地产公司有利害关系，虽然宏太房地产公司提供了监事不同意起诉的材料，但不代表其已经履行了股东代表诉讼的前置程序。因此，在项目公司已丧失独立意志的情况下，宏太房地产公司是否有权提起股东代表诉讼是本案小股东维权之路上需要解决的首要问题。

（2）山东新鸥鹏公司（大股东）是否是本案的适格被告？

我们团队代理小股东宏太房地产公司，依据《公司法》（2018）第一百五十一条第三款，提起了本案损害公司利益责任之诉，主张山东新鸥鹏公司向东营新宏公司返还占用的项目资金款项并支付利息。山东新鸥鹏公司主张，根据《公司法》（2018）第一百五十一条规定，侵害公司利益责任的侵权主体为公司的董事、监事及高级管理人员，山东新鸥鹏公司作为东营新宏公司股东不在上述责任主体范围之内。因此，山东新鸥鹏公司是否是本案的适格被告成为本案焦点问题。

（3）山东新鸥鹏公司是否存在损害东营新宏公司利益的行为，应否向东营新宏公司返还款项并支付利息？

项目公司的资金调配情况复杂、数额巨大，本案中，我方主张自东营新宏公司成立时起，山东新鸥鹏公司从东营新宏公司转走款项410 124 000元，此后山东新鸥鹏公司陆续转回东营新宏公司部分款项，现仍有184 887 685.89元未返还。而山东新鸥鹏公司抗辩主张，山东新鸥鹏公司与宏太房地产公司签订的《合作开发协议书》约定，山东新鸥鹏公司有权调配东营新宏公司富余资金，且山东新鸥鹏公司对东营新宏公司的资金系有偿使用，未侵犯东营新宏公司利益。因此，宏太房地产公司作为被动的小股东，在不完全了解项目公司资金流向的情况下，需要梳理清楚各关联公司之间的账目，确定项目公司遭受损失的数额，不仅是本案的争议焦点，也是本案的重点与难点。

三、法律分析

房地产开发项目的合作开发协议书中明确约定，操盘方大股东有权独立运营项目公司和调转资金，并且双方股东也曾召开股东会决议对利润分配事宜作出安排。在看似股东双方间议事渠道畅通、表决机制有效、股东的知情与决策权等股东权利未受到侵害的情况下，小股东实质上并未获得应有的利润分配，项目公司和小股东的权益实质上受到了损害。我们团队代理律师从梳理项目公司各类财务资料等角度着手，帮助客户宏太房地产公司梳理出大股东占用项目公司资金的真实情况，为小股东维护自身权益开辟路径。

宏太房地产公司（小股东）有权提起本案股东代表之诉。《公司法》（2018）第一百五十一条规定："董事、高级管理人员有本法第一百四十九条规定的情形的，有限责任公司的股东、股份有限公司连续一百八十日以上单独或者合计持有公司百分之一以上股份的股东，可以书面请求监事会或者不设监事会的有限责任公司的监事向人民法院提起诉讼；监事有本法第一百四十九条规定的情形的，前述股东可以书面请求董事会或者不设董事会的有限责任公司的执行董事向人民法院提起诉讼。

监事会、不设监事会的有限责任公司的监事，或者董事会、执行董事收到前款规定的股东书面请求后拒绝提起诉讼，或者自收到请求之日起三十日内未提起诉讼，或者情况紧急、不立即提起诉讼将会使公司利益受到难以弥补的损害的，前款规定的股东有权为了公司的利益以自己的名义直接向人民法院提起诉讼。

他人侵犯公司合法权益，给公司造成损失的，本条第一款规定的股东可以依照前两款的规定向人民法院提起诉讼。"

公司利益是股东和债权人利益赖以实现的根本保障，而公司机关是公司运转的载体。从理论上讲，当公司利益受到侵害时，公司机关应当及时行使公司诉权，通过司法救济的途径恢复公司财产利益。但在某些特殊情况下，公司机关权限失灵或者无法提起诉讼，《公司法》为此赋予股东代表公司提起诉讼的权利。

宏太房地产公司认为山东新鸥鹏公司侵害了东营新宏公司的合法权益，给东营新宏公司造成损失，故向东营新宏公司的监事发出《请求函》，请求公司监事向人民法院提起诉讼，东营新宏公司监事回复称无法提起诉讼。

在监事身份合法的情况下，监事可以根据项目公司的实际情况及自身处境作出其权限范围内的相关决策。监事与宏太房地产公司之间是否存在利害关系并不能影响本案前置程序的合法性与有效性。因此，宏太房地产公司已经依照法律规定履行了股东代表诉讼的前置程序，具备股东代表诉讼的主体资格，有权提起股东代表之诉。

山东新鸥鹏公司（大股东）是本案的适格被告。股东代表诉讼的初衷是为了强化对公司董事、监事、高级管理人员的约束机制，明确公司董事、监事、高级管理人员的法定义务，强化责任追究机制。但是，《公司法》（2018）第一百五十一条特在第三款中增加了责任主体"他人"，表明股东代表诉讼的适格被告不仅限于"董事、监事、高级管理人员"。

暂不论《公司法》（2018）第一百五十一条第三款中的"他人"范围是否可以无限扩大至公司以外的任意第三人，从本案来看，山东新欧鹏公司系项目公司东营新宏公司的控股股东，实际操控公司运营及公司的资金流向，是公司的董事、监事及高级管理人员之外最能实际控制公司的主体，属于项目公司的内部主体，理应在《公司法》（2018）第一百五十一条第三款中的"他人"范围之内。

山东新鸥鹏公司存在损害东营新宏公司利益的行为，应向东营新宏公司返还款项并支付利息。第一，《公司法》（2018）第三条规定："公司是企业法人，有独立的法人财产，享有法人财产权。公司以其全部财产对公司的债务承担责任。有限责任公司的股东以其认缴的出资额为限对公司承担责任；股份有限公司的股东以其认购的股份为限对公司承担责任。"公司法人独立地位和股东有限责任是公司法的两大核心和基石，而公司人格独立的核心是财产独立，东营新宏公司作为企业法人，其依法享有独立的财产权，并以其全部财产对外承担债务，从而保证公司债权人和股东的合法权益。

第二，山东新鸥鹏公司和宏太房地产公司签订的《合作开发协议书》约定，东营新宏公司在归还完股东借款，且不具备分红条件时，在保证和满足项目公司日常运营和项目开发建设资金的前提下，如仍有富余资金，山东新鸥鹏公司有权调配，并支付相应利息。虽然该协议形式上没有东营新宏公司盖章确认，但东营新宏公司全体股东针对目标公司有关事宜作出的约定，在不违反法律禁止性规定的情形下，对目标公司即东营新宏公司具有约束力。

第三，根据案涉《合作开发协议书》约定，山东新鸥鹏公司在符合条件的情形下，有权调配东营新宏公司的富余资金并支付利息。法律规定公司财产独立于股东财产，并非禁止股东与公司之间的借贷或借用活动，因此，如果山东新鸥鹏公司严格按照上述《合作开发协议书》的约定借用东营新宏公司款项并支付利息，并不必然损害东营新宏公司的利益。但从本案来看，山东新鸥鹏公司调配资金的行为已经超出《合作开发协议书》约定，变相损害了东营新宏公司的利益。具体分析如下：一是山东新鸥鹏公司利用其经营管理东营新宏公司的支配地位，频繁从东营新宏公司转走款项，导致东营新宏公司与其他关联公司之间账目不清。在案件审理过程中，山东新鸥鹏公司作为东营新宏公司的运营方不能说明其与东营新宏公司之间的账目情况，亦不能说明东营新宏公司与山东新鸥鹏公司之外的其他关联公司的账目情况，该行为足以说明山东新鸥鹏公司利用其支配地位控制东营新宏公司的资金，已导致东营新宏公司丧失独立的法人财产权。二是虽然案涉《合作开发协议书》对山东新鸥鹏公司何时向东营新宏公司返还款项未作约定，但案涉地产项目早已竣工且大部分销售完毕，山东新鸥鹏公司作为东营新宏公司的运营主体在项目接近尾声时已搬离项目所在地。东营新宏公司的两股东亦曾于 2020 年 7 月、9 月、12 月多次召开股东会，就东营新宏公司的项目利润分配问题进行审议。在该情形下，山东新鸥鹏公司应及时清算其与东营新宏公司之间的账目并返还借用款项，以保证东营新宏公司的利润分配及正常运营。但本案中因东营新宏公司被山东新鸥鹏公司控制，其无法表达独立的意思表示，亦不能正常向股东分配利润。三是案涉《合作开发协议书》约定山东新鸥鹏公司对于其调配的东营新宏公司的资金，应按照年利率 8% 向东营新宏公司支付利息，但事实上，山东新鸥鹏公司对于其转走的资金从未实际支付利息。

关于应偿还的本金，山东新鸥鹏公司的主张亦不能成立。其一，山东新鸥鹏公司与东营新宏公司、济南鲁班百融置业有限公司、滨州洪基置业有限公司、东营汇金房地产开发有限公司等，在股权上虽有关联，但均为独立的法人，各公司作为独立的法人，均依法享有独立的财产权。

其二，从山东新鸥鹏公司提交的记账凭证可以看出，东营新宏公司与包括山东新鸥鹏公司在内的各关联公司的账目均以各自名义记载，即山东新鸥鹏公司主张的应扣除的关联公司的转账并未以山东新鸥鹏公司名义记账，不能证实上述关联公司系代山东新鸥鹏公司付款。

其三，山东新鸥鹏公司主张应将其他关联公司的款项从其与东营新宏公司之间的款项往来中扣除，其他关联公司并未明确表示同意；且东营新宏公司与山东新鸥鹏公司之间亦从未确认将其他关联公司的账目记入其双方之间的账目往来中。

其四，东营新宏公司与其他关联公司之间的账目亦是有来有往，而本案中山东新鸥鹏公司仅向法院提交了各关联公司向东营新宏公司转入款项的证据，从东营新宏公司提交的其向济南鲁班百融置业有限公司转款的凭证可以证实，东营新宏公司亦存在向济南鲁班百融置业有限公司等关联公司转款的事实，东营新宏公司与除山东新鸥鹏公司之外的其他关联公司之间亦均有独立的账目，本案中若将其他关联公司的款项计入，可能损害其他关联公司或该关联公司债权人的利益。

综上，本案应仅以东营新宏公司与山东新鸥鹏公司之间的账目往来作为计算应返还款项的依据。

四、裁判结果

一审法院认为：

东营新宏公司对请求函、回复函的真实性无法确认，但其对连名一系东营新宏公司监事的事实予以认可，且请求函、回复函上均有印章签字，本院对相关证据的真实性予以采信。

股东代表诉讼的被告即是以不当行为侵害公司利益而公司机关又怠于起诉的侵权人，其不仅包括了公司的内部人，也包括公司之外的任意第三人，即凡是对公司实施了不当行为而致公司利益受损的人都可成为股东代表诉讼的被告。《公司法》第一百五十一条将股东代表诉讼的适格被告表述为"董事、监事、高级管理人员"和"他人"。而公司的控股股东、实际控制人等亦应解释为包含

"他人"之中，属于适格被告。山东新鸥鹏公司主张《公司法》第一百五十一条第三款中的"他人"不包含股东，宏太房地产公司将其列为被告缺乏法律依据，不予支持。

本案应仅以东营新宏公司与山东新鸥鹏公司之间的账目往来作为计算应返还款项的依据。山东新鸥鹏公司从东营新宏公司转走款项 410 124 000 元，宏太房地产公司在其提交的本息明细表中认可已转回部分款项，尚有 184 887 685.89 元款项未返还。本案中，宏太房地产公司仅主张山东新鸥鹏公司向东营新宏公司返还款项 119 232 806.22 元（因诉讼成本原因，本案暂主张该部分款项），诉求未超出上述数额，应予以支持。关于应支付的利息，宏太房地产公司主张根据年利率 8% 计算利息，符合《合作开发协议书》约定，理应得到支持。

（一）裁判结果

山东省东营市中级人民法院在一审判决中支持了原告宏太房地产公司的主要诉请：

"一、被告山东新鸥鹏文旅产业发展集团有限公司于判决生效之日起十日内归还第三人东营新宏置业有限公司款项 119 232 806.22 元，并支付截至 2021 年 9 月 27 日止的利息 52 184 057.65 元及自 2021 年 9 月 28 日起至实际给付之日止的利息（以 184 887 685.89 元为基数，按年利率 8% 计算）；

二、被告山东新鸥鹏文旅产业发展集团有限公司于判决生效之日起十日内支付原告东营宏太房地产开发有限责任公司诉讼财产保全保险费 42 000 元；

三、第三人东营新宏置业有限公司于判决生效之日起十日内支付原告东营宏太房地产开发有限责任公司律师费 60 万元。"

宏太房地产公司一审胜诉后，被告未提起上诉。

（二）案例亮点

本案同时由兰芳、程绍起律师代理宏太房地产公司提起公司盈余分配之诉 [（2021）鲁 0523 民初 4491 号；（2022）鲁 05 民终 2414 号]，依托本案认定的股东损害公司利益的事实，并通过申请法院对项目公司的利润进行司法审计，最终为委托人主张盈余分配款 4 000 余万元，一审、二审均获胜诉。该案公司盈

余分配之诉成为适用《公司法解释（四）》第十五条但书条款的司法强制分红
典型案例。

　　房地产合作开发项目的操盘方股东，尤其是集团化运营的操盘方股东，往
往会将其操盘的各个项目的资金进行调配，不断为其拓展的新项目提供资金，
从而给合作的项目公司和合作股东造成巨大风险和损失，这在实务中具有普遍
性。并且，在这类合作中，操盘方股东往往会利用其地位优势，在合作协议中
约定其具有调配资金的权利。对合作项目没有掌控权的小股东面对如此约定，
为项目公司和自身维权十分困难，需要进行大量的证据准备和专业论述。兰芳、
程绍起律师代理原告宏太房地产公司，以严密科学的诉讼策略、系统条理的证
据梳理、专业细致的分析论述，为目标公司东营新宏公司成功追偿近 2 亿元款
项，证明东营新宏公司具有进行盈余分配的前提条件，紧接着通过公司盈余分
配之诉，为小股东宏太房地产公司成功追偿 4 000 余万元利润分配款，为该类纠
纷中小股东为项目公司和自身维权实践出了可行路径。

　　本案例荣获"2022 年锦天城诉讼仲裁优秀案例""锦天城房地产与建设工程
专业委员会 2022 年度最佳服务奖""锦青争议解决委员会 2022 年度典型案例一
等奖"。

杨某诉黄某股权转让纠纷案

——以配偶所持拟上市公司股份为标的签订股份转让并代持协议的
效力和法律责任

谢美山[*]

一、案情介绍

2018 年，原告杨某经朋友介绍认识了被告黄某。在与黄某沟通中，杨某获知，黄某的丈夫陈某在 MS 公司担任高管，MS 公司正在申报境内科创板上市。黄某声称自己持有该公司股份，并向杨某出示手机里的照片，是其丈夫陈某从 MS 公司带回来的让她签字的材料，证明其在 MS 公司持有股份。黄某因急需资金，向杨某表示愿意转让其持有 MS 公司原始股，杨某也有意愿购买。

2019 年 3 月 6 日，杨某与黄某签订一份《股份代持协议》，该协议确认，杨某向黄某购买 MS 公司 5 万股原始股，并由黄某代杨某持有。该协议还约定，当 MS 公司上市后，在案涉股份处于二级市场可交易时，若杨某需要出售部分或全部案涉股份，黄某应积极配合，卖出获得的全部人民币现金应在 3 个工作日内转回杨某银行账户。同日，杨某向黄某支付了股份转让价款 80 万元，黄某

向杨某出具了《股份购买收据》，确认收到 80 万元用于购买 MS 公司 5 万股原始股。

2019 年 7 月，上海证券交易所科创板股票上市委员会审议同意 MS 公司发行上市（首发），之后 MS 公司在科创板成功上市。2022 年 7 月，MS 公司发布《首次公开发行部分限售股上市流通公告》，公告员工持股平台持有的全部限售股自 2022 年 7 月 22 日起上市流通，故案涉股份自 2022 年 7 月 22 日起可在二级市场进行交易。因资金周转需要，杨某要求黄某尽快出售案涉股份变现，但黄某认为还不能进行交易。2022 年 7 月 28 日，黄某向杨某电子汇款 80 万元，附言备注"还款"。杨某随即向黄某询问为何要备注"还款"，黄某解释是银行工作人员为防范客户遭遇诈骗，为其备注"还款"的。2022 年 8 月 8 日，杨某指示黄某在收到指示后 5 个交易日内以不低于 7 月 27 日的收盘价 121.72 元的价格将案涉股份全部抛售，并将抛售所得扣除 80 万元后立即付给杨某。但黄某却突然完全否认股份代持事实。之后，杨某多次联系黄某，要求解决案涉股份处置事宜，但黄某却均不予理睬，杨某遂决定采取法律措施向黄某追索。

本团队接受杨某委托后，于 2022 年 8 月 16 日向上海金融法院提起诉讼，要求黄某支付可得投资收益 6 372 500 元以及逾期支付的利息。

黄某辩称：第一，案涉《委托持股协议》的实质是原告委托被告购买 MS 公司股份，故本案的法律关系为无偿委托关系，并非股权转让。因公司股权属于公司法上的财产性权益，对其处分应由登记的股东本人或其授权的人行使，即股权转让方应该为公司股东。而本案中，原告杨某明知被告本人并未在 MS 公司担任任何职务亦不持有任何股份，故从形式上看，本案并不符合股权转让之法律行为的要件，本案并非股权转让纠纷。原告知道被告配偶陈某通过 MS 公司境外员工持股平台间接持有 MS 公司股份，故委托被告向陈某购买股份，并向被告转账 80 万元用于支付购买股份价款，被告亦接受委托，虽双方名义上签订了《股份代持协议》，但实质上的法律关系为委托关系，而非股权转让。第二，被告已解除委托合同，并向原告退回 80 万元购买款。因陈某拒绝以 80 万元出售系争股份，致使原告委托事项无法完成，被告亦未向原告收取任何委托费用，被告有权依据委托合同之任意解除权解除委托关系，代持协议解除后，被告已向原告退回 80 万元购买款，实现恢复原状之法律后果，故原告的诉请缺乏依据，请求依法驳回。

在庭审事实调查中，杨某声称，黄某向其出示过手机里的照片，并告知杨某，自己在 MS 公司也持有股份。黄某也向法庭确认，案涉股份是在其与陈某结婚期间购买的。在接受法庭调查时，杨某坚持认为，他一直以为黄某在 MS 公司持有股份。黄某在与杨某的沟通中，以及在接受法庭调查时，更是多次声称自己在 MS 公司也持有股份。未查明黄某在 MS 公司的持股情况，本所律师向法院申请调查令，前往 MS 公司调查。根据 MS 公司提供的持股凭证显示，黄某的丈夫陈某是 MS 公司实施员工股权激励的境外持股平台 BP. Ltd.69 万股已缴足的优先股的注册持有人。MS 公司还出具材料证明，2023 年 2 月 16 日，MS 公司向陈某分配预期减持股份数额相应的交易款 496 万美元。此外，MS 公司回复：黄某不持有任何持股平台的股份，MS 公司亦未向黄某分配过任何款项。

另查明，2022 年 8 月 9 日起 5 个交易日 MS 公司股票行情如下：8 月 9 日，开盘 144.9 元，最高 145 元，最低 138.51 元，收盘 144.21；8 月 10 日，开盘 140.98 元，最高 150 元，最低 140.13 元，收盘 143.8 元；8 月 11 日，开盘 146.9 元，最高 149.86 元，最低 145 元，收盘 146.75 元；8 月 12 日，开盘 146.16 元，最高 148 元，最低 142.69 元，收盘 142.69 元；8 月 15 日，开盘 143.35 元，最高 144 元，最低 139.43 元，收盘 139.81 元。

在本案二审时，黄某补充提交自 MS 公司收集的证据材料。其中《MS 公司关于员工持股计划减持事项的通知》第一条规定员工股票减持频率系每季度为一个减持周期（且应当在每个季度初 1 月 / 4 月 / 7 月 / 10 月的前五日提交减持意向），公告周期内仅可提交一次减持意向。另提供 BP. Ltd. 出具给陈某的减持税费明细，说明案涉股票于 2022 年第四季度在机构的减持价格为 109.76 元 / 股，扣除所得税、增值税、印花税、交易费、转让费、专业服务费等相关费用后净得为 94.76 元 / 股，且该部分所得现存于美国，要汇入中国还必须缴纳相应 10% 以上的税费。

二、争议焦点

本所律师接受了杨某的委托后，向杨某了解了案情，初步判断本案是一起比较典型的拟上市公司股份转让并代持纠纷案件。但区别于过往案例的地方是，本案中转让股份的当事人并非登记股东，而是登记股东的配偶。而且，转让双方对原始股份的归属都存在认知错误。这两个因素让本案的法律关系进一步复杂化。本所律师将其中涉及的问题进行梳理如下。

（一）本案适用《合同法》还是《民法典》

在本案中，杨某与黄某双方签订《股份代持协议》《股份购买收据》的时间是 2019 年 3 月 6 日，杨某指示黄某将案涉股份抛售的时间是 2022 年 8 月 8 日，正好跨越《民法典》施行日 2021 年 1 月 1 日。根据《最高人民法院关于适用〈中华人民共和国民法典〉时间效力的若干规定》第一条第三款规定："民法典施行前的法律事实持续至民法典施行后，该法律事实引起的民事纠纷案件，适用民法典的规定，但是法律、司法解释另有规定的除外。"因此，本案应适用《民法典》。

（二）杨某与黄某之间的交易的法律性质

在本案中，黄某与杨某共签订了两份文件：《股份购买收据》及《股份代持协议》（以下合称"股权转让并代持协议"）。由该协议的内容来看，本案中，杨某与黄某之间建立两层法律关系，一层是案涉股份转让法律关系，一层是股权代持法律关系。而从杨某追求的实际效果来看，他并不要求案涉股份需要登记在自己名下，也不追求以股东身份参加 MS 公司的股东会决策，而更倾向于追求案涉股份所带来的经济利益。在这个意义上，杨某与黄某之间是否成立一个委托投资协议关系？换言之，明面上是股份转让并代持协议关系，实质上还含有委托投资协议关系。

另外有疑问的是，在交易前后，甚至一直到诉讼中进入庭审事实调查时，杨某和黄某都声称黄某在 MS 公司持有股份。而事实是，黄某并未持有 MS 公司股份，而是其丈夫陈某持有 MS 公司股份。可见，在本案中，杨某和黄某是基于对事实的错误认知（重大误解）而达成交易。这样的认识错误是否会影响上述交易的成立呢？或者说，建立在认识错误的基础上的交易结构还能否成立？黄某是否可以主张撤销？

本所律师认为，就杨某而言，杨某与黄某之间成立一个委托投资法律关系是本案中杨某的请求权基础法律关系，杨某只有坚持认定存在这层委托投资法律关系，才能突破因为认识错误对股权转让并代持法律关系成立的障碍，其诉求在本案中才能逻辑自足。

（三）案涉股份是否属于夫妻共同财产，黄某能否转让案涉股份或其经济利益

黄某要将案涉股份或该股份所含的经济利益转让给杨某，前提条件之一，也是最重要的条件是，黄某对该股份（经济利益）有处分权。根据庭审事实调查，案涉股份是在黄某与陈某夫妻关系存续期间购买的。但股权/股份并非单纯的民事财产，而是在公司法层面上还增加了股东身份属性，是一种包含财产权、身份权的复合的权利、权益集合。因此，对案涉股份并不能简单地一刀切地认定为夫妻共同财产，而需要区分该股份所包含的不同法律关系而区别对待。

在本案中，MS 公司存在多个境外股东，本所律师无法查明黄某或陈某在 MS 公司的持股情况。在案件受理并经过第一次庭审后，法庭才同意本所律师申请调查令前往 MS 公司调查，经调查才查明，涉案股份是登记在陈某名下。如此，黄某作为配偶，处分涉案股份，应经陈某确认，否则应构成无权处分。如杨某仅追求案涉股份所包含的经济利益，因为案涉股份所包含的经济利益属于夫妻共同财产，黄某进行处分，仍应经陈某确认，否则应构成无权处分。这一点是对杨某非常不利的地方。

（四）杨某与黄某之间民事法律行为的效力

如前所述，本案不仅还有多层法律关系，在明面上涉及民事夫妻财产法律关系、转让合同法律关系，还涉及公司股份法律关系，更因为标的企业是一家拟上市公司，又涉及证券法上监管政策。

《最高人民法院关于适用〈中华人民共和国公司法〉若干问题的规定（三）》（2020 修正）（简称"《公司法司法解释三》（2020 修正）"）第 24 条规定："实际出资人与名义股东对该合同效力发生争议的，如无法律规定的无效情形，人民法院应当认定该合同有效。实际出资人与名义股东因投资权益的归属发生争议，实际出资人以其实际履行了出资义务为由向名义股东主张权利的，人民

法院应予支持。名义股东以公司股东名册记载、公司登记机关登记为由否认实际出资人权利的，人民法院不予支持。实际出资人未经公司其他股东半数以上同意，请求公司变更股东、签发出资证明书、记载于股东名册、记载于公司章程并办理公司登记机关登记的，人民法院不予支持。"该司法解释及第 25 条肯定了有限责任公司股权代持的效力及明确了相关纠纷的裁判思路，但法律、行政法规及司法解释对股份公司，特别是上市公司股权代持行为的效力未作明确规定，司法实践中争议颇大。

在 2011 年《最高人民法院关于适用〈中华人民共和国公司法〉若干问题的规定（三）》（法释〔2011〕3 号）出台时，最高院其实已经认识到上市公司股权代持合同效力争议很大，所以没有形成统一意见并出台司法解释。经过十多年的司法实践探索，从各级各地法院对上市公司股权代持纠纷的裁判来看，司法界已经形成了倾向性意见：上市公司股权代持合同违反法律、行政法规的强制性规定，属于无效合同。这个局面对杨某非常不利，也是本所律师认为最难攻克的问题。

要破解上述效力性强制性规范的约束，需要将本次交易解释为，虽然存在违反强制性规范的情况，但"情节轻微、危害不大"，从维护既有交易关系稳定性角度不应认定为无效。上述观点，还需说服合议庭接受。本所律师认为，这是合议庭在本案中可以行使自由裁量权的地方，也是需要当事人与委托律师共同努力争取的空间。

（五）杨某能否向黄某主张案涉股份的经济利益，或者主张损害赔偿

如前所述，案涉股份的经济利益属于夫妻共同财产，未经陈某同意，黄某无权独自处分。因此，无论案涉股份转让并代持协议是否认定为合法有效，杨某都无法依据协议约定主张案涉股份的经济利益。但杨某是否可以黄某违反案涉股份转让并代持协议，向黄某主张违约责任，特别是主张损害赔偿，这是可以考虑的，也是杨某和本所律师追求的目标。

但需要注意的是，对于案涉协议无法履行或无效，杨某与黄某都存在认识错误。《民法典》第 592 条第二款规定："当事人一方违约造成对方损失，对方对损失的发生有过错的，可以减少相应的损失赔偿额。"因此，本案还存在法官

行使自由裁量权来认定双方过错比例的可能。杨某曾就此向本所律师询问，本所律师认为，双方过错相当，黄某作为出卖方，过错比例还应当更高一些，但从司法自由裁量空间来看，保守推测双方过错比例是五五开 ①。

三、法律分析

（一）案涉股份有人身属性，但其出资额、转让所得属于夫妻共同财产

根据《股份购买收据》及《股份代持协议》相关表述，股权转让的标的为"黄某名下持有的 MS 公司 5 万股公司原始股"。根据黄某在庭上的陈述，其坚持认为自己在 MS 公司持有股份。但根据 MS 公司出具的说明，杨某才知，黄某并未在 MS 公司持股，MS 公司亦从未向黄某分配过任何款项，而是其配偶陈某因为参加公司股权激励才获得相应的股份。根据 MS 公司提供的《股票证书》显示，陈某并不是直接持有 MS 公司股票，而系通过持股平台 BP. Ltd. 取得 MS 公司 69 万股优先股股票。那么陈某所持 MS 公司股份是否属于夫妻共同财产？

根据庭审事实调查，案涉股份是在黄某与陈某夫妻关系存续期间购买的。但股权/股份并非单纯的民事财产，而是在公司法层面上还增加了股东身份属性，是一种包含财产权、身份权的复合的权利、权益集合。因此，对案涉股份并不能简单地、一刀切地认定为夫妻共同财产，而需要区分该股份所包含的不同法律关系而区别对待。

《中华人民共和国民法典》第 1062 条规定："夫妻在婚姻关系存续期间所得的下列财产，为夫妻的共同财产，归夫妻共同所有：（一）工资、奖金、劳务报酬；（二）生产、经营、投资的收益；（三）知识产权的收益；（四）继承或者受赠的财产，但是本法第一千零六十三条第三项规定的除外；（五）其他应当归共同所有的财产。"从该规定来看，公司股权/股份、合伙企业财产份额并不属于列明的夫妻共同财产。但在夫妻关系存续期间，配偶一方购买公司股权/股份、合伙企业财产份额的资金来源是夫妻共同财产或夫妻共同债务（借款）。例如在

---

① 一审裁判结果完美印证了本所律师的推测。

案中，BP. Ltd. 是一家有限公司，成立于 2018 年 10 月，此时黄某与陈某处于夫妻关系存续期间。根据黄某陈述，陈某用于购买 MS 公司股份的资金来源是其工资收入（夫妻共同财产）和银行贷款（夫妻共同债务）。陈某还将股权激励的相关文件带回来让她一起签字。这表明，陈某参加 MS 公司的股权激励时，黄某作为配偶一起参与了，并以夫妻共同财产、承担夫妻共同债务的方式支付股权激励所需的认购款。基于此，在陈某所持 MS 公司股份中，黄某应享有一定的权益。也因此，最高人民法院出台了相关司法解释进行补充说明，同意公司股权 / 股份、合伙企业财产份额纳入可以进行财产分割的范畴，但因为各自性质不同，分割方式也各不相同。

《最高人民法院关于适用〈中华人民共和国民法典〉婚姻家庭编的解释（一）》第 72 条规定："夫妻双方分割共同财产中的股票、债券、投资基金份额等有价证券以及未上市股份有限公司股份时，协商不成或者按市价分配有困难的，人民法院可以根据数量按比例分配。"如果陈某系直接持有 MS 公司股票，似乎根据该条规定，无论 MS 公司在股改后、上市后，其股份、股票都属于夫妻共同财产，可以依法分割。但在本案中，陈某并不是直接持有 MS 公司股票，而系通过持股平台 BP. Ltd. 取得 MS 公司股票。根据 MS 公司《招股说明书》显示，BP. Ltd. 是一家有限公司，因此陈某实际直接持有的是 BP. Ltd. 的股权。因此，对于陈某所持 BP. Ltd. 股权，不能适用上述第 72 条规定进行分割，而应适用第 73 条规定，即"涉及分割夫妻共同财产中以一方名义在有限责任公司的出资额，另一方不是该公司股东的，按以下情形分别处理：（一）夫妻双方协商一致将出资额部分或者全部转让给该股东的配偶，其他股东过半数同意，并且其他股东均明确表示放弃优先购买权的，该股东的配偶可以成为该公司股东；（二）夫妻双方就出资额转让份额和转让价格等事项协商一致后，其他股东半数以上不同意转让，但愿意以同等条件购买该出资额的，人民法院可以对转让出资所得财产进行分割。其他股东半数以上不同意转让，也不愿意以同等条件购买该出资额的，视为其同意转让，该股东的配偶可以成为该公司股东"。可见，要分割陈某所持 BP. Ltd. 的股权对应的出资额，还需要经过其他股东同意，否则只能就转让所得进行分割。在本案中，让 BP. Ltd. 其他股东同意分割陈某所持 BP. Ltd. 的股权，显然不具有可操作性，但在陈某将所持 BP. Ltd. 的股权进行转让并获得所得，则可以就所得财产进行分割。

（二）双方之间明面上成立股份转让、代持两个法律关系，实质上还成立委托投资法律关系

1. 双方之间存在的法律关系

在本案中，从黄某与杨某签订股权转让并代持协议的内容来看，双方的意思表示包括两项：一是黄某将所持 MS 公司的股权卖给杨某，二是杨某委托黄某代为持有并根据其指令进行投资操作。且上述两个法律行为存在先后逻辑关系，股权转让在前，委托代持在后，股权转让是委托代持的基础，若股权归属未基于转让协议发生变动，则委托代持协议自然无法履行。

从专业角度来看，案涉股份转让并代持协议是不严谨的。但从民间朴素的观念来看，这是一单典型的"原始股"投资，出售方黄某名义上是将原始股转让给投资者杨某，实际上只是将投资获利机会特别是公司上市后的增值机会让渡给杨某，杨某主要追求投资获利，并不要求实际获得 MS 公司股份，也没有通过案涉股份参与 MS 公司决策的考虑。在这个意义上，杨某与黄某之间通过签订上述股权转让并代持协议成立一个委托投资协议关系。

2. 认识错误不影响法律行为成立

在 2019 年 3 月 6 日双方正式签订案涉股份转让并代持协议之前，杨某与黄某已经经过两次见面和多次电话沟通讨论股份转让数目和价格，并在签约前双方通过微信详细讨论了签约文本的内容细节，最终在双方都没有异议的情况下，约定于 2019 年 3 月 6 日进行面签协议。在协议签字前，杨某当面再次与黄某确认，是否需要她丈夫陈某一起签字，黄某再次明确自己在持股平台也有股份持有，只是没有她丈夫持多，所以不需要她丈夫签字。

在交易前后，甚至一直到诉讼中进入庭审事实调查时，杨某和黄某都声称黄某在 MS 公司持有股份。但事实是，黄某并未持有 MS 公司股份，而是其丈夫陈某持有 MS 公司股份。可见，在本案中，杨某和黄某是基于对事实的错误认知（重大误解）而达成交易。并且可以看出，交易双方的认识错误是基本一致的，而非各错各的，这就意味着双方意思表示达成了一致。据此可以认定，双方之间签订的股权转让并代持协议、委托投资协议都是成立的。

在交易前后，甚至一直到诉讼中进入庭审事实调查时，黄某从未向杨某提出过要撤销股权转让、代持协议。2022年7月28日，黄某向杨某电子汇款80万元，附言备注"还款"。杨某随即向黄某询问为何要备注"还款"，黄某解释是银行工作人员为防范客户遭遇诈骗，为其备注"还款"的。可见，即使双方存在认识错误（重大误解），但双方均未行使撤销权撤销案涉协议。

综上，在本案中，杨某和黄某意思表示一致，股权转让并代持协议、委托投资协议已经成立，且自始至终未被杨某或黄某撤销。

3. 案涉协议已实际履行

在案涉协议签字后，杨某通过手机银行向黄某支付了股份转让价款80万元整，转账备注明确写了"购买ZW原始股"。可见，黄某与杨某股份转让的事实非常清楚，双方已实际履行案涉协议。

至双方争议发生前，长达3年半的时间内，黄某与杨某经常在微信上就MS公司上市前相关消息、上市后多次股价剧烈波动等情况进行沟通互动，黄某从未表现有任何异常行为，更从未表现出否定交易的情况。直到2022年7月22日ZW股份全面解禁后，杨某要求黄某按协议约定卖出股份时，双方才出现争议。为此，双方约定在2022年7月27日午餐时进一步沟通。在整个面谈过程中，黄某仍然多次承认股份转让的事实，并答应减持后将所得支付给杨某，只是受持股平台减持限制。

（三）案涉协议有效但无法履行

1. 案涉协议有效

基于《公司法司法解释三》（2020修正）第24条第1款的规定，有限公司股权代持本身并不为法律所禁止，在不具有法律所规定的无效事由的情况下，有限公司代持协议当属有效。可见，判断有限公司股权代持协议效力与判断一般合同的效力并无本质区别，其核心均在于判断协议内容是否具有无效事由。对于股份公司中代持协议的效力则并无直接的法律依据，但是基于私法法无禁止皆可为的原则，判断股份公司代持协议效力的核心仍然在于判断协议内容是否具有无效事由。

《首次公开发行股票并上市管理办法》（2020修正）第13条规定："发行人

的股权清晰，控股股东和受控股股东、实际控制人支配的股东持有的发行人股份不存在重大权属纠纷。"第 11 条规定："设立股份有限公司公开发行股票，应当符合《中华人民共和国公司法》规定的条件和经国务院批准的国务院证券监督管理机构规定的其他条件……"；第 78 条规定："……信息披露义务人披露的信息，应当真实、准确、完整，简明清晰，通俗易懂，不得有虚假记载、误导性陈述或者重大遗漏……"；《上市公司信息披露管理办法》（2021）第 3 条规定："……信息披露义务人应当及时依法履行信息披露义务，披露的信息应当真实、准确、完整，简明清晰，通俗易懂，不得有虚假记载、误导性陈述或者重大遗漏……"；拟上市公司在 IPO 过程中不允许隐匿真实股东，即拟上市公司股权不得隐名代持。如上市公司股权不清晰，将使监管部门针对上市公司及其股东的信息披露、关联交易、公司控制权等的相关监管措施落空，将损害到广大投资者的合法权益，从而损害到资本市场基本交易秩序与基本交易安全，损害金融安全与社会稳定，并最终损害社会公共利益。因此，拟上市公司股权代持一般被认定为违反《民法典》第 153 条（原《合同法》第 52 条）关于"损害社会公共利益""违反法律、行政法规的强制性规定"的规定，应属无效。

在本案中，从面面上看，陈某是通过境外持股平台 BP. Ltd. 间接持有 MS 公司股份，且陈某在 BP. Ltd. 持有的是优先股，无表决权，黄某转让的数量和比例也比较小；从实质层面上看，杨某以追求案涉股份所包含的经济利益为主要目的，并不谋求以股东身份参与拟上市公司股东会决策。因此，案涉股份（利益）的转让并不会对 MS 公司的股权清晰、信息披露等相关问题构成实质性障碍，不会对公众投资者产生不利影响，也不会损害社会公共利益。因此，案涉股份转让并代持行为并不违反《证券法》等法律法规。

其次，股份转让并代持包含股权归属与委托投资两个层面的法律关系，即使认定股份归属的代持无效也只是否定实际投资人享有诉争股份，但不影响其与名义股东之间形成的投资关系的法律效力。最高人民法院在（2017）最高法民申 2454 号案中就持此观点："本案中双方协议因涉及上市公司隐名持股而无效，但这并不意味着否认杨金国与林金坤之间委托投资关系的效力，更不意味着否认双方之间委托投资的事实。"

第三，《民法典》第 597 条第 1 款规定："因出卖人未取得处分权致使标的物所有权不能转移的，买受人可以解除合同并请求出卖人承担违约责任。"也就是说，即使黄某出售作为夫妻共同财产的案涉股份构成无权处分，根据物债二分原则，并不影响案涉股份转让并代持协议的效力。

此外，案涉股份转让并代持协议成立并已实际履行，双方对于该交易及交易结果都已经接受，至发生纠纷前已长达三年半。从维护法律关系稳定性的角度来看，不能因为一方"眼红"，就否定另一方的权利。

2. 案涉协议无法履行

由于黄某转让案涉股份并未获得实际持有人陈某同意，也未获得 BP. Ltd. 其他股东同意，因此黄某签订股权转让协议属于无权处分，杨某无法依据股权转让协议取得案涉股份，股权转让协议无法履行，股份代持协议实际也无法履行。

从实质层面来看，案涉股份的经济利益也属于夫妻共同财产，未经陈某同意或追认，黄某无权独自处分。因此，实质层面的委托投资协议也因为属于无权处分而无法履行。

（四）杨某有权要求黄某承担违约责任

如前所述，案涉协议虽然有效，但黄某属于无权处分作为夫妻共同财产的案涉股份，在法律上无法履行。根据《民法典》第 597 条第 1 款规定，"因出卖人未取得处分权致使标的物所有权不能转移的，买受人可以解除合同并请求出卖人承担违约责任"。也就是说即使黄某无权处分作为夫妻共同财产的系争股份，根据物债二分原则，无权处分不影响转让合同的效力，杨某仍然可以依据黄某违反案涉股份转让并代持协议，向黄某主张违约责任，特别是主张损害赔偿责任。

退一步说，在系争股份转让并代持协议认定为无效情况下的情况下，如前所述，存在明面上的股份转让并代持法律关系，还存在实质上的委托投资法律关系。即使认定股份归属的代持无效也只是否定实际投资人享有系争股份，但不影响其与名义股东之间形成的投资关系的法律效力。在本案中，杨某虽然不能要求黄某将系争股份过户登记在自己名下，但他与黄某之间的委托投资关系仍然是有效的，杨某仍然有权要求黄某按照系争股份转让并代持协议约定，将案涉股份抛售所得价款支付给杨某。

再退一步讲，如果将委托投资关系也认定为无效。根据《民法典》第157条规定，"民事法律行为无效、被撤销或者确定不发生效力后，行为人因该行为取得的财产，应当予以返还；不能返还或者没有必要返还的，应当折价补偿。有过错的一方应当赔偿对方由此所受到的损失"。在本案中，黄某作为转让方，主要因为黄某的原因造成转让合同无效或转让合同无法履行，那么黄某应当被认定为"有过错的一方"，杨某有权要求过错方黄某赔偿由此所受到的损失。

综上，无论案涉股份转让并代持协议、委托投资协议是否认定为合法有效，杨某都有权利向黄某主张违约责任。

（五）损害赔偿金额的计算

《民法典》第584条规定："当事人一方不履行合同义务或者履行合同义务不符合约定，造成对方损失的，损失赔偿额应当相当于因违约所造成的损失，包括合同履行后可以获得的利益；但是，不得超过违约一方订立合同时预见到或者应当预见到的因违约可能造成的损失。"杨某与黄某签订股权代持协议的目的就是预期通过案涉股份升值带来收益，而黄某对该协议目的应当有所预见。根据上述《民法典》的规定，杨某有权要求黄某承担违约责任，赔偿"合同履行后可以获得的利益"。

但需要注意的是，对于案涉协议无法履行或无效，杨某与黄某一样，也存在认识错误。根据《民法典》第592条第二款规定："当事人一方违约造成对方损失，对方对损失的发生有过错的，可以减少相应的损失赔偿额。"因此，杨某无法从黄某获得全额赔偿。如果司法裁判认定双方过错相当，则杨某只能获得50%赔偿。

2022年8月8日，杨某指示黄某在收到指示后5个交易日内以不低于7月27日的收盘价121.72元的价格将案涉股份全部抛售。如案涉股份按杨某指示抛售后，所得款项减去投资本金（80万元）后的差额的50%，即为杨某本次委托投资所可获得的投资收益。根据2022年8月9日起5个交易日MS公司股价的市场表现，杨某主张按照5日收盘价均价143.45元/股作为核算标准，黄某应当赔偿杨某投资可得利益损失为3 186 250元（143.45元/股×50 000股−800 000元）×50%（暂未扣减股票交易税费）。

上述损失计算方法也有类似案例可供参考。在王小勤与周毅合同纠纷议案［案号（2021）粤 01 民终 1904 号］一案中，广州中院认为："从一审法院查明的涉案股票在周毅指示交易期内的平均价格来看，均价约为 18.1 元 / 股。王小勤如按合同约定及接受的委托售卖指示正常履约，则以该高价出售涉案股票所得交易金额为周毅直接利益。王小勤因擅自处分且刻意隐瞒行为直接造成周毅该可得利益损失。一审法院综合考虑股票交易税费金额后酌情确定按 17.15 元 / 股的价格作为计算赔偿金额的单价并无不当，本院予以维持。"

在本案二审时，黄某补充提供自 MS 公司收集的证据，其中《MS 公司关于员工持股计划减持事项的通知》第一条规定员工股票减持频率系每季度为一个减持周期（且应当在每个季度初 1 月 / 4 月 / 7 月 / 10 月的前五日提交减持意向），公告周期内仅可提交一次减持意向。另提供 BP. Ltd. 出具给陈某的减持税费明细，说明案涉股票于 2022 年第四季度在机构的减持价格为 109.76 元 / 股，扣除所得税、增值税、印花税、交易费、转让费、专业服务费等相关费用后净得为 94.76 元 / 股，且该部分所得现存于美国，要汇入中国还必须缴纳相应 10%以上的税费。据此计算，黄某应当赔偿杨某投资可得利益损失为 1 732 100 元（［94.76 元 / 股 ×（1−10%）× 50 000 股 −800 000 元］× 50%）。

四、裁判结果

一审判决要旨：

本院归纳争议焦点如下：一、原告与黄某之间法律关系性质及其效力如何认定。二、黄某能否主张损害赔偿及其赔偿金额如何确定。

关于双方之间法律关系性质。

本案中，原黄某共签订了两份文件：《股份购买收据》及《股份代持协议》。杨某主张双方之间包含了股权转让与委托投资两层法律关系。而黄某主张双方之间成立无偿委托关系，即由杨某委托黄某购买 MS 公司股份。本院认为，从内容上来看，双方的意思表示包括两项：一是黄某将股权卖给杨某，二是杨某委托黄某代为持有并根据其指令进行投资操作。且上述两个法律行为存在先后逻辑关系，股权转让在前，委托代持在后，股权转让是委托代持的基础，若股权归属未基于转让协议发生变动，则委托代持协议自然无法履行。黄某主张双方间仅成立无偿委托关系与《股份购买收据》及《股份代持协议》中约定完全不符，黄某主张没有事实依据，本院不予采纳。

关于原黄某之间民事法律行为的效力。

1. 股权转让的效力。根据《股份购买收据》及《股份代持协议》相关表述，股权转让的标的为"黄某名下持有的 MS 公司 5 万股公司原始股"。根据 MS 公司回复，黄某不持有任何持股平台的股份，MS 公司亦从未向黄某分配过任何款项。即黄某名下不持有 MS 公司股份。案件审理过程中，原、黄某在庭审中均认为此处黄某名下持有的 MS 公司股份是指黄某基于夫妻关系亦享有配偶陈某间接持有的 MS 公司原始股。本院认为，股权是股东基于其股东身份和地位而在公司中享有的权利，包含资产收益权、参与重大决策权和选择管理者等，兼具财产属性和人身属性。本案系争原始股系 MS 公司作为发行人对其员工陈某提供的股权激励，具有明显的人身属性，不宜直接认定为夫妻共同财产。在此前提下，黄某直接以出让人身份转让案涉原始股系无权处分，该行为未经权利人陈某追认，并经 MS 公司内部程序变更登记，案涉股权转让协议无法履行。

2. 代持协议的效力。证券法等法律明确规定了信息披露义务，要求发行人必须股权清晰、股份不存在重大权属纠纷，原始股的持股情况属于应当披露的信息，根据相关监管规定，应当如实披露股份权属情况。故原则上禁止发行人的股份存在隐名代持。又根据《首次公开发行股票并上市管理办法》第十三条规定：发行人的股权清晰，控股股东和受控股股东、实际控制人支配的股东持有的发行人股份不存在重大的权属纠纷。因此，审查代持协议效力时，还应当考虑代持股份是否会对公众投资者产生影响，如代持股份数量及占股权总额的比例等。本案中，代持协议所涉原始股由海外持股平台代持，因此转让原始股不会影响上市公司对外公示的股权情况，而且案涉股权数量小，占股权总额比例低。故不会对公众投资者产生影响。综上，代持协议不因代持标的系上市公司原始股而无效。但鉴于杨某未取得案涉股权，代持协议实际无法履行。

关于争议焦点二。

本案中，杨某已经支付了案涉股权转让对价 80 万元。同时，根据案涉股份转让及相关代持协议约定：杨某自黄某处购得 MS 公司 5 万股原始股并委托黄某代持……在该股份处于二级市场可交易时，杨某若需要出售部分或全部股份时，黄某将积极配合，卖出时获得全部人民币现金应在 3 个工作日内转回杨某银行账户。2022 年 8 月 8 日，杨某微信联系黄某，明确提出希望黄某将代持的 5 万股 ZW 股票尽快出售，要求其安排从 2022 年 8 月 9 日起的 5 个交易日内将案涉股票以不低于 7 月 27 日收盘价 121.72 元的价格全部抛售（抛售价格以实际成交价格为准），并将抛售所得扣除 80 万元后立即付给杨某。然而黄某未能根据杨某指示处分案涉股份并支付价款。杨某有权主张违约损害赔偿。

　　就损失的计算方式，案涉股份转让及代持协议未作明确约定。杨某主张按照 2022 年 8 月 9 日起 5 个交易日股票均价 143.5 元 / 股计算投资收益核算赔偿金额。黄某主张按照全国银行间同业拆借中心公布的贷款市场报价利率 LPR 的合理倍数计算杨某的资金占用损失。双方争议的核心为杨某能否主张可得利益损失及可得利益的计算方式。根据 1999 年《中华人民共和国合同法》第一百一十三条第一款规定，当事人一方不履行合同义务或者履行合同义务不符合约定，造成对方损失的，损失赔偿额应当相当于因违约所造成的损失，包括合同履行后可以获得的利益，但不得超过违反合同方订立合同时预见到或者应当预见到的因违反合同可能造成的损失。鉴于案涉协议能否实际履行涉及诸多较为专业的法律问题，杨某及黄某基于对相关法律问题的错误认识签订案涉协议，不宜认定双方在签订案涉协议时便已预知协议自始无法履行，故杨某有权主张可得利益损失。就可得利益的计算，根据最高院《当前形势下审理民商事合同纠纷案件若干问题的指导意见》，人民法院在计算和认定可得利益损失时应当综合运用可预见规则、减损规则、损益相抵规则以及过失相抵规则等，从非违约方主张的可得利益损失总额中扣除违约方不可预见的损失、非违约方不当扩大的损失、非违约方因违约获得的利益、非违约方亦有过失所造成的损失以及必要的交易成本。结合本案实际情况，首先，黄某明知自己名下没有案涉股权却以自己名义向杨某出售，并在杨某要求支取投资收益时，向杨某返还转让款 80 万元，并备注"还款"。而根据杨某当庭陈述，其表示"当时（签约时）的想法更简单，即使黄某本人不持有股份，她也是家属持有，等于说整个家庭的共有财产……"，由此可见，杨某在基于案涉股份有可能系夫妻共同财产的认识下却未向案外人陈某确认便直接与黄某个人签订股权转让及代持协议，显然未尽基本的注意义务。综上，两人均对合同自始存在较大履行不能风险并最终无法履行存在过错。相较而言，黄某过错程度更大。其次，根据 MS 公司《首次公开发行股票并在科创板上市招股说明书》中的相关规定，出售股份的相关税费应由持股员工承担。据此，杨某即便依约取得案涉股权后得以出售获利，也应当承担相关交易成本。另根据 2022 年 8 月 9 日起 5 个交易日 MS 公司股价的市场表现，杨某主张按照 5 日收盘价均价 143.45 元 / 股作为核算标准尚属合理。综上，本院结合案涉交易性质，当事人过错大小以及交易成本负担等因素，酌定黄某应当赔偿杨某投资可得利益损失 3 186 250 元（143.45 元 / 股 ×50 000 股 −800 000 元）×50%。鉴于双方对案涉协议性质、效力及履行状态争议极大，本院对杨某相关逾期支付利息的诉请不予支持。

（一）裁判结果

上海金融法院作出一审判决：被告黄某应于判决生效后 10 日内支付原告杨某投资可得利益损失 3 186 250 元。

黄某不服一审判决，向上海市高级人民法院提出上诉。双方在法院主持下达成调解：由黄某向杨某支付款项 190 万元。

虽然本案二审以调解结案，且调解金额相比较一审有所降低（仍高于按 MS 公司员工持股计划减持后陈某所得的 50%），但最终确认下来的仍然是黄某需要向杨某赔偿可得利益损失。

（二）案例亮点

一审判决的下列几个观点颇有亮点。

观点一：代持协议所涉原始股由海外持股平台代持，因此转让原始股不会影响上市公司对外公示的股权情况，而且案涉股权数量小，占股权总额比例低，故不会对公众投资者产生影响，代持协议不因代持标的系上市公司原始股而无效。该观点是对十多年的司法实践通常做法的一次突破。

观点二：股权具有财产属性和人身属性，本案系争原始股系公司对其员工提供的股权激励，具有明显的人身属性，不宜直接认定为夫妻共同财产。

观点三：在不认定为夫妻共同财产的前提下，出让人转让案涉原始股系无权处分，该行为未经权利人追认，并经公司内部程序变更登记，案涉股权转让协议无法履行。

观点四：案涉股权转让协议无法履行，出让人构成违约，受让人有权主张违约损害赔偿。

观点五：在协议不能履行的过错认定上，交易双方均有过错，且出让人过错比例更高。（注：虽然判决出让人只需要支付50%给受让人，但出让人需要承担交易成本，因此受让人实际所得高于50%，出让人所得低于50%。）

另外，让本所律师意外的是，本所律师的代理意见几乎完全被一审裁判采纳，裁判结果与本所律师的预测完全相符。

某资产公司与 A 有限责任公司、B 股份有限公司、C 股份有限公司股东损害公司债权人利益责任纠纷案

——金融债权人恰当运用发起人连带责任追偿不良债权的案件

沈仁刚[*]　曾　颖^{**}

一、案情介绍

委托人某资产公司（一审原告、二审上诉人，以下简称"资产公司"）系以不良资产经营业务为核心业务的全国化的非银行金融机构的重庆分公司。

2000 年，A 有限责任公司（系未出资股东，以下简称"A 公司"）、B 股份有限公司（发起人股东，以下简称"B 公司"）、C 股份有限公司（发起人股东，以下简称"C 公司"）及成都某公司（以下简称"X 公司"）共同出资设立目标公司，A 公司以案涉土地评估作价 3 100 万元进行出资。2003 年，A 公司向目标公司转移其对某银行所负 5 740 万元债务，并由该银行、A 公司与目标公司签订三方《还款协议》，后因目标公司未按期偿还对银行的该笔债务而进入法院强

---

* 上海市锦天城律师事务所高级合伙人。

** 上海市锦天城律师事务所合伙人。

制执行。2003 年 9 月，二审法院（高院）认定目标公司无可供执行财产并裁定终本，未履行债务金额为 4 846.32 万元及其利息。2004 年，银行将该笔执行债权转让给资产公司。2005 年，目标公司因未进行年检被吊销营业执照。

2004 年 6 月，由 A 资产公司总部和某银行总行牵头，某资产公司各地办事处分别受让了银行各个分行的多笔不良债权，某资产公司（一审原告、二审上诉人，以下简称"资产公司"）受让了某银行重庆分行 20 余笔债权，其中包括案涉的某银行对 A 有限公司（系未出资股东，以下简称 B 公司）的债权。

2016 年，资产公司在进行旧案清查时，了解到 A 公司于 2001 年向土储中心申请将案涉出资土地进行拆分并变更证号，在实缴制背景下原本应当已经登记到目标公司名下的出资土地，此时登记的使用权人仍然是股东 A 公司，且该土地于 2012 年被依法收储。据此，资产公司怀疑 A 公司未将案涉土地实际交付目标公司用于出资，并聘请中介机构开展了调查，结合当时土地评估报告，中介机构认为当时的评估价格可能虚高，但始终未掌握确切的 A 公司未出资的证据。同时，基于 A 公司、X 公司已经没有履约能力，为实现债权清收的目标，资产公司最终确定了追究 B 公司、C 公司发起人责任的诉讼方案。

根据前述事实，资产公司向某中级人民法院提起诉讼，请求：1. A 公司就未履行出资义务的本金部分 3 100 万元及利息向资产公司支付赔偿金，B 公司、C 公司对 A 公司的责任承担连带清偿责任。2. 如果法院查明 A 公司已用土地实际出资，则请求 A 公司就虚假评估部分，承担出资不实的责任。

一审最终判令 A 公司就未履行出资义务的本金部分 3 100 万元及利息向资产公司支付赔偿金；但认为该案发生于 2005 年公司法及司法解释三实施前，不适用发起人对出资不实股东赔偿责任的连带责任，且发起人的前述责任应当适用诉讼时效，资产公司应当自执行终本时就知道 A 公司出资不实、自身权利受损，现已过诉讼时效，故判令驳回其对 B 公司、C 公司的诉讼请求，即：B 公司、C 公司作为发起人无需承担责任。

本律师团队接受资产公司的委托代理案件二审、再审、执行阶段的法律服务，即需要在二审实现改判 B 公司、C 公司作为发起人应对未出资股东 A 公司的出资义务承担连带责任，取得有利生效判决后需快速完成执行回款。

二、争议焦点

（1）本案事实发生于 2005 年公司法实施前，本案可否适用《最高人民法院关于适用〈中华人民共和国公司法〉若干问题的规定（三）》（以下简称《公司法司法解释（三）》）？

（2）B 公司、C 公司对于 A 公司未履行出资义务承担连带责任是否适用诉讼时效？如适用，是否已过诉讼时效？

三、法律分析

（1）明确发起人股东 B 公司、C 公司对于 A 公司未履行出资义务是否承担连带责任，可参照适用《最高人民法院关于适用〈中华人民共和国公司法〉若干问题的规定（三）》的规定。

第一，《公司法》（1999）与《公司法》（2005）对有限责任公司的股东"资本充实责任"规定并无任何变化，二者一脉相承，《公司法司法解释（三）》第十三条可参照适用。《公司法》（1999）第二十五条规定，"股东以实物、工业产权、非专利技术或者土地使用权出资的，应当依法办理其财产权的转移手续。股东不按照前款规定缴纳所认缴的出资，应当向已足额缴纳出资的股东承担违约责任"。《公司法》（1999）第二十八条规定，"有限责任公司成立后，发现作为出资的实物、工业产权、非专利技术、土地使用权的实际价额显著低于公司章程所定价额的，应当由交付该出资的股东补交其差额，公司设立时的其他股东对其承担连带责任"。《公司法》（2005）第二十八条规定，"股东以非货币财产出资的，应当依法办理其财产权的转移手续。股东不按照前款规定缴纳出资的，除应当向公司足额缴纳外，还应当向已按期足额缴纳出资的股东承担违约责任"。《公司法》（2005）第三十一条规定，"有限责任公司成立后，发现作为设立公司出资的非货币财产的实际价额显著低于公司章程所定价额的，应当由交付该出资的股东补足其差额；公司设立时的其他股东承担连带责任"。

对比《公司法》（1999）和《公司法》（2005）的上述条款，可知法条内容没有发生实质变化，《公司法》（1999）与《公司法》（2005）在法律条文以及所确定的"资本充实责任"是一脉相承的，并未加重任何股东的义务。最高人民法院出台司法解释，是对法律的解释和适用，并不具有"造法"的功能。《公司法司法解释（三）》第十三条第三款规定，"股东在公司设立时未履行或者未全面履行出资义务，依照本条第一款或者第二款提起诉讼的原告，请求公司的发起人与被告股东承担连带责任的，人民法院应予支持"，这是对《公司法》"资本充实责任"在司法实践中应当如何适用的进一步解释，是为了确立更具适用性的裁判规范，并非给其他股东创造了新的法律义务。而这一责任在《公司法》（1999）以及《公司法》（2005）中的规定是完全一致的。因此，《公司法司法解释（三）》第十三条的适用是贯穿《公司法》（1999）以及《公司法》（2005）始终的，《公司法司法解释（三）》第十三条第三款的规定，并不是创造法律规则，而只是将《公司法》（1999）第二十八条还是《公司法》（2005）第三十一条（包括关于股份有限公司规定的第九十四条）蕴含的法理予以规则显性化。本案应当适用《公司法司法解释（三）》第十三条的规定，也即在 A 公司未履行出资义务时，债权人有权追究公司设立时的其他股东的连带责任。

第二，相较于"实物出资不实"的情形，股东不出资的情形性质更加严重且更易发现，既然《公司法》（1999）要求其他股东对实物出资不实行为承担连带责任，那么对于更严重的不出资行为，其他股东也应承担连带责任，才符合"轻其所轻，重其所重"和"举轻以明重"的基本法理。《公司法》（1999）没有直接规定股东不出资时其他股东的连带责任，但在第二十八条规定了股东实物出资作价不实的其他股东的连带责任，而相较于实物出资不实，股东根本未出资是一个更为严重且更易发现的瑕疵出资行为。既然当时适用的法律已经对"瑕疵出资较轻"的股东实物出资不实时，其他股东承担连带责任作出要求。那么在"瑕疵出资较重"的股东未出资时，其他股东也应当承担连带责任，才符合"轻其所轻，重其所重""举轻以明重"的基本法理，并不存在加重了其他股东责任的情况。另外，对于《公司法》（1999）第二十八条是否包括未出资的情形，在最高人民法院公报案例（2008）民二终字第 79 号案件中认为："注册资本是公司最基本的资产，确定和维持公司一定数额的资本，对于奠定公司基本的债务清偿能力，保障债权人利益和交易安全具有重要价值。股东出资是公司资本确定、维持原则的基本要求。出资是公司股东最基本、最重要的义务，同时也是公司法规定的股东必须承担的法定义务。根据《中华人民共和国公司法》

第二十八条第一款、第三十一条的规定，股东应当按期足额缴纳公司章程中规定的各自所认缴的出资额。股东以非货币财产出资的，应当依法办理其财产权的转移手续。有限责任公司成立后，……股东不实出资的，公司现有资产不足以偿还债权人债务的，公司股东应在不实出资数额的范围内向债权人承担补充赔偿责任。"该公报案例判令实物未出资股东向债权人承担了补充赔偿责任，案例明确了该法条适用于实物未出资情形。

第三，从《公司法》的历史解释角度，只能得出《公司法》（1999）上的股东出资责任更重的结论，这意味着如适用《公司法》（1999），将对 B 公司、C 公司更为不利，在 2005 年我国《公司法》修订颁布时，此前《公司法》的历次修改、修订，实际上对公司资本实缴的要求在逐步放松，而本案的其他股东应当承担连带赔偿责任就是对公司"资本充盈"要求的体现。根据《公司法》（1999）第二十三条第一款"有限责任公司的注册资本为在公司登记机关登记的全体股东实缴的出资额"以及第二十七条第一款"股东的全部出资经法定的验资机构验资后，由全体股东指定的代表或者共同委托的代理人向公司登记机关申请设立登记，提交公司登记申请书、公司章程、验资证明等文件"，可以明确看出《公司法》（1999）要求公司的注册资本应当全部实缴完毕后，才能够进行设立登记，这是对公司"资本充盈"的最严格要求。而《公司法》（2005）第二十六条，已经将有限责任公司的注册资本登记改为认缴出资额，反而降低了要求。按照一审判决的逻辑，若《公司法》（2005）施行后才应当要求其他股东对股东的出资不实承担连带赔偿责任，那么在对"资本充盈"要求更高的《公司法》（1999）的适用期间内，则更应当要求其他股东承担连带赔偿责任，才不会违反立法本意以及法律的历史解释逻辑。因此，从公司法立法的历史解释角度出发，在适用《公司法》（1999）的情况下，股东未实际出资的，公司设立时的其他股东更应当承担连带责任。

第四，适用我国公认的"补缺适用"规则，在旧法无规定的情形之下，可以参照适用现行法律及其司法解释的新规定，也能够得出本案其他股东应当承担连带责任的结论。《最高人民法院关于适用〈中华人民共和国公司法〉若干问题的规定（一）》（以下简称《公司法司法解释（一）》）第二条规定："因公司法实施前有关民事行为或者事件发生纠纷起诉到人民法院的，如当时的法律法规和司法解释没有明确规定时，可参照适用公司法的有关规定。"在本案发生时，当时施行的《公司法》（1999）没有出台相应的司法解释，法条中并未直接规定若股东未履行出资义务，其他股东应当承担连带责任，其后的《公司法》（2005）中也没有直接规定。但后续出台的《公司法司法解释（三）》第十三条对这一义务进行了明确的阐释，这也是对《公司法》在实践中应当如何具体运用进行了确定。因此，在原法条没有直接规定，但新的司法解释中有了明确阐释的，可以参照适用新的规定。对于"可以参照适用"，应当理解为赋予了法官裁量的权利，但该权利也应当受到限制，并非可以任意选择。在没有明显减损当事人合法权益、增加当事人法定义务或者背离当事人合理预期的情形下就应当适用。在本案中，从《公司法》（1999）到《公司法》（2005）对于股东"资本充实责任"的规定是一脉相承的，不存在加重其他股东义务的情况，《公司法司法解释（三）》的第十三条是对上述法律的解释，应当适用。

第五，公司设立时股东对其他股东出资责任的连带责任是一种法定责任，一审法院将其认定为股东的权利并非责任、义务，认为本案适用《公司法解释（三）》违反了当事人对法律的合理和正当的信赖利益，违反法律公平正义的理由不能成立，系适用法律错误。其一，一审法院认定股东之间的监督责任系权利，系对公司法理论及规定的错误解读。根据公司法的资本充实原则以及1999年《公司法》第二十五条之规定，公司发起人对公司负有"资本充实责任"，公司全体发起人中的任何一者对资本不足的事实均负担全部充实责任。公司法要求股东之间对未履行的出资义务承担连带责任，是为了让股东们互相监督，防止股东们沆瀣一气、相互掩护，侵害公司及债权人的利益。以公司法法理逻辑和作为公司法构建基石之一的资本充实责任为出发点和落脚点，对成立时的股东对股东出资义务承担连带责任的要求一直都有，从未变化。其二，从公司法立法的历史解释角度出发，在适用《公司法》（1999）的情况下，股东未实际出资的，公司设立时的其他股东更应当承担连带责任。我国《公司法》的历次修改、修订实际上逐步放宽了对公司资本实缴的要求，而本案的其他股东应当承担的连带赔偿责任即对公司"资本充盈"要求的体现。根据《公司法》（1999）第二十三条第一款、第二十七条第一款等规定，能明确看出《公司法》（1999）要求公司的注册资本应当全部实缴完毕后，才能够进行设立登记，这是对公司

"资本充盈"的最严格要求。而《公司法》（2005）第二十六条，已经将有限责任公司的注册资本登记改为认缴出资额，反而降低了要求。按照一审判决的逻辑，若《公司法》（2005）施行后才应当要求其他股东对股东的出资不实承担连带赔偿责任，那么在对"资本充盈"要求更高的《公司法》（1999）的适用期间内则更应当要求其他股东承担连带赔偿责任，才不会违反立法本意以及法律的历史解释逻辑。

（2）B公司、C公司对于A公司未履行出资义务承担连带责任，不适用诉讼时效。

根据《公司法司法解释（三）》第十九条第二款规定，"公司债权人的债权未过诉讼时效期间，其依照本规定第十三条第二款、第十四条第二款的规定请求未履行或者未全面履行出资义务或者抽逃出资的股东承担赔偿责任，被告股东以出资义务或者返还出资义务超过诉讼时效期间为由进行抗辩的，人民法院不予支持"以及《最高人民法院关于审理民事案件适用诉讼时效制度若干问题的解释》（2008年制定，2020年12月底随《民法典》实施再次修正）第一条"当事人可以对债权请求权提出诉讼时效抗辩，但对下列债权请求权提出诉讼时效抗辩的，人民法院不予支持：（三）基于投资关系产生的缴付出资请求权"之规定，资产公司对A公司的诉讼是对股东履行出资义务的请求，系基于投资关系产生的缴付出资请求权，不适用诉讼时效，而对于B公司、C公司对A公司责任的连带责任，是与本债（A公司的责任）同一个性质的债，并非新产生的其他性质的债，也是基于投资关系产生的缴付出资请求权，当然也不应适用诉讼时效。如果适用，将导致"资本充实原则"与"资本充实责任"的原则与制度遭到虚化与落空，根本上违背了公司法对"资本充实责任"的要求。

（3）另外我们提出，即便适用诉讼时效，从事实层面而言，一审法院认为资产公司知道目标公司没有清偿能力，即为知道A公司未实物出资，据此起算诉讼时效，也是认定错误。该认定混淆了"债务人无清偿能力"与"债务人股东没有出资"的概念，与事实不符，损害了债权人基于实缴注册资本制度下的信赖利益，该认定对资产公司极为不公平。

第一，本案发生时公司法采用的是公司资本实缴制，即公司设立时股东的注册资本金应当实际缴纳到位。资产公司作为债权人，基于对公司资本实缴制度的信赖利益，当然可以相信 A 公司土地出资已经到位。对于高院执行终本、目标公司无可供执行财产，造成该事实的原因既可能是土地出资后被流转，也可能是其他诸多原因。基于资产公司对当时的公司法公司资本实缴制度的合理信赖利益，资产公司并不必然能知道，更不应当有义务据此怀疑在实缴制背景下，A 公司在目标公司成立十几年后，至今没有出资。

第二，资产公司知道自己的权利被 A 公司侵害，应当建立在资产公司同时知道或应当知道目标公司不能清偿到期债务和 A 公司作为股东没有履行出资义务两个事件基础上。终结本次执行和目标公司被吊销的事实，仅能认定资产公司知晓目标公司不能清偿到期债务这一个事件，不能当然认定资产公司知道或应当知道 A 公司土地未出资的事实。

第三，资产公司二审举示的证据显示，2016 年 8 月、2017 年，资产公司委托律所分别开展尽职调查，其中一家律所怀疑 A 公司可能抽逃出资或出资不实，另一家律所并未发现 A 公司有出资瑕疵等问题。一审法院在资产公司未能掌握资料的情况下，要求资产公司确定知晓 A 公司土地未出资情形，显然极不公平地加重了资产公司的义务与责任。值得注意的是，对土地是否出资的问题，B 公司作为目标公司的股东，都尚且不知道 A 公司未出资的事实，在一审中仍然坚持认为 A 公司已经出资完毕，而一审法院却苛责债权人应当在执行终本时就知道 A 公司没有出资，显然对资产公司是极其不公平的。

四、裁判结果

一审法院认为：

由于 A 公司对目标公司的出资义务以及对资产公司的赔偿义务发生在《公司法》（2005）及其配套司法解释施行前，《公司法》（2005）及其配套司法解释关于有限责任公司成立时其他股东对未履行出资义务股东的债务承担连带责任的规定，如果适用于本案中的 B 公司、C 公司，则明显有违法律正义与公平。因为按通常理解，如果法律没有明确将之作为义务苛责于其他股东，监督未履行出资义务的股东及时全面履行出资义务是其他股东的权利。由于《公司法》（1999）没有规定有限责任公司成立时的其他股东对不履行出资义务的股东负有监督义务，以及对公司或其债权人负有其他法律义务，B 公司、C 公司则对当时的法律制度存在合理、正当的信赖利益。即 B 公司、C 公司相信其并不负有督促 A 公司履行出资义务的法律义务，其不督促 A 公司也不需要负担相应的法律后果。同时，基于当时公司法的规定，资产公司亦没有因为 B 公司、C 公司未及时督促 A 公司履行义务而对 B 公司、C 公司产生合理、正当的信赖利益。因此，B 公司、C 公司的责任认定问题，不应适用《公司法》（2005）及其配套司法解释的规定。

二审法院认为：

《公司法》（1999）第二十八条规定："有限责任公司成立后，发现作为出资的实物、工业产权、非专利技术、土地使用权的实际价额显著低于公司章程所定价额的，应当由交付该出资的股东补交其差额，公司设立时的其他股东对其承担连带责任。"该条明确规定发起人出资的非货币财产的实际价额显著低于公司章程所定价额时，公司设立时的其他股东应当承担差额填补责任。但对发起人未依法办理财产权转移手续时，其他发起人应承担的责任没有明确规定。《公司法司法解释（一）》第二条规定：因公司法实施前有关民事行为或者事件发生纠纷起诉到人民法院的，如当时的法律法规和司法解释没有明确规定时，可参照适用公司法的有关规定。《公司法司法解释（三）》第十三条第三款规定，股东在公司设立时未履行或者未全面履行出资义务，依照本条第一款或者第二款提起诉讼的原告，请求公司的发起人与被告股东承担连带责任的，人民法院应予支持；公司的发起人承担责任后，可以向被告股东追偿。本案情形符合《公司法司法解释（三）》第十三条第三款规定情形，可以参照适用。B 公司、C 公司、A 公司同为目标公司的发起人，A 公司未履行出资义务，B 公司、C 公司应承担连带责任。资产公司对 A 公司及 B 公司、C 公司所提诉讼请求的性质是相同的，都属于缴付出资请求权，根据《诉讼时效司法解释》第一条的规定，基于投资关系产生的缴付出资请求权不受诉讼时效的限制，故 B 公司、C 公司不享有诉讼时效抗辩权。

再审法院认为：

事实上，本案仅涉及一个法律适用问题，即原审参照适用《最高人民法院关于适用〈中华人民共和国公司法〉若干问题的规定（三）》第十三条第三款判决 B 公司、C 公司承担连带责任，是否不妥。对于该问题，本院认为，《公司法》(1999 修正)第二十八条规定了发起人出资的非货币财产的实际价额低于公司章程时,其他股东应当承担差额填补责任。本案 A 公司实际未出资,较之前述二十八条规定的"低价高估"情形,更为严重。原审依照举轻以明重之基本法理,判定 B 公司、C 公司对此承担连带责任,并无不妥。B 公司、C 公司作为商事主体,在"实缴制"背景下,清楚知道当时的公司法已经要求其他股东对前诉瑕疵出资不实行为都要承担连带责任的情形下,对于其他股东"完全未出资"时,更应谨慎,且应当具备预期能力。因此,原审作出前述认定,未显失公平。

(一)裁判结果

第一,A 公司在判决生效之日起十日内向对资产公司支付赔偿金 3 100 万元并赔偿利息损失。

第二,B 公司、C 公司就前述第一项 A 公司的债务承担连带清偿责任。

(二)执行结果

取得对资产公司有利的生效判决后,律师团队高效快速针对 B 公司、C 公司开展执行,实现判决书判项的全额执行回款。

(三)案例亮点

本案提出了两个核心关键点:一是 2005 年公司法及司法解释三关于发起人连带责任的规定,实际源自 1998 年公司法的第 28 条,一脉相承;二是发起人对出资不实股东的补充赔偿责任承担连带责任,不适应诉讼时效。关于发起人连带责任的适用问题,实践中存在大量不同的认识,诉讼中双方也举示出了大量持相反观点的、具有对抗性的案例,可见实践中对此问题是存在较大争议的,本案为类案的代理提供良好的实务经验和思路,具有一定的创新性和指导价值。

本案提出了预备性诉讼请求的诉讼思路,并在案件中通过申请调查令的方式查明了诸多无法自行调查获取的重大事实,为疑难案件的事实查明、实现客户诉讼目的提供了借鉴意义。

本案论证法律适用问题的逻辑是对底层法理进行解释和对立法背景溯源,

充分体现了理论结合实践的重要意义，而新公司法第 50 条将公司设立时股东的资本充实责任以立法形式予以了明确，也进一步验证底层法理对于释法、司法适用的重要意义。

本案涉及知名资产公司、上市公司，影响大，多家媒体对本案进行相关报道，社会关注度高，本案也入选了地区优秀案例。

乃某、朱某与刘某公司设立纠纷案

——逆转法律关系的认定追回投资款

彭胜锋* 汪 甜**

一、案情介绍

乃某系佛山市某金属材料有限公司（以下简称"金属材料公司"）的股东，朱某、刘某是新材料公司的股东。金属材料公司与新材料公司长期存在委托加工合作关系。新材料公司因债务问题处于停产状态。乃某、朱某与刘某决定投资设立新公司，承接新材料公司的设备机器等，共同经营不锈钢项目。

2021 年 3 月 31 日，乃某、朱某与刘某三人签订《合作协议书》。协议约定三方共同成立新公司经营高端精密极薄不锈钢板项目，股权比例分别为：33%、34%、33%。新公司拟通过租赁福建某不锈钢有限公司（下称"不锈钢公司"）的机器设备的方式进行经营。新公司承担刘某向案外人林某、凯某公司的借款及利息 450 万元，由各股东分别承担 150 万元。另外，截至 2021 年 3 月 31 日，新材料公司经营期间所有欠款由刘某承担，乃某、朱某同意为刘某分别垫付 72.5 万元用于支付新材料公司电费、人工费、液氨费等费用，帮助其恢复生产

---

* 上海市锦天城律师事务所高级合伙人。
** 上海市锦天城律师事务所律师。

经营。刘某从新公司的分红中偿还乃某、朱某上述款项。《合作协议书》还就新公司成立后，各股东的分工等事项进行了约定。

《合作协议书》签订后，乃某根据约定向案外人林某转账支付150万元，向新材料公司支付150万元。刘某、朱某未出资。新材料公司收到乃某款项后，于2021年3月31日恢复了生产。乃某参与了新材料公司的经营。乃某、朱某与刘某一直未办理公司注册登记。

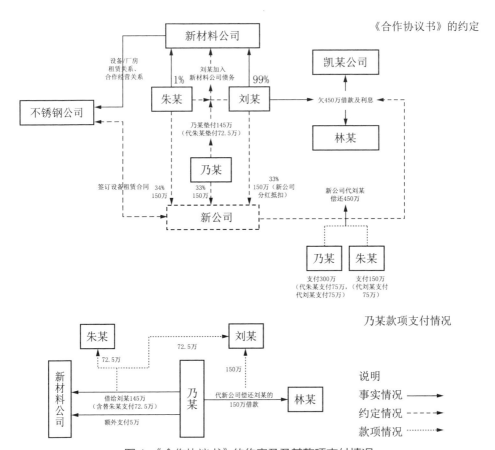

图1 《合作协议书》的约定及乃某款项支付情况

2021年11月，乃某委托其他律师提起诉讼，请求撤销《合作协议书》，由朱某、刘某、新材料公司连带返还已支付的款项及利息。2022年5月，乃某变更委托本团队代理本案。本团队接受委托后，变更诉讼请求为解除《合作协议书》，由刘某偿还乃某为其代为偿还的借款等费用合计222.5万元；由朱某偿还乃某为其垫付的 72.5 万元，并对刘某承担的 222.5 万元中的 51 万元部分，承担连带清偿责任。

乃某认为，《合作协议书》的合同目的是共同出资成立新公司，经营高端精密极薄不锈钢板项目。上述三方成立新公司，除了签订《合作协议书》，还需签署章程，办理公司注册登记。至今，上述三方未就新公司的注册资本、股东会、董事会、监事会、经理的职权，董事会、监事会成员、法定代表人由谁担任等事项协商一致。上述三方从 2021 年 8 月起，产生分歧和矛盾。尤其是乃某于 2021 年 11 月提起本案诉讼后，朱某提起反诉主张解除《合作协议书》，上述三方的矛盾已不可调和，完全丧失了信任基础。有限责任公司具有"人合性"特点，上述三方已无合作可能，无法协商确定章程内容、签署章程，无法完成新公司的注册，《合作协议书》事实上无法履行，上述三方的合同目的无法实现。合同解除后，刘某、朱某应按照诉讼请求向乃某返还已付款共计 295 万。

朱某、刘某同意解除《合作协议书》，并认为，三方合伙体借用了新材料公司的名义对外生产经营，乃某对于三方合作体的经营等事项进行了实际管理和控制，三方构成合伙关系。

朱某在一审中申请对三方合伙体从 2021 年 3 月 31 日至 2021 年 10 月期间的盈亏情况进行审计鉴定，鉴定结论显示三方合伙体从 2021 年 3 月 31 日至 2021 年 10 月期间经营亏损 2 195 469.46 元，2021 年 11 月至 2022 年 8 月又亏损了 300 万元，后续每月还应向第三方支付租金 30 万元。乃某应承担合伙体经营期间的亏损。

一审法院将案件定性为合伙纠纷，采信鉴定报告意见，认为乃某在三方合伙体存在亏损的情况下要求刘某、朱某退还 150 万元无法律依据，判决由刘某、朱某分别向乃某偿还代垫付费用 75 万元。乃某就案件性质为公司设立纠纷，三方未借用新材料公司名义经营，没有实际合伙等为理由提出上诉，最终获得二审法院支持，逆转一审法院对案件的定性，实现乃某的诉讼利益。

二、争议焦点

（1）本案法律关系的性质。

（2）《合作协议书》能否解除。

（3）如《合作协议书》解除，刘某应承担的款项金额及利息如何计算；朱某应否向乃某偿还款项及利息；朱某应否按股权比例对 51 万元及利息承担连带责任。

三、法律分析

（1）本案案由应为公司设立纠纷，不是合伙合同纠纷。

审理案件首先应查明案件涉及的法律关系，确定案由，并围绕法律关系进行审理。本案应为公司设立纠纷，不是合伙合同纠纷。

根据《合作协议书》约定的内容，《合作协议书》不是合伙合同，乃某、朱某、刘某的合同目的是成立新公司，案涉争议与公司设立有关。

《合作协议书》约定，乃某、朱某、刘某共同成立新公司，经营高端精密极薄不锈钢板项目，各自的股权比例分别为 33%、34%、33%。上述协议还就新公司承担刘某向林某、凯某公司等借款本息、刘某从新公司的分红中偿还债务等进行了约定。从上述协议的约定来看，上述各方的合同目的是共同成立新公司经营不锈钢板项目，上述各方并无合伙经营的意思表示。

本案诉争标的额 295 万元，系乃某按照《合作协议书》的约定，于新公司成立前向案外人支付的款项，与合伙无关。

乃某按照《合作协议书》的约定，向案外人林某、新材料公司支付款项合计 295 万元。因新公司客观上无法设立，《合作协议书》无法履行，乃某主张解除《合作协议书》，请求由刘某、朱某返还款项、承担损失，本案处理的是《合作协议书》解除后，基于《合作协议书》所发生的款项返还及损失赔偿问题。《合作协议书》约定的是设立公司的协议，并不是合伙合同，乃某的诉讼请求与公司设立相关，与合伙无关。

新材料公司收到乃某为刘某垫付的 145 万元后，恢复了生产经营，并非上述各方借用新材料公司的名义经营。

根据《合作协议书》约定，乃某、朱某同意垫付 145 万元解决刘某所欠的电费、人工费、液氨费。乃竹阳向新材料公司支付了 145 万元后（包含代朱某支付 72.5 万元），新材料公司恢复了生产经营。

朱某提供的证据《新材料公司银行存款日记账》，上述账目记载的是新材料公司收入、支出账，包括加工费由新材料公司收取；人员由新材料公司招聘、管理、支付工资；厂房、设备由新材料公司向第三方承租，向第三方支付租金；电费等由新材料公司支付，证明系新材料公司在生产经营，并非上述各方借用新材料公司名义进行了合伙。

朱某称三方借用新材料公司的名义进行经营，缺乏依据。

首先，上述三方如借用新材料公司的名义经营，则应当由三方投入资金、招聘人员、承租厂房、设备。然而，除了乃某按照《合作协议书》的约定为刘某向第三方偿还了相关债务295万元外，上述各方没有投入任何资金，没有招聘人员，没有承租厂房、设备，无法借用新材料公司的名义进行合伙经营。

其次，乃某经营的金属材料公司与新材料公司存在委托加工合同关系，朱某、刘某是新材料公司的股东。为提高新材料公司的不锈钢加工质量，乃某给新材料公司提出管理建议、人员撤换等建议有其合理性。朱某提供的乃某参与新材料公司相应经营管理的微信聊天记录不能推导出上述各方借用了新材料公司名义进行了合伙，其没有证据证明进行了合伙经营，产生合伙收入，支出了合伙成本。

再次，判断上述各方与新材料公司是否构成借用新材料公司名义经营的法律关系，朱某、刘某须提供证据证明上述各方与新材料公司之间作出了借用新材料公司名义经营的意思表示，包含支出成本由上述各方承担，收入归上述各方所有，各方如何结算等内容，并达成一致意见。然而，乃某与朱某的聊天记录并不能推导出上述各方借用了新材料公司名义进行了合伙经营。

上述各方并未借用新材料公司的名义进行经营，亦没有实际合伙经营，本案案由不应为合伙合同纠纷，应为公司设立纠纷。

（2）朱某主张的"合伙"与本案的公司设立纠纷之间相互独立。公司设立与合伙属于两个不同的法律关系，不应在一个案件里进行审理，即使存在合伙，应由朱某另案起诉。

朱某主张的"合伙"与《合作协议书》约定的公司设立纠纷相互独立，即使存在合伙事实，合伙关系属于另外一个法律关系，应另案处理。

《合作协议书》约定上述各方成立新公司，基于成立新公司的相关安排，乃某按《合作协议书》的约定支付案涉295万元的款项。乃某基于《合作协议书》

的约定，主张返还款项及由朱某、刘某承担损失，均属于本案作为公司设立纠纷案件的审理范围。

至于朱某提到的上述各方"合伙体"有实际经营，与《合作协议书》约定的成立公司无关（《合作协议书》并没有约定新公司成立前，上述各方进行合伙经营），属于另外一个法律关系，具有相对独立性。《民事案件案由规定》（2020修订）将公司设立纠纷、合伙合同纠纷分别分类于不同的一级案由，正是基于其法律关系不同。即使上述各方存在合伙经营的事实，也应另案处理，本案仅审理《合作协议书》约定的公司设立纠纷。

朱某、刘某没有主张进行合伙清算，根据"不告不理"的原则，是否存在合伙、合伙清算不应是本案审理的范围。

朱某虽然主张上述各方的合伙体进行了实际经营，并通过反诉方式提出由乃某承担合作期间的款项，但法院并未受理其反诉。在本诉中，朱某在答辩时仅对乃某的诉讼请求进行抗辩，没有主张对"合伙期间"的经营进行清算。根据"不告不理"的原则，本案不应处理所谓的合伙纠纷。

上述各方即使借用了新材料公司名义进行了合伙经营，因涉及新材料公司的利益，新材料公司没有参与本案诉讼，应另案处理与新材料公司的结算问题后，才能处理上述各方的内部合伙清算问题。

即使如朱某所述上述各方借用了新材料公司的名义进行合伙经营，则上述各方与新材料公司存在内部合作关系，同时新材料公司与不锈钢公司存在厂房、设备租赁关系，与供电部门存在供用电关系，与委托方存在委托加工关系等外部法律关系。就对外关系而言，新材料公司获得加工费收入，须承担员工工资、厂房、设备租金，电费，加工费增值税、企业所得税等成本。就对内合作关系而言，上述各方与新材料公司应进行内部结算后，才能处理上述各方所谓的内部合伙清算。

然而，上述各方与案外人新材料公司的结算问题，因新材料公司没有参与本案诉讼，须另案处理。上述各方与新材料公司的结算问题没有处理完成前，本案无法处理上述各方的合伙清算问题。

（3）上述三方没有合伙，新材料公司于 2021 年 4 月开始恢复生产，系其自主经营行为，与上述三方无关。如果认定"三方合伙体"存在亏损，由上述三方承担亏损，与上述三方的真实意思不符，且动摇了有限责任公司股东在出资范围内承担责任的基石。

上述三方没有进行合伙，仅仅新材料公司恢复生产经营。

第一，上述三方没有合伙的共同意思表示，没有达成合伙协议。

上述三方如果进行合伙经营，必须就合伙的投入金额、各自的合伙比例、盈亏承担比例、各自的分工、合伙事务的决策、退伙及合伙份额的转让、合伙清算、合伙经营的方式（例如与新材料公司合作经营或承包等）进行讨论并达成一致意见。然而，上述三方签订的《合作协议书》仅就三方经营不锈钢板项目成立新公司进行了约定，并没有约定在新公司成立前先合伙经营（例如，上述三方与第三方通过签订承包或合作经营协议的方式）的意思表示。《合作协议书》签订后，上述三方没有任何关于合伙投入、合伙比例、盈亏承担、分工、合伙事务决策等方面的任何讨论，没有签订任何协议。

第二，上述三方没有就合伙投入任何资金，没有合伙行为。

如果上述三方存在事实上的合伙，上述三方应当进行合伙资金的投入，应当有合伙经营的场所、设备、人员。即使如朱某所言，系借用新材料公司的名义进行经营，上述三方应与新材料公司签订合作协议，就合作期间双方的权利和义务，如人员的招聘、水电费、厂房和设备租金的支付、双方的结算等达成具体的意思表示。然而，上述三方未与新材料公司达成任何合作协议。

如果存在朱某所述上述三方系借用新材料公司的名义进行合伙经营，上述三方除了应与新材料公司签订合作协议外，还须由上述三方对外负责经营，招聘相关人员、与不锈钢公司签订厂房、设备租赁合同。

第三，新材料公司于2021年4月开始恢复生产，系其自主经营行为，与上述三方无关。

朱某提交的《新材料公司银行存款日记表》及新材料公司财务资料等证据能够证明是新材料公司的生产经营行为，在一个场所、使用相同的设备、员工由新材料公司聘请的情况下，不可能同时既存在新材料公司恢复生产经营，又存在上述三方合伙经营的情形，故不存在上述三方合伙的事实。新材料公司作为独立经营主体，其延续原来的合作经营协议，在2022年4月恢复生产后的员工仍然系其原来的员工、水电费由其自有资金支付，在没有相反证据证明的情况下，新材料公司的恢复生产系其自主经营行为，并非三方借用新材料公司进行经营的合伙行为。

如果认定"三方合伙体"存在亏损，由上述三方承担亏损，与上述三方的真实意思不符，且动摇了有限责任公司股东在出资范围内承担责任的基石。

首先，上述三方在《合作协议书》中约定成立新公司经营案涉项目。成立新公司意味着上述三方作为股东以出资为限对公司债务承担责任，上述三方的真实意思表示是个人对经营体的债务不承担责任。上述三方根本就没有以个人合伙承担无限责任的方式进行合作。朱某主张承担"三方合伙体"的亏损，与上述三方拟通过成立有限责任公司经营，不承担无限责任的真实意思不符。

其次，朱某主张上述三方借用新材料公司名义经营，其主张如果成立，则涉及两层法律关系，一层法律关系是上述三方的内部合伙关系，一层法律关系是上述三方与新材料公司的外部合作关系。确定内部合伙关系盈亏的前提是需要厘清上述三方与新材料公司的外部债权债务。在与新材料公司的债权债务没有理清前，朱某直接将新材料公司的财务账当作"三方合伙体"的财务账，明显错误。只有在新材料公司与"三方合伙体"进行结算后，才能确定"三方合伙体"的盈亏。在新材料公司没有参与诉讼的情况下，"三方合伙体"与新材料公司之间的债权债务不应在本案认定。

此外，新材料公司对外的债务，朱某、刘某作为股东仅以出资为限承担责任，也就是说朱某、刘某不需承担新材料公司的亏损。朱某提交的2022年7月31日的资产负债表记载的亏损约520万元。其主张如果属实，法院如果认定上述款项是上述三方的合伙亏损，则会出现乃某承担亏损，亏损在新材料公司名下，而朱某、刘某作为股东未承担亏损的情况，朱某、刘某还因此获得了乃某承担亏损的利益！

（4）一审法院委托鉴定，采信《审计鉴定报告》，进而将鉴定结论相关内容作为事实认定错误。

一审法院未对朱某提交的鉴定材料真实性进行审查判断，提交鉴定错误。

一审法院在组织各方对鉴定材料进行质证时，朱某没有出示原件，乃某没有对材料的真实性发表意见。一审法院将没有核对原件的财务资料提交鉴定错误。

朱某将新材料公司的原始凭证冒充为"三方合伙体"的财务凭证，缺乏关联性。

朱某伪造了新材料公司与不锈钢公司的租赁合同，乃某申请对租赁合同上印章的形成时间进行鉴定，一审判决未予处理，提交鉴定错误。

《审计鉴定报告》的形式、内容不符合要求。《审计鉴定报告》没有分析意见，鉴定结论依据不足。鉴定机构还超委托范围鉴定，鉴定结论存在多处明显错误。

《最高人民法院关于民事诉讼证据的若干规定》(2019 修订)(下称《证据规定》)第三十六条规定，人民法院对鉴定人出具的鉴定书，应当审查是否具备委托法院的名称，委托鉴定的内容、要求，鉴定材料，鉴定所依据的原理、方法，对鉴定过程的说明，鉴定意见，承诺书。《审计鉴定报告》没有包含"鉴定所依据的原理、方法，对鉴定过程的说明"等关键内容，没有分析论证过程，鉴定结论缺乏依据。一审法院委托鉴定机构对"三方合伙体从 2021 年 3 月 31 日至 2021 年 10 月期间的盈亏情况进行审计鉴定"，鉴定机构超出上述鉴定范围，还鉴定了"三方合伙体" 2021 年 11 月至 2022 年 8 月的亏损额，明显错误。此外，鉴定机构仅仅照抄朱某提供的数据，未核实原始材料的真实性即作为鉴定依据，没有履行鉴定职责，《审计鉴定报告》错漏百出，不应采信。

（5）上述三方已无信任基础，《合作协议书》事实上无法履行，应当解除。

上述三方签订《合作协议书》的合同目的是共同出资成立新公司，经营高端精密极薄不锈钢板项目。上述三方成立新公司，除了签订上述《合作协议书》，还需签署章程，办理公司注册登记。至今，上述三方未就新公司的注册资本、股东会、董事会、监事会、经理的职权，董事会、监事会成员、法定代表人由谁担任等事项协商一致。上述三方从 2021 年 8 月起，产生分歧和矛盾。尤其是乃某于 2021 年 11 月提起本案诉讼后，朱某提起反诉主张解除《合作协议书》，上述三方矛盾已不可调和，完全丧失了信任基础。有限责任公司具有"人合性"特点，上述三方已无合作可能，无法协商确定章程内容、签署章程，无法完成新公司的注册，《合作协议书》事实上无法履行，上述三方的合同目的无法实现。《民法典》第五百八十条第一款第（一）项、第二款规定，法律上或者事实上不能履行，致使不能实现合同目的的，人民法院可以根据当事人的请求终止合同权利义务关系。根据上述规定,《合作协议书》应当解除。

另,《民法典》第五百六十三条第一款第（二）项规定,在履行期限届满前,当事人一方明确表示或者以自己的行为表明不履行主要债务的,当事人可以解除合同。朱某通过反诉方式主张解除《合同协议书》,以其行为明确不履行《合作协议书》。依据上述规定,乃某有权解除《合作协议书》。

（6）《合作协议书》解除后,刘某应偿还乃某 222.5 万元,朱某应偿还乃某 72.5 万元,并对刘某偿还的 222.5 万元中的 51 万元及其利息损失承担连带责任。

《合作协议书》约定,刘某所欠案外人林某、凯某公司的借款及利息 450 万元,由新公司承担。在新公司成立前由上述三方分别代新公司承担 150 万元。乃某按照上述约定代刘某向林某偿还借款 150 万元,《合作协议书》终止后,即转化为刘某拖欠乃某上述款项,刘某应予返还。乃某向新材料公司支付的 145 万元,系乃某、朱某代刘某偿还的债务。乃某为刘某偿还了 72.5 万元债务,因新公司无法成立,《合作协议书》约定刘某通过新公司的分红偿还乃某上述款项无法实现,《合作协议书》解除后,刘某应偿还乃某上述款项;同时,前述 145 万元中剩余 72.5 万元,应由朱某支付,由乃某垫付。乃某为朱某垫付的 72.5 万元,朱某应在 2021 年 12 月 31 日前偿还给乃某。

《合作协议书》终止后,新公司成立前的损失应由上述三方按照股权比例进行分担。朱某持股 34%,应就刘某偿还的 222.5 万元中的 51 万元承担连带清偿责任。

四、裁判结果

一审法院认为:

《合作协议书》系三方真实意思表示,不违反法律行政法规的强制性规定,合法有效。从《合作协议书》内容及实际履行情况看,三方当事人均没有为设立公司而签署公司章程,也没有向公司认购出资或股份并履行公司设立职责,三方当事人均不足以认定为新公司的发起人。在新公司未能成立但合作协议书又有部分履行的情形下,三方当事人内部依该合作协议书所形成的法律关系性质应认定为合伙合同关系。根据《合作协议书》的约定,乃某转账给林某的 150 万元,以取得新公司占股 33% 的权利,在新公司未能成立情况下,该 150 万元应认定为其向三方合伙体的出资，已属于合伙体资产。根据鉴定结论意见，合伙体出现亏损。因此，乃某主张合伙体未存在及未实际经营的情况下要求讨回该150万元，证据不足，缺乏法律依据，不予支持。三方合伙体盈亏负担问题，可另行依法处理。乃某向新材料公司支付的累计150万元，系代刘某、朱某垫付，因此刘某、朱某应向乃某各返还75万元。

二审法院认为：

朱某提交的证据不足以证明三方有借用新材料公司名义进行合伙经营的共同意思表示，以及三方未就合伙出资、合伙比例、合伙盈亏及与新材料公司就承接其设施、员工、结算等进行约定，仅依据《合作协议书》不能认定三方内部为合伙合同关系。根据《合作协议书》第一条、第二条等内容来看，其实质是对新公司的股权比例、三方股东的分工等与设立新公司有关的内容进行约定。故本案应认定为公司设立纠纷。最终，法院未采信一审审计鉴定结论，撤销一审判决，判决刘某向乃某返还150万元；乃某向新材料公司支付的145万元部分，分别由刘某、朱某各承担72.5万元。

（一）裁判结果

一审法院判决解除乃某与刘某、朱某于2021年3月31日签订的《合作协议书》，刘某、朱某分别向乃某偿还代垫款75万元及利息，驳回乃某其他诉讼请求。二审法院改判刘某应向乃某偿还222.5万元及利息，改判朱某应向乃某偿还72.5万元及利息。

（二）案例亮点

本案三方签订《合作协议书》拟成立新公司承接新材料公司的业务。协议签订后，新材料公司恢复生产经营，各方均有参与。本案原告请求解除合同，要求返还投资款时，两被告认为三方已实际借用新材料公司名义进行了合伙，且发生亏损，乃某需承担亏损为由，拒绝返还投资款。各方对合同的履行和理解存在巨大争议。乃某主动诉讼，从最初拟请求撤销《合作协议书》，到后续变更为解除案涉合同，历经从合伙关系的认定转变为公司设立纠纷，最终获得法院全部支持，取得良好的案件代理效果。本代理人认为律师在本案中发挥了关键作用，其中以下三点非常重要。

第一，诉讼思路是案件成败的关键。

本代理人充分认识到案件的复杂性，多次、反复向当事人了解合作背景及合作细节，多重论证，将原来请求撤销《合作协议书》的诉讼请求，变更为请求解除《合作协议书》，并坚持案涉争议系公司设立纠纷，最终获得全面支持。本案体现了诉讼思路对案件成败的关键作用。

第二，追求极致，抽丝剥茧的办案态度亦是案件成败的重要因素。

案涉争议涉及多个法律主体以及多个法律关系，代理人通过一一梳理，以图表等形式向法庭多种呈现，将金属材料公司与新材料公司的业务合作关系线与三方设立公司的关系线进行了剥离，推翻了对方主张的三方合伙体借用新材料公司名义实质上进行了合伙的意见。最终二审法院采纳代理人意见，认为本案应定性为公司设立纠纷。

同时，面对不利的审计鉴定意见，代理人通过请教专业人员、在法庭上对鉴定人员进行发问、申请查阅审计鉴定意见的工作底稿、对审计鉴定的基础材料逐一论证推翻等方式，论证审计鉴定意见不应采信，二审判决采纳了代理人意见。代理人工作的专注、追求极致，对案件抽丝剥茧的研究精神和坚持，也是本案最终取得理想结果的关键因素。

第三，执着坚信，实现委托人的诉讼目标。

代理人秉持工匠精神，不计成本地对案件进行推敲和研究，撰写的质证意见、代理词、申请书等法律文书数万字，最终逆转一审判决，维护了委托人的合法权益，实现了委托人的诉讼目标。

本案系原、被告三人从业务合作走向新设公司合资经营，因各方缺乏专业、合规意识而发生争议的案例，是公司设立类案件的典型。实践中大量存在几个自然人签订不规范的合作协议或合伙协议，约定成立公司，最终公司未成立导致争议发生的情形。厘清法律关系，区分设立公司和合伙的法律性质，签订规范的法律文件，才能保护善意投资人的投资利益。

金融与证券类纠纷

锦天城律师事务所经典案例集

丙银行诉甲、乙、丁银行等票据追索权纠纷

——票据清单交易可对生效判决认定为票据行为的法律关系作出新的认定并由主要过错方承担主要责任

李鹏辉* 孙海燕**

一、案情介绍

委托人为乙银行。

王某参与丁银行筹建，曾任总行处长，后自行经商。王某与丁银行时任行长白某相识。白某要求丁银行票据业务部总经理陈某配合王某融资需求。2015年，丁银行先后为王某办理过3次票据贴现与转贴现形式的融资业务，均如期兑付。2015年6月，陈某要求票据部员工高某为A公司做一笔商业汇票贴现业务。高某对A公司进行初步调查后对陈某称该公司不是一家大公司，而且在丁银行没有授信。陈某称该行正准备给这家公司授信，这笔业务是时任行长白某交办的任务，一定要做成，如果做不成就会丢饭碗。

---

* 上海市锦天城律师事务所律师。

** 上海市锦天城律师事务所合伙人。

2015年6月16日，王某控制的长春A公司出具两张票面总额为2 063亿元的商业承兑汇票，付款人为A公司，收款人为B公司，出票日期为2015年6月16日，汇票到期日为2015年12月16日，出票人开户行为辛银行。高某拿到案涉两张汇票后与另外10张汇票合并为一单业务，总票面金额12亿元。然后找到票据中介潘某帮其联系，通过票据中介联系甲银行、乙银行后，高某向陈某汇报称，因行内规定，不能直接向地方农商行办理贴现，中间还需要一定量级的银行，陈某亲自联系了丙银行。6月17日，高某带12张票据抵达上海办理甲、乙银行背书，丁银行另一员工郭某到福建丙银行办理背书。背书手续完成后，丁银行先向丙银行支付转贴现款，时间为2015年6月17日11时12分55秒；丙银行再向乙银行支付，时间为2015年6月17日12时11分57秒；然后乙银行向甲银行支付，时间为2015年6月17日13时38分54秒。3次转贴现在2小时26分钟内完成。后来丁银行因信贷额度原因，又向戊银行申请转贴现。戊银行几经转手后，在到期前案涉票据又回到戊银行直至到期。甲与乙、乙与丙、丙与丁银行间分别签订有转贴现合同，约定了相应责任。

截止到汇票到期日，该两张汇票均经历十一次相同背书转让，具体顺序为：B公司→C公司→D公司→甲银行→乙银行→丙银行→丁银行→戊银行→己银行→戊银行→庚银行→戊银行。票据于2015年12月16日到期后，出票人开户行辛银行向持票人戊银行出具案涉两张票据《拒绝付款理由书》。戊银行向丁银行发出《追索通知书》，追索案涉两张商业汇票金额。王某与丁银行协商延期到1月31日还款。2015年12月30日，A公司向戊银行支付5 000万元。2016年1月26日，出票人A公司实际控制人王某，因故失联。2月18日，丁银行支付戊银行1 563亿元。2月22日，丁银行向丙银行发出《追索通知书》，向丙银行追索案涉1 563亿元，丙银行拒付。

之后，丁银行向吉林省高级人民法院起诉甲、乙、丙银行（10号案）。甲银行收到该案及山西省高级人民法院另一案件传票后，于2016年5月20日向公安机关报案，称有人冒用其汇票专用章和行长私章，开展商业汇票贴现业务。公安机关以涉嫌伪造、变造金融票证罪对甲银行董事刘某立案侦查。经鉴定，案涉两张票据上甲银行的汇票专用章及行长私章与样本不一致。

2016年，吉林高院对丁银行起诉甲、乙、丙银行票据追索权纠纷一案作出一审判决，判令乙、丙银行承担票据责任，甲银行不承担票据责任。乙、丙银行上诉（223 号案），2017 年，最高法院作出二审判决，维持原判。但在山西高院审理的案情类似另一案件中，山西高院和最高院均认为不能排除甲银行本身具有除提取印章以外的其他印章的可能。在甲银行及其行长明知并认可收取汇票金额的前提下，相关文件所载印章之真伪不足以否定甲银行应当承担票据责任。刘某涉嫌伪造、变造金融票证罪一案，经审理认定甲银行董事刘某构成伪造金融票证罪。2017 年、2019 年，丙银行、乙银行先后申请再审，均未得到最高院支持。

丙银行被执行完毕后，于 2018 年起诉乙银行，福建高院一审判决乙银行承担票据责任。乙银行一方面上诉，另一方面以合同关系向法院起诉甲银行要求其承担责任。2020 年，最高法院对丙银行诉乙银行一案作出裁定，认为本案的票据业务表面上是票据背书转让、贴现与转贴现，但存在与背书顺序相反的倒打款事实，票据行为系通谋的虚伪意思表示，当事人即使持有票据，也不享有票据权利，而且缺少必要的共同诉讼人，将本案发回福建高院重审，要求追加相关当事人，查清事实后一次性解决相关纠纷。

在此期间，乙银行诉甲银行一案，一审法院判决甲银行承担转贴现合同的合同责任。二审期间，吉林高院依据最高院对丙银行诉乙银行一案发回重审的裁定，驳回乙银行起诉，相关纠纷由福建高院一并审理解决。丙银行先后三次追加王某所控制 A、B、C、D 公司及 A 公司唯一股东 E 公司，甲、丁、戊、己、庚银行为被告，要求各被告承担连带责任。

本所于此时接受乙银行委托，代理本案一审、二审及可能的再审。

二、争议焦点

本案是丙银行在丁银行行使追索权后的再追索之诉。在丁银行追索权诉讼中，一审、二审法院均认为案涉行为属于票据行为，丁银行具有追索权。丙银行承担责任之后，又对乙银行提起的再追索之诉。并且，在丁银行追索权之诉中，甲银行主张票据上加盖的公章及行长私章均为假章，不代表其真实意思，不应承担票据责任。法院支持了甲银行的主张，但在同期案情相同的案件中，山西高院与最高院又均作出了相反的认定。丙、乙银行先后申请再审，均未得到支持。乙银行在丙银行再追索之诉原一审中，也以丙银行不具有追索权抗辩，一审法院并未支持。原二审中，最高院虽认为表面的票据贴现与转贴现行为系通谋的虚伪意思表示，但并未就事实法律关系作出认定，而认为需要追加融资链条上各方为当事人，查清事实一并解决责任归属。首先，通常情况下，在生效判决对同一行为的法律性质作出认定，且该判决并未被撤销时，相关案件审理中都会采纳生效判决的认定，而不考虑本案的性质和证据。并且，最高法发回重审用的裁定，而裁定主要用于程序性事项，并不像判决主要用于解决实体上的事实和法律关系认定、责任归属。因此，本案最大的障碍，在于可否在生效判决未撤销的情况下推翻其对同一行为的法律性质认定。其次，如果可以对事实法律关系作出与生效判决不同的认定，那么本案的真实法律关系为何？最后，责任分配依据是什么，应由谁承担主要责任，甲银行是否应该承担责任，其余责任人的责任如何分配？具体来说，本案的主要争议焦点和难点如下：

（1）丙银行诉请是否超过诉讼时效？

案涉行为发生于2015年，丁银行行使追索权案件已于2017年终审并执行完毕。丙银行在发回重审后一审立案、追加甲、丁银行及A、B、C、D、E公司已是2021年，那么，丙银行对其他被告的诉请是否超过诉讼时效？丁银行便主张丙银行诉请超出诉讼时效。如果这一观点得到支持，丙银行诉请对象很可能将限于甲银行与多方。但出于委托人损失最小化的目的，我方认可这一观点。并且，追加丁银行等参加诉讼，也是最高院发回重审裁定的要求及一审法院释明的后果。

（2）本案是否为重复诉讼？

本案的行为已经生效判决认定为票据行为，丙银行虽然是按要求发回重审中重新作为一审案件，诉讼当事人和诉请有所变更，但针对的行为仍然是同一行为。这也是丁银行的主张。

（3）本案请求权基础为何？

案涉行为中，票据贴现与转贴现行为已被最高院发回重审的裁定认定为通谋的虚伪意思表示，尽管各前后手银行间有贴现与转贴现协议，在该裁定下，转贴现合同亦应无效。丙银行要求各方承担连带责任，无论是不当得利，还是合同、票据，均不存在支持其诉请的依据。但如果将票据贴现与转贴现行为认定为侵权，也超出大部分人的认知。并且，除丁银行外，各前后手间也没有联络的故意及侵害丙银行的故意，是否能构成侵权？丁银行作为出资人本身的串通行为是否构成侵权，侵害的是谁的权利？

（4）本案真实法律关系是什么？

现行法律或裁判规则并未明确票据清单交易行为的事实法律关系。虽然我方在论证诉讼策略时，认为本案的事实法律关系为借款关系；而且在一般借款案件中有裁判认为，如果出借人在出借时知道真实借款人，则可构成与真实借款人的借款关系；并且在搜索相关案例时，也有通过票据行为从银行借款被认定为借款关系的，但在银行与真实借款人之间只有一手，在背书链条如此长的票据行为中，尚无认定为借款关系的先例。

（5）可否对同一事实作出与生效判决不同的法律性质认定？是否违反既判力原则？

本案最大的难题即在于此。在之前其他案件中，我们曾经遇到过因各种因素被先前判决作出错误认定的事实，在后续其他诉讼中成为不可逾越的障碍，法院以生效判决已有认定为由，不肯根据本案证据和法律作出新的认定。

（6）可否以票据无因性主张拥有票据权利？

众所周知，票据行为具有要式性、无因性，但法律也规定有例外情况。在丁银行追索权之诉中，乙、丙银行均主张丁银行无权主张无因性，但并未得到法院支持，原一审判决也未支持这一主张。

（7）法律适用问题。

案涉行为发生于2015年，最高院发回再审的裁定依据的是民法总则第146条，而民法总则在2017年10月才生效，且在2021年1月1日为民法典所取代。是否还可以作为认定案涉行为属于通谋虚伪意思表示的依据，也是一个问题。一审法院在引用《九民纪要》说理的同时，依据合同法、票据法作出一审判决，丁银行认为不能在本案中将九民纪要作为处理依据。最高院在二审时，将一审依据《九民纪要》中票据清单交易处理原则作出裁决是否正确作为争议焦点之一。

（8）主要责任人及责任分配原则。

在借款关系下，应该由借款人承担还款责任，是否能够偿还的风险应当由出借人承担。在此过程中，乙银行充当通道行的行为是否属于导致借款未偿还的过错，及其他各方的责任、比例，在无先例的情况下，均需认真研究抗辩理由。

三、法律分析

经综合研究丁银行追索权之诉的一审、二审、两次再审，和原一审、二审案卷，以及相关法律法规、案例，结合本案证据，我们认为，本案的事实法律关系为丁银行与王某所控制公司间的借款关系，借款不能偿还的风险应由丁银行承担；乙银行作为通道行的行为系受丁银行指令向其所指定人员支付借款，其行为并非借款未能偿还的原因，不应承担责任；而甲银行作为直贴行，承担验证基础交易真实性的义务，其行为系行长授权同意行为，除票据印章外，还有多种资料加盖有其公章，应当承担一定责任。

丙银行追加丁银行为被告系按最高院要求作出，此时方得知权利被丁银行侵害，故不超出诉讼时效。我们提出，根据《民法通则》第 135 条（向人民法院请求保护民事权利的诉讼时效期间为二年，法律另有规定的除外）、第 137 条（诉讼时效期间从知道或者应当知道权利被侵害时起计算），诉讼时效应自权利人知道或应当知道时起算二年。丙银行收到最高院发回重审的裁定后，方得知不享有票据权利，应向实际用资人、出资行、融资链条上的其他主体主张权利，其向上述主体主张权利的期限应自该裁定送达之日开始计算。因此，其诉请并未超过诉讼时效。

本案当事人、法律关系、诉请均与前案不同，故不构成重复诉讼。我们提出，根据《民事诉讼法解释》第 247 条的规定（同时符合下列条件的，构成重复起诉：后诉与前诉的当事人相同；后诉与前诉的诉讼标的相同；后诉与前诉的诉讼请求相同，或者后诉的诉讼请求实质上否定前诉裁判结果），本案不符合重复诉讼的任何条件。第一，10 号、223 号案系票据追索权纠纷，本案并非票据纠纷，而是不当得利或侵权纠纷。第二，10 号、223 号的当事人限于 2015 年 6 月 17 日在票据上背书的前后手，本案因法律关系不同，追加了实际用资人、实际出资人及票据融资链条上的其他当事方。第三，本案的请求权基础并非 10 号、223 号案的票据追索权。因此，在本案与 10 号案当事人、法律关系等均不相同的情况下，本案并不构成重复诉讼。

丙银行系自愿参与案涉行为，乙银行不存在与其他方共同侵害其权利的故意，无连带适用之空间。最高院发回重审的裁定认为，案涉行为系多链条融资行为，各方存在通谋的虚伪意思表示，因此，各方即使持有票据，也不享有票据权利，不承担票据责任。这一观点直接否定了各方的票据权利，也间接否定了合同效力，实质上否定了原生效判决对案涉融资行为系票据行为的认定，即原生效判决的认定错误。既然是最高院认为自身判决错误，而且，乙、丙银行均已申请过再审，且未得到支持，那么按照《民事诉讼法》第209条（各级人民法院院长对本院已经发生法律效力的判决、裁定、调解书，发现确有错误，认为需要再审的，应当提交审判委员会讨论决定）、第219条（最高人民检察院对各级人民法院已经发生法律效力的判决、裁定，上级人民检察院对下级人民法院已经发生法律效力的判决、裁定，发现有本法第二百一十一条规定情形之一的，或者发现调解书损害国家利益、社会公共利益的，应当提出抗诉）规定，此时，有两条路径可以纠正：第一，最高院主动启动审判监督程序，撤销原判。丙银行依照执行回转程序获得其被执行款项，再由丁银行按照合适的法律关系起诉合适主体；或者第二，在丙银行申请检察监督的期限已届满的情况下，由乙银行向最高检申请民事检察监督，最高检向最高法抗诉。经向最高院立案窗口咨询，最高院认为已申请过再审，只能向最高检申请民事检察监督。但最高检审查后认为原判没有错误，不予支持。

在票据行为及合同效力均被否定的情况下，还有两种可能的请求权基础。一是不当得利。但是：第一，丁银行是依据法院生效判决取得的款项，而该判决尚未撤销；第二，相对于乙银行，不当得利的主张范围至多只能及于所收取的通道费；第三，在不当得利请求权下，不存在各被告承担连带责任的基础。二是共同侵权。但是：第一，各方均系自愿参与，其间并无诈骗、乘人之危、显失公平等情况；第二，各方并无侵权的故意，更没有共同侵权的故意，也没有侵害丙银行的故意。在原判决未撤销的情况下，由丙银行作为原告起诉，难以确定其请求权基础和答辩方向。在一审和二审过程中，我方及他方均多次要求丙银行明确其请求权基础。如果丙银行的请求权基础没有法律依据，法院可驳回其诉请，这是最有利的结果。但丙银行始终没有明确，而法院受限于最高院发回重审的裁定一次性解决纠纷的要求等因素，也没有驳回其诉请。

丁银行与王某串通以票据形式融资，事实法律关系为王某所控制公司与丁银行间借款关系。最高院发回裁定适用的是《民法总则》第 146 条（行为人与相对人以虚假的意思表示实施的民事法律行为无效。以虚假的意思表示隐藏的民事法律行为的效力，依照有关法律规定处理），根据该条规定，通谋的虚伪意思表示无效后，隐藏的真实行为按相关法律规定解决。真实意思是什么，如何用事实和法律证明是需要解决的另一个重大问题。因为本案涉及几个刑事案件，而法院并不同意调取相关证据，我们只能依据所了解的案情作出判断，并组织证据。经研究，初步判断这是以票据贴现与转贴现为形式的借贷行为。我们着手从正反两方面证明，辅以类似案例。

第一，提交丁银行工商登记资料、高某劳动合同、陈某劳动纠纷判决书，证明案涉行为发生时，白某为时任行长，高某为票据部员工，陈某为票据部总经理。

第二，提交甲银行董事刘某伪造金融票证案刑事判决。根据甲银行董事刘某伪造金融票证案刑事判决所采信的丁银行案涉业务承办人员高某证言，证明 A 公司并不符合授信条件，只是领导要求，不得不办理，丁银行主导并组织联络各方参与。我方主张根据《票据法》第 10 条（票据的签发、取得和转让，应当遵循诚实信用的原则，具有真实的交易关系和债权债务关系），《票据管理实施办法》第 8 条（向银行申请办理汇票承兑的商业汇票的出票人，必须具备下列条件：资信状况良好，并具有支付汇票金额的可靠资金来源）、第 10 条（向银行申请办理票据贴现的商业汇票的持票人，必须具备下列条件与出票人、前手之间具有真实的交易关系和债权债务关系），及《支付结算办法》第 22 条、第 74 条、第 75 条、第 77 条、第 92 条、第 93 条，《中国人民银行关于完善票据业务制度有关问题的通知》，《商业汇票承兑、贴现与再贴现管理办法》第 3 条、第 18 条、第 19 条的规定，出票人需具备资信状况良好，具有支付汇票金额的可靠资金来源的条件，票据贴现应有真实的基础交易关系和真实的债权债务关系，转贴现应为真实的票据转让，且背书符合形式要件。

第三，我们提出，该出票行为本身即不具备真实性，丁银行明知这一事实，根据上述规定及《金融违法行为处罚办法》第 14 条（金融机构对违反票据法规定的票据，不得承兑、贴现、付款或者保证），案涉票据不得贴现，但丁银行仍策划、主导组织实施案涉贴现行为。

第四，根据高某证言及票据中介、乙银行经办人员证言，在甲、乙、丙、丁银行背书期间，丁银行一直持有票据，并未在各银行之间交付。而《票据法》第 27 条规定：持票人可以将汇票权利转让给他人或者将一定的汇票权利授予他人行使。持票人行使第一款规定的权利时，应当背书并交付汇票。因此，案涉行为不具备票据行为交付要件。

第五，在甲、乙、丙、丁银行的背书顺序方面，证据显示的背书顺序是甲银行→乙银行→丙银行→丁银行，但在付款顺序上，实际付款顺序是丁银行→丙银行→乙银行→甲银行，资金流向与票据流转顺序相反，不符合票据流转常理。

第六，在付款时间上，丁银行先向丙银行支付，时间为 2015 年 6 月 17 日 11 时 12 分 55 秒；丙银行再向乙银行支付，时间为 2015 年 6 月 17 日 12 时 11 分 57 秒；然后乙银行向甲银行支付，时间为 2015 年 6 月 17 日 13 时 38 分 54 秒。3 次转贴现在 2 小时 26 分钟内完成。而位于吉林长春的 A 公司距位于河南焦作农村的 B 公司直线距离约 1 400 公里；B 公司距位于北京的 C、D 公司直线距离约 600 公里；D 公司距位于广东的甲银行直线距离约 2 000 公里；甲银行距位于吉林省的乙银行直线距离约 2 500 公里；乙银行距位于福建的丙银行直线距离约 2 300 公里；丙银行距丁银行直线距离约 2 200 公里。按照背书顺序完成自 A 公司至丁银行间背书交付最短需用时共 137 小时，即 5 天又 17 小时；特别是自 D 公司至丁银行所需时间为 4 天又 14 小时。况且案涉行为发生的 2015 年当时部分地区还未通高速、高铁，实际所需时间更长。根据当事人的位置和距离、实际交通状况，及票据转让应有真实合法的基础交易关系，银监会禁止携带票据和印章、离柜离行办理的要求，不可能在两天之内合法完成案涉的 7 次票据背书转让、贴现与转贴现，特别是不可能在一天之内完成 4 次贴现与转贴现行为，并在 2 小时 26 分钟内相应完成汇款。从反面证明不可能存在真实、合法的票据行为。

第七，王某涉嫌骗取票据承兑案不起诉决定查明，票据到期后丁银行与王某沟通还款，并先付 5 000 万，与丁银行协商余款延期一个月。

第八，《贷款通则》第二章贷款种类中第9条规定有票据贴现这种贷款形式，在商业银行实际业务中，票据贴现也归入授信业务种类。

第九，丁银行作为实际贴现人，明知A公司不符合融资条件，A、B、C、D公司间也不存在真实的交易和债权债务关系，且：1. 一天之内分处吉林长春、河南焦作农村、北京的四家公司间3次转让，第二天一天之内4次贴现与转贴现，在常理上商业交易不可能如此频繁，金额也正好与票面金额符合；2. 根据当事人地理位置、距离和交通状况，按照票据当面交付、背书的要求完成这一系列行为也不具有现实可能性；3. 丁银行为达到定向融资的目的，违背票据法、票据管理实施办法及相关规章的规定，主导筹划、组织实施案涉票据业务。各银行也明知自身仅为通道行，没有真实的贴现与转贴现意思。根据《民法通则》第55条（民事法律行为应当具备下列条件：意思表示真实；不违反法律或者社会公共利益）及《民法总则》第146条的规定，票据贴现与转贴现并非各银行的真实意思表示，不符合票据法的要求，不具有票据行为的实质要件和合法性要件，故当事人间的关系并非票据法律关系，相关背书行为并非票据行为，当事人既不具有票据权利，也不承担票据责任。

第十，综合以上事实和法律规定、理由，我们提出案涉票据并无真实基础交易、无真实背书转让意思，不符合民事法律行为真实、合法的生效要件，不是票据行为，表面的合同关系亦无效，真实的法律关系为王某所控制公司与丁银行的借款关系。

鉴于丁银行与王某所控制公司无直接书面合同，如果能找到类似的案例，成功的可能性会更高。虽然类似案件较少，我们还是检索到几个有利案例，分别为（2018）最高法民申4623号、（2017）最高法民终41号、（2018）川民终1106号、（2020）浙民终1228号、（2020）沪民终455号。相关裁判认为，作为虚假意思表示的票据行为与合同均无效，事实法律关系为实际出资行与实际用资人间的借款关系，实际用资人与实际出资人间成立无书面合同的借款合同关系。这里存在另一个难题，即这几个案例的中间人大多只有一个，而不像本案中间经历多次背书、贴现与转贴现。

既判力的约束范围仅限于判决主文，生效判决的认定对本案仅具有推定的证据效力，可为本案证据所推翻。这是本案最大的难题，也是丁银行在一审、二审、再审时坚持的最关键一点。现实中，很多法院往往以另案判决对相关事实已有认定为由拒绝作出新的认定。虽然有最高院发回裁定作为证据，但裁定主要用于程序性事项，能否对抗、推翻针对实体问题的生效判决尚成疑问。以该裁定为新证据向最高检申请检察监督未得到支持即证明。

此时，必须确定既判力的约束范围，如果包括认定事实和裁判理由，则只能通过审判监督程序保护当事人利益，而此时申请再审和检察监督的救济渠道均已用尽，亦未得到支持。不过，既判力是一个理论概念，并无法律对其作出明确规定。经多方查找权威论文及书籍，我们发现，总体上理论界的共识是既判力的约束范围仅限于裁判主文，不包括裁判中认定事实和裁判理由。

我方主张：1.既判力的作用范围仅限于判决主文，不包括事实和法律关系认定。原判决的事实和法律关系认定不属于受既判力拘束的范围，对于本案而言其认定仅具有推定的证据效力。2.原判决作出时，受限于民事诉讼的手段和时间，未能取得刘某刑事判决、王某案证据及高某等人证言，依据的信息并不充分，致使原审法院作出错误认定。3.本案证据可以充分证明案涉业务发生的背景和事实，完全是丁银行为达到向王某所控制公司定向融资目的，采取票据贴现与转贴现方式为表面手段，以掩盖丁银行向王某所控制公司发放借款的目的。无论是乙银行等通道行，还是王某所控制公司，及丁银行均无从事票据行为的意思。

法律依据方面，我方提出，依据证据规则第10条，生效文书确定的事实可以为本案证据推翻，而本案证据可以证明本案行为并非票据行为，而是借款关系。

票据行为无因性并非无条件适用，丙、丁银行明知案涉行为无真实基础交易和债权债务关系，并非依法取得票据，不得主张票据权利。丁银行主张，票据行为具有无因性，只要满足背书连续的条件，即合法有效，不能否认丁银行的票据权利。我们提出，票据行为的无因性并非绝对、无条件，丁银行、丙银行自始即知晓案涉业务并无真实交易和债权债务关系，并非依法取得票据。因此，即使票据法律关系成立，丙、丁银行也不具有追索权。根据《票据法》第12条、第13条，《票据纠纷司法解释》第55条，《支付结算办法》第38条，丁银行明知王某控制的公司不符合融资条件，没有真实的交易和债权债务关系，但为达到向其定向融资的目的，仍主导策划案涉票据贴现与转贴现活动，且一直控制案涉票据，并采取与背书顺序相反的倒打款方式，属于明知该抗辩事由存在。因此，丙、丁银行并非依法取得票据，且明知这一事实，依法不得享有票据权利。最高院在（2018）最高法民申 4623 号、（2017）最高法民终 41 号，四川高院在（2018）川民终 1106 号案中均持相同观点。

案涉行为不符合民事法律行为真实性、合法性要件，无论按照民法总则还是行为时法律，均可得出案涉行为非票据行为的结论。最高院发回重审的裁定适用的是民法总则第 146 条，民法总则生效于 2017 年 10 月，而案涉行为发生于 2015 年。对此，我们提出：第一，民法总则第 146 条为民法典所沿袭，按照《关于适用〈中华人民共和国民法典〉时间效力的若干规定》第 2 条，适用民法总则（民法典）第 146 条更有利于公平正义，故适用该规定并不违法；第二，我国实行民商合一的立法体制，真实性、合法性一向是包括《民法通则》《票据法》《合同法》及《票据管理实施办法》等法律法规对包括票据行为在内的民事法律行为的生效要件要求，即使按照行为时法律，也可以得出案涉行为并非票据行为，相关合同无效的结论。

丁银行与王某协商确定借款合同诸要素，应由借款人偿还，能否偿还风险应由丁银行承担；乙银行仅系按要求支付借款，其行为并非借款未偿还的原因，不应负责任；甲银行行为系行长授权同意，应负一定责任。（一）关于主要责任人。丁银行主张，并无证据证明其为实际出资行，也非主要责任人。我们提出：1. 现有证据足以证明案涉业务是丁银行与王某所控制公司间的借款关系。根据相关判决及不起诉决定书认定的事实及本案业务模式、资金来源等方面因素，及最高院等案例，足以认定本案的实际法律关系是丁银行与王某所控制公司间的借款关系，而非票据或合同关系，最高院发回重审的裁定也认定了这一点。2. 丁银行应对案涉借款的收回承担风险，而非乙银行等通道行。从本案事实可以看出，丁银行明知王某所控制公司不符合授信条件，仍充任实际出借人，并选定融资模式和组织实施。借款到期后未积极全面向实际借款人主张权利要求清偿，反而向按照其指令付款的通道行等起诉，严重怠于行使权利，属于重大过错，应由其自身承担借款回收风险。因此，丁银行取得丙银行的款项无法律依据，应予返还。乙银行等通道行系应丁银行请求而参与，但不参与选定借款人，也不实际出资，仅系按要求配合完成支付，不承担风险，其行为也非借款未偿还的原因，不应对案涉借款是否收回承担责任。3.乙银行既非借款合同当事人，其行为也非借款未偿还的原因，不应承担任何责任。（1）乙银行并未主动要求参与案涉业务，既不了解丁银行与王某所控制公司间的关系，也不参与借款人选定、融资模式选择。（2）乙银行等通道行实质角色为受丁银行指派，作为丁银行完成其定向融资行为的通道，代丁银行向其指定收款人支付借款，不是借款合同当事人。（3）乙银行的行为不是借款未偿还的原因，且按通道业务惯例，通道行不出资，也不承担风险。因此，乙银行不应就案涉借款未归还的事实向任何人承担责任。4.按照实际法律关系审理和由实际出资方承担风险符合国家金融监管政策要求和金融审判工作精神。银监会《关于银行业风险防控工作的指导意见》明确了穿透监管的原则，要求落实真实交易方对基础资产和最终债务人的责任。最高院《关于进一步加强金融审判工作的若干意见》，明确对以金融创新为名掩盖金融风险、规避金融监管、进行制度套利的金融违规行为，要以实际构成的法律关系确定其效力和各方的权利义务。《九民纪要》结合实践中存在的以票据业务为名，出资行与用资主体之间借贷为实的现状，明确以出资行为最终损失承担主体。各方责任应由法院根据实际法律关系一并解决，由丁银行与实际用资人共同偿还，而不能要求乙银行承担责任。

（二）关于补充责任。我们提出：第一，应先由实际出借人丁银行及实际借款人王某所控制公司承担全部责任，执行完毕后仍不能清偿部分再由乙银行等按合理的原则分配。第二，如果认为通道方也有过错，应按过错程度分配补充责任。按照各行收取的贴现费、转贴现费计算责任比例，丁银行获利近3 000万元，乙银行所收通道费仅数十万，且丁银行作为主导策划方、组织实施方，主观过错更大，所承担的责任比例应高于其获利比例。第三，甲银行虽主张加盖的汇票专用章及行长私章为伪造，但其曾派人持介绍信到乙银行联系业务，双方还签订有《转贴现合同》，但其并未主张转贴现合同、介绍信上加盖的公章为伪造，且其行长知情并同意开展票据业务，并亲自到平安银行开设相关账户，其对案涉资金进入相关账户也未否认。虽然庭审时提交审计报告企图证明该账户未曾收到案涉资金，但审计报告仅为资产负债表日时点证据，如欲证明其主张，应提交账户流水。且最高院另案判决认定，甲银行不得仅以印章非同一主张免责。第四，甲银行作为直贴行，负有审查基础交易真实性的义务却未履行，责任比例应高于通道费比例。

一审判决基本采纳了我方主张，也符合委托人预期，考虑到判决来之不易，除丁银行外，各方均未上诉。二审时，丁银行以一审判决的认定与生效判决不同为由，认为违反既判力原则，并主张丙银行的起诉超过诉讼时效、本案为重复诉讼，丁银行并非实际出资行、票据无因性、清单交易封包交易并不背书故案涉行为并非清单交易、封包交易，及一审适用《九民纪要》等理由，要求撤销一审判决发回重审或依法改判。二审中，我方着重依据事实指出，根据丁银行承办人员高某证言，丁银行是案涉行为策划、组织者，且其陈述与背书顺序、付款顺序与时间、票据到期后与王某协商还款等事实互相印证，可以证明丁银行与王某所控制公司间的借款关系；票据的无因性并非绝对，票据行为首先需要符合民事法律行为合法、真实的一般要件，但案涉票据并无真实基础交易；清单交易、封包交易往往不背书但并不排斥背书，不能以背书否认本案系清单交易，也不影响法院对类似案件参考该纪要精神予以处理；一审法院只是将《九民纪要》用于裁判说理，所适用法律为《合同法》《票据法》，而非《九民纪要》。

四、裁判结果

因为我方准备工作扎实，证据充分，主张合理合法，论证逻辑严密，既有法律根据，又有证据证明，我方主要观点在庭审中先后为甲、丙银行采纳。裁判结果也基本支持了我方主张，实现了乙银行损失最小化的目的。

一审法院认为：

案涉票据是丁银行在事先持有票据情况下联系甲、乙、丙银行同步完成签章、背书，甲、乙、丙均未向各自前手支付贴现资金，而是背书到丁银行后，由丁银行向其前手支付，再依次向前手转出。丁银行在成为持票人前实际持有票据，并采取倒打款模式，系以票据贴现为手段的多链条融资纠纷，转贴现协议掩盖的是出资行丁银行与实际用资人 A 公司间的借款关系，丁银行即使持有票据，也不能主张票据权利。丙银行经本院释明追加相关主体再次提起诉讼，不超出诉讼时效。

本案原告、被告、法律关系、诉请与前案均不相同，不构成重复诉讼。

王某所控制 A、B、C、D 公司为实际用资人，应当承担第一顺位责任。丁银行应向丙银行承担与其过错相适应的责任。丁银行作为出资行，明知借款人 A 公司不符合授信条件，仍然违反监管规定，以票据贴现之名行融资之实，对实际用资人不能偿还的款项应当承担 80% 的主要责任。本案因基础关系无效判决丁银行承担相应过错责任，与生效判决中丁银行依据票据关系胜诉并不矛盾。甲、乙、丙银行共同承担实际用资人不能偿还部分 20% 的赔偿责任。

虽然票据上甲银行汇票专用章及行长私章与其提供的样本不是同一枚，但刑事判决认定其行为经行长同意，甲银行应承担相应责任。

乙、丙银行明知丁银行始终持有票据，违反监管规定完成多链条融资，收取通道费，应承担相应责任。

二审法院认为：

丁银行在 A 公司无授信情况下向其进行商业汇票贴现，在事先持有票据情况下联系甲、乙、丙银行同步完成签章、背书，采取倒打款方式支付转贴现资金。丁银行也未对前案判决认定的案涉业务由丁银行发起并主导，由其向特定对象提供融资、前手几家金融机构充当通道的过桥业务的认定提出异议。结合王某不起诉决定书认定的事实，足以证明丁银行在未实际交付票据情况下，主导并完成系列背书，以倒打款方式进行交易，虽然采用了背书、转贴现形式，但实际为以票据贴现为手段的多环节、长链条融资。丁银行虽否认上述证据，但未提供证据推翻、否定上述内容，即使其与 A 公司不构成借款关系，也不足以否认构成票据清单交易。票据被戊银行追索时，A 公司向戊银行支付 5 000 万元的事实亦可证明 A 公司系实际用资人。

丁银行系出资银行，A 公司等为实际用资人，甲、乙、丙银行系直贴行或通道行，目的是帮助丁银行完成向实际用资人融资。丁银行明知王某所控制公司无授信资格，仍然违反商业银行法及金融监管政策，在自始持票情形下，主导并通过票据中介实施不正常票据背书，违规通过倒打款方式，以票据贴现为名，行违规融资之实，造成银行款项无法收回。原审判决结合丁银行过错程度，酌定其承担实际用资人不能偿还部分 80% 责任，并无明显失当。

丙银行依据最高院发回重审裁定提起本案并不违反诉讼时效规定。

前案判决根据票据关系作出，一审判决参照票据清单交易处理原则根据各主体过错程度认定各方责任。前案判决与本案判决所依据的法律关系及要件事实、法律责任均不相同，丁银行以前案判决否定本案判决的主张不成立。

再审法院认为：

原判决适用《九民纪要》说理并无不当。案涉金融机构之间无转贴现真实意思表示，丁银行在 A 公司无授信情况下向其进行商业汇票贴现，在事先持有票据情况下联系甲、乙、丙银行同步完成签章、背书，采取倒打款方式支付转贴现资金，实质系丁银行主导以票据贴现为手段的多环节、长链条融资，构成票据清单交易。

丙银行在最高院裁定发回重审后，经一审法院释明后追加相关主体参加诉讼并不超出诉讼时效。

王某不起诉决定书及高某证言、各公司工商登记信息、A 公司向戊银行支付 5 000 万元等事实证明 A、B、C、D 公司完成了融资目的。故丁银行主张认定王某控制公司为实际用资人缺乏证据的主张没有依据。

前案判决是票据追索权纠纷，审查的是票据关系，依据无因性判决丁银行享有票据权利。本案审查的是票据关系的基础法律关系。本案因基础关系无效，依据各方过错判决丁银行等承担责任与前案判决并不矛盾。

（一）裁判结果

A、B、C、D 公司承担第一顺位还款责任；

丁银行对第一项债务中不能还款部分承担 80% 补充赔偿责任；

甲、乙银行对第一项债务中不能还款部分分别承担 2%、10% 补充赔偿责任。

丙自身承担 8% 责任。

（二）案例亮点

目前有不少类似案件正处于追索或再追索过程中，部分案件已经被法院以案涉行为系多链条融资为由发回重审。但可查询途径尚未发现先例，可能是相关案件中较早处理完毕的案件，对类似案件具有示范效应。

本案未拘泥于生效判决对同一行为法律性质的认定，以本案证据证明的事实作为事实和法律认定的基础，突破了既往不少法院简单沿袭前案认定的做法。

本案贯彻金融审判会议精神，以实际法律关系为基础，判令主要责任人承担责任，对之前简单按票据或合同处理的做法是一种纠偏。

对正处于追索过程或即将提起追索的案件，法院可能会直接按《九民纪要》第104条处理，而非按票据或合同关系。如果是处于融资链条中间位置者起诉，可能面临与本案类似的困惑，即请求权基础的确定，因为法院可能会要求追加票据的前、后手，及无直接合同者为被告。按照本案的处理逻辑，通道行起诉的请求权基础应该是不真正连带责任内部追偿之诉，即就超出自己应承担份额之外部分对第一顺位责任人及其他补充责任人追偿。

对于之前大量不问基础交易真实性、是否符合票据法及监管部门规章均按照票据行为或合同关系处理的案件，在后续追索中，可能会同本案一样，不再纠结于之前生效判决对法律性质的认定，而追加参与各方为共同诉讼人，按照过错逐个纠正之前裁判，在不撤销原判的情况下，实现相对公平。其请求权基础同样应该是不真正连带责任内部追偿之诉。

该案还代表了司法精神的另一种转向。在《九民纪要》出台之前，少数类似案件被受理法院按实际出资方与实际用资方间借款关系处理，法院并不认为通道方存在过错，因此，通道方并未承担责任。但在《九民纪要》框架下按第103、104条处理，通道方被认为存在过错，需要承担一定的责任。

最高院对类似案件的裁判，对于不顾是否符合授信条件充当出资行的银行是一个严重的警告。此类借款不能回收的风险不能再全部转嫁他人，最终还是要由出资行承担大部分风险。对于盲目参与的小银行也是一种警醒，在风险不明情况下参与此类业务，一笔业务的损失即可侵蚀掉此类业务全部收益甚至造成巨额损失。无论大小银行，均应加强内部控制建设，严格依法合规开展业务，避免风险产生、蔓延。

合肥美的电冰箱有限公司与重庆银行贵阳分行、华创证券有限公司、陆家嘴国际信托有限公司等侵权责任纠纷

——信托通道业务中信托公司"诚实信用、谨慎有效管理义务"边界

程亚坤* 单明皓**

一、案情介绍

2016 年初，华创证券有限公司（以下简称华创公司）业务人员斯某通过其校友聂某结识美的集团工作人员李某，并向其推荐了由重庆银行贵阳分行出具兜底保函的 7 亿元定向资管产品，融资方为贵州安泰再生资源科技有限公司（以下简称安泰公司）。之后，斯某将其从投融资中介处获取的关于安泰公司"重庆银行公司类授信业务调查报告"等虚假资料传递给李某。2016 年 3 月 9 日，美的集团指派李某和朱某到重庆银行贵阳分行进行考察，并与安泰公司负责人申某、杨某等人进行面谈。重庆银行贵阳分行工作人员涂永忠谎称该行能为安泰公司融资 7 亿元提供担保并能在承诺函上盖章。并指使李伟冒充该行副

*　上海市锦天城律师事务所合伙人。

**　上海市锦天城律师事务所律师。

行长为安泰公司作虚假宣传，博取李某和朱某的信任后，合肥美的电冰箱有限公司（以下简称美的公司）与安泰公司达成了融资合意，由美的公司向安泰公司发放本金为3亿元，期限为2年的借款。

因美的公司并非专业的金融机构，为保证贷款发放的合规性，美的公司（委托人）与华创公司（管理人）、恒丰银行股份有限公司（托管人）签订编号为《华创恒丰86号定向资产管理计划资产管理合同》（以下简称《资管合同》），约定由华创证券为该3亿元投资款设立资管计划。由于华创公司同样并不具备发放借款的资质，同日，华创公司与陆家嘴国际信托有限公司（以下简称"陆家嘴公司"，本案委托人）签订《陆家嘴信托·贵州安泰单一资金信托合同》（以下简称《信托合同》）。《信托合同》约定陆家嘴公司作为受托人承接信托期限为24个月，资金规模为3亿元的信托业务，并最终通过信托贷款的方式，将该3亿元借款发放给安泰公司开立在重庆银行贵阳分行的银行账户，《信托合同》中约定借款用途为购买原材料及部分设备采购。

2016年3月21日，美的集团工作人员李某、朱某再赴重庆银行贵阳分行负责人办公室，涂某与安泰公司安排人员冒充银行工作人员，使用伪造的重庆银行贵阳分行公章和行长的签名章在《承诺函》上盖章。同日，美的公司按照《资管合同》约定将3亿元汇入资管计划指定账户、安泰公司向陆家嘴信托公司提交提款申请，申请提款3亿元整。2016年3月22日，华创恒丰86号定向资产管理计划向陆家嘴信托公司转款3亿元。收到委托人指令后，陆家嘴信托公司将该3亿元转至安泰公司开立在重庆银行贵阳分行的账户。安泰公司收款后，大部分资金用于偿还债务（其中偿还重庆银行贵阳分行贷款3 000万元本息）和支付本次融资手续费用以及购买房产等。

2016年5月，重庆银行贵阳分行经其他银行咨询，发现一份关于重庆银行贵阳分行向安泰公司提供7亿元融资性保函的审批通知书，但该行事实上从未作出过该审批通知书。后经重庆银行贵阳分行内部调查，发现安泰公司于2016年3月收到3亿元大额转账，资金方为美的公司。重庆银行贵阳分行怀疑有人伪造银行审批手续，骗取资金，遂将该情况告知美的公司。美的公司得到信息后于2016年6月向公安机关报案。后经公安机关调查，重庆银行贵阳分行工作人员涂某伙同安泰公司及其工作人员申某等人伪造重庆银行贵阳分行公章，虚构并篡改了与安泰公司经营情况相关的数据和材料，并在重庆银行贵阳分行办公场所向美的公司代表出具了上述伪造的银行保函。合肥市中级人民法院一审、安徽省高级人民法院二审判决安泰公司、申某、涂某等人犯合同诈骗罪并承担相应刑事责任。

2019 年 7 月，在上述刑事案件追缴程序尚未终结前，美的公司以侵权责任纠纷为案由，将重庆银行贵阳分行、华创证券、陆家嘴公司等主体诉至法院，请求判令各被告就美的公司在本案中的损失承担连带赔偿责任，赔偿金额为本息合计 2.5 亿元。其中，美的公司起诉陆家嘴公司的理由为，陆家嘴公司未尽到《信托法》第 25 条规定的，信托机构在管理受托财产时"恪尽职守，诚实、信用、谨慎、有效管理的义务"，在贷前审查和贷后管理方面疏忽大意，未能识别安泰公司的诈骗行为。

二、争议焦点

本案的争议焦点有三：

（1）本案作为一个民刑事交叉案件，本案原告美的公司，是否能够在刑事案件追缴程序终结以前通过提起民事诉讼的方式主张其损失。

（2）如本案原告美的公司能够在刑事诉讼追缴程序终结以前通过提起民事诉讼的方式主张其损失，各方侵权责任如何划分。

而对于本案委托人陆家嘴公司而言，其在案涉交易中仅扮演"资金通道"的角色，并未主动参与案涉交易。因此本案第二个争议焦点所讨论的"侵权责任划分问题"，本质上为本案原告所主张《信托法》第二十五条中规定的信托机构在管理受托财产时"恪尽职守，诚实、信用、谨慎、有效管理的义务"的边界问题，也即该项义务能够突破陆家嘴公司与华创证券公司签订《陆家嘴信托·贵州安泰单一资金信托合同》中关于信托为"事务管理类信托"的约定则尤为重要。

（3）美的公司对自身损失的发生是否具有过错，是否应当承担责任。

三、法律分析

（1）针对本案的第一个争议焦点，美的公司是否有权在刑事案件追缴程序终结以前通过提起民事诉讼程序的方式主张其所遭受的损失。

本案作为民刑事交叉案件，本案各当事人与各刑事诉讼被告行为相结合，共同造成美的公司被骗，遭受资金损失的后果。本案各被告经过刑事诉讼程序，各被告行为均未触犯刑律，未予追究刑事责任。但是，各被告并未被追究刑事责任并不代表无需承担相应民事责任。对于"先刑后民"立法者的立法本意并非彰显公权力优先的价值理念，其用意旨在解决刑民交叉案件时，当刑、民程序发生冲突时的合理选择。避免在刑事诉讼和民事诉讼之间产生冲突和矛盾，确保两种诉讼的顺利进行，最终有利于公民、法人和其他单位合法权益的实现。本案中，刑事案件已经审理结束，犯罪行为已经予以认定的情况下，美的公司通过提起诉讼的方式要求未被追究刑事责任的各当事人赔偿其损失属于正常行使其民事权利，并无不妥。以刑事追缴程序尚未终结否定美的公司的民事诉权，违背了立法用意，也并无法律依据支持。诚然，因刑事追缴程序并未终结，美的公司能够通过民事诉讼追回损失的多少尚不能够确定，但此情形并不能成为直接否定美的公司行使民事诉讼权利的理由。其次，在案件诉讼程序中，重庆银行贵阳支行认为本案遗漏追加各刑事案件犯罪主体为共同被告。针对此问题，美的公司所诉请本案各被告赔偿的损失系刑事案件不能退赔部分，对于各刑事案件犯罪主体如何赔偿美的公司损失已经在刑事案件中有所处理，追加刑事案件犯罪主体为本案共同被告则会造成刑事、民事判决发生冲突。因此，刑事案件犯罪主体不应作为本案当事人，其不参加本案诉讼不影响本案各被告是否需要承担民事责任以及责任比例的认定。

（2）针对本案的第二个争议焦点，对于本案委托人陆家嘴公司而言，首先需要明确的问题是美的公司自身对损害的发生是否存在过错以及过错程度。

美的集团对于开展外部委托理财业务有一套完整的操作规程，公司业务部、风险管理部、风险管理委员会均有各自职能，且外部委托理财业务统一要求风险承担方提供风险兜底，风险承担方为风管会审批通过的商业银行二级分行以上分（支）行，同时要求在风险承担方办公场所面签承诺函，见证人与风险承担方当面密封、交风险管理部门保管，理财业务到期并收回本金及收益后，公司业务部应及时将协议或承诺函退回风险承担方。从上述制度规定来看，美的集团外部理财业务开展的关键因素在于银行提供风险兜底，对于行业投向、借款人情况审核未作出严格要求。事实上，借款人的资金、财务情况直接决定其款项能否按约定本息收回，美的集团的理财制度忽视使用综合手段防范风险，具有一定的缺陷。本案中，美的集团知晓款项发放对象为安泰公司，但放款前并未对安泰公司进行实地考察，对中介方传递的安泰公司财务情况等财务资料亦未审慎审查，轻信未盖章未签字的银行尽调报告，存在疏忽大意的过失。其次，美的集团安排的具有金融工作经验的专业人员应当也有能力对案涉业务所涉安泰公司财务资料是否真实进行审核并采取风险防控措施。正如从刑事案件中证言可以得知，其所安排的工作人员知道银监局近年来严禁银行出具承诺函，但根据集团内部规制，其仍将关注重点放在银行兜底保函，即便如此，重庆银行贵阳分行并不在美的集团风管会审批通过的商业银行二级分行以上分（支）行的名单范围内，美的集团对自身的制度可谓执行不力。由此，可以认定美的公司自身对其财产损失具有一定过错，可以减轻其他侵权人的民事赔偿责任。

在明确美的公司自身对损害的发生是否存在过错以及过错程度后，需要探寻的第二个问题则是《信托法》第二十五条中规定的信托机构在管理受托财产时"恪尽职守，诚实、信用、谨慎、有效管理的义务"的边界在哪里，此问题即是本案原告美的公司诉请被告陆家嘴赔偿其所遭受损失至关重要的主要主张，也是对判决结果有着深刻影响力的重要问题，需要从案涉信托通道业务的性质、《信托合同》的形式、《信托法》的立法本意三个方面考量。

首先，是对案涉交易性质本质的考量。所谓"资金通道服务"，通常是指信托机构作为通道，将投资资金从某个渠道输送到特定领域进行定向投资的一种金融业务。诚然，信托机构开展"资金通道业务"具有不利于构建和维护良性、健康的金融秩序之嫌。但从刑事案件的判决以及证言中可以得出，早从2016年初开始，具有投资需求的美的公司与具有融资需求的安泰公司通过中间人进行接洽并传递相关材料。在2016年3月9日，美的公司在与安泰公司、重庆银行贵阳分行工作人员现场交谈，得到重庆银行贵阳分行工作人员声明将会出具担保函的承诺之后，就已经决定向安泰公司发放3亿元。在一系列看似繁琐、专业的"资管计划、信托计划"表象的背后，其本质上为一起出借人为美的公司，借款人为安泰公司的民间借贷。从刑事判决认定"安泰公司与美的电冰箱公司之间实际上是以资产管理—信托贷款为表象的借贷关系"中可以支持这一观点。陆家嘴信托公司为上述借贷业务开通资金通道，不损害不特定投资人的利益，并没有扰乱金融市场秩序。

其次，是从《信托合同》的形式考量。《信托合同》第二条明确约定，案涉信托业务为事务管理类信托，即由委托人自主决定信托设立、信托财产运用、信托财产管理等事宜，自行负责前期尽职调查及存续信托财产管理，自愿承担信托投资风险，受托人不承担主动管理职责。《信托合同》第七条约定，受托人仅作为通道功能主体承担一般信托事务执行职责，不承担主动管理职责。且案涉信托通道业务在 2016 年 3 月开展，不违反法律规定。根据原银监会于 2017 年 4 月下发《信托业务监管分类试点工作实施方案》《信托业务监管分类说明（试行）》的表述，被动管理型信托应当具有以下主要特征："一、信托设立之前的尽职调查由委托人或其指定的第三方自行负责。信托公司有权利对信托项目的合法合规性进行独立的尽职调查。二、信托的设立、信托财产的运用和处分等事项，均由委托人自主决定或信托文件事先明确约定。三、信托公司仅依法履行必须由信托公司或必须以信托公司名义履行的管理职责，包括账户管理、清算分配及提供或出具必要文件以配合委托人管理信托财产等事务。四、信托终止时，以信托财产实际存续状态转移给信托财产权利归属人，或信托公司根据委托人的指令对信托财产进行处置。"其中对被动管理型信托业务（"通道业务"）特征的定义与案涉《信托合同》的约定一致。即使 2018 年发布资管新规后，政策法规仍然没有否认在这之前已经开展的通道业务的合法合规性。

此外，根据《九民纪要》第 93 条对于通道业务效力的规定："当事人在信托文件中约定，委托人自主决定信托设立、信托财产运用对象、信托财产管理运用处分方式等事宜，自行承担信托资产的风险管理责任和相应风险损失，受托人仅提供必要的事务协助或者服务，不承担主动管理职责的，应当认定为通道业务。"《中国人民银行、中国银行保险监督管理委员会、中国证券监督管理委员会、国家外汇管理局关于规范金融机构资产管理业务的指导意见》第 22 条在规定"金融机构不得为其他金融机构的资产管理产品提供规避投资范围、杠杆约束等监管要求的通道服务"的同时，也在第 29 条明确按照"新老划断"原则，将过渡期设置为截至 2020 年底，确保平稳过渡。"在过渡期内，对通道业务中存在的利用信托通道掩盖风险，规避资金投向、资产分类、拨备计提和资本占用等监管规定，或者通过信托通道将表内资产虚假出表等信托业务，如果不存在其他无效事由，一方以信托目的违法违规为由请求确认无效的，人民法院不予支持。至于委托人和受托人之间的权利义务关系，应当依据信托文件的约定加以确定。"再次对通道业务进行定义，肯定了通道业务的法律效力。而司法实践中，对当事人自主选择"通道业务"的约定也大多持支持和肯定的态度。

因此，根据《信托合同》约定，陆家嘴公司应当履行《信托合同》中第七条、第九条、第十一条、第十五条约定的以下义务：账户管理、收益分配、信息通知、资料保密以及清算分配义务；过程中对案涉信托财产专户采取分别记账、单独管理；对专门账户内每一笔收益的分配、资金的使用均有严格的审批流程和管理制度；对获取的收益及时、有效进行分配；借款人安泰公司逾期时，及时催收，并将相关情况和风险明确告知华创证券公司；信托期限届满，对信托财产进行清算分配。与此相应，根据《信托合同》第四条、第七条、第十条以及《定向资管合同》第四条的约定，美的公司作为对"金融风险有较高认知度和承受力"的主体，应当自行承担投资风险，对资产标的的真实性、合法性进行核验，对标的资产的资金用途、保障方式、还款来源和资信等状况做好相应的尽职调查。可见，通道业务中信托公司的义务范围在于"账户管理、清算分配及提供必要文件"等事务类的管理工作，而尽职调查、监督信托资金的使用情况等工作属于积极的主动管理职责，不属于事务管理类信托业务模式范围。

最后，是对《信托法》立法本意的考量。《信托法》第二十五条中所规定的信托机构在管理受托财产时"恪尽职守，诚实、信用、谨慎、有效管理的义务"的立法本意，主要是为了保障信托财产的安全和受益人的利益。通过要求受托人恪尽职守，履行诚实、信用、谨慎、有效管理的义务，立法者旨在确保受托人在管理信托财产时能够勤勉尽责，以受益人的最大利益为出发点，遵循诚信原则，谨慎处理信托事务，有效管理信托财产，防止信托财产的损失或不当使用。而在本案中，陆家嘴公司并未实际参与案涉交易的发起、设计以及促成工作，仅仅扮演"资金通道"的角色。从刑事案件重庆银行贵阳分行工作人员的证言中可以得出，陆家嘴公司加入案涉交易系因华创公司经办人员斯某参与案涉交易导致华创公司的加入，而华创公司并不具备放款资质，其便找到具有放款资质的陆家嘴公司通过信托贷款的方式向安泰公司发放借款本金。陆家嘴公司加入只是为了美的公司与华创公司的资管计划而特别设计，陆家嘴公司是否参与并不影响美的公司向安泰公司出借款项。因此，结合立法本意以及在信托介入前出借方和借款方已经就借款内容达成一致，陆家嘴公司在仅是按照指令付款的实际情况，并不应当认定其具有履行《信托法》第二十五条项下"恪尽职守、诚实、信用、谨慎、有效管理的义务"。同时，从陆家嘴公司介入交易到按照指令完成放款仅相隔一周时间，在如此短的时间内，陆家嘴公司也不具有研判交易中存在的诈骗风险的合理期待可能性。

综合上述观点，对本案第二个争议焦点"如本案原告美的公司能够在刑事诉讼追缴程序终结以前通过提起民事诉讼的方式主张其损失，各方侵权责任如何划分"做出解答。在本案中，如本案原告美的公司能够在刑事诉讼追缴程序终结以前通过提起民事诉讼的方式主张其损失，因其自身存在过错应当承担一定比例损失，本案委托人陆家嘴公司作为通道公司获取手续费，不获取利息收益亦不承担资金风险，其行为不存在过错，无需承担美的公司所遭受的损失。

（3）对于本案的第三个争议焦点，美的公司对自身损失的发生是否具有过错，是否应当承担责任。

首先，美的公司对案涉交易的达成和实施具有绝对的主导地位，其向贵州安泰公司发放3亿元贷款是基于其独立的商业判断，陆家嘴信托签署协议以及履约的行为对其商业判断不产生任何影响。案涉交易本质上就是以"资管—信托计划"为表象的民间借贷业务，出借人是美的公司，借款人是贵州安泰公司。综观这个交易过程，美的公司作为坐拥数百亿闲置资金的投资主体，对于本次交易的达成始终持积极主动的推进态度，处于绝对的主导地位。在陆家嘴信托介入案涉交易前，美的公司已经独立查阅了与交易相关的全部材料，会见了贵州安泰公司的工作人员、法定代表人，走访了重庆银行贵阳分行，并就重庆银行贵阳分行出具担保承诺函进行亲自确认。基于上述行为，美的公司就交易对手、交易资金规模、贷款期限、发放贷款的方式形成了独立的商业判断，并在2016年3月9日得到涂永忠等人能够出具银行担保承诺函的确认后，便决定向贵州安泰公司发放3亿元借款，陆家嘴信托只是其在确认所有交易内容找来用于贷款发放的通道公司，对其独立作出商业判断不产生任何影响。

其次，美的公司违背基本的风险防范常识，轻易相信了虚假的银行保函。通过美的公司员工李某、朱某某等人在刑事案卷笔录中的证人证言可以看出，刑事案件被告伪造的银行担保承诺函是美的公司作出投资决定的关键因素。然而，银保监会的相关政策法规是严格限制商业银行对外出具担保函的，根据2013年《中国银监会关于规范商业银行理财业务投资运作有关问题的通知》第8条规定，以及2018年《商业银行理财业务监督管理办法》第49条规定，商业银行不得为非标准化债权提供担保，本案中，无论其表象的信托贷款，还是其本质的民间借贷均属于非标准化债权，是银保监会限制银行提供担保的对象。银监会对商业银行提供担保采取严格限制的观点是一以贯之的，这应当属于金融投资领域的基本常识。然而，美的公司的工作人员不仅偏听偏信了虚假的担保承诺函，甚至把保障资金安全的风控措施完全寄托于虚假的担保承诺函，忽视了通过其他综合手段对交易风险进行防控，属于典型的自陷风险，应当对由此产生的不利后果承担责任。

最后，美的公司未实施必要的尽职调查工作，未尽到一个商事主体应尽的注意义务，对损害结果的发生具有重大过错。根据《信托合同》以及《华创恒丰86号定向资产管理合同》(以下简称《定向资管合同》)的约定，美的公司自行承担投资风险，对资产标的真实合法性进行核验，对标的资产的资金用途、保障方式、还款来源和资信等状况做好相应的尽职调查。因此，对交易对象、资金用途、投资风险的尽职调查义务完全在美的公司。

根据刑事案件被告的证人证言，本案的融资方贵州安泰公司的财务数据造假是显而易见的，是容易被分辨的。美的公司作为一个商事主体，尤其是项目的承办人员还是类金融机构的工作人员，比其他商事主体具备更专业的金融财务知识，在相关合同明确约定尽职调查责任在原告一方的情况下，美的公司应当也有能力通过尽职调查核实贵州安泰公司的财务数据造假行为。然而，美的公司在未尽到注意义务的情况下就对资信状况糟糕的融资方发放巨额贷款，对自身损害结果的发生具有重大过错。

四、裁判结果

(一)裁判结果

2022年4月，合肥市中级人民法院作出一审判决，驳回了美的公司对本案委托人陆家嘴公司的全部诉讼请求，陆家嘴公司也成为该案一审判决中唯一没有被追究责任的被告。一审法院认为，作为通道公司，陆家嘴信托公司属于该整个诈骗过程的最后一环。其在与华创证券公司签订《陆家嘴信托·贵州安泰单一资金信托合同》时已明确约定该信托为"事务管理类信托"，在该文件释义部分明确：事务管理类信托指委托人自主决定信托设立、信托财产运用对象、信托财产管理运用处分方式等事宜，自行负责前期尽职调查及存续期信托财产管理，自愿承担信托投资风险，受托人仅负责账户管理、清算分配及提供或出具必要文件以及配合委托人管理信托财产的事务，不承担积极主动管理职责的信托业务。因此，作为整个资金通道的末端，陆家嘴信托公司在本案中仅负有账户管理、清算分配事宜等方面担负有限的管理职责，并未参与对案涉贷款的决策，故美的电冰箱公司主张陆家嘴信托公司承担侵权责任没有事实和法律依据，该院不予支持。

美的公司不服该判决，遂上诉至安徽省高级人民法院。在与二审承办法官沟通的过程中，代理律师了解到主审法官对于信托机构提供"资金通道服务"同样持负面观点，他认为信托机构提供"资金通道服务"实际上主动弱化了自身作为专业机构应当向投资者履行的专业服务职责，不利于构建和维护良性、健康的金融秩序，因此不能因为关于"资金通道服务"的约定而免除信托机构应当履行的法定义务。同时，信托公司在侵权责任纠纷中被起诉的案例也较少，可供代理律师利用的过往判例经验较为有限。

在这种不利情况下，代理律师从侵权责任纠纷案件的特点入手，通过还原美的公司与安泰公司达成本次交易的整个过程，以及陆家嘴信托参与本次交易的时间、方式、动机，穿透层层嵌套的"资管机构""信托计划"的表象，重新为人民法院梳理了各个当事人在本案中实际扮演的角色以及本次交易能够达成的基础。代理律师认为，本案实质上是一起以"资管、信托计划"为表象的民间借贷行为，陆家嘴信托作为整个交易流程的最后一环，对整个交易的发起、联络、促成均没有发挥任何作用，其行为在主客观方面均不符合承担侵权责任的构成要件。二审承办法官最终接纳了本所代理律师的观点，并于 2023 年 10 月作出终审判决，维持了一审对陆家嘴公司不承担责任的判决。

二审法院认为："陆家嘴信托公司系斯某联系加入案涉业务的通道公司，并未主动参与案涉交易，且陆家嘴信托公司系整个诈骗环节的最后一环，其按照与华创证券公司签订的信托文件约定履行账户管理、清算事宜等义务，并未参与案涉贷款的谋划、决策，要求陆家嘴信托公司在事前很短的时间内审查发现案涉资管产品系出于非法目的，其提供的资金通道服务是在为一起诈骗行为提供帮助，过于苛责。"

（二）案例亮点

本案是一起涉案金额较大且较为典型的因信托计划引发的侵权责任纠纷案件，是一起针对信托公司"诚实信用、谨慎有效管理义务"边界的讨论，是安徽省第一例以侵权责任纠纷为案由起诉金融中介服务机构的案件。近年来，要求金融中介机构做好金融服务市场的"看门人"，对提供金融服务的主体课以较重的注意义务，已经逐渐成为司法实务界的共识。然而在本案中，通过合肥分所代理律师的努力，合肥市中级人民法院和安徽省高级人民法院均确立了一个观点，即金融类侵权案件中，分析相关金融中介机构是否应当担责，应当立足于金融中介机构在整个交易的发生、发展和达成过程中扮演的角色和能够起到的作用，应当着眼于金融中介机构具体实施的主客观行为，不应当脱离基础信托文件，无限扩张金融中介机构"诚实信用、谨慎有效管理义务"的适用范围，这对于以后人民法院的类案审理具有借鉴价值。

同时，除了本案以外，美的公司通过与本案类似的方式在全国各地向不同主体发放借款，均遭诈骗，涉案金额共计10亿元。美的公司同样发起诉讼起诉了其他案中的金融服务机构。本案率先作出终审判决，对其他案件的审理裁判起到了借鉴作用。

锦天城合肥分所的代理团队在承办本次案件的过程中与来自全国各地的大型律师事务所同台切磋，不仅积累了代理此类案件的法律服务经验，更展现了国内优秀律师服务团队良好的精神风貌和扎实的专业素养，有助于树立合肥分所在金融类侵权案件代理领域良好的口碑。

上海某金融服务公司与武汉某房地产公司民间借贷纠纷案

——职业放贷人的认定标准、主合同、担保合同效力及"过错责任"认定

柳晓丽* 陈 玉**

一、案情介绍

委托人是被告武汉 B 公司、武汉 C 公司、武汉 D 公司、冯三、谢某，冯三与谢某系夫妻关系，同时是武汉 B 公司、武汉 C 公司、武汉 D 公司的实际控制人。

2017 年 3 月，上海 A 公司与武汉 B 公司签订《借款合同》，约定借款人武汉 B 公司向贷款人上海 A 公司贷款 2.5 亿元，贷款期限 2 个月，自贷款发放之日起计算，经贷款人书面同意可以延期 2 个月；贷款为无息贷款，贷款用途为借款人出资设立有限合伙基金及其他贷款人同意的用途；借款人如未按时还款，每逾期一日，按本金 0.2% 支付违约金；发生争议协商不成的，向贷款人住所地有管辖权的人民法院提起诉讼；在合同签订后 15 日内为本合同办理具有强制执

* 上海市锦天城律师事务所高级合伙人。

** 上海市锦天城律师事务所律师。

行效力的公证。其间，武汉 B 公司召开股东会并形成决议通过了该《借款合同》的订立事项。

为保证借款资金安全，上海 A 公司采取了多种担保措施：

与武汉 C 公司签订了《股权质押合同》，以武汉 C 公司持有的武汉 B 公司 80% 股权提供质押担保，同时约定，本合同的法律效力独立于主债权合同，主债权合同被确认无效、撤销或解除，均不影响本合同的法律效力，出质人仍应承担本合同项下的担保责任。双方还就该股权质押办理了质押登记。该质押担保经武汉 C 公司股东会决议通过。

与武汉 D 公司签订了《不动产产权抵押合同》，以武汉 D 公司名下商业地产（面积 82 694.74 平方米，协议总价值约人民币 14 亿元）抵押，同时约定抵押合同的效力独立于主债权合同，并办理了抵押登记，抵押顺位分别有第一、第三顺位的抵押权；抵押物的担保范围为《借款合同》项下的本金、违约金、损害赔偿金及上海 A 公司为实现主债权和抵押权所实际支出的全部费用。该抵押担保经武汉 D 公司股东会决议通过。

分别与武汉 D 公司的关联公司武汉 E 公司、股东冯三及其配偶谢某、武汉 F 公司签订《保证合同》，约定由保证人提供连带保证责任，同时约定保证合同的效力独立于主债权合同。

另，上海 A 公司与武汉 B 公司签订了一份《经济咨询服务协议》，约定武汉 B 公司委托上海 A 公司办理借款 2.5 亿元手续并提供相关咨询服务，咨询服务费按照借款总额的 5% 收取，共计 1 250 万元。

前述合同签署后，上海 A 公司于 2017 年 3 月 30 日将 2.5 亿元贷款转账给武汉 B 公司，并收取了 2 500 万元的服务费。因武汉 B 公司到期未还款，上海 A 公司遂诉至法院，要求判令：

武汉 B 公司归还借款本金 2.5 亿元；

武汉 B 公司支付违约金，违约金从 2017 年 5 月 31 日起，以 2.5 亿元为基数，按照日千分之二计算至本金清偿之日止；

武汉 B 公司支付其实现债权的全部费用；

确认其对武汉 B 公司提供质押的股权享有质权，对质押股权经拍卖、变卖、折价所得款项享有优先受偿权；

确认其对武汉 D 公司提供抵押的房产享有抵押权，并对抵押房产经拍卖、变卖、折价所得款项享有优先受偿权；

武汉 D 公司、武汉 E 公司、武汉 F 公司、冯三、谢某承担连带担保责任。

本团队接受了武汉 B 公司、武汉 C 公司、武汉 D 公司、冯三、谢某的委托，就案涉《借款合同》的效力提出了抗辩，认为本案借款合同因违反了法律的强制性规定而无效，又因主合同无效，案涉从合同包括抵押合同、质押合同、担保合同均无效，再因抵押人、担保人对主合同无效无过错，故抵押人、担保人均不应该承担过错赔偿责任等观点。一审法院仅采纳主合同无效、担保合同无效的观点，未采纳抵押合同、质押合同无效的观点；二审法院采纳了笔者的全部观点。

二、争议焦点

本次借贷纠纷案件，存在以下难点：

（1）案涉借款合同是否有效？如何抗辩才能达到合同无效的目的？如果能够成功认定案涉借款合同为无效合同，则借款合同关于违约金的约定无效，借款人、担保人无需支付高额违约金，《保证合同》《抵押合同》等从合同的效力均会受到影响，担保人有可能无责。

（2）已支付给出借人的服务费 2 500 万元是否是变相利息？能否冲抵本案借款本金？ 2 500 万元属于借款人支付的服务费，属于在借款期间内支付的，但是借款合同没有约定利息，该笔钱款到底是利息还是服务费，能否冲抵本金，因 2 500 万元系一笔不小的数额，若能冲抵本金，就能直接降低欠款本息。

（3）抵押合同约定效力独立情况下，抵押合同是否有效？抵押物能否被释放？如抵押合同无效，抵押人是否还需要向出借人承担赔偿责任。

（4）保证合同是否有效？如果保证合同无效，保证人是否对此有过错，是否需要承担部分赔偿责任？

三、法律分析

（一）关于案涉《借款合同》的效力问题

双方对此问题争论相当激烈，因为主合同的效力问题直接关系到利息计算和从合同的效力问题，上海 A 公司认为：（1）其不是职业放款人，因为其实际控制人高某三是上市公司某信托股份有限公司的实际控制人。该信托公司是一家持牌金融机构，具有合法放贷的资质。如果 A 公司需以放贷作为经营方式，完全可以与该信托公司合作，以信托通道等合法方式进行放贷，没有必要进行违法放贷，所涉借贷本意就是短期拆借，而非以借贷作为营利模式，武汉 A 公司最初借款时的说法是，设立基金之后邀请上海 A 公司一起参与投资。（2）武汉 A 公司举证上海 A 公司作为原告起诉的六起案件，实际上仅为三起案件，所以其出借款项不具有"反复性""经常性"。

为了论证本案借款合同的效力问题，笔者从职业放款人的法律定义、借款资金的来源、出借人的实控人涉嫌犯罪三个维度进行了论证。最终，上海市第二中级人民法院和上海市高级人民法院采信了笔者主张的上海 A 公司为"职业放款人"的观点，认定《借款合同》无效，遗憾的是，两级法院对笔者提出的其他两个观点未进行评判。笔者之所以从三个维度来论证合同效力问题，主要是因为"职业放款人"的观点所依赖的证据只是一种可能性，最终是否能被认定尚不可知，此种情形下，笔者不得不从多个维度"围攻"。本案中，笔者就《借款合同》无效问题有观点如下：

（1）出借人上海 A 公司系职业放款人，案涉《借款合同》无效。

第一，从诉讼案件的数量来看，上海 A 公司长期从事借贷业务，系职业放款人。

上海 A 公司未依法取得放贷资格，以借贷为业，在一定期间内多次反复从事有偿民间借贷行为，系职业放款人。本案中，经查询，上海 A 公司在上海地区涉及六起民间借贷诉讼案件，加上本案共计七起借贷案件，而且前述六起借贷案件都是自 2020 年开始并且公开的借贷案件，如果算上未起诉的和未公开的，上海 A 公司借贷业务远远不止裁判文书网上公布的案件数量，上海 A 公司符合职业放款人向不特定多数人、多次放贷的特性。

第二，从一审查明的事实和上海 A 公司拒不配合法院调查来看，上海 A 公司属于职业放款人。

本案在一审庭审期间，法官曾多次让上海 A 公司披露总共出借的借款笔数、收取的利息情况、公司的涉诉情况及本案出借资金的来源等，但是上海 A 公司拒不提供，且不披露案涉资金来源，在法官向其强调拒不提交证据及虚假陈述的后果后，上海 A 公司庭审期间多次反言，前后陈述矛盾，后，其代理律师为规避自身风险，与上海 A 公司解除了委托代理关系。上海 A 公司在诉讼中违反诚信原则，拒不披露公司出借借款情况，进一步增加了法官对其系职业放款人的内心确认。

（2）上海 A 公司资金来源不合法，案涉《借款合同》应无效。

本案中，案涉资金来源于某信托股份有限公司，并非自有资金。武汉 B 公司就本笔借款多次配合上海市公安局进行调查，并按照公安机关的指示将自己持有的与本笔借款相关的材料提交给公安机关，后在 2021 年年底发现，武汉 D 公司名下的不动产已经被上海市公安机关查封，公安机关的查封行为更进一步证实了本案的借款资金来源不合法，上海 A 公司的借贷行为违反了法律法规的强制性规定，按照《最高人民法院关于审理民间借贷案件适用法律若干问题的规定》（法释〔2015〕18 号，以下简称《借贷新规》）第十四条第一项、第四项、第五项的规定以及最高人民法院关于印发《全国法院民商事审判工作会议纪要》的通知（法〔2019〕254 号以下简称《九民纪要》）第 52 条有关高利转贷的规定，涉案借款合同应属无效。

（3）上海 A 公司实际控制人高某三已因涉嫌"违法发放贷款罪"被刑事拘留，本案借款合同属于以合法形式掩盖非法目的的无效合同。

某信托股份有限公司实际控制人高某三和财务总监王某某目前已因涉嫌违法发放贷款罪被刑事拘留。该二人违反国家规定，用上海 A 公司名义与武汉 B 公司签署《借款合同》，掩盖其获取高息的非法目的，案涉《借款合同》明显构成《中华人民共和国合同法》第五十二条第三项关于"以合法形式掩盖非法目的"的合同无效情形。

（二）关于《保证合同》《抵押合同》的效力问题

根据《中华人民共和国担保法》第五条第一款"担保合同是主合同的从合同，主合同无效，担保合同无效。担保合同另有约定的，按照约定"，以及《九民纪要》第 54 条"独立担保从属性是担保的基本属性，但由银行或者非银行金融机构开立的独立保函除外。……银行或者非银行金融机构之外的当事人开立的独立保函，以及当事人有关排除担保从属性的约定，应当认定无效。但是，根据'无效法律行为的转换'原理，在否定其独立担保效力的同时，应当将其认定为从属性担保……"。按照担保从属性原则，在主合同无效的情形下，《保证合同》的独立性声明仅在独立保函中有效，在其他情形下都属于无效声明，不影响对从合同效力的认定。一审法院和二审法院均支持了笔者的观点，认为保证合同无效。但在《抵押合同》的效力问题上，笔者与一审法院观点不同，为此，在一审判决书作出后，笔者还打电话给主审法官，希望获得"判后答疑"，若一审法官认定《抵押合同》有效依据充分，则可免去上诉之累。但一审法官的"判后答疑"与其判决书说理部分完全一致，该观点未说服笔者。为此，笔者与委托人沟通后，就抵押担保问题提起上诉，上海高院支持了笔者关于《抵押合同》无效的观点，认为本案中抵押合同中关于"效力独立于主合同"因违反《中华人民共和国物权法》第一百七十二条的规定而无效。

（三）《抵押合同》《保证合同》无效，抵押人武汉 D 公司、保证人武汉 E 公司、冯三、谢某的责任问题

《最高人民法院关于适用〈中华人民共和国担保法〉若干问题的解释》第八条规定："主合同无效而导致担保合同无效，担保人无过错的，担保人不承担民事责任；担保人有过错的，担保人承担民事责任的部分，不应超过债务人不能清偿部分的三分之一。"本案的主合同为无效合同，一审法院据此认定保证合同无效，但同时判令保证人武汉 E 公司、冯三、谢某向上海 A 公司承担不能清偿部分不超过三分之一的赔偿责任。

在与委托人沟通后，我们就该判项提起上诉，主张从合同抵押合同、质押合同、保证合同均为无效合同，因主合同无效的原因在于上海 A 公司违规从事金融借贷业务，过错在于上海 A 公司，保证人、质押人、抵押人均无过错，上海 A 公司要求保证人、质押人、抵押人承担责任需证明保证人、抵押人参与了犯罪或对该犯罪行为知情并仍然提供保证担保或抵押担保，故上海 A 公司要求保证人、质押人、抵押人承担赔偿责任无法律依据，抵押人、质押人、保证人不应承担任何赔偿责任。

最终，上海市高级人民法院二审采纳了笔者的观点，认定抵押合同、质押

合同、保证合同均无效，且抵押人、质押人、保证人均无过错，无需承担赔偿责任，即抵押人、质押人和保证人无需对该笔借款承担任何责任，出借人只能要求借款人返还借款本金。

四、裁判结果

（一）裁判结果

（1）案涉《借款合同》是否有效。

上海市第二中级人民法院认为，上海 A 公司在一定期间内存在多起反复以同样的合同格式、利率向社会不特定对象提供资金赚取高额利息的民间借贷行为，并引发多起民间借贷诉讼案件，据此，上海 A 公司出借资金的行为具有反复性、经常性，贷款的目的具有营业性，应认定为职业放款人。上海 A 公司未经批准擅自从事包括本案贷款在内的经常性贷款业务，属于从事非法金融业务活动，违反了《银行业监督管理法》第十九条"未经国务院银行业监督管理机构批准，任何单位或者个人不得设立银行业金融机构或者从事银行业金融机构的业务活动"等法律规定，按照《中华人民共和国合同法》第五十二条第五项规定，其与武汉 B 公司签订的涉案借款合同应为无效合同。借款合同被认定无效后，依据《中华人民共和国民法总则》第一百五十七条、《中华人民共和国合同法》第五十八条的规定，双方取得的财产应互相返还，故武汉 B 公司作为借款人应当返还借款；虽然基于合同无效，双方约定的逾期违约金不应被支持，但武汉 B 公司作为资金使用人仍应当按照贷款市场报价利率支付资金占用利息。

上海 A 公司对一审法院就《借款合同》的效力认定问题提起上诉，认为其借款系企业家之间的互助行为，仅发生在有社会地位的企业家之间，因此不构成职业放贷，对此，上海市高级人民法院二审认为，武汉 B 公司提交的证据材料可以进一步佐证上海 A 公司在同一期间内仍然存在其他多起民间借贷涉诉案件，对上海 A 公司不构成职业放贷人的意见未予采纳。

（2）武汉 B 公司支付给上海 A 公司的"咨询服务费"2 500 万元是否冲抵还款。

上海市第二中级人民法院认为，武汉 B 公司直接向上海 A 公司转账支付的 2 500 万元款项，上海 A 公司主张系武汉 B 公司按双方协议约定给付的"咨询服务费"，但该款项金额与协议约定收取的 1 250 万元存在明显出入；对于协议所涉咨询服务事项，上海 A 公司在本案中也无法对应举证提供已履行的服务内容，因此，对于该 2 500 万元款项的性质，依法可以认定系上海 A 公司以咨询服务费名义变相向武汉 B 公司收取的借款利息，因双方未约定借款期限内借款利息，现武汉 B 公司主张将该款冲抵借款本金，可予支持。对于武汉 B 公司向案外人京某公司转账支付的 5 490 万元款项，因武汉 B 公司没有证据表明系基于上海 A 公司的付款指令或用于上海 A 公司一方的款项用途，同时也没有证据表明事后京某公司已将所收款项向上海 A 公司实际进行了转移支付，故对于武汉 B 公司主张的该部分还款事实未予认定。

上海市高级人民法院二审认同一审法院的意见，认为从已查明事实看，无任何证据证明京某公司与上海 A 公司存在关联关系，也无任何证据证明京某公司是受上海 A 公司委托进行收款或者上海 A 公司指令武汉 B 公司向京某公司付款，因此武汉 B 公司向京越公司转账的 5 490 万元不能认定为归还本案《借款合同》项下的借款。同时指出，若武汉 B 公司认为其不应当向京某公司付款，可以依据其他法律关系另行主张。

（3）武汉 D 公司是否应当承担不动产抵押担保责任。

上海 A 公司与武汉 D 公司签订《不动产产权抵押合同》并办理抵押登记，约定以抵押清单内列明的全部不动产向上海 A 公司承担抵押担保责任，并约定该抵押合同的效力独立于主债权合同，主债权合同被确认无效、被撤销或被解除，均不影响抵押合同的效力。此种情形下，对于武汉 D 公司是否应当承担不动产抵押担保责任，一审法院与二审法院观点截然相反，对该争议焦点二审法院最终采纳了笔者的观点。

上海市第二中级人民法院认为，依据 1995 年 10 月 1 日起施行的《中华人民共和国担保法》第五条第一款的规定，担保合同是主合同的从合同，主合同无效，担保合同无效；担保合同另有约定的，按照约定。因武汉 D 公司与上海 A 公司签订的《不动产产权抵押合同》约定抵押合同的法律效力独立于《主债权合同》，《主债权合同》被确认无效，不影响从合同的法律效力，抵押人仍应承担担保责任。据此，武汉 D 公司仍应就涉案武汉 B 公司的借款向上海 A 公司承担不动产抵押的担保责任。

上海市高级人民法院认为，案涉《不动产产权抵押合同》签订于 2017 年，此时《中华人民共和国民法典》尚未施行，应适用当时的法律和司法解释。1995 年《中华人民共和国担保法》第五条规定："担保合同是主合同的从合同，主合同无效，担保合同无效。担保合同另有约定的，按照约定。"2007 年《中华人民共和国物权法》第一百七十条规定："设立担保物权，应当依照本法和其他法律的规定设立担保合同。担保合同是主债权债务合同的从合同，主债权债务合同无效，担保合同无效，但法律另有规定的除外。担保合同被确认无效后，债务人、担保人、债权人有过错的，应当根据其过错各自承担相应的民事责任。"《物权法》的该条规定适用于担保物权的设立及效力认定，明确规定独立担保物权只能由法律规定，不能由当事人合意约定产生。根据新法优于旧法原则，本案所涉《不动产产权抵押合同》属于担保物权之抵押权，应当适用《物权法》的规定。一审法院适用《担保法》第五条规定，认定《不动产产权抵押合同》中约定的担保独立性条款有效，进而判令武汉 D 公司承担抵押担保责任，适用法律有误。根据《物权法》上述规定，本案中《不动产产权抵押合同》因主合同《借款合同》无效而无效。又如争议焦点分析，本案《借款合同》无效系因上海 A 公司违反金融监管法律强制性规定进行职业放贷所致，作为担保人的武汉 D 公司对于《借款合同》及《不动产产权抵押合同》的无效均无过错，因此武汉 D 公司无需承担抵押担保责任，也无需承担抵押合同无效的赔偿责任。

（4）武汉 E 公司、冯三、谢某是否应当承担连带保证责任。

上海市第二中级人民法院和上海市高级人民法院均认为，因上海 A 公司职业放贷导致主合同《借款合同》无效，进而导致作为从合同的相关《保证合同》均无效。但是在保证人是否承担过错责任上观点不同。

上海市第二中级人民法院认为，根据《担保法》第五条第二款，"担保合同被确认无效后，债务人、担保人、债权人有过错的，应当根据其过错各自承担相应的民事责任"。按照《担保法司法解释》第八条"主合同无效而导致担保合同无效，担保人无过错的，担保人不承担民事责任；担保人有过错的，担保人承担民事责任的部分，不应超过债务人不能清偿部分的三分之一"的规定，保证人应该承担赔偿责任，据此判令武汉 E 公司、冯三、谢某向上海 A 公司承担不能清偿部分不超过三分之一的赔偿责任。

上海市高级人民法院二审认为，主债务人武汉 B 公司与上海 A 公司之间仅有一笔借款，无证据证明武汉 E 公司、冯三、谢某作为担保人，对于上海 A 公司违反金融监管秩序职业放贷行为是知情的，因此各保证人对主合同无效均无过错，不应当承担赔偿责任。对一审法院判令武汉 E 公司、冯三、谢某向上海 A 公司承担不能清偿部分不超过三分之一赔偿责任，予以纠正。

（5）武汉 C 公司是否应当承担质押担保责任。

上海市高级人民法院二审认为，一审法院处理结果正确，但一审法院以经过保证期间为由未予支持质押担保责任，属于适用法律错误。根据 1995 年《担保法》第七十四条规定，"质权与其担保的债权同时存在，债权消灭的，质权也消灭"。本案中，武汉 C 公司提供的股权质押担保不适用保证期间的法律规定，武汉 C 公司与上海 A 公司签订的《股权质押合同》系因主合同《借款合同》无效而无效，法律适用与《不动产产权抵押合同》争议焦点相同。虽然说理不同，但结果未改变，即武汉 C 公司亦无需承担质押担保责任。

（二）案例亮点

（1）证据为王。

本案能取得成功的原因在于尽一切可能搜集了证据。接受委托之初，武汉 B 公司、武汉 D 公司手中除了还款凭证外，没有任何其他证据，当事人向笔者提供的信息很多都是"听说"，并无真凭实据，为此，笔者所在团队在中国裁判文书网、百度、微信搜集、威科、企查查、公告网、国家企业信用网等进行了全面搜集，结果查询到了上海 A 公司涉及的多起借贷纠纷案件、上海 A 公司实控人涉嫌"违法发放贷款罪"及上海 A 公司资金来源等问题，此外，在庭审过程中，就资金来源问题，笔者还向法院提交了《调查取证申请书》，以确定本案借款资金来源是否具有合法性，为主张借款合同无效提供了相对充分的证据，也为案件的成功打下了基础。

另，本案争议本金 2.5 亿元，加上从 2017 年到现在的利息，本息高达 5 亿元，且抵押人也提供了足额的抵押物，另外还有股权质押，担保人涉及公司所有股东及其配偶，本团队承接案件后，对该案件高度重视，迅速组织团队成员对案件进行了分析和讨论，最终确定了案件办案思路，主攻借款合同无效，逾期违约金约定无效；只有借款合同无效，保证合同、质押合同、抵押合同才可能无效，保证人、质押人、抵押人才可能免责。在办案过程中，积极搜集证据，由团队律师负责筛选证据并提交法院。本案中，为了让承办法官对案涉资金来源产生合理怀疑，笔者将公安机关要求当事人配合提供案涉借款合同时手写的"便签"也作为证据提交，虽然知道该证据对案件事实起不到证明作用，但如果能够让法官产生合理怀疑，加强法官对上海 A 公司资金来源合法性存疑的内心确认就够了。这些看似微不足道的细节、证据可能没有证明力或证明力极弱，法官也确实未采纳手写"便签"作为证据，但有利于法官在证据链中形成内心确认，有可能作出有利于我方当事人的认定。

（2）担保人未承担任何过错责任。

根据《担保法》第五条第二款，"担保合同被确认无效后，债务人、担保人、债权人有过错的，应当根据其过错各自承担相应的民事责任"。《担保法司法解释》第八条规定，"主合同无效而导致担保合同无效，担保人无过错的，担保人不承担民事责任；担保人有过错的，担保人承担民事责任的部分，不应超过债务人不能清偿部分的三分之一"。本案件中，不管是抵押人，还是保证人，以及质押人，在二审均没有责任，上海中院的法官与上海高院的法官就担保人是否承担责任观点不相同；对于合同无效后，担保人是否需要承担三分之一的赔偿责任，两级法院的观点也不相同。法律观点相左是很常见的事情，笔者在一审、二审中均坚持，从合同无效是因为主合同无效，而主合同无效的原因在于上海 A 公司违规从事金融借贷业务，过错在于上海 A 公司，保证人、质押人、抵押人对合同效力均无过错，故保证人、质押人、抵押人无需承担赔偿责任，最终，二审法院支持了该观点，质押人、抵押人和保证人均不承担任何责任。

北京某公司诉深圳某合伙企业证券交易合同纠纷案

——国内首例司法判决撤销"新三板"乌龙指股票交易

岳　巍*

一、案情介绍

作为一种股票交易过程中独特的操作失误现象，乌龙指在俗称"新三板"的全国中小企业股份转让系统中曾数次出现。本案系全国首例涉"新三板"乌龙指案，由上海市锦天城律师事务所岳巍律师、王冠一律师代理原告（"乌龙指操作方"），先后在沪深两地法院提起诉讼。其中在沪诉讼以调解结案，在深诉讼一审驳回了原告诉讼请求，二审进行了改判。本文以在深诉讼为基础进行分析。

原被告均为全国中小企业股份转让系统（下称"新三板"）的投资者。2016年12月16日13时，"新三板"在午间休市结束后重新开始交易，原告法定代表人王某作为操盘人员负责当日的股票交易。当日系北京信中利投资股份有限公司（证券简称"信中利"，证券代码833858）复牌后可以进行交易的首日。

---

* 上海市锦天城律师事务所高级合伙人。

（第一次出价）13 时 00 分 48 秒，原告出价 4.20 元 / 股拟买入信中利股票 20 000 股；

（第二次出价）13 时 01 分 11 秒，原告原本拟以 4.30 元 / 股的价格买入信中利股票 10 000 股，但因操作报价时，王某误将原本计划出价的 4.30 元 / 股的价格输入为出价 430 元 / 股拟买入信中利股票 10 000 股；

13 时 02 分 34 秒，原告成功撤回第一次出价 4.20 元 / 股购买信中利股票 20 000 股的委托；

（第三次出价）13 时 03 分 02 秒，原告出价 4.20 元 / 股拟买入信中利股票 10 000 股；

13 时 03 分 36 秒，原告成功撤回第三次出价 4.20 元 / 股购买信中利股票 10 000 股的委托。

在协议定价的交易方式下，原告误以 430 元 / 股的价格，于 13 时 01 分 24 秒买入了案外人（即在沪诉讼案件被告）售出的信中利股票 6 000 股，于 13 时 01 分 26 秒买入了被告售出的信中利股票 4 000 股，合计 10 000 股。前后两笔交易自错误定价至完成交易仅用时 15 秒，王某在发现有误后已经无法撤销。原告为此分别支出上述两笔股票交易的成交价 258 万元、172 万元，合计 430 万元。信中利股票该天共成交 37 720 股，总成交价 4 437.7 万元，成交均价 11.764 8 元，最高成交价 430 元，最低成交价 4 元。

同日，全国中小企业股份转让交易系统有限责任公司致函原告开户所在托管券商，认定原告在交易"信中利"股票的过程中存在异常价格交易行为，要求原告提交书面承诺的监管措施。

2016 年 12 月 19 日，原告分别致函被告、案外人、主办券商证券营业部及全国中小企业股份转让系统有限责任公司的交易监察部，表示希望可以撤销该笔交易，但被告并未予以回应。故原告将被告诉至法院，请求撤销涉案股票交易合同及被告返还股票购买价款。

为了防范异常价格申报和投资者误操作，保护投资者合法权益，2017 年 3 月 24 日，全国股转公司实施的《关于对协议转让股票设置申报有效价格范围的通知》规定：采取协议转让方式的股票，申报价格应当不高于前收盘价的 200% 且不低于前收盘价的 50%。超出该有效价格范围的申报无效。采取协议转让方式的股票，无前收盘价的，成交首日不设申报有效价格范围，自次一转让日起设置申报有效价格范围。新规实施后，将有效避免乌龙指现象再次出现。

二、争议焦点

本案争议焦点和难点如下：

（1）案涉证券交易合同是否构成重大误解？

首先，"重大误解"条款在立法时存在一定局限性。1988 年出台的《最高人民法院关于贯彻执行〈中华人民共和国民法通则〉若干问题的意见》（下称《民通意见》）第 71 条对属于"重大误解"情形之范围进行了列举。但由于立法时电子商务并未普及，立法者未将"标的物价格"纳入"重大误解"情形之范围。这使得原告的请求权基础成立与否存在一定争议。

其次，证券交易存在一定特殊性。"新三板"对其投资者有严格的准入限制，且对其投资者的风险识别能力、风险控制能力、风险承受能力均有着相对于普通投资者更高的要求。因原告操作失误造成的相关风险是否应由原告自行承担各方持有不同意见。

（2）涉案交易合同能否撤销？因重大误解而进行的错误交易是否适用《证券法》第 120 条的规定？

原告的请求权基础为《民法通则》《合同法》的相关规定，但《民法通则》《合同法》与《证券法》的规定存在一定冲突。《民法通则》《合同法》系一般法，而《证券法》系特别法，那么本案是否适用"特别法优于一般法"的法律适用规则则成了双方的争议焦点。

（3）以司法裁判权撤销案涉股票交易，会对证券交易秩序产生哪些影响？

三、法律分析

争议焦点一：案涉证券交易合同是否构成重大误解？

原告观点：案涉证券交易合同构成重大误解，对此，原告分别从事实层面与法律适用层面进行了阐述。

事实层面：原告交易操作人员王某发出案涉股票转让的交易指令时，其内心意思与外部表示不一致，应属意思表示错误。原告在与被告订立证券交易合同时的真实内心意思是以 4.3 元 / 股的价格购买信中利股票 10 000 股，但原告将意思表示发出时因点击"."键用力不足或遗忘点击，在不知情的情况下，错误地作出了以 430 元 / 股的价格购买股票的外部表示。

从交易环境和原告的外部表示来看，足以证明以 430 元 / 股的价格购买股票并非原告的内心意思。具体理由如下：

首先，从交易习惯上来看，信中利股票在 2016 年 12 月 16 日的成交均价为 11.77 元，当日最低成交价为 4.00 元，原告作为一名理性投资者，是不可能作出以高于市场均价近百倍的价格购买股票的内心意思的，原告购买股票时所发出的价格明显背离了该股票当时的市场价格。

其次，从股票价值上来看，总股本 12.9 亿股的信中利，若以 430 元 / 股的价格计算，总市值将达到 5 547 亿元，若以该市值计算，信中利公司可跻身全国企业 20 强。而信中利公司作为一家从事风险投资及私募股权投资的投资机构，显然是不可能有此高额的估值。此外，在双方交易当日，全国中小企业股份转让系统有限责任公司就致函原告开户所在托管券商，认定信中利股票挂牌交易过程中存在异常价格交易，该笔交易造成了市场价格异常或秩序混乱。由此可见，原被告交易信中利股票的价格与该股票的实际价值相差甚远。

再次，从交易环境上来看，原有的协议转让股票的交易规则确实存在漏洞，原被告双方订立证券交易合同时，全国股转系统并未对申报价格的范围设限，这使得严重偏离股票价值的交易频发。类似于本案的"乌龙指"事件时有发生，例如，2017 年 3 月 9 日，价值 19.70 元 / 股的宁波水表股票以 1 970 元 / 股的价格成交；2017 年 3 月 22 日，价值 8.5—8.9 元 / 股的巨鹏食品股票以 87.88 元 / 股的价格成交，频发的误操作严重损害了投资者的合法权益。为此，全国中小企业股份转让系统有限责任公司于 2017 年 3 月 24 日发布《关于对协议转让股票设置申报有效价格范围的通知》，对采用协议转让方式的股票设置申报有效价格范围。该通知的发布表明，交易所也认识到原有交易规则存在的漏洞，并予以弥补。

最后，从具体交易指令的发布来看，原告当天在对信中利股票的购买过程中共出价三次：其中，第一次和第三次的出价均为 4.20 元 / 股，而第二次的出价为 430 元 / 股，由此可以推断，原告的真实内心意思是以 4.2 元左右 / 股的价格购买信中利股票，原告在之后发出的以 430 元／股的价格购买股票的外部表示是意思表示错误。而出价的方法也印证了出现这种表示错误的可能性，原告使用的台式机数字键盘区内 "0" 键和 "." 键相邻，在输入价格的过程中，极易导致点击 "." 键用力不足或遗忘点击。况且，双方交易时正值正午，操作者尚未完全从午休状态中恢复过来，加之其自身患有近视，才导致原告作出了错误的意思表示。

法律适用层面：本案符合《民通意见》第 71 条中关于 "重大误解" 的规定。

我国《民通意见》第 71 条规定："行为人因对行为的性质、对方当事人、标的物的品种、质量、规格和数量等错误认识，使行为的后果与自己的意思相悖，并造成较大损失的，可以认定为重大误解。"《民通意见》对司法实践中应该认定、可以认定为属于 "重大误解" 情形之范围进行了列举。该列举中虽然未包含标的物价格，但规定中的 "等" 做了列举未尽。标的物价格作为合同的关键要素，其意思表示的错误会影响合同目的的实现，如果原告在为意思表示时就知道该错误的后果，则不会作出此意思表示，并且，原告为此受到了较大损失。由此可见，原告对于标的物价格错误的意思表示符合 "重大误解" 的内涵，标的物价格错误应视包含在《民通意见》第 71 条规定中 "等" 的列举未尽。

同时，《民通意见》出台于 1988 年，立法者在起草第 71 条时存在一定的局限性，鉴于当时电子商务并未普及，当事人采用的线下交易方式一般不会造成对标的物价格的重大误解，因而立法者未将标的物价格纳入 "重大误解" 情形之范围，而如今随着网络技术的发展，大量交易合同尤其是证券交易合同大都是采用线上交易方式履行，网络的虚拟性与便捷性加大了价格误解的可能性，因此，将标的物价格错误应视包含在《民通意见》第 71 条规定中 "等" 的列举未尽符合现代社会交易方式的需求。

对于重大误解的构成要件，有三要件说和四要件说。三要件说的提出是根据最高人民法院的《民通意见》第 71 条的规定细分出来的，其中包括：（1）表意人对合同的内容发生重大误解；（2）因为误解，致使表意人表示出来的意思与内心真实的意思不一致；（3）表意人因误解遭受重大损失。四要件说中王利明教授认为："重大误解必须符合的条件：（1）表意人对合同的内容等发生了误解；（2）误解必须是重大的；（3）误解是由误解方自己的过失造成的；（4）表意人因为误解做出了意思表示。"无论各路学说对重大误解的构成要件的不同表述如何，大致可以归纳为以下四个要件。

（1）表意人对合同的内容发生重大误解。本案中，原告对合同中股票的购买价格发生了重大误解。

（2）表意人因为误解做出了意思表示。本案中，原告的真实内心意思是以4.3元/股的价格购买信中利股票10 000股，但原告将意思表示发出时因点击"."键用力不足或遗忘点击，在不知情的情况下，错误地作出了以430元/股的价格购买股票的外部表示。原告表示出来的意思与内心真实的意思不一致。

（3）误解是由误解方自己的过失造成的。被告主张原告存在重大过错，不应视为构成重大误解。原告承认自己在交易中存在过错，也正是因为原告方存在过错才构成重大误解，任何意思表示错误的表意人主观上都存在过失，原告同意为自己的过错承担相应的缔约过失责任。

（4）表意人因误解遭受重大损失。本案中，原告因对合同中股票的购买价格发生了重大误解，以高于市场均价近百倍的价格购买了股票，遭受了重大经济损失。

被告观点：案涉证券交易合同不构成重大误解。被告提出原告发出的涉案交易指令存在利益输送的可能。原告存在重大过错且系机构投资人，应对自己的股票交易行为承担责任。

重大误解是指行为人因对行为的性质、对方当事人、标的物的品种、质量、规格和数量等的错误认识，使行为的后果与自己的意思相悖，并造成较大损失的，可以认定为重大误解，其构成要件之一是误解为非故意行为。

原告在2016年12月16日13时开始交易时，短短3分多钟之内，先后三次委托买入信中利股票，又在该时间段内撤回了相关交易（第二次未撤回成功）。对此，很难理解原告反复出价买入信中利股票随后又立即撤回委托的原因何在。随着新三板市场挂牌公司的数量越来越多，交易违规行为频发，存在拉高或压低个股股价，人为制造短期行情，使其他投资者误判市场形势，然后以近似的价格报出较高的股票定价委托卖单或较低的定价委托买单等行为。

结合上述分析，原告作为专业的证券机构投资者，在进行股票交易中，其对交易的性质、当事人、标的物等实际上是由专业认定能力的，存在认识误解可能性不高。由于争议发生时的全国股转系统对股票转让不设涨跌幅限制，本案中原告出现较高出价，交易价格未超出投资者认知范围，不排除其在反复操作中存在故意或重大过失，因此，本案诉争证券交易合同不应被撤销。

即使原告认为本次股票交易为操作失误造成，那也是因原告在重大过错、风险失控情形下造成的，操作失误风险应作为交易风险的一种体现，该风险责任应由原告及相关责任方承担，与被告无关。如前所述的交易流程，原告法定代表人自行填写了诉争股票买入的委托信息，包括股票代码、股票数量和单价等，并经其主办券商平台向全国股转系统进行定价申报。但依据原告现有证据，原告具体操作人员在上述操作中，均为一人完成，没有相应的其他复核流程。试想，如果在委托信息填报以及申报环境，均由复核人员确认，都有可能降低这种争议的出现。显然，原告在股转行为中，风险防范及控制措施并未落实，这种操作失误风险的造成责任在于原告，也应构成原告交易风险，因此，相应的股票转让后果，也应维持。如果在原告有责任的情况下撤销该交易行为，对其无任何警示作用，相反地对于交易对方的被告而言，极不公平。

原告作为机构投资者，在参与挂牌公司股票公开交易中，具备风险识别能力、风险控制能力和风险承受能力，应对自己的股票交易行为承担责任。我国证券交易制度，包括新三板挂牌公司股票公开交易相关法律法规以及行业规定，均对参与主体进行了准入资格的具体规定，总体而言，都要求参与新三板交易的投资者应当具备一定的投资能力和风险防范及承受能力。

依据本案争议发生时我国《全国中小企业股份转让系统投资者适当性管理细则》的规定，机构投资者参与股票公开转让等业务，应当熟悉股转系统的相关规定，具有相应的风险承受能力、风险识别能力及风险控制能力。同时，该规定也要求主办券商在代理业务时，了解投资者的身份、财务状况、证券投资经验等相关信息，评估投资者的风险承受能力和风险识别能力，有针对性地开展风险揭示、投资者知识普及、投资者服务等工作，引导投资者审慎参与挂牌公司股票公开转让等相关业务。

另外，《全国中小企业股份转让系统股票转让细则（试行）》（2013年12月30日颁布）、《全国中小企业股份转让系统主办券商管理细则（试行）》等规定也有上述对代理券商对投资者资质审查职责类似性的规定。上述规定的原意，就是要求参与新三板交易的投资者了解股票投资市场的风险，包括了解因技术误操作方面可能引起的不利后果，以便投资者审慎参与挂牌公司股票公开转让交易。结合本案，原告参与挂牌公司股票公开交易，符合主体资格的要求，系合格股票投资者，具有丰富的股票投资经验，熟悉新三板交易中股票转让相关规定，也具备足够的风险控制能力、风险识别能力和风险承担能力。综上，原告应对诉争股票转让交易中自身行为产生的风险承担相应责任。

争议焦点二：涉案交易合同能否撤销？因重大误解而进行的错误交易是否适用《证券法》第120条的规定？

原告观点：涉案交易合同可以撤销。因重大误解而进行的错误交易不适用《证券法》第120条的规定。

我国《证券法》第120条规定："按照依法制定的交易规则进行的交易，不得改变其交易结果。对交易中违规交易者应负的民事责任不得免除；在违规交易中所获利益，依照有关规定处理。"原告认为，本案之情形不应适用该条法律，原因如下：

从文义解释出发，"按照依法制定的交易规则进行的交易，不得改变其交易结果"，即只要当事人按照相关交易规则规定的委托方式、申报方式、申报数量、申报价格、最小报价单位等要求，完成申报动作，交易即达成，形成交易结果，交易结果不得改变。但是这里需要进一步讨论的是为什么在上述规定之后紧跟一句"对交易中违规交易者应负的民事责任不得免除"，"在违规交易中所获利益，依照有关规定处理"，这三者之间有何内在联系？显然本条的前后之间是存在逻辑关系的。

通过目的解释、体系解释等方法可知，"按照依法制定的交易规则进行的交易，不得改变其交易结果"是针对违规交易的，即便是违规操作进行的交易，只要交易行为本身符合交易规则，则交易有效，交易结果不得因此而改变。但是如果违规交易行为损害了其他市场参与者的合法权益，违规交易者仍然应当承担相应的民事责任，其因为违规交易所获得的利益，要依照相关规定进行处理。根据《证券法》的相关规定，内幕交易，操纵市场、欺诈客户、利用他人账户从事交易以及挪用公款进行证券买卖等此类属于违规交易行为。因此，《证券法》第 120 条"不得改变交易结果"的规定适用范围应该限定在上述提到的内幕交易、操纵市场交易等违反交易规则的情形，而不包括因为重大误解而进行的错误交易，以及因不可抗力、技术故障等导致的交易异常情况。

从法律适用上来看，庭审过程中，被告认为《民法通则》《合同法》系一般法，而《证券法》系特别法，应适用"特别法优于一般法"的法律适用规则。对此观点原告不予认可，具体原因有二：

其一，"特别法优于一般法"的法律适用规则规定于我国《立法法》的第 92 条，即"同一机关制定的法律、行政法规、地方性法规、自治条例和单行条例、规章，特别规定与一般规定不一致的，适用特别规定；新的规定与旧的规定不一致的，适用新的规定。"该条的适用前提是法律由"同一机关制定"，而《民法通则》《合同法》系由全国人民代表大会制定，《证券法》由全国人民代表大会常务委员会制定，显然上述法律制定的机关并非同一机关，所以不存在适用《立法法》第 92 条的情形。

其二，《民法通则》《合同法》与《证券法》第 120 条调整的是不同的法律关系。《民法通则》《合同法》调整的是平等主体的民事法律关系，属于"私法"的范畴；而《证券法》第 120 条规定于该法第五章"证券交易所"章节之中，第五章内的法律规定是针对证券交易所作出的行政管制性规则，属于"公法"的范畴。由此可见，上述法律的法律性质存在明显差异，不存在适用"特别法优于一般法"的情形。

被告观点：涉案交易合同不能撤销。因重大误解而进行的错误交易适用《证券法》第 120 条的规定。

原告参与挂牌公司股票公开转让，应当熟悉并遵照相关交易规则，在其定价申报经全国股转系统确认成交后，则本次交易即时成功且不可撤销。

依据《全国中小企业股份转让系统股票转让细则（试行）》规定，参与新三板股票交易的投资者买卖挂牌公司股票，应当开立证券账户和资金账户，并与主办券商签订相应的证券买卖委托代理协议。在挂牌公司股票协议转让情形中，买卖双方首先必须向各自的主办券商进行报价委托，通过报价系统寻找到买卖对手后，再经主办券商发出成交确认申报，并经全国股转系统确认后，成交即时完成且不可撤销。

原告以协议转让方式首先定价委托主办券商买入股票，自行填写了证券代码、委托数量、委托价格等信息，并于 2016 年 13 时 01 分 11 秒向主办券商发出委托指令，原告在主办券商平台发出该买入信息后，被告通过主办券商提交确认成交申报，13 时 01 分 26 秒，全国股转系统对原告与被告各自主办券商提交的委托指令进行了最终确认，至此，该股票转让交易成功，整个交易程序合法合规，交易流程完全符合我国新三板股票转让规则。

如前所述，原告是一个证券投资经验丰富的合格投资者，谙熟二级股票交易市场及新三板股票交易的相关流程规定和具备相关技术操作能力，本案诉争股票转让的要约包括股票数量和股票单价由其首先依据交易规则发出，原告认可该报价及数量并经全国股转系统确认成交，无论原告是否出于真实意思表示，该交易成功完成。

依据我国《中华人民共和国证券法》第一百二十条的规定，按照依法制定的交易规则进行的交易，不得改变其交易结果，即交易结果恒定原则。该原则体现在新三板股票交易中，即意味着成交确认委托一经报价系统确认成交的，则不得撤销或变更。因此，原告主张撤销本次交易缺乏法律依据。

争议焦点三：以司法裁判权撤销案涉股票交易，会对证券交易秩序产生哪些影响？

原告观点：以司法裁判权撤销案涉股票交易，更有利于维护证券交易秩序的稳定性。

尽管《全国中小企业股份转让系统股票转让细则（试行）》第 33 条规定股转系统可对显失公平的交易采取适当的措施，但股转系统作为中小企业股份交易的组织者，不能取代法院对于案涉交易是否存在重大误解，是否可按重大误解予以撤销等核心问题进行判断，这恰恰是司法作为社会正义最后一道防线的根本价值所在。因此，无论股转系统就案涉股票交易采取何种措施，都不影响法院对此案的独立审查与判决。

撤销案涉股票交易，表面上看影响了整个中小企业股份交易秩序的稳定性。但实际上，由于原本的交易规则存在缺陷，在交易频次和交易量达到一定程度后，因发出错误交易指令而导致的乌龙指事件在短短三个月的时间内，连续发生三次。一方面，正常的交易者在这样的市场规则之下，出于对可能出现错误后果的惧怕，会降低交易的效率；另一方面，想捡漏的交易者，则会通过各种外挂程序，甚至欺诈性的交易策略，以不正当手段获取超额利润。一旦这种情绪或做法蔓延开来，势必会损害整个中小企业股份交易市场的公正性。

因此，股转系统痛定思痛，修改了原本被投资人捧上天的不设置涨跌停幅度的出价规则，而且在相关通知中，第一句就开宗明义，"为维护投资者合法权益"。

合理的交易规则是在充分考虑各方利益诉求的基础上所形成的，并符合公正、公平、公开这三项基本原则的交易规则。并非被告方理解的那样，无论是什么的交易，一旦做出就不得撤销。如果是这样的，那么中小企业股份交易岂不是变成了"愿赌服输"的赌场？《民法通则》《合同法》乃至《民法总则》也没有必要设立重大误解制度了。

被告观点：以司法裁判权撤销案涉股票交易，会对证券交易秩序产生负面影响。

针对本案的异常价格交易，我国没有相应法律法规等规定应予撤销的规定，司法实践和判例以及全国股转系统公司也未存在相关先例。如果本案撤销异常价格或数量交易，将会形成不良效仿作用，对公开的股票交易市场造成重大影响，可能导致大量申请撤销交易的情形发生。

依据本案争议发生时适用的《全国中小企业股份转让系统股票转让细则（试行）》规定，在不可抗力、意外事件、交易系统被非法侵入等原因造成严重后果的转让，才可被股转系统公司采取适当措施或认定无效，显然本案情形不适用该等无效性规定。而显失公平的转让，依据上述细则，也仅规定了"可以采取适当措施"，并未被规定为"可以撤销"之情形。新三板挂牌公司股票公开转让市场，是一个公开透明的市场，在各项制度设置投资者准入机制、提示风险并充分保障投资者利益的情形下，已经最大可能尽到了对市场公平合理秩序的维护义务，那么在具体股票买卖操作中对于自有私权利的处置以及由此带来的后果，应由投资者自行承担。

如果任何投资者对自己在股票交易行为中的有意为之或无意疏忽造成的损失，在交易完成后又要求撤销，基于股票交易市场投资主体的关联性和广泛性，势必会造成证券投资市场的一片混乱。若此，光大证券 816 事件后，光大证券以及相关投资者是否都可申请交易所或法院撤销该交易？原告证据中提及的新三板宁波水表和新三板巨鹏食品发生的股票交易是否都可被撤销？从另一方面讲，如果法院判令撤销，也将与《证券法》的规定的交易结果恒定原则构成法律适用冲突。因此，基于上述事实及理由，被告认为从挂牌公司股票交易制度层面和现实操作层面以及法律适用方面分析，均不应支持原告的诉讼请求。

四、裁判结果

（一）裁判结果

一审法院认为：

依法成立的合同，对当事人具有法律约束力。当事人应当按照约定履行自己的义务，不得擅自变更或者解除合同。依法成立的合同，受法律保护。本案证券交易合同纠纷，系由全国中小企业股份转让系统进行的股票转让行为引起的争议，应遵循该系统相关交易规则处理。从《全国中小企业股份转让系统投资者适当性管理细则（试行）》第二条、第三条规定内容看，全国中小企业股份转让系统对其投资者有严格的准入限制，且对其投资者的风险识别能力、风险控制能力、风险承受能力均有着相对于普通投资者更高的要求。

从原告起诉所主张的股票交易过程看，原告参与本案争议的股票交易，仅由原告法定代表人本人一人操盘进行，且其本人"自身患有一定眼部疾病，有些影响视力，加之尚未完全从午休状态中恢复过来"，其未客观评估自身的心理和生理识别能力及风险控制能力，即独自代表原告参与股票公开转让业务，因其操作失误造成的相关风险应由原告自行承担。涉案股票交易过程中，原告作为股票买方出价未违反当时的全国中小企业股份转让系统股票交易规则，被告作为股票卖方有理由相信原告的出价系其真实意思表示，原告以其操作失误为由主张其出价非其真实意思表示，该主张依法不能成立，本院不予支持。

另外，从《全国中小企业股份转让系统股票转让细则》第四条、第三十二条、第三十三条、第三十四条规定内容看，全国中小企业股份转让系统对于已经成交的股票转让是否认定无效，已有明确的规定。原告已就涉案股票交易向全国中小企业股份转让交易系统有限责任公司交易监察部发出《关于认定公平转让及采取适当措施的申请函》，请求认定涉案股票交易为显失公平的转让，并对此采取适当措施。原告未提交证据证明涉案股票交易已由全国中小企业股份转让交易系统有限责任公司根据相关交易规则认定为无效，其关于撤销涉案股票交易合同及被告返还股票购买价款的诉讼请求亦依法不能成立。综上，原告的诉讼请求依法不能成立，本院不予支持。

一审判决结果：驳回原告的全部诉讼请求。

二审法院认为：

本案为证券交易合同纠纷，当事人对自己提出的主张，有责任提供证据。不能提供证据的，应当自行承担不利后果。重大误解指的是行为人做出意思表示时，对涉及行为法律后果的重要事项上存在着显著的认识缺陷，其后果使行为人受到较大损失，以致根本达不到缔约目的的行为。重大误解主要包括四个构成要件：一是行为人在主观上对行为构成内容的主要方面有重大误解；二是行为人基于重大误解做了意思表示；三是意思表示的内容与行为人的真实意思表示相悖；四是在客观上对误解人造成较大损失。

在我国司法实践中，重大误解主要是指行为人对行为的性质、对当事人、标的物的品种、质量、规格、数量等方面的错误认识。本案中，原告主张其进行的涉案交易行为属于法律法规规定的重大误解的情形，以此为由主张撤销涉案交易。本院认为，原告的在本案中的交易行为应当属于民法上的重大误解，行为具有可撤销性，理由是：

首先，从事发当天的交易背景来看。涉案事件发生在 2016 年 12 月 16 日，为信中利股票停牌一年多之后复盘第一日，该日共成交 37 720 股，总成交价为 4 437.7 万元。该日最高成交价即为本案所涉报价 430 元，最低成交价仅为 4 元，成交均价 11.764 8 元，从客观上看每股 430 元的报价显然属于畸高的价格，背离正常的市场价格。在新三板成交量不活跃的情况下，仅涉案 1 万股的成交量并不能改变大盘走向或影响成交价格，原告为操纵证券市场价格而恶意虚高报价的可能性较小。且信中利公司已经向全国股转公司提交了终止挂牌交易的申请，从整体来看，该股票价值并未因涉案交易而有显著提高。

其次，就原告的交易过程来看，其当日购买信中利股票的三次报价分别为 4.20 元 / 股、430 元 / 股、4.20 元 / 股，其声称第二次报价的真实意思表示是

4.30 元 / 股。从操作过程看，原告在 2 分 48 秒的时间内，共向交易系统发出了 5 个交易委托指令（3 个购买指令、2 个撤回指令），时间较为急促。4.30 元 / 股和 430 元 / 股在输入时仅有一个小数点之差，当事人因操作失误导致价格输错的概率客观上具有高度盖然性，原告的关于报价错误的陈述有一定合理性。

第三，涉案交易发生当天，全国中小企业股份转让交易系统有限责任公司即觉察到该笔交易的异动，并向作为涉案股票交易买方主办券商发出《决定》，要求主办券商对原告的行为进行督查。该份《决定》中明确认定涉案交易过程中"存在异常价格交易行为"。

第四，从社会后果来看，涉案交易发生后，新三板交易市场接连又发生了宁波水表、巨鹏食品等交易价格与正常价格严重背离的"乌龙指"事件，前述事件结合其他因素共同导致 2017 年 3 月 24 日全国股转系统发布《关于对协议转让股票设置申报有效价格范围的通知》，对采用协议转让方式的股票申报价格涨跌幅设定上下限，其出发点亦是防范异常价格申报和投资者操作失误，这也可以佐证此前的交易规则确实存在错误操作而导致交易结果与其实际目的不一致的可能性。

第五，从新三板与传统股票交易模式的不同来讲，传统股票交易模式中，交易双方是互不知情的，双方都不知道自己的交易对手是谁，这种情况下要求撤销交易是不具备可操作性的。而新三板交易主要是采用"定价委托"或"互报成交确认委托"两种方式进行，这两种情况下，交易对手都是确定明知的。本案中，双方所称的协议定价转让实际就是"定价委托"，指的是交易者面向全市场报价，市场上所有的合格投资者都可以选择点击成交，交易的双方是相互明确知情的，从行为主体上看，具备撤销交易的可能性。

综上，从涉案交易的社会背景、当事人的行为内容、监管部门的反应及规则的修正等方面，可以认定原告在进行涉案交易时，其委托购买价格行为的外部表现与内在的真实意思表示不一致，在客观上对行为人造成较大损失，原告的行为属于重大误解的范畴，依法应当予以撤销。鉴于购买和出让信中利股票是双方当事人的真实意思表示，涉案争议的焦点在于购买价格，结合信中利股票现已申请终止挂牌、原告在涉案交易存在过错、被告因涉案买卖丧失了与第三人进行交易的机会等因素，本院酌定被告按照成交价 70% 的标准向原告返还价款，原告将涉案股票返还被告，对原告诉讼请求的超出部分，本院不予支持。

二审判决结果：一、撤销一审民事判决；二、涉案 4 000 股信中利股票归被告所有；三、被告向原告返还 70% 价款；四、驳回原告的其他诉讼请求。

（二）案例亮点

作为国内唯一一例经司法裁判的撤销股票交易的"乌龙指"案，因新三板交易规则的修改，不仅空前，也已绝后。对比同期的光大证券乌龙指案，因为市场交易机制不同，最终，因乌龙指行情所遭受损失的投资人获得了一定赔偿。但是所涉证券交易并未撤销，这也使得本案的裁判意见尤为宝贵，具体体现在：

第一，诸如证券交易这种复杂专业的商事交易中能否适用重大误解制度。我国虽实施民商合一的立法体制，但在商事特别法制定过程中，仍广泛借鉴了民商分立体制国家的立法精神，即出于维护商事交易秩序稳定的考虑，对于公权力介入交易并予以撤销的规定较为谨慎。而人民法院在审理商事案件时，也与一般民事案件的裁判尺度有所不同。简言之，在商事案件中更注重当事人的合意，并对当事人课以更高的注意义务。在本案中，人民法院通过司法裁判的方式，直接在证券交易中适用重大误解制度对已经完成的证券交易予以撤销，也是司法裁判领域一次非常深入且前沿的尝试。

第二，重大误解制度能否适用于价格因素。除了证券交易领域的"乌龙指"外，购物网站、航空公司的"零元购""一元购"等乌龙事件也频发。这在以往的线下交易是难以想象的，即便有个别商品的价格标示错误，在价格问询或者付款时也会被纠正过来。但电子商务时代，尤其是智能手机普及后，在线交易已成为重要的交易方式，此类事件开始频频发生，这是为了追求效率的便利所带来的隐形交易成本。商户出于维护商誉的考虑，也都勇于买单，如果能以此获得流量和关注，反倒是成了一次很好的广告实践。而为了维护交易秩序的稳定，法院对于此类案件一般都很少采用重大误解制度予以撤销。这两方面的因素，都导致显示给本案主审法官的信息是社会也不鼓励在价格出现错误时适用重大误解制度予以撤销。一审法官就是秉承这样的观点，进行了裁判。

第三，重大误解制度是一种缔约过失行为，即便撤销，作为缔约表示的一方并不能完全免责。与欺诈和显失公平有所不同，前者是施加表意存在主观上的恶意，后者是双方均无过错。而重大误解发生时，表意方存在过错，而接受表意方原则上并无过错，更多是抱着一种捡漏的心态。因此，法院在适用重大误解制度撤销交易时，还应当考虑到合同相对方因此而遭受的损失，对表意方的过错加以课责。例如本案的二审中，法院虽然采纳了我们的观点，适用重大误解撤销了案涉证券交易，但同样要求原告对被告的损失进行赔偿，体现了民法上公平的基本原则。

天下秀数字科技（集团）股份有限公司（曾用名：广西慧金科技股份有限公司）证券虚假陈述责任纠纷系列案件

——因果关系的认定以及系统性风险的扣除

杨文明* 曾超等**

一、案情介绍

　　天下秀数字科技（集团）股份有限公司（曾用名：广西慧球科技股份有限公司、广西慧金科技股份有限公司，以下简称"广西慧金"）于2017年5月20日发布《关于收到中国证券监督管理委员会〈行政处罚决定书〉的公告》，披露广西慧金于2017年5月18日收到中国证券监督管理委员会（以下简称"证监会"）作出的〔2017〕47号、〔2017〕48号、〔2017〕49号、〔2017〕50号等四份《行政处罚决定书》，证监会认定广西慧金在顾国平、鲜言控制期间存在信息披露违法违规事实。上述《行政处罚决定书》的主要内容具体如下：

---

*　上海市锦天城律师事务所高级合伙人。

**　上海市锦天城律师事务所高级合伙人。

（一）《行政处罚决定书》（〔2017〕47号）

该《行政处罚决定书》系针对未依法披露顾国平实际控制人地位的处罚。

证监会经核查，认定顾国平不晚于2014年12月29日成为广西慧金的实际控制人，但其向广西慧金隐瞒其实际控制广西慧金的情况，2014年12月31日至2016年1月8日，在《2014年年度报告》《2015年半年度报告》以及编号为临2014-094、临2015-034、临2015-038、临2015-060、临2015-068、临2015-069、临2015-071、临2015-072、临2015-073、临2015-074、临2015-086、临2016-007的12份临时公告（以下简称"12份相关临时公告"）中，均披露不存在实际控制人。上述披露与事实不符，为虚假记载。因此对广西慧金作出"责令改正，给予警告，并处以60万元罚款"的处罚决定，对顾国平及其他相关人员亦作出行政处罚。

（二）《行政处罚决定书》（〔2017〕48号）

该《行政处罚决定书》系针对1001项议案披露信息的内容、渠道等方面违规的处罚。

证监会查明，2016年12月31日至2017年1月2日，广西慧金董事会秘书陆俊安受广西慧金实际控制人、证券事务代表鲜言指使，经与鲜言、广西慧金董事长董文亮、董事温利华等人讨论，起草了1001项议案。2017年1月3日，广西慧金以通讯方式召开第8届董事会第39次会议，审议通过含有1001项议案的"慧球科技第8届董事会第39次会议的决议"。

当天，陆俊安向上海证券交易所（以下简称"上交所"）报送有关上述决议的公告及2017年第一次临时股东大会的通知等文件，申请进行披露。上交所当天即向广西慧金下发监管工作函，指出广西慧金股东大会的通知议案数量极大，诸多议案前后交叉矛盾，逻辑极其混乱，未批准信息披露申请。2017年1月4日，广西慧金继续将含有996项议案的股东大会通知报送上交所，上交所未批准广西慧金的信息披露申请。

2017年1月4日，受鲜言指使，陆俊安安排他人注册了网站，并指挥他人将含有上述996项议案的股东大会通知等文件披露于该网站。

证监会认定广西慧金所披露信息的内容违反法律规定，且存在虚假记载、误导性陈述及重大遗漏，披露渠道亦违反法律规定，因此对广西慧金作出"责令改正，给予警告，并处以 60 万元罚款"的处罚决定，对鲜言等相关人员亦作出行政处罚。

（三）《行政处罚决定书》（〔2017〕49 号）

该《行政处罚决定书》系针对未依法披露鲜言实际控制人地位的处罚。

证监会经核查，认定鲜言不晚于 2016 年 7 月 18 日成为广西慧金的实际控制人，2017 年 1 月 10 日不再实际控制广西慧金，广西慧金并未如实披露实际控制人的情况。其中，2016 年 7 月 20 日，广西慧金在《关于回复上海证券交易所〈关于公司终止重大资产重组有关事项的二次问询函〉的公告》中称"截至目前公司实际控制人并未发生变化，仍为顾某平先生"。同年 8 月 8 日，广西慧金发布《关于回复上交所〈关于对公司信息披露有关事项的问询函〉暨复牌提示性公告》称"经本公司核实，截至本回函公告日，公司实际控制人未发生变更"。同年 8 月 29 日，广西慧金在《2016 年半年度报告》中披露公司实际控制人未发生变更。证监会查明上述披露与事实不符，为虚假记载。

因此，证监会对广西慧金作出"责令改正，给予警告，并处以 60 万元罚款"的处罚决定，对鲜言及其他相关人员亦作出行政处罚。

（四）《行政处罚决定书》（〔2017〕50 号）

该《行政处罚决定书》系针对未依法披露广西慧金实际控制权变更的处罚。

证监会查明，广西慧金未及时披露实际控制人控制广西慧金情况发生较大变化的事项，违反了有关信息披露的法律法规，并对广西慧金作出"责令改正，给予警告，并处以 60 万元罚款"的处罚决定，对顾国平亦作出行政处罚。

在广西慧金收到上述行政处罚后，投资者纷纷对其提起了证券虚假陈述责任纠纷诉讼。同时，广西慧金也因彼时曾发生董事长失联、实际控制人不明、贴吧违规披露、1001 项议案等事件，并且发生了二级市场收购、控股权之争，引发市场广泛关注。

在此种背景下，本团队代理了广西慧金处理了该系列案件的共 554 个案件（含该系列案的第 1 个案件），涉及案件标的金额为 1.3 亿多元。

二、争议焦点

近年来随着监管措施的加强，证券虚假陈述责任纠纷案件不断涌现。本系列案发生于 2017 年至 2019 年，当时关于证券虚假陈述责任纠纷的相关直接规定只有 2003 年最高人民法院颁发的《最高人民法院关于审理证券市场因虚假陈述引发的民事赔偿案件的若干规定》（以下简称《2003 年若干规定》）。在实践中，各地法院在判决时的标准并不完全一致，本案的争议焦点亦为同时期证券虚假陈述纠纷案件饱受争议的问题：

（1）揭露日的认定是以证监会行政处罚告知书公告日为准，还是以证监会立案调查日为准。

（2）证券买入均价、卖出均价应当采取何种方式计算：算术平均、加权平均抑或移动加权平均。

（3）在计算损失时，投资者在实施日前已经持有的股票是否应作相应扣减。

（4）证券系统性风险如何认定，在计算损失时是否应当扣减、如何扣减。

（5）有行政处罚是否必然构成虚假陈述，比如本系列案中〔2017〕48 号《行政处罚决定书》涉及的 1001 项议案信息披露违规事项。

此外，本系列案引发的市场的关注度高，索赔投资者人数众多，广西慧金背负的舆论压力大，多方面的因素也造就了本系列案代理律师承办工作的难度较大。

三、法律分析

根据个案所涉及的行政处罚决定以及投资者的股票交易清单，本团队代理广西慧金主要从以下几个方面进行答辩：

（1）《行政处罚决定书》（〔2017〕49 号）应只有一个实施日（2016 年 7 月 20 日）和一个揭露日（2016 年 8 月 25 日）。

证监会〔2017〕49 号《行政处罚决定书》只针对广西慧金同一内容的虚假陈述行为，只有 2016 年 7 月 20 日一个实施日。

广西慧金三次公告中均存在虚假记载行为，其虚假记载的行为呈现一个连续的状态，故其虚假陈述实施日应为一系列虚假记载行为最早发生的时间：即《关于回复上海证券交易所〈关于公司终止重大资产重组有关事项的二次问询函〉的公告》发布日期，2016 年 7 月 20 日。

根据最高人民法院参考案例，存在多个、连续的、同一性质、内容的虚假记载行为，应当以最先揭露的日期作为揭露日，不应认定多个揭露日。

根据最高人民法院（2017）最高法民申 1451 号民事裁定书，在证监会对上市公司立案调查的信息公告之后，投资者对上市公司所披露的信息应当警惕，其投资行为也应当谨慎。在投资者决定继续对涉诉股票投资的情况下，应当自行承担相应的风险。认定了立案调查日作为虚假陈述行为的揭露日。

最高人民法院上述再审案例的裁判结果是驳回周任航的再审申请，即维持了原二审判决。根据该二审原判决［案号：（2015）云高民二终字第 196 号］，存在多个、连续虚假陈述行为，也应当以证监会立案调查日作为揭露日。

在绿大地案件中，经刑事判决书认定绿大地公司在其 2007 年 12 月 6 日公布的《招股说明书》及其后的 2001 年年报、2008 年半年报、2008 年年报、2009 年半年报、2009 年年报中均存在不同程度的虚增资产、虚增收入的事实，上述事实构成证券市场虚假陈述。

二审法院认为："从上述生效判决认定事实来看，绿大地公司虚假陈述行为内容均为虚增资产和虚增收入；其实施时间具有连续性和一贯性；在逻辑上，绿大地公司在《招股说明书》中的虚增资产、虚增收入行为必在其后续的半年报、年报中予以体现，存在后行为掩盖前行为的逻辑关联性。故绿大地公司的一系列虚假陈述行为内容一致、性质相同，其虚假陈述实施日应为其一系列虚假陈述行为首次实施之日，即其发布《招股说明书》之日。"

在该案例中，绿大地公司在 2010 年 3 月 18 日公告了受到证监会立案调查后，在 2010 年 4 月 30 日发布的 2009 年年报中仍然在进行虚假陈述行为。但这并不影响虚假陈述揭露日的认定。因为从立法本意来看，虚假陈述揭露日是在虚假陈述行为被确认之后，为认定虚假陈述行为与投资人损失之间的因果关系而追溯的一个时点，其意义在于对证券市场发出一个警示信号，提醒投资者重新判断股票价值。只要揭露日已经发出了警示信号，其后在进行的虚假陈述行为应当认定投资者已经知晓其虚假性。

而在本案中，虽然广西慧金在受到证监会立案调查后仍然在 2016 年半年报中仍旧披露顾国平为实际控制人，但此时，由于虚假陈述行为已经被揭露，广西慧金也没有实施新的、另外性质的虚假陈述行为，投资者此时应当知晓该半年报中披露的相关实际控制人的信息为虚假的。

在系列案件中，虽然广西慧金在受到证监会立案调查后仍然在 2016 年半年报中披露顾国平为实际控制人，但该行为与其之前的两次虚假陈述行为具有连贯性、一致性。

因此，应当以 2016 年 8 月 25 日公司发布《关于收到中国证券监督管理委员会立案调查通知的公告》作为〔2017〕49 号《行政处罚决定书》认定虚假陈述行为的揭露日，而不应该认定存在两个揭露日。

新颁布的《最高人民法院关于审理证券市场虚假陈述侵权民事赔偿案件的若干规定》（法释〔2022〕2 号）（以下简称《2022 年若干规定》）第八条完善了《2003 年若干规定》关于揭露日的规定，确定"信息披露义务人实施的虚假陈述呈连续状态的，以首次被公开揭露并为证券市场知悉之日为揭露日"的标准。从司法解释的层级消除了此类问题在司法实践中的争议。

（2）投资者买入股票的行为发生在揭露日之后，其投资损失与虚假陈述行为之间不存在因果关系。

《2003 年若干规定》第十九条第（二）项规定，在虚假陈述揭露日或者更正日及以后进行的投资；人民法院应当认定虚假陈述与损害结果之间不存在因果关系。因此，若投资者在揭露日之后买入股票的，该部分股票的投资损失与虚假陈述行为之间不存在因果关系。

（3）投资者在虚假陈述揭露日之后仍有买入、卖出股票的行为，根据最高人民法院宝安鸿基判例，应当认定其交易决定并未受到虚假陈述行为的影响，投资损失与虚假陈述行为之间不存在因果关系。

最高人民法院（2016）最高法民申 502 号民事裁定认为："投资者的交易决定，必须是受到了虚假陈述行为的影响或者误导并错误交易才构成证券交易欺诈因果关系。""林超英却在 2009 年 11 月至 2011 年 9 月期间多次买入、卖出鸿基公司股票，即虚假陈述实施日甚至揭露日之后其仍在进行买入卖出行为，应当认定其交易决定并未受本案诉争的虚假陈述行为的影响，故不产生交易因果关系，其主张不符合民通意见第六十八条的规定。故林超英的投资损失和鸿基公司的虚假陈述行为并无因果关系。"

根据《2003 年若干规定》，损失因果关系成立的前提就应当是投资者受到了公司没有实际控制人的误导而买入了股票。根据这一推定，如果投资者知晓了真实情况，即公司存在实际控制人的情况下，就不会去购买公司股票。投资者在虚假陈述被揭露后，仍旧买入了广西慧金的股票，也就是说，投资者在知道了公司存在实际控制人的情况下，仍然作出了投资决定。因此，此前作出的"投资者购买股票是因为受到广西慧金陈述公司不存在实际控制人误导"的推定是错误的。投资者事实上并不是因为信赖公司不存在实际控制人而买入的股票，而是基于虚假陈述行为外的其他原因而买入的。

由此可见，如果投资者在虚假陈述揭露／更正日之后仍有买入股票的行为，就可以证明广西慧金虚假披露的行为客观上没有影响投资者的投资决策，不会使投资者产生投资股票的信赖利益，更没有误导投资者作出投资决定。

因此，若投资者在虚假陈述揭露日之后仍有买入、卖出股票行为的，其交易决定并未受虚假陈述行为的影响，投资损失与虚假陈述行为之间不存在因果关系。

（4）投资者在明知广西慧金涉嫌信息披露违法违规的情况下进行股票投资，其损失应当由其自行承担。

2016年9月9日，上海证券交易所作出的《关于对广西慧球科技股份有限公司股票实施其他风险警示的决定》，该决定提到"本所决定自9月13日（周二）起对你公司股票实施ST处理"。同日，上海证券交易所公告《关于对慧球科技股票实施ST处理的通报》。

在2016年9月9日，上交所已经提示了全部投资者投资广西慧金的股票存在信息披露问题的重大风险，广西慧金的股票将在2016年9月13日被转入上交所风险警示板进行交易。同时，针对首次委托买入公司股票的投资者，还应当以书面或电子形式签署《风险警示股票风险揭示书》才能买入ST股票，未签署风险揭示则无法买入ST股票。因此，若投资者在2016年9月9日之后仍存在多次、大量买入广西慧金股票的，即表明其是在明知广西慧金已经涉嫌实施虚假陈述、公司已经被证监会立案调查、公司已经提示了投资者注意投资风险、虚假陈述行为已经被揭露、广西慧金的股票已经被采取风险警示措施转为"ST慧球"、投资前已经自行签署了《风险警示股票风险揭示书》等六大前提下进行的投资，其投资损失应当自行承担。

（5）广西慧金股票的价格受到了系统风险以及自身经营状况的影响，应当扣除该部分影响。

影响股票价格的因素众多，除了虚假陈述可能对股价产生影响外，证券市场系统风险以及公司自身经营状况同样会影响股价。《2003 年若干规定》第十九条明确规定："被告举证证明原告具有以下情形的，人民法院应当认定虚假陈述与损害结果之间不存在因果关系：……（四）损失或者部分损失是由证券市场系统风险等其他因素所导致。"

2015 年 6 月至 8 月期间，我国证券市场出现深幅下跌，甚至出现了"千股跌停"的情形，我国政府采取了强力救市措施，但上证指数仍从 2015 年 6 月 12 日最高点 5 166.35 点跌落至 8 月 26 日的 2 850.71 点，跌幅达 44.82%；而创业板指数从 2015 年 6 月 5 日最高点 4 037.96 点跌落至 9 月 2 日 1 779.18 点，跌幅达 55.94%。

在强力救市措施下，大盘指数仍旧暴跌过半，如此剧烈的市场异常波动显然是由非个股性质的市场共同因素所引发的，不是个别企业或行业所能控制的风险，而是整个市场参与者共同面临的风险，是投资者无法通过多样化的投资组合进行防范，亦无法通过分散投资加以消除，因此构成证券系统风险。

2016 年 1 月 4 日，也是 2016 年的第一个交易日，A 股交易实施股指熔断机制。根据规定，当沪深 300 指数触发 5% 熔断阈值时，交易所将暂停交易 15 分钟，如果尾盘阶段触发 5% 或全天任何时候触发 7% 则暂停交易，直至收市。

熔断制度一经推行，A 股股指在巨大的抛盘打压下不断走低，接连击破 3 500 点和 3 400 点整数关，并且在 1 月 4 日当天 13 点 13 分跌破 5%，触发了熔断，暂停交易 15 分钟。15 分钟后，重新开盘的股市继续下跌，只用了 6 分钟便在 13 点 34 分将跌幅扩大至 7%，触发了 7% 的熔断阈值，三大交易所暂停交易至收盘。

1 月 7 日，沪深 300 指数在 9 点 42 分便触及了 5% 跌幅触发了熔断，暂停 15 分钟交易 9 点 57 分重新开盘后只用了 3 分钟便将跌幅扩大至 7%，再次触发了 7% 的熔断阈值，三大交易所暂停交易至收盘。

2016 年 1 月 7 日晚间，上海证券交易所、深圳证券交易所、中国金融期货交易所三大交易所紧急发布通知：为维护市场稳定运行，经证监会同意，自 2016 年 1 月 8 日起停止实施指数熔断机制。

实施熔断制度的 4 个交易日，中国股民的市值损失了 5.6 万亿元左右。上述熔断制度导致的异常市场波动情况，同样不是个别企业或行业所能控制的风险，是整个市场参与者共同面临的风险，是无法通过分散投资而化解的，因此构成证券系统性风险。

在上述股票市场的客观情况下，已经发生法律效力的我国不同地区法院的判决，对于 2015 年股灾及 2016 年熔断制度构成系统风险已经作出了相同的事实认定，在判决本院查明的事实认定部分，均明确提到了 2015 年股灾及 2016 年熔断制度对 A 股市场的整体、异常、剧烈的影响，均认定构成系统风险。

2015 年股灾及熔断制度导致的我国 A 股股指、股票市值剧烈下跌是客观存在的事实。2015 年股灾及熔断制度对于整个证券市场产生的影响是全面性、整体性、重大性的。这两次异常市场波动情况是个别企业或行业所不能控制的风险，是整个市场参与者共同面临的风险，是无法通过分散投资而化解的，因此构成证券市场系统风险。既然系统风险是对全部证券市场的影响，那么不可能上述系统风险只对上述法院审理的案件具有影响，而是应对所有处于 2015 年股灾及 2016 年熔断制度影响范围内的全部虚假陈述行为均具有影响。

广西慧金虽然实施了虚假陈述行为，但是由于 47 号行政处罚涉及的虚假陈述行为的实施期间刚好处于 2015 年股灾及熔断制度发生期间内，投资者的投资损失既受到了虚假陈述行为的影响，也受到了 2015 年股灾及 2016 年熔断制度所导致的证券市场系统风险的影响，属于多因一果。因此应按照《2003 年若干规定》第十九条的规定，酌情在计算损失时扣除上述证券市场系统性风险的影响。

根据已经生效的判决书，其他法院在认定 2015 年股灾及 2016 年熔断制度影响因素时，最低的认为有 25%，最高的为 70%。

同时，广西慧金曾出现过重大资产重组失败，投资者因预期落空也导致了股票发生了大幅下跌。因此还应当综合考量酌情扣除上述影响。

"自身经营状况"的因素并不属于"证券市场系统风险"（《2022 年若干规定》以"证券市场的风险"的表述替代了此"证券市场系统风险"的概念），本系列案中，广西慧金所主张的"自身经营状况"的因素具体是指广西慧金曾出现过重大资产重组失败这一事实。但本系列案法院最终并未支持本团队关于赔偿数额应酌减"自身经营状况"这一因素影响的部分金额。

就上市公司资产重组这一事件，《2022年若干规定》第十二条增加了规定："被告能够证明下列情形之一的，人民法院应当认定交易因果关系不成立：……（三）原告的交易行为是受到虚假陈述实施后发生的上市公司的收购、重大资产重组等其他重大事件的影响；……"

相比于《2003年若干规定》，《2022年若干规定》结合司法实践增加了有关证券市场系统风险与非系统风险因素对证券虚假陈述侵权责任影响的规定，从损失因果关系角度对损害赔偿责任的范围予以限定，如第三十一条规定："人民法院应当查明虚假陈述与原告损失之间的因果关系，以及导致原告损失的其他原因等案件基本事实，确定赔偿责任范围。被告能够举证证明原告的损失部分或者全部是由他人操纵市场、证券市场的风险、证券市场对特定事件的过度反应、上市公司内外部经营环境等其他因素所导致的，对其关于相应减轻或者免除责任的抗辩，人民法院应当予以支持。"但其仍然未细化证券市场系统风险与非系统风险的认定标准，哪些其他具体因素可能影响赔偿责任范围仍有待司法实践的进一步总结与立法的回应。

（6）《行政处罚决定书》（〔2017〕48号）指向的上市公司行为并不构成虚假陈述。

首先，根据《2003年若干规定》，虚假陈述的构成必须要求信息披露内容具有"重大性"，且应当按照《中华人民共和国证券法（2014修正）》（以下简称《2014证券法》）相关规定认定信息披露内容的重大性。广西慧金发布的1001项议案只有议案标题，不具有信赖基础，不可能构成重大性信息，更不属于《2014证券法》第六十七条规定的重大信息。行政处罚中已经认定了广西慧金披露的是非重大信息，因此不可能构成虚假陈述。

其次，发布的1001项议案内容奇葩，互相矛盾，作为正常投资者是不可能基于对议案的信赖而作出投资决定。

再次，1001项议案并非在官方指定平台进行的披露，投资者对于广西慧金在非监管机构指定的发布渠道披露的1001项议案应尽到谨慎审慎的注意义务。

最后，广西慧金在披露1001项议案时同时披露了《广西慧球科技股份有限公司关于收到上交所〈关于公司信息披露有关事项的监管工作函〉的公告》，投资者已经可以清楚地知晓广西慧金的违规披露问题，其买入行为完全是"知假买假"。因此《行政处罚决定书》（〔2017〕48号）不构成虚假陈述。

（7）承办本系列案的其他难点解决。

上市公司在涉及虚假陈述赔偿系列案时，因为涉及的案件数量众多、索赔金额较大，需要按上市公司的要求进行合规的信息披露。同时，案件的进展又和上市公司的各个关键的财务公告节点相关，如果在某个财务公告关键节点有大量案件败诉判决，将会对公司的财务数据产生较大的影响。本系列案从2017年开始至2020年基本上二审结束，跨越了上市公司三个会计年度。因此，要综合运用调解、和解等手段，及时化解部分风险。还要制定系列案管理机制，定期与法官沟通、及时向客户汇报等方式，不仅在案件代理工作上取得良好效果，也取得了客户的认可。

四、裁判结果

（一）裁判结果

本系列案市场关注度高，且涉及四项行政处罚，投资者主张赔偿针对多个虚假陈述行为，同时涉及不同虚假陈述行为的实施日、揭露日、基准日的认定，因投资者投资行为的多样性，对于前述日期及投资损失的认定、计算较为复杂。

最终法院采纳了本团队作为代理人提出的答辩意见，其中法院相关认定如下：

（1）四个行政处罚中三个行政处罚的实施日、更正日（揭露日）、基准日、基准价得到确定，1个行政处罚不构成虚假陈述。

〔2017〕47号处罚，实施日为2014年12月31日，更正日为2016年1月9日，基准日为2016年7月12日，基准价16.43元。

〔2017〕49号处罚，认定只存在1个实施日、揭露日，实施日为2016年7月20日，更正日为2016年8月25日，基准日为2016年9月8日，基准价15.98元。

〔2017〕50号处罚，实施日为2016年4月27日，更正日为2016年8月25日，基准日为2016年9月8日，基准价15.98元。

〔2017〕48 号处罚涉及 1001 项议案，二审法院认为不构成虚假陈述，上市公司不需要赔偿。该项认定减少了上市公司后续因本项行政处罚被继续索赔的风险。

（2）法院对于系统风险导致的损失酌情予以扣减，扣减的比例从 5% 到 35% 不等。

对于如何认定系统风险、认定后如何扣除系统风险的影响比例，在实践中争议较大，各地法院判决不一。最后法院认可了 2015 年 6 月至 9 月股灾、2016 年熔断机制以及广西慧金重组失败对股价下跌存在影响，对应不同期间酌情扣减了影响比例，扣减的比例从 5% 到 35% 不等。

（二）案例后记

证券虚假陈述案件作为资本市场特有的争议解决案件，需要主办律师在掌握娴熟的诉讼技巧的同时，对资本市场的各项制度以及运行规律有较为深刻的认识。本案中，本团队通过对相关判例进行了研究，向法院提供了大量意见和参考资料，最终取得了相对满意的代理结果。

定向增发投资者与新三板某科技公司证券虚假陈述案

——证券虚假陈述案是否必然适用推定交易因果关系原则？

凌　娜* 　朱健锋**

一、案情介绍

　　某新三板公司（下称"A科技公司"）因存在提前确认收入和成本等情况被中国证监会某监督局作出行政处罚，多名定向增发投资者向A科技公司提起证券虚假陈述责任纠纷诉讼，主张A科技公司应赔偿其投资差额损失及利息损失，并要求A科技公司的实际控制人、董事、监事、高级管理人员、主办券商、审计机构承担连带赔偿责任。我们作为审计机构的代理律师，全程参与了本案诉讼。

　　本文主要探讨交易因果关系的认定问题，与之相关的基本事件时间线① 如下：

　　2015年4月23日，A科技公司在全国股转系统挂牌，转让方式：协议

*　上海市锦天城律师事务所律师。

**　上海市锦天城律师事务所律师。

①　本文对案件相关日期进行了模糊处理。

转让。

2015 年 4 月 28 日，A 科技公司公告经审计机构审计的 2014 年度审计报告（某市中院以 A 科技公司于该日公告的 2014 年财务报告存在虚假记载，认定涉案虚假陈述行为的实施日为 2015 年 4 月 28 日）。

2015 年 4 月 30 日，A 科技公司与多名定向增发投资者签订《股票认购协议》，约定该等投资者认购 A 科技公司定向增发的股票；根据 A 科技公司后续公告的股票发行情况报告书，本次定向增发股票发行完成。

2018 年 7 月 30 日，A 科技公司当时的主办券商公告，因涉嫌信息披露违反证券法律法规，中国证监会决定对 A 科技公司立案调查。

2019 年 3 月 13 日，A 科技公司被某市中院裁定进入破产程序。

2019 年 3 月 18 日，A 科技公司终止股票挂牌。

2019 年 3 月 19 日，中国证监会某监督局作出行政处罚决定，认定 A 科技公司公告的 2014 年财务报告存在虚假陈述。

2021 年 10 月 22 日，某市中院裁定批准 A 科技公司的重整计划草案，终止重整程序。

2022 年，多名定向增发投资者向某市中院提起证券虚假陈述责任纠纷诉讼 ①，认为其基于对 A 科技公司公开披露的 2014 年度审计报告的信赖而购入股票，A 科技公司进入破产重整程序后，原告的股权价值清零，现起诉要求 A 科技公司赔偿原告的投资差额损失及利息损失，并要求 A 科技公司的实际控制人、董事、监事、高级管理人员、主办券商、审计机构对上述损失承担连带赔偿责任。

二、争议焦点

因中国证监会某监督局作出的《行政处罚决定书》查明 A 科技公司存在财务报告和定期报告虚假记载以及未披露关联方和关联交易的事实，且 A 科技公司未提供足以反驳上述查明事实的相反证据，故 A 科技公司被法院认定存在诱

---

① 该法院认为，本案原告曾于 2019 年就本案纠纷提起诉讼，构成诉讼时效中断，故本案未超过诉讼时效。

多型证券虚假陈述行为。

本案原告在 A 科技公司于 2015 年 4 月 28 日公告 2014 年度审计报告后，即 2015 年 4 月 30 日，与 A 科技公司签订《股票认购协议》，公告日期与签订日期前后仅相差两日，基于新三板的定向增发存在特殊性以及本案存在违反正常交易逻辑等诸多异常情形，本案不应直接推定交易因果关系成立，本案的主要争议焦点是原告的投资决定与 A 科技公司的虚假陈述行为、审计机构的 2014 年度审计报告之间有无交易因果关系。

三、法律分析

（一）新三板定向增发虚假陈述案件是否适用虚假陈述新司法解释

2003 年 2 月 1 日施行、2022 年 1 月 21 日废止的《关于审理证券市场因虚假陈述引发的民事赔偿案件的若干规定》（下称"旧司法解释"）第三条规定，"因下列交易发生的民事诉讼，不适用本规定：（一）在国家批准设立的证券市场以外进行的交易；（二）在国家批准设立的证券市场上通过协议转让方式进行的交易"，明确将协议转让、非公开发行等"一对一""面对面"的交易方式排除在该司法解释的范围外。

2022 年 1 月 22 日施行的《最高人民法院关于审理证券市场虚假陈述侵权民事赔偿案件的若干规定》（下称"新司法解释"）删除了旧司法解释关于排除适用协议转让、非公开发行等"一对一""面对面"的交易方式的规定，在第一条规定，"信息披露义务人在证券交易场所发行、交易证券过程中实施虚假陈述引发的侵权民事赔偿案件，适用本规定"。新司法解释未明确将"一对一""面对面"的交易方式排除在适用范围之外，扩大了虚假陈述司法解释的适用范围。然而，在新司法解释施行后，各地法院对于新三板的定向增发虚假陈述案件是否适用新司法解释仍有不同意见。对此，我们认为，新三板的定向增发虚假陈述案件应适用新司法解释，但需结合最高院的其他文件予以综合考量适用。

案涉股票为新三板公司定向增发的股票，为非上市公众公司的股票，在全国中小企业股份转让系统进行交易。其证券交易场所特殊，区别于一般的证券交易所，其证券交易方式亦特殊，区别于通过依赖公开信息所进行的股票交易。

对本案而言，是否适用证券虚假陈述司法解释、是否适用证券虚假陈述之新司法解释或旧司法解释、是否适用推定交易因果关系成立原则等法律适用问题，是我们在办案过程中需要解决的重点问题。

根据《证券法》第九十六条"证券交易所、国务院批准的其他全国性证券交易场所为证券集中交易提供场所和设施，组织和监督证券交易，实行自律管理，依法登记，取得法人资格"之规定，以及《国务院关于全国中小企业股份转让系统有关问题的决定》中"全国股份转让系统是经国务院批准，依据证券法设立的全国性证券交易场所，主要为创新型、创业型、成长型中小微企业发展服务"之规定，全国中小企业股份转让系统属于新司法解释第一条规定的"证券交易场所"。

根据《证券法》第三十七条"公开发行的证券，应当在依法设立的证券交易所上市交易或者在国务院批准的其他全国性证券交易场所交易。非公开发行的证券，可以在证券交易所、国务院批准的其他全国性证券交易场所、按照国务院规定设立的区域性股权市场转让"之规定，证券发行分为公开发行与非公开发行两种形式，两种形式均符合新司法解释第一条规定的"在证券交易场所发行、交易证券过程中实施虚假陈述引发的侵权民事赔偿案件"的要求。最高人民法院曾指出，"原解释将证券类型限定为股票、将大宗交易和协议转让排除在适用范围之外的做法，难以满足审判实践的需要。《规定》第1条对适用范围进行了明确，信息披露义务人在证券交易场所（包括证券交易所、国务院批准的其他全国性证券交易场所）发行、交易证券过程中实施虚假陈述引发的侵权民事赔偿案件，都适用本规定。"①

根据新司法解释第三十五条"本规定施行后尚未终审的案件，适用本规定"之规定，本案于2022年受理且尚未终审，晚于新司法解释施行的日期，而且，A科技公司向特定投资者定向发行数千万的股票，属于非公开发行，故本案应适用新司法解释。某市中院认可了我们的观点，其认为，A科技公司在全国中小企业股份转让系统挂牌，本案原告通过定向增发、签订投资认购协议的方式

① 林文学、付金联、周伦军：《〈关于审理证券市场虚假陈述侵权民事赔偿案件的若干规定〉的理解与适用》，载《人民司法（应用）》2022年第7期。

购买涉案股票,故本案适用新司法解释。

(二)新三板定向增发虚假陈述案件能否直接推定交易因果关系成立

第一,本案的争议焦点是原告的投资决定与虚假陈述行为之间有无交易因果关系。

旧司法解释第十八条直接规定了虚假陈述行为与损害结果的因果关系,未将交易因果关系单独列为虚假陈述侵权的构成要件。新司法解释对交易因果关系与损失因果关系进行了明确区分,确立了虚假陈述案件的二重因果关系结构。新司法解释第十一条规定原告的投资决定与虚假陈述之间的交易因果关系的成立条件,第三十一条规定为确定赔偿责任范围,人民法院应当查明虚假陈述与原告损失之间的因果关系,以及导致原告损失的其他原因等案件基本事实。

本案原告于 2015 年 4 月 30 日与 A 科技公司签订《股票认购协议》,距离 A 科技公司公告 2014 年度审计报告之日,即 2015 年 4 月 28 日,仅相差两日。在因果关系的认定环节,按照新司法解释的规定,我们需要先考虑论证 A 科技公司是否存在虚假陈述行为;如存在,原告投资决定与 A 科技公司的虚假陈述行为之间是否存在交易因果关系;如存在,再进一步论证原告投资决定与 A 科技公司公告的 2014 年度审计报告之间是否存在交易因果关系,论证是否存在新司法解释第十二条规定的情况而导致原告投资决定与 A 科技公司公告的 2014 年度审计报告之间的交易因果关系不成立;如存在,再进一步论证本案原告的损失与 2014 年审计报告之间是否存在损失因果关系,是否存在其他事实导致原告的利益受损,以及是否存在他人操纵市场、证券市场的风险、证券市场对特定事件的过度反应、公司内外部经营环境等其他因素导致原告遭受损失。对此,某市中院认为,本案主要的争议焦点,是原告的投资决定与 A 科技公司的虚假陈述行为之间有无交易因果关系。

按照新司法解释第十一条"原告能够证明下列情形的,人民法院应当认定原告的投资决定与虚假陈述之间的交易因果关系成立:(一)信息披露义务人实施了虚假陈述;(二)原告交易的是与虚假陈述直接关联的证券;(三)原告在虚假陈述实施日之后、揭露日或更正日之前实施了相应的交易行为,即在诱多型虚假陈述中买入了相关证券,或者在诱空型虚假陈述中卖出了相关证券"之规定，本案原告在虚假陈述实施日（2015 年 4 月 28 日）之后实施了相应的交易行为（于 2015 年 4 月 30 日与 A 科技公司签订《股票认购协议》），在表面上似乎能直接认定本案原告的投资决定与 A 科技公司的虚假陈述行为之间成立交易因果关系。然而，新三板定向增发虚假陈述案件存在特殊性，在司法实践中存在一定的个案调整空间，仍需结合案件的具体情况判断是否直接适用交易因果关系推定原则，例如本案存在诸多与正常交易逻辑相违背的异常情况，是法院认定交易因果关系能否成立的重要考量因素。

第二，"欺诈市场理论"与"信赖推定原则"的理解与适用。

无论是旧司法解释还是新司法解释，对证券虚假陈述的因果关系认定均一定程度建立在"欺诈市场理论"的基础上。根据该理论，证券虚假陈述有两个主要条件，一为股票在有效市场①中发行或交易，二为投资者信赖该有效市场的公开信息并据以作出投资决定。若能同时满足上述条件，信息披露义务人披露的虚假陈述信息将会直接影响投资者的投资决定，因此，投资人无须对虚假陈述信息与其投资决定之间的交易因果关系承担过多的举证责任，法院便能直接根据交易行为与虚假陈述行为的时间先后顺序推定交易因果关系成立。此便是"信赖推定原则"，亦为直接推定交易因果关系成立原则，新司法解释第十一条直接体现了"信赖推定原则"。

在股票交易规则、交易秩序相对成熟的主板、科创板、创业板的二级市场中，虚假陈述案件的投资者能享有"信赖推定原则"的保护，是因为其往往依赖上市公司公开的信息进行投资，而无法直接向上市公司或其实际控制人、董事、监事、高级管理人员了解公司的财务情况、运营情况等重要信息。当该等投资者在虚假陈述实施日之后、揭露日或更正日之前实施了相应的交易行为，即在诱多型虚假陈述中买入了股票，或者在诱空型虚假陈述中卖出了股票，一般能直接认定投资者的交易行为受到虚假陈述行为的影响，从而认定交易因果关系成立。

---

① "一个有效市场必须满足的条件是：所有可能影响证券定价或买卖决策的信息都能够在市场上得到充分、准确、及时的反映；同时意味着所有市场参与者之间的信息分布是对称而公平的。"胡伟业：《中国证券市场信息披露管制研究》，武汉大学 2013 年博士学位论文，第 52 页。

然而，有观点认为，"中国目前的证券市场充其量只是'弱式有效市场'甚至还是处于'无效市场'阶段。相关实证研究也表明，中国证券市场目前还处于无效市场阶段或'弱式有效市场'阶段"①。时任中国证监会法律部副主任焦津洪也指出，"虽然我国目前的证券市场在总体上仍然属于无效率市场，但是，这并不排除少数在证券交易所挂牌上市的股票，特别是某些大盘股存在低度效率，甚至接近于中度效率的交易市场，这些股票没有庄家操纵价格，其市场价格能够比较准确、迅速地反映各种相关的公开信息，对于此类股票，从理论上讲，仍可以有条件地适用'欺诈市场理论'"。②可见，即便是成熟的主板市场，也仅能有条件或有限度地适用"欺诈市场理论"以进行"信赖推定"。

第三，新三板定向增发虚假陈述案件不适用"信赖推定原则"，无法直接推定交易因果关系的成立。

A科技公司属于新三板挂牌公司，新三板挂牌公司往往处于企业发展早期或创业期，相对于主板、科创板、创业板的上市公司，其规模体量、盈利能力、抗风险能力较弱，适用与上市公司不同的监管规则、信息披露规则，如《非上市公众公司监督管理办法》《非上市公众公司信息披露管理办法》等。新三板市场区别于主板、科创板、创业板市场，具有交易市场不活跃、交易流动性差、交易量小、通过公开信息交易比例低等特点。不同于上市公司通常以定价基准日前若干交易日的均价作为定价依据的特点，新三板公司定向增发的价格通常不参考二级市场的交易价格，而是由投资者自行与公司协商谈判确定发行价格。新三板公司的投资者在定向增发前需要提前与公司进行沟通、联系，了解企业的经营、财务等状况，并与公司协商确定价格和交易方式。

2022年6月23日发布的《最高人民法院印发〈关于为深化新三板改革、设立北京证券交易所提供司法保障的若干意见〉的通知》，对新三板证券虚假陈述案件所涉及的虚假陈述内容的重大性、投资者损失的认定标准、证券中介机构的责任承担与注意义务、证券中介机构的过错认定等内容提出了指导意见，指出人民法院在审理该等案件时应准确理解新三板市场、新三板公司的特殊性，

---

① 胡伟业：《中国证券市场信息披露管制研究》，武汉大学2013年博士学位论文，第73页。
② 焦津洪：《"欺诈市场理论"研究》，载《中国法学》2003年第2期。

立足于个案的具体情况，以更加审慎的态度审理案件，"要尊重新三板市场流动性及价格连续性与交易所市场存在较大差距的客观实际"。该通知亦指出，"相较于沪深上市公司，新三板基础层、创新层和北京证券交易所的创新型中小企业处于发展早期，规模体量相对较小。各级人民法院在审理涉中小企业及其证券中介机构虚假陈述案件时，要立足被诉中小企业尚属创业成长阶段这一实际，准确完整理解《最高人民法院关于审理证券市场虚假陈述侵权民事赔偿案件的若干规定》(法释〔2022〕2号，以下简称《虚假陈述司法解释》) 所秉持的证券中介机构责任承担与注意义务、注意能力和过错程度相适应原则，力戒'一刀切'。要准确适用《虚假陈述司法解释》第十七条至第十九条的规定，对服务中小企业的证券中介机构的过错认定，坚持排除职业怀疑后的合理信赖标准，提高裁判标准的包容性和精准性。要正确厘清新三板挂牌公司主办券商与上市公司保荐机构职责之间的差异，按照《虚假陈述司法解释》第二十三条的规定，审慎判定主办券商的责任范围，防止过分苛责证券中介机构产生'寒蝉效应'"。

以上内容足以表明，新三板市场很可能属于"无效市场"或"弱式有效市场"，其公开披露的信息无法充分、准确、及时地反映新三板公司的证券价格信息，新三板投资者并不依赖该等公开披露的信息进行投资决策。因此，新三板定向增发虚假陈述案件无法适用"欺诈市场理论"与"信赖推定原则"，而作为定向增发的特定投资者，其应承担举证责任，对 A 科技公司实施的证券虚假陈述行为与其投资决定存在交易因果关系进行充分的举证，否则将无法单纯依靠交易行为与虚假陈述行为的时间先后顺序推定其投资决定与 A 科技公司的虚假陈述行为、2014 年审计报告之间存在交易因果关系。

第四，本案的交易因果关系不成立。

除了新三板定向增发虚假陈述案件不适用"信赖推定原则"外，本案交易存在诸多不合理之处，阻断了交易因果关系的成立。

从定向增发的交易方式上看，A 科技公司在该次定向增发的股票发行方案中，提及该次定增的发行价格和定价方法为发行人与发行对象经过沟通后确定的；其主办券商出具的股票发行合法合规性意见亦指出，该次定向增发过程中，公司未使用广告、变相公开或公开劝诱等方式，且于公司董事会召开日前通过

"一对一""面对面"的沟通方式提前确定了拟认购公司新增股份的认购对象；而且，本案原告在庭审中承认了以"面对面"的方式进行交易，以上事实足以表明，本案原告与A科技公司通过"一对一""面对面"和熟人交易的方式实时取得联系、展开磋商、确定交易方案和交易价格、完成谈判、签署股票认购协议等一系列投资动作，原告必然已提前了解、掌握A科技公司的财务状况，完全不可能，也不需要依赖A科技公司通过公告披露的信息（如2014年度的审计报告）进行投资决策。

从A科技公司的定向增发流程上看，该次定向增发包括了若干机构投资者，A科技公司的董事、监事、经理、财务总监、财务经理、销售总监以及若干外部自然人投资者，A科技公司必然需要提前确定前述投资者的身份和认购意愿，与其联系、协商、谈判，以确定定向增发的数量、金额、协议文本、申报资料、发行方案等内容，本案原告根本不可能在2014年度审计报告公告后的短短两天内作出投资决定。

从本案原告的投资决策流程上看，作为专业的机构投资者或定向增发特定投资者，原告具有一定的投资经验和投资能力，且其参与定向增发的认购金额高达数百万元，按照常理，原告作出投资决定应提前与A科技公司协商交易标的和细节，而不可能在短短的两天内根据2014年度审计报告的财务数据完成与A科技公司取得联系、展开磋商、确定交易方案和交易价格、完成谈判并签署协议文件的整个投资流程，这明显不符合机构投资者或定向增发特定投资者的投资习惯。而且，某市中院已要求原告提供投资报告、尽职调查报告、可行性分析报告、决议文件等内部投资决策文件以证明其投资决定确有受到2014年度审计报告的影响，但原告未能提供上述决策文件，未能有效说明其在短短两天内作出数百万元投资决定的合理性，未能提供充分的证据证明该交易因果关系的成立，故其投资决定与2014年度审计报告不具有交易因果关系。

因此，基于新三板定向增发虚假陈述案件不适用"信赖推定原则"的特点，本案原告不具备"信赖推定原则"的保护基础，结合本次交易存在如上诸多不合理的情形，难以支持原告所谓的基于2014年度审计报告作出认购A科技公司定向增发股票的主张，即使各方签订《股票认购协议》的时间发生在2014年度审计报告的公告日之后，亦无法认定本案原告的投资决定与A科技公司的虚假陈述行为、2014 年度审计报告之间的交易因果关系成立。

第五，新司法解释第十二条的适用。

经过对案件细节的剖析，我们发现了案涉交易可能存在新司法解释第十二条第二款、第三款、第四款、第五款的情形，该等情形能够进一步阻断投资决定与虚假陈述行为、2014 年审计报告之间的交易因果关系。例如，本案部分原告在同一家公司共同持股或共同担任董事、监事、高级管理人员等职位，部分原告与 A 科技公司的实际控制人或董事、监事、高级管理人员相熟，部分原告在获得股票后存在多次的相互交易、在同一天内以不同价格卖出股票、通过高价卖出少量股票以锁定价格等有违正常交易逻辑的交易行为，以上情形直接证明了本案原告与 A 科技公司之间、原告与原告之间存在关联关系，在一定程度上能推断本案原告在交易时知道或应当知道 A 科技公司的虚假陈述行为，甚至涉嫌串通操纵证券市场。

新司法解释第十二条规定，"被告能够证明下列情形之一的，人民法院应当认定交易因果关系不成立：（一）原告的交易行为发生在虚假陈述实施前，或者是在揭露或更正之后；（二）原告在交易时知道或者应当知道存在虚假陈述，或者虚假陈述已经被证券市场广泛知悉；（三）原告的交易行为是受到虚假陈述实施后发生的上市公司的收购、重大资产重组等其他重大事件的影响；（四）原告的交易行为构成内幕交易、操纵证券市场等证券违法行为的；（五）原告的交易行为与虚假陈述不具有交易因果关系的其他情形"。若本案被告能举证证明存在以上情形，即便投资决定行为发生在虚假陈述行为之后，人民法院应当认定交易因果关系不成立。在上述规定中，最高人民法院未采用封闭列举的方式限定能阻断交易因果关系的情形，而是让人民法院在审理时能考虑不同市场板块、不同公司类型的特殊性，辨析案件的特殊情况，避免机械化地适用"信赖推定原则"以认定交易因果关系。

在本案中，某市中院依照新司法解释第十一条、第十二条等条款作出了本案判决。我们认为，在办理证券虚假陈述案件中，作为被告的代理人，应该着力于论述新司法解释第十二条所列各种情形，深挖个案的交易方式、交易逻辑、交易背景，全面分析各交易主体之间的关系，结合股票交易的时点、场所、节奏等因素，综合判断原告的投资决定是否有受到虚假陈述行为的影响，是否能推翻"信赖推定原则"的适用。

四、裁判结果

某市中院认为:

本案的争议焦点主要在于原告的投资损失与涉案虚假陈述行为之间有无交易因果关系的问题。

原告作为定增投资者,其通过与 A 科技公司之间"面对面"签订股票认购协议的方式购入涉案股票,有别于在二级市场购入股票的投资者,难以与发行股票的公司直接沟通,主要靠公司信息披露文件作出投资决定,不应直接推定交易因果关系成立,而应综合全案证据进行判断。

从本案证据来看,原告系与 A 科技公司的董事、监事、高级管理人员共同认购定增股票,A 科技公司定向发行股票价格系与发行对象沟通后确定,原告未举证证明该定价的形成过程,也未举证证明其系基于信赖 A 科技公司披露的相关文件与 A 科技公司议定股价并作出投资决定。

更为关键的是,A 科技公司发布存在虚假记载的 2014 年度财务报告的时间为 2015 年 4 月 28 日,原告与 A 科技公司签订案涉《股票认购协议》的时间为 2015 年 4 月 30 日,前后仅相差两日,按照常理,原告作为机构投资者,进行数百万元的定增认购交易,理应提前与交易对手协商交易标的及交易细节,可以推知,原告是在 A 科技公司发布 2014 年度财务报告之前就与其进行协商,确定了涉案交易内容,作出投资决定。

综合本案现有证据,原告理应提交进一步证据如可行性分析报告等,证明其系基于 A 科技公司涉案虚假陈述行为作出投资决定,但经释明,原告未能对此提交相应证据,故据此认定,涉案交易因果关系不成立,原告要求 A 科技公司等赔偿其相应损失依据不足,某市中院不予支持。

(一)裁判结果

基于我们对案件事实抽丝剥茧的梳理、对法律适用问题严谨细致的研究,某市中院采信了我们提出的大部分观点,判决驳回了本案原告的全部诉讼请求,由于该等原告未提起上诉,该等案件已经生效。

（二）案件亮点

在证券虚假陈述责任纠纷案件中，交易因果关系的认定通常是案件双方据理力争的焦点问题。过往的案例主要与上市公司二级市场的股票交易相关。随着北京证券交易所市场、新三板市场、区域性股权市场等各级市场纠纷数量不断增多，证券虚假陈述责任纠纷的交易因果关系的认定变得更加复杂和困难。

"信赖推定原则"是证券虚假陈述侵权纠纷的重要制度，有助于解决证券虚假陈述案件被侵权人的举证难问题，大大降低了投资者的证明责任。然而，在司法实践中，特别是新三板定向增发虚假陈述纠纷中，"信赖推定原则"的适用存在较大争议，关于交易因果关系的认定成为办理此类纠纷案件的重中之重。

在本案中，某市中院认真考虑了新三板定向增发的交易特点、"面对面"交易与上市公司二级市场交易的区别、投资决定时间的不合理、机构投资者或专业投资者的投资习惯等因素，准确适用新司法解释，彰显人民法院对法律适用问题的深刻理解，为同类案件的办理指明了新方向。因此，在保护投资者利益的同时，人民法院应充分考虑到新三板市场的特殊性、定向增发与"面对面交易"的交易特点、投资者与信息披露义务人的关联关系等因素，结合个案情况，审慎适用"信赖推定原则"。

作为专业律师，我们需全面地掌握法律、行政法规、司法解释等规定的立法逻辑，精准定位案件的争议焦点，从规定、学理、类案、社会效果等方面进行分析，以最大程度地保护当事人的合法权益。

福建 DX 集团公司与闻某股权转让纠纷案

——上市公司控股权收购交易中解除业绩补偿条款并免除支付义务争议案

林　雁[*]

一、案情介绍

委托人福建 DX 集团公司系本案被告，闻某系深交所挂牌上市公司原控股股东，是本案原告。

2018 年 9 月，DX 集团作为收购方与闻某签订关于收购上市公司控股权的《股份转让协议》及《股份转让协议之补充协议》，主要约定：闻某及其确定的公司股东将持有的公司股份总计 46 924.660 5 万股（占上市公司股份总数的 15%）以及由此所衍生的所有股东权益转让给 DX 集团，每股转让价格不低于 6.86 元；闻某承诺，公司 2018 年度、2019 年度和 2020 年度（以下简称"业绩承诺期"）经审计的公司合并财务报表范围内归属于母公司所有者的净利润分别不低于 135 640 万元、149 204 万元和 161 141 万元；公司在业绩承诺期内各

---

[*]　上海市锦天城律师事务所高级合伙人。

年度实现的实际净利润数低于承诺净利润数的，DX 集团有权要求闻某以股份或现金方式进行补偿，其中，现金补偿的具体方式为：当年补偿金额＝（当年承诺净利润数－当年实现净利润数）÷业绩承诺期内各年的承诺净利润数总和×本次股份转让价款总额；任何一方违反、不履行或不完全履行转让协议项下的任何义务给对方造成损失的，应承担违约责任及全部赔偿责任，其中违约金为20 000 万元，如果实际损失超过 20 000 万元的，违约方还应承担超出部分的实际损失赔偿责任；违约方除应履行本协议规定的其他义务外，还应赔偿和承担守约方因该违约而产生的或者遭受的损失、损害、费用（包括但不限于合理的律师费）及责任。

2018 年 9 月至 12 月间，DX 集团依约按 6.86 元 / 股的价格向闻某及其确定的股东支付股份转让价款共计 321 903 万元。2018 年 12 月，闻某及其确定的股东将 46 924.660 5 万股股票过户给 DX 集团。

2021 年 4 月，ZT 会计师事务所（特殊普通合伙）出具上市公司 2020 年度审计报告。根据该审计报告，因公司前期会计差错等事项，对前期列报的净利润等项目进行追溯调整，公司 2018—2020 年度实现的净利润分别为 131 477 万元、103 305 万元、−311 858 万元，均低于闻某在 2018 年转让协议中承诺的净利润指标。根据转让协议约定的业绩补偿计算办法，闻某应承担 2018—2020 年度业绩补偿款分别为 3 005 万元、33 128 万元、341 400 万元，合计为 377 534 万元。扣减前述已经对抵的业绩补偿款 29 770 万元，闻某尚需支付 DX 集团 2018—2020 年度业绩补偿款 347 764 万元。

经催促，闻某未向 DX 集团履行支付义务，DX 集团于 2021 年 8 月向福建某中院提起诉讼，请求判令闻某向 DX 集团支付业绩补偿款人民币 347 764 万元和违约金 20 000 万元，并赔偿律师费、诉讼保全担保保险费损失等（该案在以下表述中简称为"前案"）。

闻某为对抗前案，于 2021 年 10 月向江西某中院提起本案诉讼，主要请求为：判令解除原被告之间签署的《股份转让协议》及系列补充协议中关于业绩承诺、补偿等合同条款（详见《股份转让协议》之 4.3 等条款，即判决解除前述 4.3 条等相同性质的条款）；判令被告承担合同违约责任，向原告支付违约金人民币 20 000 万元。首次开庭前，闻某撤回第二项主张 DX 集团支付 20 000 万元

违约金的请求。

二、争议焦点

在股权投融资领域，"对赌"纠纷一般发生于非上市公司控制权没有发生变更的 PE/VC 投资领域，通常是由控股股东主导目标公司的经营管理，本案系因收购上市公司控股权引发的"对赌"纠纷，司法实务中比较少见。此类争议长期存在两种主要观点：一是认为如果原控股股东丧失了经营管理主导权，原控股股东可以免责。理由是原控股股东在业绩承诺期内主导经营管理是业绩条款得以履行的前提条件，如果原控股股东不再主导管理层进行经营管理，却要承担业绩补偿责任，明显加重了原股东风险，有违合同权利义务对等原则和公平原则。另一种观点则认为，原控股股东对于投资者负责目标公司经营管理的安排清楚且接受，投资者投资后按照合同约定经营管理目标公司，在没有证据证明投资者损害目标公司利益的情况下，原控股股东的补偿义务不可免责。本案涉及股权转让协议及补充协议中关于业绩补偿条款是否因新冠疫情的影响而导致合同目的不能实现？被告行为是否导致合同目的不能实现？解除股权转让协议与补充协议中的业绩补偿承诺条款是否符合法定或者约定条件等。争议焦点和难点是，闻某在失去上市公司控股股东地位后，是否还须按约承担业绩补偿义务？

三、法律分析

（1）案涉《股份转让协议》系双方当事人的真实意思表示，合法有效，双方均应按约实际履行。案涉"业绩承诺补偿条款"构成《股份转让协议》交易价格的组成部分，不能被单独解除。

DX 集团与闻某于 2018 年 9 月签署的《股份转让协议》《股份转让协议之补充协议》（以下合称"案涉协议"）无疑是合法有效的，并已实际履行。其中关于业绩承诺的净利润指标、补偿责任、实施条件等约定，具有估值调整功能的"对赌"性质，依法也为有效条款，双方均应按约实际履行。

《九民纪要》规定：对赌协议，又称估值调整协议，是指投资方与融资方在达成股权性融资协议时，为解决交易双方对目标公司未来发展的不确定性、信息不对称以及代理成本而设计的包含了股权回购、金钱补偿等对未来目标公司的估值进行调整的协议。……对于投资方与目标公司股东或者实际控制人订立的"对赌协议"，如无其他无效事由，应认定有效并支持实际履行，实践中并无争议。

投资方与融资方达成股权投资协议时，由于信息不对称，对目标公司未来发展存在不确定性，对交易对价与公司价值和 / 或股权价值是否平衡存在较大变数。投融资双方通常通过签订对赌协议，对目标公司未来一定时期内的经营业绩作出约定，当目标公司经营业绩达不到约定指标时，股权转让方须承担补偿责任，以调节对价实现公平交易。这种安排符合交易习惯，也符合双方交易安排的初衷。可见，"业绩承诺补偿"条款是融资人补偿投资人的估值溢价款，构成交易对价的组成部分，而闻某已经按照双方约定的目标公司业绩获得交易对价，因此，在达不到约定业绩时，闻某应当退还已经按照约定业绩取得的高于实际业绩部分的溢价款项。

案涉协议是 DX 集团通过受让闻某所持上市公司股份而收购上市公司的整体协议。闻某诉请要解除的案涉协议第 4.3 条以及与第 4.3 条性质相同的业绩补偿条款，涵盖了双方关于转让与收购上市公司的总体目标，这些条款构成案涉协议的价格条款，是协议的主要条款，如果被单独解除，将自动产生案涉协议被解除的法律后果，势必动摇已经发生的稳定交易关系。同时，上市公司控股股东层面的变化必然引发公司股价的波动，涉及广大投资者的切身利益。因此，当协议的部分条款构成协议的核心内容时，不可以被单独解除。

（2）在业绩对赌期间，双方对上市公司决策权与经营管理权进行适当分离并作出具体安排，上市公司仍由闻某领导经营管理团队主导经营，DX 集团没有违约干预上市公司的正常经营，闻某以此为由行使解除权，没有事实根据，依法不能成立。

本案项下并购重组有别于其他投融资项目，具有如下特点：一是标的公司控制权发生变更；二是标的公司的所有制成分由民营上市公司变更为国有控股的上市公司；三是在业绩承诺期间的后期，闻某因被行政处罚失去上市公司董事和高管的任职资格。前两项是双方建立案涉交易关系的基础，第三项是因闻某过错所导致，这是讨论本案争议问题的前提和基础。

基于本案合作交易的这一具体背景，双方共同对公司控股权变更后如何保障非控股方主导公司经营管理进行充分协商作出合理可行安排，系基于双方为实现各自合同目的所追求的共同目标而达成一致意见。从已经成为事实的履行过程可以看出，双方均按约履行，并无争议。但闻某却主张其失去上市公司的控制权，就必然失去经营主导权，系自我否定其与 DX 集团的协议安排。原告故意将股东权与经营权视为对立、不可共存的错误观点，背离了上述交易背景，显然不能成立。

本案股权转让势必导致上市公司控股权发生变更，在此种情况下，双方为实现各自合同目的所追求的共同目标，对股东控制权和经营权以及如何保障经营权，保障公司经营平稳过渡作出安排并达成一致，并不违反法律强制性规定，应为有效。控股股东的控制权是公司股东层面在股东会的股东权利，经营权是公司经营管理层面的职权，两者并不矛盾，并非如原告代理人所说的"不可共存""DX 集团是公司控股股东，闻某即不享有经营权"。客观地讲，这种安排是共赢的，是双方为实现合同目的所共同追求的。对 DX 集团而言，对具有相当规模的上市公司主营业务产供销的了解和掌握需要相当时间的准备，为实现公司的平稳交接，离不开闻某管理团队"扶上马送一程"的助力；而闻某对业绩补偿作出承诺，是为了促成交易成功。在协议生效后，双方是合作伙伴关系，不是甲方乙方的对立关系，DX 集团没有理由无端干预或限制闻某主导经营管理。

正是基于维护上市公司利益，保护中小投资者权益的需要，双方需对控制权与经营权作出合理安排。对此，上市公司向广大投资者和社会进行披露并得到了证券监管部门的认可。如，上市公司《关于深圳证券交易所对公司的关注函回复的公告》称："由于上市公司规模较大，DX 集团对上市公司的深入了解需要一定的时间，为维护上市公司利益，保护中小投资者权益，闻某与 DX 集团就保持上市公司管理层稳定和治理结构的相对稳定达成共识。……本次股份转让设置业绩对赌，主要是因为本次股份转让完成后，上市公司的控股股东 DX 集团对上市公司主营业务的了解和掌握需要一定的过程，而闻某作为上市公司原控股股东，对上市公司过去的实际经营情况有深刻理解，因此过渡期间内上市公司仍由以闻某为核心的管理团队依法运营。……设置业绩对赌是为了确保上市公司在过渡期内保持人员、队伍、业绩稳定，有利于激励上市公司的核心管理人员努力发展上市公司业务、为上市公司创造价值，有利于保证上市公司核心管理人员的稳定性和积极性。通过上市公司利益与管理层利益的结合，能够促使管理层继续努力经营、拓展业务以实现上市公司业绩的持续增长，有利于维护上市公司股东尤其是中小股东利益。"《表决权委托协议》中有关闻某将表决权委托 DX 集团行使、维持 DX 集团的实际控制权，以及维持以闻某为核心的管理团队继续运营等条款，目的在于在保障 DX 集团的实际控制权的前提下，维持上市公司经营的稳定性，减少公司发展的不确定性。此后，上市公司在《关于深圳证券交易所对公司的问询函回复的公告》中再次表示："本次协议转让之后，根据双方相关协议安排，由闻某在现有经营方针、计划、模式及经营团队的基础上继续负责经营，公司的管理层将继续保持稳定，本次协议转让与委托表决权的安排对公司经营稳定性不会产生重大影响。"

DX 集团取得上市公司控股地位后，为保证公司持续在闻某的经营管理团队主导下正常经营，按照协议安排，闻某继续担任公司董事、董事长、总裁，副总裁兼财务负责人，董事、副总裁、董事会秘书等重要岗位不作变更。闻某在《关于上市公司股份转让之补充协议》中，进一步确认："自 2018 年转让协议签署之日起至本补充协议签署之日（2020 年 4 月 19 日），上市公司持续在闻某的经营管理团队主导下正常经营，DX 集团从未干预公司的正常经营活动，不存在违反 2018 年转让协议约定的情形。"

在闻某 2020 年 4 月因受到中国证监会的行政处罚而不能继续担任上市公司董事、董事长的特殊情况下，为尽可能减少该事件对上市公司后续经营的负面影响，保持公司经营管理的持续稳定，双方经充分协商，共同决定对公司董事、监事和高级管理人员及其他工作人员作出如下安排：（1）在业绩承诺期内接替闻某担任董事长的人选，由闻某推荐、以 DX 集团名义向董事会提名，由董事会选举产生；（2）闻某应基于上市公司利益最大化为原则推荐相关人选，以 DX 集团名义向公司提名董事、监事和高级管理人员候选人……"闻某指定的 11 名董事候选人当选公司第六届董事会董事，担任董事长、公司总裁。为保证闻某和新任董事长、公司总裁正常组织开展公司的经营管理，还专门对公司领导成员分工作出调整安排。事实上，自 2020 年 5 月 15 日，闻某卸任董事、董事长职务至 2020 年 12 月 31 日业绩承诺期限届满前，其仍作为总裁办会议成员参与了几乎所有总裁办会议，所有总裁办会议纪要均经闻某同意后才批准执行。在此期间，闻某始终承诺按约履行案涉协议项下 2018—2020 年度业绩补偿义务。2020 年 4 月，闻某与 DX 集团签订《关于上市公司股份转让之补充协议》明确承诺，"根据 2018 年《股份转让协议》约定的 2019 年度和 2020 年度业绩承诺事项如触发补偿义务，不论其是否担任上市公司相关职务，都将严格按照《股份转让协议》的约定执行，不会以未继续担任上市公司相应职务、无法履行管理责任等理由拒绝履行《股份转让协议》项下任何义务，或要求进行调整。"2020 年 9 月，闻某追加股份质押，与和 DX 集团签署《股票质押合同》。由此可见，闻某自 2020 年 5 月 16 日起不再出任公司董事长并没有影响闻某继续履行合同的意愿和能力。

（3）双方在案涉协议项下的合同目的早于 2020 年 1 月疫情暴发之前的 2018 年 12 月均已实现，本案不存在新冠疫情导致合同目的不能实现的前提，闻某以此为由主张解除"业绩承诺补偿"条款的请求，于法无据。

双方在案涉协议项下的主要合同目的早于 2018 年 12 月均已实现。案涉协议签署于 2018 年 9 月，DX 集团依约于 2018 年 12 月前按计税价格 6.86 元 / 股向闻某及其确定的股东所指定的银行账户支付全额股份转让价款，2018 年 12 月中国证券登记结算有限责任公司出具《证券过户登记确认书》，确认转让标的 46 924.660 5 万股公司股票已完成过户登记手续。2018 年 12 月 10 日，双方签署《表决权委托协议》，一致同意上市公司控制权由闻某变更为 DX 集团；闻某放弃上市公司控制权，DX 集团取得上市公司控制权，可见，双方在案涉协议项下的合同目的均于疫情发生之前的 2018 年 12 月已经实现。

上市公司没有因为新冠疫情而无法经营，新冠疫情并未导致案涉合同目的不能实现。业绩对赌涉及 2018、2019、2020 三个年度，显然受到影响的只是 2020 年度。而在 2020 年度，除了湖北之外，其他省份在 2020 年 2 月底已经全面复工，客观上 3、4 月份也会受到一定影响，但总体是可控的。据江西省卫健委发布的疫情情况通报，江西全省自 2020 年 2 月 29 日起再无新增本地病例，实际上，江西省政府在 2020 年 2 月 10 日就发布推进全省企业复工复产的通知。疫情期间，上市公司没有因为新冠疫情影响出现停工停产，更谈不上无法经营了。在营收和利润率波动上，受到影响的因素也是综合复杂的，市场竞争、产品更新迭代、市场判断失误都是重要原因，单纯归咎于疫情影响显然没有足够的量化证据支持。在上市公司生产经营正常的情况下，新冠疫情并未导致闻某在案涉协议下的合同目的不能实现。

正因为疫情没有影响上市公司的正常生产经营，闻某始终承诺按约履行案涉协议项下 2018—2020 年度业绩补偿义务，并多次对其按约履行作出承诺并付诸行动。（1）2020 年 9 月，闻某与 DX 集团签订《业绩承诺补偿的协议书》，双方就标的公司 2019 年度和 2020 年度业绩补偿事项作出进一步安排，约定："如闻某未能于 2020 年 12 月 31 日前支付 2019 年度业绩补偿款，其承诺在 2020 年 12 月 31 日前向 DX 集团追加质押上市公司股份不少于 5 500 万股，用于担保案涉协议项下全部业绩补偿义务及其违约责任的履行（含 2019 年度和 2020 年度业绩补偿款）。"并与 DX 集团签订《股票质押合同》，为其履行案涉《股份转让协议》约定的业绩补偿义务提供质押担保。（2）DX 集团于 2021 年 5 月 18 日致函闻某要求其在收到函件之日起 30 日内以现金方式支付 2018—2020 年度业绩补偿款合计 3 487 725 494.49 元，闻某于 2021 年 5 月 20 日以《关于履行 2018—2020 年度业绩承诺补偿的确认函》回复 DX 集团，予以确认。

关于疫情影响下的法律适用，最高人民法院早于 2020 年 4 月 16 日即下发《关于依法妥善审理涉新冠肺炎疫情民事案件若干问题的指导意见（一）》（法发〔2020〕12 号），指导意见认为："受疫情或者疫情防控措施直接影响而产生的合同纠纷案件，除当事人另有约定外，在适用法律时，应当综合考量疫情对不同地区、不同行业、不同案件的影响，准确把握疫情或者疫情防控措施与合同不能履行之间的因果关系和原因力大小，按照以下规则处理：……（二）疫情或者疫情防控措施仅导致合同履行困难的，当事人可以重新协商；能够继续履行的，人民法院应当切实加强调解工作，积极引导当事人继续履行。当事人以合同履行困难为由请求解除合同的，人民法院不予支持。"只有在"因疫情或者疫情防控措施导致合同目的不能实现"的，当事人请求解除合同的，人民法院才予以支持。

依据《中华人民共和国民法典》第五百六十三条规定，"因不可抗力致使不能实现合同目的的"，当事人方可解除合同。闻某在疫情发生后通过签署补充协议、协议书、确认函、质押合同的方式向 DX 集团作出按约履行《股份转让协议》约定的业绩补偿义务的承诺。由此可见，就 2018—2019 三年业绩承诺期而言，新冠肺炎疫情只对上市公司 2020 年度经营业绩造成一定影响，但从闻某表示继续履行"业绩承诺补偿"的意愿和信心上看，这种影响是有限的，远未达到影响实现合同目的的程度。并且，在新冠疫情发生之后，文某还多次作出按约履行承诺并付诸行动。因此，闻某以遭遇不可抗力事由要求解除"业绩承诺补偿"条款，于法无据，依法不能成立。

（4）闻某主张解除业绩承诺补偿条款的请求，不符合现行法律规定或合同约定的解除条件。

首先，双方合同目的均已实现，闻某不享有法定解除权。新冠疫情发生于业绩补偿承诺三年期限的最后一年，而且，事实证明这种影响是有限的，就本案实际情况而言，新冠肺炎疫情影响的程度尚不足以构成不可抗力的免责事由，闻某不享有法定解除权，故其以新冠肺炎疫情影响其实现合同目的为由，要求解除对赌条款，并进而导致案涉协议被解除的诉请，依法不能成立。

其次，双方合同主要目的均已实现，且约定解除权的行使条件未成就，闻某不享有约定解除权。《股份转让协议》第 7.6 条约定："如因不可抗力事件，一方部分或全部不能履行本协议项下的义务，将不构成本协议第七条的违约，相应的履行义务在不可抗力事件妨碍其履行期间中止。不可抗力事件或其影响终止或消除后，该方应立即恢复履行在本协议项下的各项义务。如不可抗力事件及其影响持续 60 个工作日或以上并且致使本协议任何一方丧失继续履行本协议的能力，则任何一方有权解除本协议。"可见，合同约定解除权的行使包括两个条件，一是不可抗力持续 60 个工作日以上，二是不可抗力致使履行义务一方丧失继续履行合同的能力。众所周知，新冠肺炎疫情在 2020 年 2 月就得到控制，此后各地陆续复工复产，虽偶有复发疫情，但都得以有效管控，每轮疫情持续时间均未超过 60 个工作日。而且，即使新冠肺炎疫情影响上市公司 2020 年度的业绩，也不存在闻某丧失继续履行业绩补偿义务的能力。因此，约定解除权的行使条件未成就，闻某不享有约定解除权。

再次，闻某在新冠疫情发生后与信息集团签署补充协议、协议书、确认函、质押合同等一系列协议证明，在整个"业绩承诺补偿"期间内，新冠疫情没有影响闻某继续履行"业绩承诺补偿"的意愿和能力，同时也证明闻某不但没有主张解除合同，反而承诺按约履行。

四、裁判结果

（一）裁判结果

一审法院裁定，准许原告闻某撤回起诉。虽然本案未以判决方式结案，未能体现法院的观点，但可以认为法院接受了本团队律师提出的前述基本观点，这也是闻某不得不撤回起诉的原因（因此可以退回 50% 诉讼费 802.09 万元）。

（二）案例亮点

在控制权发生变更的股权投融资项目中，必然产生新控股股东依法行使股东权利（包括委派董事、监事和高级管理人员等依法行使股东权利）与如何保障原控股股东正常行使经营管理权之间的边界、冲突和协调问题。这种情况下，既不能简单地认为经营管理权的保障应以控股股东不行使股东权利为前提，也不能简单认为，控股股东行使股东权利就是对公司正常经营管理权的干预。虽然本案协议有效并已实际履行，原股东对于投资者负责目标公司决策管理的安排是清楚并且是接受的，投资者收购控制权后按照合同约定控股目标公司，没有理由认为投资者故意损害目标公司利益而追求原股东给予补偿，但责任承担仍存在争议。在收购公司控股权项目时，投资人应特别注意对公司决策权与经营管理权的分离作出合理安排，保证原股东在失去决策权的情况下，保留经营管理权。在此情形下，关于原控股股东承担补偿义务是否以享有经营管理权为前提的争议，将转换为双方对经营管理权作出安排后，一方是否存在违约的争辩，使得责任划分具有明确标准，本案委托人的不利地位因此得以完全扭转。

新冠肺炎疫情影响是否属于不可抗力，应视具体影响程度，不能一概而论。根据本案事实和争议性质，新冠肺炎疫情影响有限，可以主张免除部分责任，但并非可以不可抗力为由主张解除不利于己方的条款，特别是"与业绩对赌有关的所有协议条款"构成价格条款组成部分的情况下，业绩补偿条款更不可能被单独解除。免除部分责任与解除业绩补偿条款的性质和请求权基础完全不同，实务中应当正确区分使用。

　　本案对投资人收购目标公司控股权项目时，如何在公司决策权与经营管理权分离的情况下作出合理可操作的安排，以及在引发"业绩补偿"对赌纠纷的处理思路上，具有一定的实务指导意义。

罗氏夫妇与 KN 公司、廖某与公司有关的纠纷案

——上市公司重大资产重组中违反公开承诺的民事责任索赔案

林　雁[*]

一、案情介绍

委托人罗氏夫妇是创业板上市公司的第一大股东、控股股东及实际控制人。

2015 年 8 月，上市公司实施重大资产重组时，被重组方 KN 公司及 KN 公司的控股股东廖某（台湾居民）均出具"不谋取上市公司控制权"的公开承诺，承诺内容均为："本次重组完成后，保证不通过所持有的上市公司股份主动谋求上市公司的实际控制权，保证不联合其他股东谋求上市公司的实际控制人地位，保证不联合其他股东谋求上市公司董事会的多数席位，保证不联合其他股东通过提议召开临时股东会等方式选举和罢免现任董事会成员。" 2015 年 10 月 12 日，罗氏夫妇亦出具"在前述重大资产重组完成后 36 个月内，不放弃第一大股东、控股股东或实际控制人地位"的公开承诺。

上市公司重组完成后，KN 公司成为上市公司第二大股东。2016 年 11 月，

---

* 上海市锦天城律师事务所高级合伙人。

上市公司召开 2016 年第二次临时股东大会，审议通过了第三大股东提出的《关于提议免去罗氏夫妇公司第三届董事会董事职务的议案》等 4 个临时议案，免去了罗氏夫妇的董事职务。对此，KN 公司投了赞成票。2016 年 11 月 22 日，上市公司召开第三届董事会第十五次会议及第十六次会议，免去罗氏夫妇的董事长职务，选举廖某为公司董事长，随后，罗某被新组建的董事会免去总经理职务，董事会聘用廖某提名的人选任公司总经理。由此产生了上市公司实际控制权的争夺战。

为不使 KN 公司利用上市公司本次重大资产重组实现借壳上市，使上市公司重大资产重组回归合法合规状态，避免受到证券监管部门的行政处罚，使上市公司及广大投资者免受重大投资损失，罗氏夫妇决定采取增持股票增加表决权的方式"夺回"上市公司的控制权，履行自己作出的不放弃上市公司第一大股东、控股股东或实际控制人地位的承诺。为此，罗氏夫妇于 2017 年 3 月通过信托计划融资 20 000 万元，在二级市场合计增持上市公司股票 1 014.442 1 万股，增加表决权，并于 2017 年 8 月重新当选公司董事、董事长和公司总经理。

因上市公司发生控制权争夺，导致股价持续下跌。罗氏夫妇在重新取得上市公司的控制权后无力补充资金，在通过信托计划增持的股票即将被平仓之际，不得不陆续减持上市公司股票合计 1 828.182 1 万股，损失约 15 000 万元，引发本案索赔纠纷。

本团队接受罗氏夫妇的委托，于 2020 年 1 月 16 日提起本案诉讼，主要诉请：确认 KN 公司和廖某违反《不谋求上市公司实际控制人地位的承诺函》之承诺义务；判令 KN 公司、廖某共同赔偿罗氏夫妇经济损失 10 638.425 0 万元。

KN 公司、廖某辩称：（1）罗氏夫妇的诉讼请求，存在请求权竞合的问题，应当明确其请求权基础。（2）罗氏夫妇的诉求缺乏合同依据。各方出具的承诺函系对社会公众之承诺，而非针对罗氏夫妇，彼此之间不存在成立民事法律关系之目的，未形成合同关系。KN 公司、廖某不谋求实际控制人地位，并不意味着必须维持罗氏夫妇的实际控制人地位。承诺函也独立于重大资产重组协议，承诺内容不构成该协议项下各方权利、义务。（3）KN 公司、廖某未违反《不谋求上市公司实际控制人地位的承诺函》。上市公司《2017 年第一季度报告》《2018 年第一季度报告》（罗氏夫妇已重新担任董事职务）均载明 KN 公司在重大资产重组时所作承诺处于正常履行中，故上市公司已承认 KN 公司未违反前述承诺。深圳证券交易所、厦门证监局未认定 KN 公司、廖某违反承诺。（4）KN 公司在 2016 年第二次临时股东大会上系合法、正当行使股东表决权。此后，廖某当选董事长，系上市公司董事长缺位及全体董事合法、正当行使表决权的结果。KN 公司、廖某客观上未取得实际控制人的地位。（5）罗氏夫妇所谓的损失不能成立，缺乏证据支持。

庭审中，KN 公司确认在《关于提议免去罗氏夫妇公司第三届董事会董事职务的议案》表决中投了赞成票，如若未投票支持前述议案，该议案不会被通过。

二、争议焦点

本案是一起上市公司重大资产重组中承诺人违反公开承诺的民事责任赔偿案件。传统观点认为，公开承诺因为没有明确"承诺对象"，归入虚假陈述，行为人应承担侵权责任。本案中，KN 公司及廖某在其作出的"不谋求实际控制权"的公开承诺中的关键词为"主动谋求"及"联合"，但在临时股东大会上提起罢免罗氏夫妇董事席位议案的股东是公司第三大股东，并不能证明是 KN 公司或廖某"主动谋求"，也无法证明 KN 公司或廖某与第三大股东"联合"。从表面上看，KN 公司和廖某的行为并不违反其公开承诺中不得"主动谋求"以及"联合"的要求。换言之，对于罗氏夫妇而言，难以证明 KN 公司或廖某具有主动谋取控制权的主观故意，并且实施了谋取控制权的行为，故侵权之诉难以实现诉讼目标。

早于 2017 年 4 月，罗氏夫妇已就本案聘请某知名律师团队以通说的侵权责任赔偿向某高级法院提起诉讼（"前案"），因前案开庭后长时间没有进展，2018 年 12 月，委托人向本团队寻求帮助。经过充分论证，我们认为，鉴于无法证明"廖某某具有谋取控制权的故意并且实施了谋取控制权的行为"，我们提出撤回原诉，以违约之诉另行起诉的方案。经过进一步论证，客户认可新的诉讼方案并更换本团队以违约之诉另行起诉，但违约之诉也面临诸多难以逾越的障碍。本案争议焦点和难点如下：

（1）罗氏夫妇是否具备原告诉讼主体资格？

重大资产重组协议由上市公司与 KN 公司签订，KN 公司持有 80% 股权及案外人持有 20% 股权的 PT 公司，成为上市公司的全资子公司，KN 公司及案外人换股成为上市公司股东。因此，承诺函由上市公司原控股股东罗氏夫妇、KN 公司及其控股股东廖某分别出具，假定 KN 公司、廖某构成违反承诺，上市公司虽可以作为原告，但对罗氏夫妇并没有意义，且本团队于 2018 年 12 月接受此案委托时，罗氏夫妇已不再享有上市公司控制权。因此，在以 KN 公司及廖某作为被告的违约之诉中，罗氏夫妇是否具备原告诉讼主体资格成为首先要解决的问题，这也是促使我们进一步研究解决罗氏夫妇与 KN 公司、廖某存在合同关系的基础和出发点。

（2）如何认识公开承诺函的法律性质？

上市公司在不同的发展阶段就不同事项所做的公开承诺种类很多，依据不同的标准，这些公开承诺可以有不同的分类。依据承诺行为的具体形态，违法的公开承诺一般可分为虚假陈述型、操纵市场型和非典型侵权型三类。在这种分类框架下，虚假陈述、操纵市场是《中华人民共和国证券法》明令禁止的典型的证券欺诈行为。非典型侵权型承诺，是指除虚假陈述和操纵市场这两类典型的证券侵权行为之外的其他违反承诺的行为。此类承诺的法律性质可分为单方法律行为说和契约说两种。一般认为，对不需要特定相对方接受承诺人意思表示的承诺采单方法律行为说，而若公开承诺是相关合同的组成部分，或者说是相关合同成立的前提条件，则公开承诺构成合同的重要组成部分。因此，违反承诺主要是构成侵权，但显然也存在构成违约的可能性。

（3）罗氏夫妇与廖某均不是重组合同的签约主体，如何论证双方成立了合法有效的合同关系？

重大资产重组协议的签约方为上市公司和 KN 公司，罗氏夫妇出具承诺与廖某出具承诺，均是基于各自公司控股股东身份，并非重大资产重组合同的当事人，双方也未就公开承诺事宜共同签署其他协议或交易文件，且该承诺函均未体现承诺对象（无抬头）。而罗氏夫妇主张违约纠纷的唯一依据仅是这两份承诺函，因此，如何根据两份承诺函认定双方出具人构成合同关系成为本案违约之诉能否证成的关键问题。

（4）如何认定廖某谋取了上市公司控制权？

廖某是否谋取到上市公司控制权，不仅涉及实际控制人的认定标准，而且是判定 KN 公司、廖某是否违反承诺构成违约的重要依据。罗氏夫妇持股17.35%，原为上市公司第一大股东及实际控制人，KN 公司持股 9%，是公司第二大股东，在廖某担任公司董事长后，根据现行《中华人民共和国公司法》《上市公司收购管理办法》等法律规章，因受限于持股比例，尚不能认定廖某取得上市公司实际控制人地位。因此，认定上市公司实际控制人已经发生变化也存在法律障碍。

三、法律分析

在学界和司法实践普遍认为违反公开承诺属于证券欺诈行为而应提起侵权之诉的通说观点上，我们另辟蹊径，创新性地提出违约之诉的方案，即证明罗氏夫妇与 KN 公司及廖某之间存在合法有效的合同法律关系，并确定以违约责任向 KN 公司及廖某主张违约损害赔偿责任。

罗氏夫妇与廖某虽不是重组合同的签约主体，但可以证明他们成立了合法有效的合同关系，违约之诉具有法理基础和法律依据。其一，"禁止创业板借壳上市"是我国基于创业板创立初衷而设定的证券监管规则，同时，确保上市公司重大资产重组不会导致公司控制权发生变更是控股股东决定是否进行重大资产重组时，需要慎之又慎考量的重要因素。因此，被重组方通常被要求必须出具承诺，保证不通过重大资产重组谋取控制权；与此相对应地，重组方的控股股东则出具"不放弃控制权"的承诺，两种承诺形成被重组方和重组方控股股东的对应权利义务关系，共同确保上市公司重大资产重组后公司控制权不发生变化。本案中，尽管罗氏夫妇与廖某均不是重大资产重组合同的签约主体，但罗氏夫妇与廖某分别出具承诺函是基于重组方和被重组方的控股股东身份而作出，出具该等承诺是达成资产重组协议的前提条件并构成重组合同的重要内容，同时也构成重大资产重组交易对价的重要组成部分。因此，该承诺函应视为达成重组协议的"要约"。其二，虽然罗氏夫妇与 KN 公司、廖某出具的承诺函均没有明确的抬头和对象，但承诺函没有明确承诺对象，并非没有相对方，任何承诺函都有相对方，否则就不能称之为"承诺函"。承诺函没有写明对象，是因为要承诺的对象很多，依照惯例不需要逐一列举。就承诺对象而言，第一个层面是对证券监管部门的承诺，第二个层面是对全体股东特别是控股股东的承诺，第三个层面是对社会公众（包括投资者和潜在投资者）的承诺。这意味着承诺函面向不同的对象将呈现不同的法律性质、法律责任和请求权基础。如面对监管部门，则构成相应的行政法律责任；面对社会公众（投资者及潜在投资者），违反承诺则应承担特殊的证券侵权赔偿责任；在"不谋取控制权"的承诺上，相对人是确定的罗氏夫妇，其不谋取控制权的承诺是对控股股东、大股东的承诺，当然也是对全体股东的承诺，而面对控股股东，其违反承诺直接导致原控股股东丧失实际控制权，为确保重大资产重组恢复合法合规状态，控股股东必然采取各类措施保持其控制权，由此导致控股股东增加维护承诺的成本，导致利益遭受损失。据此，承诺人 KN 公司、廖某与罗氏夫妇成立合法有效合同关系，且此时 KN 公司及廖某的行为产生侵权责任和违约责任竞合，罗氏夫妇依法有权选择以违约之诉向行为人主张违约损害赔偿责任。

提出"实质重于形式"的理念解决上市公司实际控制人的认定标准问题。实际控制人的认定标准，涉及判定廖某是否"谋取到"控制权，以及是否违反承诺构成违约问题。廖某担任公司董事长后，其持股比例仅为 9%，是公司第二大股东，根据现行《中华人民共和国公司法》《上市公司收购管理办法》等法律法规规定，均不能直接认定廖某已经取得上市公司实际控制人地位。我们通过对法律法规的解释、研究相关司法案例，归纳总结出中国证监会认定实际控制人的标准，并提出司法认定与监管规定应保持一致的观点，具体包括是否对公司治理结构、运营活动具有实质影响以及是否控制董事会和管理层两个方面，即认定具有实际控制权无须以具有特定股权投资关系为前提条件，应关注"对发行人股东大会、董事会决议的实质影响、对董事和高级管理人员的提名及任免所起的作用"等因素予以综合评判。本案中，KN 公司及廖某投出赞成票罢免了罗氏夫妇的董事席位之后，廖某担任董事长，并使自己提名的人选担任公司总经理，已经对上市公司的治理结构、运营活动产生实质性影响，即便其持股数额未达到法定比例，也应认定上市公司的实际控制权已经发生变化。

在主张损失赔偿上，我们提出罗氏夫妇增持股票系"加重了信守承诺不放弃控制权的成本"，故因增持股票跌价而遭受的损失与行为人的违约行为具有因果关系。KN 公司、廖某应当预见其违约行为将直接影响、加重罗氏夫妇履行其"不放弃实际控制权"承诺的履约成本，而且其在获得重组对价的基础上，谋取控制权将获得以数亿元计价的"壳资源"价值，且控制权的变动必将导致公司股价剧烈波动下跌，并引发同样以亿元级别计算的赔偿。现罗氏夫妇向 KN 公司、廖某主张所受损失完全在 KN 公司、廖某可预见的范围内，依法应当由 KN 公司、廖某负责赔偿。为此，我们将罗氏夫妇为使公司重大资产重组回归合法合规状态而支出的成本以及因 KN 公司及廖某违反承诺引起控制权争夺导致股票价格下跌带来的损失纳入主张赔偿范围，获得两审法院及再审法院的认可和支持。

四、裁判结果

一审法院认为：

罗氏夫妇、廖某、KN 公司均为重大资产重组协议的利益关联方，为实现前述协议项下重大资产重组计划，保证上市公司控制权在资产重组完成后不发生变更，各自作出相应承诺。承诺的对象不仅包括证券市场的监管主体、投资者，当然也应包括前述利益关联方。KN 公司及其实际控制人廖某在 2016 年第二次临时股东大会投票支持《关于提议免去罗氏夫妇公司第三届董事会董事职务的议案》等议案，直接动摇上市公司原本的控制权，违反二者关于"本次重组完成后，保证不联合其他股东谋求上市公司的实际控制人地位，保证不联合其他股东谋求上市公司董事会的多数席位，保证不联合其他股东通过提议召开临时股东会等方式选举和罢免现任董事会成员"的承诺。无论上市公司在 2017 年第一季度报告或 2018 年第二季度报告如何表述披露，均不能改变 KN 公司、廖某已罢免原有董事会成员，谋求实际控制人地位的客观事实。KN 公司、廖某的违约行为直接影响、加重罗氏夫妇履行《承诺函》的成本，即罗氏夫妇在 2017 年 3 月 13 日至 2017 年 3 月 16 日期间增持上市公司股票 1 014.442 1 万股（支出 19 682.064 2 元），给罗氏夫妇造成损失。罗氏夫妇有权请求 KN 公司、廖某赔偿相应损失。鉴于罗氏夫妇 2017 年 11 月已经处置了前述增持股权，回收资金 9 776.439 8 元（同期减持股票 1 075.202 1 股，回收 10 361.999 6 元，按比例确定关联股权金额），其自愿以损失金额的 60% 提出赔偿数额，本院予以准许，据此认定 KN 公司、廖某的赔偿数额为 5 943.374 6 万元〔（ 19 682.064 2 元 −9 776.439 8 元 ）×60% 〕。

二审法院认为：

关于罗氏夫妇是否具有诉讼主体资格的问题。该院认为，根据《中华人民共和国民事诉讼法》第一百一十九条的规定，起诉必须符合下列条件：（一）原告是与本案有直接利害关系的公民、法人和其他组织；（二）有明确的被告；（三）有具体的诉讼请求和事实、理由；（四）属于人民法院受理民事诉讼的范围和受诉人民法院管辖。对于以上条件，双方当事人争议的仅是第一项条件，即罗氏夫妇是否与本案有直接利害关系。所谓原告与本案具有直接利害关系，是指当事人自己的民事权益受到侵害或者与他人发生争议，为保护自己的民事权益而提起诉讼的人。本案中，罗氏夫妇的诉讼请求是确认 KN 公司和廖某违反《不谋求上市公司实际控制人地位的承诺函》之承诺义务、判令 KN 公司和廖某共同赔偿罗氏夫妇经济损失 10 638.425 0 万元。从诉讼请求可以看出，罗氏夫妇与 KN 公司、廖某发生了民事争议，且为保护自己权益而提出本案诉讼。因此，罗氏夫妇是本案适格的原告。

关于《不谋求上市公司实际控制人地位的承诺函》以及《承诺函》的性质问题。该院认为，双方当事人对本焦点的争议是双方当事人是否因各自的承诺而形成合同关系。2015 年 9 月 24 日，上市公司与 KN 公司及案外人 SY 公司签订重大资产重组协议，约定上市公司以支付现金及发行股份的方式购买 KN 公司持有的 PT 公司 80% 股权及 SY 公司所持 PT 公司 20% 股权，进行重大资产重组。2015 年 10 月 12 日，罗氏夫妇出具《承诺函》，承诺在前述重大资产重组完成后 36 个月内，不放弃第一大股东、控股股东或实际控制人的地位等。2015 年 8 月 26 日，KN 公司出具了《不谋求上市公司实际控制人地位的承诺函》，承诺"本次重组完成后，保证不通过所持有的上市公司股份主动谋求上市公司的实际控制权""本次重组完成后，保证不联合其他股东谋求上市公司的实际控制人地位，保证不联合其他股东谋求上市公司董事会的多数席位，保证不联合其他股东通过提议召开临时股东会等方式选举和罢免现任董事会成员"。同日，廖某出具了《关于不谋求上市公司实际控制人地位的承诺函》，承诺"本次重组完成后，保证不通过 KN 公司所持上市公司股份主动谋求上市公司的实际控制权""本次重组完成后，保证不联合其他股东谋求上市公司的实际控制人地位，保证不联合其他股东谋求上市公司董事会的多数席位，保证不联合其他股东通过提议召开临时股东会等方式选举和罢免现任董事会成员"。由以上内容可见，罗氏夫妇、廖某、KN 公司均为重大资产重组协议的利益关联方。讼争的承诺函都是重大资产重组协议的组成部分。基于重大资产重组协议目的的实现，各利益相关主体所作出的承诺直接影响其他各方的利益，不仅对于承诺者有约束力，对于其他各方也都有约束力。从而，各方形成了权利义务关系。KN 公司、廖某关于承诺函是针对不特定对象作出的，不符合合同的基本构成要求，不能作为合同看待的主张不能成立。

关于 KN 公司、廖某是否违反《不谋求上市公司实际控制人地位的承诺函》所作的承诺的问题。该院认为，根据 KN 公司、廖某在《不谋求上市公司实际控制人地位的承诺函》中所做出的承诺，KN 公司、廖某应尽力维护公司的控制权不发生变更。但在股东大会上，KN 公司投赞成票，通过议案罢免了罗氏夫妇董事职务。在董事会上，廖某又为自己当选董事长投出赞成票，在当选董事长后，又解聘了罗氏夫妇的总经理职务，聘任自己提名的人选担任总经理。廖某以一系列行动，积极主动使自己成为公司新董事长，违反了公开承诺。KN 公司、廖某的行为对董事会决议具有实质影响，对董事会成员、高级管理人员的任命，对公司治理结构、运营活动具有实质影响。KN 公司、廖某已经取得对公司的实际控制权，违反了承诺。2015 年 10 月 12 日，罗氏夫妇出具《承诺函》，承诺在前述重大资产重组完成后 36 个月内，不放弃第一大股东、控股股东或实际控制人的地位。KN 公司、廖某在罗氏夫妇出具《承诺函》时，对于罗氏夫妇系第一大股东、控股股东或实际控制人的地位并没有异议。KN 公司、廖某诉讼中否定罗氏夫妇在公司中的地位，有违诚信。

关于罗氏夫妇是否可以向 KN 公司、廖某主张赔偿损失的违约责任问题。本院认为，由于 KN 公司、廖某违背承诺的行为，直接影响和加重了罗氏夫妇关于"不放弃公司实际控制人地位"承诺的履约成本。罗氏夫妇所受损失与 KN 公司、廖某的违约行为存在因果关系。罗氏夫妇在 2017 年 3 月 13 日至 2017 年 3 月 16 日期间增持上市公司股票 1 014.442 1 万股所造成损失，与 KN 公司、廖某的违约行为具有因果关系，一审判决由 KN 公司、廖某共同赔偿并无不当。

再审法院认为：

关于罗氏夫妇与廖某之间的法律关系问题。罗氏夫妇主张廖某违反了《承诺函》中的内容给其二人造成损失。经查,廖某和 KN 公司各自出具的《承诺函》系为履行重大资产重组协议、促成上市公司重组而做出的承诺,虽然《承诺函》的内容仅有义务条款,但《承诺函》是重大资产重组协议的组成部分,共同确认了廖某与利益关联方的权利义务关系。罗氏夫妇为此也作出"不放弃公司实际控制人地位"的承诺。因此,罗氏夫妇作为利益关联方与廖某之间形成合同法律关系。廖某违背承诺函的约定,与 KN 公司一起取得了上市公司的控制权,二审法院认为 KN 公司与廖某的共同行为直接影响和加重了罗氏夫妇履行其二人《承诺函》的履约成本,判令 KN 公司与廖某赔偿罗氏夫妇的经济损失并无不当。

廖某作出违背《承诺函》的行为后,罗氏夫妇因增持的上市公司股份发生股价下跌产生的损失,一审酌定支持罗氏夫妇诉请的 60% 部分,廖某对该酌定比例虽有异议,但未能提供足以推翻生效判决的证据,对该再审申请理由不予采纳。

(一)裁判结果

一审法院认定 KN 公司、廖某违反公开承诺,给罗氏夫妇造成了实际损失,判令 KN 公司、廖某向罗氏夫妇赔偿经济损失 5 943.374 6 万元。二审法院驳回 KN 公司、廖某上诉,维持原审判决。再审法院驳回了廖某的再审申请。

(二)案例亮点

本案系上市公司重大资产重组中被重组方及其实际控制人违反公开承诺引发控制权争夺而发生的民事责任索赔纠纷案件,据可查途径显示,该案在我国司法实践中尚未有过先例,应是我国资本市场司法"第一案"。

本案不以通说的侵权之诉作为请求权基础,而以违约之诉作为赔偿基础并获三审法院支持,具有创新性。

本案方案和判决结果对今后中国资本市场有关"公开承诺函"的法律性质认定、违反公开承诺构成要件及责任认定、实际控制权的认定标准及赔偿标准等,提供了全新的裁判思路,对维护资本市场稳定和上市公司利益具有一定的积极意义。

本案争议及其处理反映了资本市场重大资产交易过程中形成的"规范"表述和"模板"所存在的缺陷和法律风险，能够为此后相关规范表述、模板的修订提供良好的实务经验和建议，对律师办理此类及相关非诉讼业务具有一定的借鉴作用。

本案法律关系重大疑难，案涉上市公司控制权争夺过程长、影响大，多家媒体、第三方机构对本案进行相关报道，社会关注度高。本案入选《商法》2022 年度杰出交易大奖。

ALLBRIGHT
LAW OFFICES
锦天城

锦天城律师事务所经典案例集

侵权类纠纷

GQ 高速公路发展有限公司与 TL 矿业投资发展有限公司压覆赔偿纠纷案

——建设项目压覆矿产资源，建设单位如何推翻错误评估报告扭转局势

云　志[*]　蒋梦颖[**]　黄　瑞[***]

一、案情介绍

2012 年 12 月，ZJ 路桥建设有限公司（简称"ZJ 路桥"）中标为 GQ 高速项目投资人，并由 G 省交通运输厅向 ZJ 路桥发出中标通知书。GQ 高速采用 BOT 模式投资建设，项目总投资估算逾 80 亿元。ZJ 路桥中标后设立全资子公司 GQ 公司作为 GQ 高速实施主体，全面负责 GQ 高速投资、建设、运营等工作，并由 GQ 公司与 G 省交通运输厅签订了《特许权协议》。

为顺利开展建设工作，GQ 高速前期牵头主体 G 省公路局在 2012—2013 年期间完成了 GQ 高速前置报批手续，包括项目立项、土地取得、压覆重要矿产资源报批等，于 2013 年 1 月与贵州 TL 矿业投资控股有限公司（简称"TL 矿

* 上海市锦天城律师事务所高级合伙人。
** 上海市锦天城律师事务所合伙人。
*** 上海市锦天城律师事务所律师。

业")签订了《压覆矿产资源协议书》,协议明确:(1)TL 矿业支持贵州高速公路建设,同意建设项目从矿区通过,允许压覆铜多金属矿资源量;(2)TL 矿业知晓建设项目尚处于可行性研究阶段,下步可能进行线路优化,并在建设过程中将根据实际压覆量协商赔偿。同年 2 月,G 省公路局委托州 G 省有色金属和核工业区地质勘查局地质矿勘查院(简称"有色金属地勘院")对压覆量进行评估。G 省公路局与 GQ 公司作为 GQ 高速不同阶段的项目建设方,也在 GQ 高速公开招标完成并签署相关协议后完成了权利义务交接。

为进行线路优化,2014 年 GQ 高速改线,并由 G 省交通运输厅重新对改线后施工图进行审批,取得《G 省交通运输厅关于 GQ 公路(主体工程部分)施工图设计的批复》。随后 GQ 高速进行施工建设,并对 TL 矿业拥有的 WH 煤矿形成实质压覆。因双方协商补偿数额未果,TL 矿业于 2017 年诉至法院,要求 GQ 公司赔偿 GQ 高速压覆 WH 煤矿 1 199 万吨资源量合计损失逾 1.2 亿元(最终以评估结论为准),并支付逾期付款利息。

二、争议焦点

本团队接受客户委托后,经过细致的证据梳理和法律论证,认为该案审理核心是依据准确的涉案矿区资源储量评估压覆资源量,进而确定损失数额。但本案"离奇"之处在于,关于案涉 GQ 高速压覆的 WH 煤矿矿区,前后出现了两份数据相差 2.36 倍的矿区资源储量报告。其中一份为经 G 省国土资源厅合法评审备案的《2008 年储量报告》,资源储量 3 303 万吨;另一份为未经 G 省国土资源厅合法评审备案的《2016 年储量报告》,资源储量 11 116 万吨。该两份数据差异巨大的储量报告,引发了本案长达六年的诉讼。

本案涉及的各份报告基本情况:

《2008 年储量报告》。2008 年 10 月,A 资源勘查开发有限公司受 WH 煤矿委托,编制了《G 省黔西县 WH 煤矿资源储量核实及详查地质报告》(简称《2008 年储量报告》),认定 WH 煤矿保有资源量 3 303 万吨。该报告经 G 省国土资源厅合法评审备案,具有法律效力。

《2013 年压覆报告》。2013 年 2 月,因 GQ 高速修建压覆 WH 煤矿,B 地质勘查局地质矿勘查院受托,根据《2008 年储量报告》,编制了《GQ 高速建设项目用地压覆矿产资源评估报告》(简称《2013 年压覆报告》),认定 GQ 高速压覆 WH 煤矿资源量 46 万吨。

《2016 年储量报告》。2016 年 1 月,C 煤田地质局 113 队受 WH 煤矿委托编制了《WH 煤矿资源储量核实报告》(简称《2016 年储量报告》),认定 WH 煤矿保有资源储量合计 11 116 万吨。该报告未经 G 省国土资源厅合法评审备案。

《2016 年压覆评估报告》。2016 年 5 月,因 GQ 高速改线,B 地质勘查局地质矿勘查院受 GQ 公司委托重新进行压覆评估。但此次评估采用未经评审备案的《2016 年储量报告》,编制了《GQ 高速建设项目用地压覆 TL 矿业 WH 煤矿煤炭资源评估报告》(简称《2016 年压覆评估报告》),事后又补充出具了《GQ 高速公路压覆 WH 煤矿资源的补充说明》(简称《补充说明》),认定压覆 WH 煤矿矿区范围内无烟煤资源(331+333)1 199 万吨,其中压覆已缴纳资源价款 1 023 万吨。

《2017 年相互影响评价报告》。2017 年 6 月,GQ 公司认为《2016 年压覆报告》采用未经评审备案的《2016 年储量报告》,压覆数据不具有真实性、合法性,另行委托 J 煤矿设计院依据《2008 年储量报告》重新对改线后压覆量进行评估,编制了《GQ 高速公路与 WH 煤矿相互影响评估报告》(简称《2017 年相互影响评估报告》),评估结论改线后压覆 WH 煤矿 404.7 万吨。

结合前述关于本案案情介绍及案涉关键证据介绍,本案的争议焦点主要为:

(1)GQ 公司修建 GQ 高速压覆 WH 煤矿,是否构成侵权?GQ 公司对原告的损失应当进行补偿还是赔偿?

关于压覆矿产资源是否构成侵权以及赔偿标准问题,在实务中一直存在争议,有法院依据《国土资源部关于进一步做好建设项目压覆重要矿产资源审批管理工作的通知》(简称《原国土资源部 137 号文》),以补偿为原则,判决应当以直接损失为限进行赔付。

同时,有地方法院以《侵权责任法》之规定认为,侵害他人财产的,财产损失按照损失发生时的市场价格或者其他方式计算,据此判决认为,压覆矿业权应当赔偿的损失主要包括所压覆矿产资源应分摊的已缴采矿权价款、被压覆范围矿业权的取得成本、压覆范围的直接损失、被压覆采矿权开采投资及同类开采矿山行业投资平均利润减去已获投资回报、被压覆范围探矿权的勘查投资和行业投资平均利润，即建设单位应当向采矿权人赔偿直接损失外，还应考虑投资利润。

因此，本案是否构成侵权，以及应当适用侵权赔偿的赔付标准还是适用原国土资源部 137 号文确立的补偿标准，对本案最终赔付金额至关重要。

（2）GQ 公司压覆 WH 煤矿资源量，应当以《2008 年储量报告》为依据评估计算，还是直接采用《2016 年压覆报告》评估数据？

根据本案的事实和法律关系分析，GQ 高速对 WH 煤矿形成压覆是客观事实，GQ 公司也确实应当对压覆的矿产资源储量依法进行赔付，具体赔付的金额则需要根据实际压覆矿产资源储量进行计算。但 GQ 高速压覆 WH 煤矿资源量具体数额则是双方一直争议巨大的焦点，这也为确定赔付金额最关键的客观事实和依据。

因本案前后出现了两份数额差异巨大的矿区储量报告，因此本案采用哪一份矿区储量报告作为确定压覆量的基础，将对最终赔付金额产生巨大的影响，这也成为双方博弈和争议的焦点，是导致本案诉讼长达六年才结案的根本原因。

三、法律分析

（1）GQ 公司修建 GQ 高速压覆 TL 矿业矿区已经取得了 TL 矿业同意，并依法履行了行政审批手续，压覆行为不构成侵权。

① 区分本案是否构成侵权是确定本案应适用侵权责任法律关系进行赔偿或适用原国土资源部 137 号文进行补偿的前提和基础。

民事案件中，"赔偿"和"补偿"的法律含义不同。赔偿意味着赔偿方存在法律上的故意或过失，需要承担赔偿对方全部损失的法律后果；补偿意味着补偿方不存在法律过失，仅因合法的法律行为，从公平原则出发给予补偿，以平衡受损的合法权益。且补偿时需考虑双方利益平衡，以合理为必要。

本案是否构成侵权，是确定本案适用"赔偿"或"补偿"的前提。根据《侵权责任法》，除法律另有规定外，侵权责任的构成以行为人存有过错为必要要件，并适用"赔偿"作为侵权责任的承担方式之一，以弥补被侵权人损失。而原国土资源部 137 号文明确表示，在建设单位依法履行了报批程序，取得了矿业权人压覆同意的基础上（即合法压覆），对于压覆损失应当以补偿为原则，并确定了补偿范围。同时，从立法原意上，压覆重要矿产资源的建设项目一般为重大基建项目，涉及社会公共利益（如本案所涉 GQ 高速即为国家重点基建项目），势必要在公共利益和私人利益中予以平衡，并据此确立了合法压覆的补偿原则，既能推动国家基建的发展，又能平衡矿业权人合法权益。

据此，确定本案是否构成侵权，是本案准确适用法律，确定损失弥补原则的前提和基础。

② 根据本案事实情况，GQ 公司系合法压覆 WH 煤矿，压覆行为不构成侵权，不适用侵权法律关系。

首先，GQ 公司压覆行为依法履行了报批程序。2013 年 7 月 19 日，G 省国土资源厅签发《关于 GQ 高速公路工程建设项目用地压覆矿产资源评估的批复意见》，同意案涉 GQ 高速压覆案涉矿区。线路改变后，GQ 公司也向 G 省国土厅、G 省交通运输厅进行了报批。据此，GQ 高速压覆 WH 煤矿经过了行政主管部门批准，压覆程序合法。

其次，GQ 公司压覆行为取得了 TL 矿业同意。2013 年 1 月 23 日，G 省公路局作为 GQ 公司前期牵头单位，与 TL 矿业签署了《压覆矿产资源协议书》，协议明确："（1）TL 矿业支持高速公路建设，同意建设项目从矿区通过，允许压覆煤矿资源量；（2）TL 矿业知晓建设项目尚处于可行性研究阶段，下步可能进行线路优化，并在建设过程中将根据实际压覆量协商赔偿。"据此，即便 GQ 公司后期进行了线路优化，线路发生改变，TL 矿业对 GQ 公司改线后的压覆行为也是充分了解且事先同意的，只是双方对具体的压覆补偿数额有待协商。

综上，GQ 公司压覆行为经 TL 矿业同意，且履行了法定审批手续，压覆行为合法，不构成侵权。本案所涉压覆损失不适用侵权责任法的"赔偿"原则，应适用原国土资源部 137 号文确立的"补偿"原则。

（2）本案定损需确定的 WH 煤矿基础储量应当以经合法评审备案的《2008 年储量报告》为准，不应采用《2016 年储量报告》，也不能采用依据《2016 年储量报告》作出的《2016 年压覆报告》。

储量、压覆量及损失金额间逻辑关系如下：

矿区煤炭资源储量→→→ GQ 高速压覆量→→→压覆量对应的损失金额

（《储量报告》）→（《压覆评估报告》）→→（《损失评估报告》）

要得出高速公路压覆导致的资源损失，首先必须勘验评估出这个矿区的"矿区煤炭资源储量"，也就是这个矿本身蕴含多少资源量，这需要《储量报告》；有了《储量报告》给出的"矿区煤炭资源储量"之后，必须再根据高速公路实际压覆的面积与区域，结合矿区的基础储量，通过地质公式计算出"压覆的资源量"，也就是这条路它压覆了多少资源，这就是《压覆评估报告》所做的工作；有了《压覆评估报告》给出的"压覆资源量"数据之后，损失评估机构才能根据压覆资源量数据得出"压覆量对应的损失金额"。三个报告在逻辑上环环相扣的，只有最开始的《储量报告》储量数据真实、合法、准确之后，压覆资源量才能合法准确，最终损失鉴定机构评测出的损失金额才能真实、合法、准确。

① 根据我国矿产资源制度，采矿权人对未经国土资源厅合法评审备案并缴纳资源价款的资源储量不享有权属，无权主张权利。

根据我国《矿产资源法》《矿产资源法实施细则》及相关配套行政法规、部门规章规定，矿产资源属于国家所有。申请开采矿产资源必须经过储量审批机构审批，经登记机关批复划定矿区范围，审查批准开采设计方案，依法取得采矿权，并依法缴纳采矿权价款（即采矿权出让收益金）。矿业权人获得开采许可的资源是根据审查批准的地质报告所确定的资源储量，如果不是基于评审备案的储量核实报告，或者在空间上超出了矿区范围，则不属于国家许可开采的范围。

同时，我国对矿产资源出让收益征收及缴付有明确的规定。经评审备案的储量是国家管理矿产资源的基础，也是采矿权人主张权利的基本依据。对于矿区新增储量，经评审备案后，还需要依法履行处置程序，向国家缴纳相应的出让收益。未经评审备案的储量属于国家未确认的资源，矿业权人不得主张权利；即使新增资源储量经过备案，未履行出让处置程序，向国家缴纳相应的出让收益，矿业权人也未取得新增部分资源储量的合法矿业权。

综上，TL 矿业在 GQ 高速压覆行为发生前，就 WH 煤矿经合法评审备案，依法缴纳资源价款的资源储量有且仅有《2008 年储量报告》确认的 3 303 万吨。《2016 年储量报告》得出的 11 116 万吨煤炭资源量，即未经国土资源部门评审备案，TL 矿业亦未就《2016 年储量报告》新增资源储量缴纳资源价款，无权依据《2016 年储量报告》确认的资源储量主张索赔。据此，本案 WH 煤矿定损的基础资源储量只能采用《2008 年储量报告》确认的 3 303 万吨，不能采用《2016 年储量报告》。

② 根据人民法院委托评估规范，就采矿权类评估必须提交矿产资源储量报告及其评审意见及备案证明。本案压覆行为发生前有且仅有《2008 年储量报告》有合法储量评审意见及备案证明，应当采用《2008 年储量报告》提交评估。

根据最高人民法院、中国资产评估协会、中国矿业权评估师协会等六机关联合印发的《人民法院委托评估工作规范》（法办〔2018〕273 号）附件［人民法院委托评估需要提供的材料清单］第三点［矿业权类］第（二）项［采矿权评估］第 1 点［必需材料］第（2）［地质材料］包括：与本次评估基准日最接近的矿产资源储量报告及其储量评审意见及备案证明、储量核实基准日至评估基准日各年储量动态报表、矿区范围地质图、典型剖面图、主要矿体（层）储量计算图。

本案所涉为采矿权类评估。承前，压覆行为发生前 WH 煤矿 WH 煤矿有且仅有《2008 年储量报告》经合法评审备案，有储量评审意见及备案证明。且我方于 2019 年 3 月 28 日提交的证据第三组第 13 项证据包括：《WH 煤矿 2012—2015 年度储量年报》所载资源储量均与《2008 年储量报告》一致。再次证实就本案 WH 煤矿资源储量应当提交委托评估的资料为《2008 年储量报告》，不应采用未经合法评审备案的《2016 年储量报告》。

③ GQ 公司通过引入专家证人，证实《2016 年储量报告》存在严重的数据造假，报告结论不具有真实性、合法性，不能作为本案证据使用。

为证实《2016 年储量报告》存在的篡改钻孔数据，严重数据造假等问题，GQ 公司在庭审中引入专家证人，申请专家证人出庭作证，并向法院提交了专家证人出具的《GQ 高速建设项目压覆 TL 矿业 WH 煤矿资源调查评估工作的技术咨询意见》。专家证人通过专业的报告比对、核查附图资料等发现《2008 年储量报告》《2016 年储量报告》附图资料明确体现《2016 年储量报告》所依据勘查数据不实，存在严重数据造假及技术缺陷，包括但不限于：《2008 年储量报告》中原投入的 10 个钻探孔已被技术填封，《2016 年储量报告》没有在该 10 个钻探孔位置重新打孔探测,却得出与《2008 年储量报告》原 10 个钻探孔位置相同但数据相差甚远的煤层厚度数据;《2016 年储量报告》投入的四个新钻探孔,对矿区煤矿煤层控制程度无实质性提高,不足以得出《2016 年储量报告》资源储量较《2008 年储量报告》增长 3.6 倍的结论;根据《煤层底板等高线及资源量估算图》,编号为 ZK201、ZK404 两个钻探孔来源不明,《2016 年储量报告》未提供 ZK201、ZK404 的综合柱状图,存在虚构钻探孔、捏造钻探孔数据的嫌疑;

以上问题,庭审过程中 GQ 公司申请的专家证人对《2016 年储量报告》编制单位出庭人员进行一一发问后,均没有得到合理的解释,也没有提供任何其他证据材料,证实《2016 年储量报告》数据的真实性、合法性。

④ 关于本案压覆报告的采用,承前本案定损所需压覆量应当依据经合法评审备案的《2008 年储量报告》进行重新鉴定,不应直接采用《2016 压覆报告》。为阻止人民法院直接采用《2016 年压覆报告》作为定损依据,GQ 公司单独就《2016 年压覆报告》提起委托合同纠纷,并向公安机关控告《2016 年储量报告》编制单位涉嫌提供虚假证明文件。

因《2016 年压覆报告》系根据《2016 年储量报告》作出,不具有合法性、真实性。GQ 公司在诉讼中多次申请就本案压覆资源量,根据《2008 年储量报告》进行重新鉴定。但重新鉴定申请受到人民法院巨大阻力,经 GQ 公司多次申请未果,且人民法院依据《2016 年储量报告》《2016 年压覆报告》委托鉴定机构对本案损失进行鉴定,得出逾 1.2 亿元的损失金额。

为避免人民法院直接采用《2016 年储量报告》《2016 年压覆报告》结论确定损失,GQ 公司单独就《2016 年压覆报告》另案提起委托合同纠纷,要求受托单位重新出具合法、有效的评估报告,并申请中止本案审理。与此同时,GQ 公司就《2016 年储量报告》编制单位在编制过程中故意篡改煤层厚度、虚构钻孔数据、凭空增大煤层视密度等造假行为,以提供虚假证明文件罪向公安机关提起控告,要求公安机关依法立案并追究刑事责任,并要求在刑事案件结案前,本案不得继续采用《2016 年储量报告》作为定案依据。

四、裁判结果

本案历经一审、二审发回重审,重审一审、二审后,最终生效裁判文书关于本案证据采信及争议焦点评述如下：

《2016 年储量报告》未经依法评审备案，"新增储量"未经省国土资源厅评审备案，不能作为压覆资源量的依据，不予采信；《2016 年压覆报告》虽然是双方共同委托评估，但《2016 年压覆报告》引用的依据由 TL 矿业单方提供，且未经国土资源厅组织评审备案，GQ 公司对此多次提出异议并请求重新鉴定，故《2016 年压覆报告》及补充说明不予采信。基于《2016 年储量报告》《2016 年压覆报告》均未被采信，重审一审中法院接受 GQ 公司申请，另行委托鉴定机构依据《2008 年储量报告》对 GQ 高速压覆 WH 煤矿资源量进行评估，最终评估结论：GQ 高速压覆 WH 煤矿资源量 168.8 万吨。

关于本案是否构成侵权，应当适用何种赔偿 / 补偿标准，人民法院认为：因 G 省高速公路建设需要，G 省公路局已就压覆原告矿产资源的情况向 G 省国土资源厅提交了《GQ 高速公路工程建设项目用地压覆矿产资源评估报告》及评审意见，并取得 G 省国土资源厅的批复意见。TL 矿业与 G 省公路局签订《压覆矿产资源协议书》，同意建设项目从 TL 矿业采矿区内通过并允许压覆其煤矿资源量，且协议载明建设项目尚在可行性研究阶段，勘察和施工过程中还需优化方案。后高速公路优化调整线路，G 省国土资源厅虽未同意 GQ 公司关于新增压覆矿产资源的备案申请，但理由是新增压覆矿业权范围资源属项目调整线路变化情况，不属于前置批复事项。因此，案涉 GQ 高速线路优化并非 GQ 公司随意调整线路，不能据此认定 GQ 公司存在侵害原告权益的主观故意。但因 GQ 公司实施的建设项目客观上对原告的权利造成了损害，GQ 公司应当对原告承担补偿责任。结合《国土资源部关于进一步做好建设项目压覆矿产资源审批管理工作的通知》（国土资发〔2010〕137 号）的规定，补偿的范围限于压覆给原告造成的直接损失，包括：（一）矿业权人被压覆资源量在当前市场条件下所应缴纳的价款（无偿取得的除外）；（二）所压覆的矿产资源分担的勘查投入、已建的开采设施投入和搬迁相应设施等直接损失。

（一）裁判结果

最终人民法院依据重新鉴定评估压覆量 168.8 万吨，依据原国土资源部 137 号文确定的补偿原则，结合诉讼过程中审计认定 TL 矿业勘察投入，判令 GQ 公司赔偿 TL 矿业损失合计 16 493 517.89 元。

（二）案例亮点

本案律师团队通过诉讼过程中引入专家证人、另行起诉，以及对第三方虚假报告提起控告等方式，成功避免了虚假报告在本案中作为定案证据适用，并在诉讼过程中成功提起重新鉴定，使得本案得到公正、客观的审理，同时也为客户挽回近一个亿的损失。矿业权压覆赔偿案件普遍会涉及类似本案的资源储量评估、压覆资源量评估及矿业权价值评估等专业技术问题。人民法院处理此类问题时大多依赖于第三方专业机构进行评估，评估结论最终也会成为裁判案件的关键。司法实践中，当事人、律师、法官大多不具备相应领域的专业知识，存在法官、律师、当事人看不懂评估报告，无法对评估报告的合法性、真实性作出准确判断的困境，最终致使人民法院据此作出的裁判合理性、公正性难以保证，甚至通过生效裁判的方式无意中为违法、虚假的评估报告进行合法背书。

本案的典型意义一方面在于本案所涉第三方评估机构涉嫌的明显违法及严重数据造假行为，造假数据差异之大令人惊诧。该造假行为如未被查处、纠正，可能通过人民法院司法裁判作背书，最终造成当事人巨额财产损失，严重侵害司法公正和司法公信力。诚然，人民法院就专业问题依赖第三方机构是现实需求，但本案的发生同时也让我们警醒并高度关注如何保障并监督第三方机构在司法活动中的公正性和独立性。

本案典型意义另一方面体现在，律师面对专业机构出具的评估报告时应当如何面对和处理，是基于第三方机构的专业能力盲信、盲从，还是秉持谨慎、合理怀疑的心态应对。从本案的处理我们不难看出，即便律师对相关专业技术不甚了解，也不影响我们依据法律法规及行业规章对评估报告的合法性、真实性进行审查，甚至可以通过引入专家意见、另行起诉、控告等方式对评估报告进行评判，并据此申请重新鉴定或另寻途径推翻评估报告，以达到诉讼目的。如此才能最大可能取得更有利的案件结果，更好地维护当事人合法权益，维护司法公正。

徐某某、张某诉某某大学附属某某医院医疗损害责任纠纷案

——历经协商、调解、诉讼，终以专业陈述意见促成院方主动与患方调解结案

董璘琳[*]

一、案情介绍

2020年8月10日，患者张某某（以下称"患者"）因检查发现左侧腹膜后肿瘤1月余，慕名去某某大学附属某某医院（以下称"医院""院方""被告"）求治。该医院将患者张某某收入院，入院诊断为：1.左侧腹膜后肿瘤；2.嗜铬细胞瘤性高血压；3.糜烂性胃炎。患者张某某入院时，情况良好，处于正常的生活和工作状态。入院后检查，重要脏器功能和生化指标均无异常。

2020年8月13日上午，院方为患者张某某施行了（机器人辅助腹腔镜左侧）单侧肾上腺切除术、腹膜后肿瘤切除术和肾周围粘连松解术。据院方手术记录的记载，手术过程顺利，未发生或发现对其他周围器官的损伤，病人安返病房。

---

* 上海市锦天城律师事务所律师。

术后当晚，患者张某某出现腹部胀痛、多次呕吐，呕吐物是深绿色液体，三次呼叫值班医生，均回复为"术后正常反应"。后续患者张某某住院期间，患者张某某多次反映不舒服，但院方均认为是手术后正常反应，未给患方做任何特殊检查和治疗，并开出"8月17日出院"的医嘱。直至8月17日上午查房时，医生察觉患者张某某情况有变，随即撤销了出院医嘱，急查各类生化指标，进行X光检查，并且请医院内其他相关学科会诊协同诊疗。随即医院采取了综合性的诊疗措施，患者张某某部分症状有所缓解，但由于未找出根本原因，治疗措施没有显著效果。

8月24日下午，患者张某某的胃肠减压管中突然吸出深红色血性胃液，心率120/分，血压80/50 mmhg。院方立即采取扩容、升压等措施。急查胃镜示：胃内大量坏死物，胃窦至胃体上部前壁大面积粘膜坏死剥脱。胃镜检查时，生命体征极度不稳，血压最低时45/25 mmhg，院方紧急采取抢救措施，请普外科医生会诊，考虑消化道穿孔合并出血可能，建议急诊剖腹探查。随即，院方给患者张某某行剖腹探查术。根据手术记录的记载：进腹后，发现腹腔中暗衬褐色血性腹水约2 000 ml，吸尽后，清除血凝块约1 000 ml，均有臭味，冲洗干净后，发现胃小弯中段约10 cm左右穿孔。胃小弯深部有活动性出血，探查发现为腹腔干旁一脓腔，直径约3 cm，内有活动性出血（术中诊断腹腔干假性动脉瘤破裂）。院方请血管外科医生上台，采取进一步的止血措施，活动性出血暂止。但原手术区域和新手术分离区域均渗血，术中出血加陈旧性出血共约5 700 ml。因患者张某某情况极差，BP40/20 mmhg，已不能耐受进一步的手术，院方遂对其胃破裂口进行缝合修补，关腹送外科监护室。患者进入外科监护室后，病情继续恶化，重度感染、休克、昏迷，继发DIC，多器官功能衰竭。

8月25日下午15时05分，患者张某某再次突发血压下降，心率ASY，血氧饱和度无法测出，行心肺复苏，无效；15时35分，院方宣布患者临床死亡。

事后，患者张某某的配偶和儿子（以下并称"患方家属""原告"）忍着巨大的悲痛与院方寻求沟通，希望院方如实告知患者病程发展、最终死亡的真实原因。但院方仅愿意支付3—5万元的抚慰金，对患方家属的其他要求均不予回应。无奈之下，患者家属只好选择寻求专业律师代理本案，寄希望于通过法律的程序解开内心的谜团：患者入院时，处于正常的生活和工作状态，情况良好，入院检查后，重要脏器功能和生化指标均无异常，院方对患者施行肿瘤切除术，为何导致患者胃部多处破裂，失血量几乎等于人体血液总量？手术记录"手术过程顺利，未发生或发现对其他周围器官的损伤，病人安返病房"，但患者身体状况却急转直下，经历了12天难以想象的痛苦后，绝望而无助地走到生命的尽头……

董璘琳律师团队接受患方家属的委托后，开展了以下工作：

第一时间陪同患方家属赶赴医院，做好病史资料的封存工作；

充分发挥团队成员在医学背景方面的优势，迅速开始案情梳理和证据分析，利用过往案件积累的医疗知识和法律经验对案情做出初步判断；

根据患方家属的要求，陪同家属与院方医务科工作人员进行沟通，希望院方主动做出解释和赔偿，但无果；

根据家属的要求及院方的指引，向区医疗纠纷人民调解委员会（以下称"医调委"）申请调解，医调委告知调解阶段院方仅能支付8万—10万元补偿款，如患方家属不能接受，需另行提起诉讼程序；

在与患方家属充分沟通的情况下，安抚与疏导家属的情绪，引导家属在法律的框架内解决问题，防止极端事件发生；

在前述沟通途径均不能实现患方家属需求的情况下，拟定起诉资料，代理患方家属向人民法院提起诉讼；

向人民法院申请立案的同时，提交院方医治行为和医疗过程是否存在过错及过错表现形式、医疗过错与造成患者死亡之间是否存在因果关系、医疗过错行为与死亡后果产生原因力大小的《鉴定申请书》；

人民法院指定上海市虹口区医学会作为本案的鉴定机构；

向鉴定机构提交旨在证明院方在提供医疗服务过程中存在重大过错、院方造成或放任术后各类并发症的发生、发展，与患者死亡后果之间存在直接因果关系的《陈述意见书》；

承办法官与我方律师沟通，提出院方有调解意愿，如我方同意调解，本案交由区医调委组织调解。鉴于医疗损害责任纠纷案件鉴定周期较长，家属同意在院方承担主要以上责任对应的赔偿比例的前提下进行调解；

经区医调委主持调解，患方家属与院方达成院方一次性补偿患方家属126

万余元的《调解协议》，我方提出《撤诉申请书》，人民法院出具《民事裁定书》准予我方撤诉、出具《民事裁定书》对双方在区医调委主持下签订的《调解协议》的效力予以确认；

患方家属在整个诉讼程序中对本案的情况有了较为客观的了解和认知。本案以调解结案，家属第一时间收到了补偿款，避免了必经的听证、多次开庭等一审程序，及可能发生的二审、执行程序，大大缩短了诉讼周期，一定程度上有利于抚慰患者家属的悲恸之情、消弭紧张对立的医患关系。

二、争议焦点

（1）医治行为和医疗过程是否存在过错及表现形式。
（2）医疗过错与造成患者死亡之间是否存在因果关系。
（3）医疗过错行为与死亡后果产生原因力的大小。

三、法律分析

本案中，院方在医疗鉴定意见尚未做出前主动向我方表达调解意愿，与我方律师团队在整个案件中，尤其是鉴定阶段提出的《陈述意见书》所体现的专业性、严谨性密切相关。在向医学会提交的《陈述意见书》中，我方律师团队发表专业的陈述意见，还原了院方诊疗的基本过程，重点陈述了诊疗过程中院方存在的三点重大过错，及上述过错与患者张某某死亡后果之间的因果关系：

（一）关于医治行为和医疗过程之间存在过错及过错的表现形式

过错一：术前诊断不准确，对手术适应症的把握和论证缺乏依据。

患者张某某入院时，发现后腹膜占位1月余，无疼痛，无感染，无压迫症状，也无任何其他不适。虽然患者张某某具有一定的手术适应症，但诊断尚不明确，患者张某某入院后，更重要的是应当进一步明确诊断，以制定更合适、更有利于患者张某某的治疗方案。

而医方唯一选项就是尽快尽早手术。医方的术前讨论记录，手术指征仅一项"腹膜后巨大肿瘤"。患者张某某后腹膜占位仅仅32×20 mm，根本不符合巨大肿瘤的诊断标准。按照这个说法，患者张某某是否可以认为不具备手术指征？医方对患者张某某的入院诊断，只有第一个左侧腹膜后肿瘤的诊断是成立的。其他的如嗜铬细胞瘤性高血压等都没有确定的依据。无论是患者张某某的过去病史、现病史还是入院后的检查，都没有检测到有明显的高血压。术后病理报告显示，患者张某某的后腹膜肿瘤为副神经节瘤，根本就不是嗜铬细胞瘤。这两种肿瘤虽然有很多症状和表现类似，但究其本质而言，还是有明显区别的。其组织来源，生长部位都不一样。作为全国著名的医疗机构，理应具有高水准的诊断能力，却没有诊断正确，从而对患者张某某实施了错误的诊断措施。

过错二：手术过程欠精确，手法粗糙，操作失误，造成多处医源性损伤。

外科手术是把双刃剑。手术过程必然会形成一定的手术创伤，也可能产生难以避免的手术并发症。这些患者张某某及患方家属都能够理解和接受。但是患者张某某所接受的腹膜后肿瘤摘除，按照外科手术等级属于三级，手术的等级和难度并不算很高。接收患者张某某的医疗机构为全国著名的三甲医院，为患者张某某施行手术的医生为高级专家，术后出现这么多部位和器官的严重致命的损伤和并发症，是令人无法理解和进行合理解释的。我方认为，无论是术后胃小弯破裂、腹干假性动脉瘤的形成而后破裂，还是术后出现的消化道梗阻，腹腔感染等情况，都和手术操作不当具有直接关联性。

过错三：术后观察和诊疗过程存在重大问题，直接导致患者张某某术后并发症越来越多、越来越重，每况愈下，最终导致患者张某某死亡。

术后当天，患者张某某就出现了明显的腹部胀痛、呕吐等消化道症状的体征。这些情况的发生并没有引起医方的重视，医方很自信地认为是术后正常情况。在术后最初数日的病程记录上，对患者张某某所述的腹痛、腹胀、呕吐没有记录，而医嘱上显示出多次使用了解痉止痛止呕的药物，证明医方反映的情况客观真实。此后一周左右的时间，患者张某某的腹部症状和体征日益加重，持续性高热，炎症指标高居不下，白细胞总数和中性比例极度升高，贫血，低蛋白血症，影像检查提示肠梗阻，双侧胸腔积液，面对如此多的症状、体征，众多医学专家却不以为然，患者张某某的病痛并未引起他们的重视。

直至8月24日下午，患者张某某胃肠减压器吸出深红色血性胃液，患者张某某出现呕血，失血性休克的情况，院方才考虑到做胃镜检查，发现患者存在消化道穿孔并出血可能，进而施行剖腹探查。术中发现腹腔中暗衬褐色血性腹水约 2 000 ml，血凝块约 1 000 ml，均有臭味，发现胃小弯中段约 10 cm 左右穿孔。胃小弯深部有活动性出血，探查发现为腹腔干旁一脓腔，直径约 3 cm。内有活动性出血（术中诊断腹腔干假性动脉瘤破裂）。原手术区域和新手术分离区域均有渗血。术中出血加陈旧性出血共约 5 700 ml。患者张某某情况极差，BP40/20 mmhg，已不能耐受进一步的手术。遂对胃破裂口进行缝合修补，关腹送外科监护室。

从以上的描述中，可以肯定：在开腹之前，患者张某某的胃小弯已出现破裂口，腹干假性动脉瘤也已破裂，胃液、胃内容物、血液流入腹腔，已经有大量的出血和积血。腹腔中的血性液体和血凝块有臭味，证明出血时间比较长，有明显和严重的腹腔感染。也就是说，胃小弯和腹干假性动脉瘤破裂导致的急性弥漫性腹部感染已经发生，且已经出现相当长一段时间了。对于穿孔和出血导致的急性弥漫性腹膜炎和腹腔感染来说，紧急剖腹探查应该是刻不容缓的，消化道穿孔、腹腔内出血、失血性休克和急性弥漫性腹膜炎的诊断，应该是没有困难的。但是院方在患者张某某已经住院的情况下，一直延迟诊疗和救治，致使患者张某某死亡。

（二）关于医院的诊疗行为与患者张某某死亡之间的原因参与度问题

从上述得知，医方在为患者张某某提供医疗服务的过程中，存在多种主、客观方面的过错，与术后各类并发症的发生、发展，最终导致患者张某某死亡后果之间，存在直接的因果关系。

医方对患者张某某的诊断、对治疗时机和治疗方式的选择、手术过程和术后观察、对术后并发症产生的种类、原因的分析判断和处理，都存在重大的问题，导致患者张某某死亡的起始原因和最终因素，不是其自身疾病的发生发展，也不能用必然发生和不可避免的并发症来搪塞。患方家属有充分的理由和证据相信，院方粗糙的手术造成了邻近组织器官的严重损伤、变性、坏死；术后观察处置不力，不断延误，使得损害后果进行性发展和恶化，各种人为因素和病害因素叠加、恶性循环，最终导致患者感染和出血无法控制，休克无法纠正，诱发 DIC，多脏器功能衰竭而不治。医方的医疗行为存在多方面的过错，完全符合医疗损害的构成，对患者张某某的死亡后果，应负有直接和重大的责任。

本次医疗事件完全符合医疗损害的构成，医院在诊治过程中存在重大过错，医方对不良后果的发生，负有主要以上责任。

四、裁判结果

本案经人民法院退回区医调委主持调解，患方家属与院方签订院方一次性补偿患方家属 126 万余元的《调解协议书》，我方提出《撤诉申请书》，人民法院出具《民事裁定书》准许我方撤诉、出具《民事裁定书》对医患双方在医调委主持下签订的《调解协议书》的效力予以确认。

患方家属在整个诉讼程序中对本案的情况有了客观、全面的了解和认知，院方及时、主动做出的积极沟通的态度，让患方家属的情绪有所平复。本案以调解结案，患者家属第一时间收到了补偿款，避免了医学会鉴定听证、一审阶段多次开庭等必经程序，以及可能发生的二审、执行程序，大大缩短了诉讼周期，节省各方时间和诉讼成本，一定程度上弥补了患者家属的物质损失和精神损害，同时也有利于缓和、消弭紧张对立的医患关系。

五、医疗损害责任纠纷综述

（一）医疗事故、医疗损害与医疗纠纷的界限

医疗事故、医疗损害与医疗纠纷三者紧密相关，又各具其特定的含义及适用范围。

其一，医疗事故。专指医疗机构及其医务人员在医疗活动中，因违反医疗卫生管理法律、行政法规、部门规章和诊疗护理规范、常规，且有过失行为，而直接导致患者人身损害的情况。强调过失行为与患者损害之间存在因果关系，且损害后果较为严重，通常需要通过医疗事故鉴定来确认。

其二，医疗损害。系医疗纠纷的其中一种特殊类型，则是指在医疗活动中，因医务人员的过失或其他原因导致患者权益受损，包括但不限于躯体损伤、精神损害或经济损失等。相比于医疗事故，医疗损害的概念更为宽泛，不仅包括有明显的医事违法或违规行为，亦包括未达到合理医疗标准、水平的事件。医疗损害的认定重点在于"损害是否实际发生"，并不完全依赖于是否有明确违反

医事规则的行为，赔偿范围涵盖直接损害和间接损害。

其三，医疗纠纷。在三者中外延最为广泛，其几乎涵盖了所有基于医事机构提供的医疗服务而引发的争议；可以说，医疗事故与医疗损害均为医疗纠纷的子概念。医疗纠纷可以涉及医疗机构提供医疗服务的质量、服务态度、费用问题、人际沟通等各个方面；但，并不特指有无过失或损害发生，只要是医患双方对医疗活动的事实认定、责任分配、赔偿数额等问题无法达成共识，都可构成医疗纠纷。具体包含以下情况：1.有不良后果产生，但医疗行为无过错，且符合诊疗规范，诊疗行为和不良后果之间，无因果关系；2.诊疗行为存在过错，和损害后果之间有因果关系，前者和后者有质的区别。

综上，在司法实践中，判断具体事件属于医疗事故、医疗损害还是医疗纠纷，往往需要依据法律法规、医疗行业标准以及详细的事实调查和专业鉴定。医患双方对诊疗过程和结果产生了认识上的不一致，彼此不能接受或同意对方的观点和意见，这就形成了医疗纠纷。因医疗纠纷包括医疗事故与医疗损害，故下文仅对后二者展开分析。

医疗事故或医疗损害能否成立，要看是否符合法律规定的构成要件。无论是医疗事故还是医疗损害，都有等级和责任程度的具体划分标准，都需要通过法定的机构、经过法定的程序才能最终认定。根据现行法律法规，医疗事故的认定必须委托医学会组织进行，常发生于卫生行政机关与司法机关中，用以依法追究相关医疗机构和医护人员的法律责任；而医疗损害的认定，司法鉴定机构和医学会都可以受理，司法实践中更通行的做法是委托医学会或司法鉴定机构进行医疗损害鉴定。

（二）医疗损害责任纠纷之常见解决方式

医疗损害责任纠纷属于医疗领域内一个复杂而敏感的问题，通常采用的纠纷解决方式主要包括直接协商、第三方调解和诉讼，每种方式都有其特点及对应的适用场景。

其一，直接协商。顾名思义是指医疗机构与患者或患者家属双方之间直接进行对话，双方在基于相互理解和尊重的基础上尝试一次性解决问题。直接协商是解决医疗纠纷问题中最直接也是成本最低的方式。其优点在于具有高度的灵活性——双方可以直接沟通，有利于更快、更直接地达成个性化的解决方案，且整个协商过程相对于诉讼或者非诉讼流程而言更快速简便。但直接协商具有很强的局限性：其要求医患双方就部分纠纷事实达成基本共识，且均具有解决问题的意愿。若双方立场差异大，或者信任基础薄弱，协商可能会难以达成一致，尤其由于医学知识的专业性导致双方之间存在信息不对称问题，甚至可能因为情绪因素使得矛盾不断升级、激化，最后甚至走向无法挽回的地步。

其二，第三方调解。一般情况下，若直接协商中双方无法达成一致时，可以引入第三方进行调解。第三方通常包括卫生行政管理部门、专业的医疗纠纷调解委员会或者独立的调解机构等具备专业性、权威性的机关或组织。如医疗纠纷人民调解委员会（医调委）的设立，正体现了我国从制度层面出发，促进医患和谐的设想。调解过程中，第三方往往会首先倾听双方意见，在基于事实和法律规定的前提下、向纠纷双方提出公正的调解建议，以期尽力帮助双方达成和解协议。其优点在于第三方介入增加了医患双方沟通时的公正性和专业性，有助于缓和双方情绪，促进问题的良性、公正解决。而不足之处在于调解结果最终仍然依赖于医患双方接受，如果一方不同意，调解也可能失败，甚至有可能出现一方或双方态度反复等情形。

其三，诉讼。当前述两种方式仍无法解决纠纷时，便到达最后一道法律防线——诉讼方式（包括但不限于举证、质证、辩论等司法环节）。诉讼的优点较为明显：判决具有法律强制力、对双方均具有约束力，进而能够确保判决的执行、纠纷的解决。缺点却也是显而易见的：诉讼过程漫长、成本高昂，在专业医学知识的壁垒之上又叠加了一层专业法律知识，不仅是对医患双方大量时间和经济资源的消耗，还有极大可能加剧双方的情感对立，不利于医患关系的长期建设。此外，由于医疗纠纷中涉及较多高精专的医学专业知识，而审判人员常年受法学教育，并不一定精通医学。故此类纠纷的核心环节是医疗损害责任鉴定——诉讼过程中往往需要先通过医疗事故鉴定，待确定了责任归属后，再由审判人员据此依法作出判决。此时，所选定的医疗鉴定机构的资质与水平、审判人员及其他诉讼参与人的专业性等因素对最终的诉讼结果或具有特殊意义。

综上，结合本案案情介绍与代理过程，可以看出在该医疗损害责任纠纷的解决过程中，三种典型的纠纷解决方法——直接协商、第三方调解及诉讼，均被有序且有效地加以运用，展现了从非正式协商到正式司法程序的逐步升级与回溯调解的全过程：

直接协商作为解决纠纷的初始尝试——患方家属在律师陪同下与院方医务科工作人员进行面对面的沟通。

第三方调解即医调委，系患方在与院方直接协商未达成一致的情况下，希望通过中立调解帮助双方达成和解。医调委经过与院方沟通、提出了初步的补偿方案，虽未被患方接受，但为后续调解奠定了基础。

当上述努力均未能最终解决纠纷时，诉讼程序正式启动。律师代理患方向人民法院提起诉讼，同时申请医疗过错及因果关系鉴定。患方律师得以在法律规定的程序中，尤其是医学会鉴定过程中，对案件进行全面的剖析与说理，充分地表现出在法律和医学上的双重的专业性，促使院方主动与患方协商，最终同意按照近于院方全责的比例对患方进行赔偿。患方家属不仅在法律框架内有效维护了自己的权益，通过调解快速获得了实质性的补偿，减少了长时间诉讼带来的精神负担。

（三）医疗损害责任纠纷中各方当事人的诉求和责任

医疗损害责任纠纷中往往包含有患者或患者家属与医疗机构，即我们俗称的"医患双方"，他们对于医疗损害责任纠纷的处理过程与结果均起到关键影响和作用。

其一，患者（家属）。患者或其家属、作为医疗纠纷中的直接利益相关方，他们的核心诉求通常是希望查明纠纷背后的真相，获得合理赔偿以弥补损害，维护逝者或患者的合法权益。

在法律框架内，患者或其家属拥有知情权、索赔权和诉讼权。他们需要提供患者就医过程的相关证据，如病历资料、诊疗记录、费用单据等，作为主张权利的基础。他们应尽快咨询专业医疗纠纷律师，了解自身权益，制定合理的维权策略；并积极收集、保存证据，包括但不限于与诊疗相关的所有书面材料、影像资料和通讯记录。

但另一方面，患者或其家属应当保持冷静，理性维权，避免采取过激行为，以免触犯法律。身体健康是幸福生活的基本前提。医生是人、不是神，无法保证永远不会出错；谁都不能保证每个医疗行为都能达到预期的效果，医疗风险实实在在地存在于我们的生活中，是小概率事件而非零概率事件。所以，当自己有可能面临重大医疗行为时，首先要持十分谨慎的态度，千万不要盲目做决定。

其二，医疗机构。医疗服务提供方一般被认为具备极高的医学专业性，负有为社会大众提供安全、合理医疗服务的义务。当医疗损害责任纠纷发生时，建议医疗机构应立即采取一系列专业、谨慎且积极的应对措施，以确保医院的合法权益得到保护，同时尽可能维护医患关系的和谐。

一如"启动内部调查"，医疗机构的首要之举或是主动启动内部调查、评估风险、查清真相，有利于后期的责任分配工作。建议医疗机构迅速组建由医疗、法律、风险管理等多部门组成的专项小组，对争议事件进行全面、客观的内部调查。调查内容应覆盖诊疗过程的每一个环节，确保收集到的信息真实、完整，为后续的沟通与应对提供坚实基础。

二如"妥善保管证据"，应配合调查，提供完整的病历资料，证明其诊疗行为符合医疗规范，无过错或过错与损害结果之间无因果关系。确保所有与争议相关的医疗记录、影像资料、药品使用记录、手术记录、护理记录等资料的完整性与安全性。及时对电子数据进行备份，对纸质文件进行封存，避免证据丢失或被篡改。

三如"积极沟通与解释"，医疗机构需关注医患沟通，妥善处理患者及家属的情绪，避免矛盾升级。如通过法律团队与患方或其代理人进行初步沟通，表达对患者情况的关注与同情；合理解释诊疗过程及可能的医学风险，力求缓和情绪，建立沟通渠道。

四如"考虑第三方调解或和解"，必要时，也可主动提出和解方案，以减少负面影响。在掌握充分事实的基础上，评估通过医疗纠纷人民调解委员会或其他第三方调解机构进行调解的可能性，适时提出合理的和解方案，以期在诉讼之外解决纠纷。

五如"做好应诉准备"，如果调解无果，需提前准备应对诉讼的各项事宜，包括但不限于选定专业医疗律师团队、收集和整理证据，申请医疗损害责任鉴定，准备法律文书，以及制定诉讼策略等。

六如"加强内部管理及培训"，纠纷发生后，应借此机会审视并改进医院的医疗质量、风险管理、医患沟通等方面的不足，加强医务人员的法律意识和医患沟通能力培训，预防未来纠纷的发生。

七如"媒体与公关管理"，在必要时，协调医院公关部门，制定危机应对策略，合理、适度地对外发布信息，避免负面舆论的扩散，维护医院的公众形象。

六、律师心得

解决医患纠纷是一项遍及整个社会的系统工程，需要医学、法学、社会学、伦理学人士多方面的共同努力。选择哪种方式解决医患纠纷，往往取决于纠纷的性质、双方的态度以及对效率与结果的期望。处理具体的医疗损害责任纠纷，是一项既需专业法律素养、又考验医学理解能力的复杂工作。代理律师作为患者家属或医疗机构的法律代表，承担着法律咨询、证据收集、代理诉讼、谈判调解等职责。我们应当做到即时响应、有效沟通；深度剖析、精准定位；依法合规、严格程序；调解优先、诉讼为备：专业鉴定、科学论证；维护声誉、管理公共关系；总结经验、持续改进。要在维护法律公正的基础上，运用专业智慧，采取灵活策略，兼顾法理与情理，有效化解医疗损害责任纠纷，促进医患和谐。

我们团队曾代理多起医疗损害责任纠纷案件，既代理过患方向院方提起诉讼，也曾作为著名三甲医院的院方律师代理该院的医疗纠纷诉讼。在办理个案的过程中，我们看到，一个个冰冷的医学名词的背后是一个个鲜活的生命，以及为他们牵肠挂肚、甚至愿意拿自己生命去替换的家属；我们看到，在面对所谓"医疗事故"时，因无法理解医学这种高度专业化的问题而处于无边的迷茫和无助中的患者及家属；我们也看到，每天在"看门诊"与"上手术"轮番上阵中累到虚脱、因为这样或那样的原因和或有或无的过错而被大闹诊室、同样迷茫与无助的医生……

作为医疗领域的律师，我们的价值应该是在"他们"之间架起一座以专业为基础、充分说理、理性沟通的桥梁。在个案纠纷中，我们可以针对患方认为院方存在的过错进行分析和解答、代理患方与医疗机构之间的谈判与协商、减少医患之间的正面冲突、缩短纠纷解决的时间、降低医患双方解决纠纷的成本和风险，在客观的基础上促成案件的合理、高效解决，致力于做到"办结一个案，化解一个矛盾，修复一段社会关系"。

此外，作为医疗机构乃至于药械企业、CSO 机构的法律顾问，我们以长期办理个案的经验为鉴，为客户提供法律风险的防范与预警机制，通过对医疗机构、药械企业、CSO 机构内部管理制度的审查和完善，合规体系的建立和有效运行，帮助客户防范、化解和降低法律风险。

和谐互信的医患关系既是社会主义和谐社会的重要组成部分，也是维护良好医疗秩序、增进人民群众健康福祉的必然要求。律师积极参与医疗领域合规建设和纠纷处置，是维护当事人的合法权益的必要之举，是平稳化解医患纠纷的重要手段，是有效减少社会冲突的现实需要，更是律师专业和社会价值的充分体现。

原告重庆重橙网络科技有限公司诉被告上海二三四五移动科技有限公司、被告上海二三四五网络科技有限公司、第三人奥多比公司侵害计算机软件著作权纠纷案

——免费软件的侵权判断及任意诉讼担当之禁止

董文涛 *

一、案情介绍

原告于 2018 年 6 月从第三人处以独占许可方式获得在中国大陆区域复制、"分发"Adobe Flash Player（以下简称"flash 软件"或"涉案软件"）的权利，并有权以自己的名义独立提起诉讼。原告主张两被告实施的侵权行为有二：一是"内置侵权"，即被告在其运营的"加速浏览器"软件中内置了涉案软件，供用户使用；二是"下载侵权"，即被告在其运营的软件大全类网站中收录了涉案软件，供用户下载。原告的诉讼请求有三：一是立即停止对涉案软件著作权

＊ 上海市锦天城律师事务所合伙人。

（复制权、信息网络传播权）的侵害；二是赔偿经济损失及维权合理支出人民币近 1.2 亿元（就"内置侵权"部分，按被告官方披露的诉前倒推三年的浏览器软件累计用户的数量，乘以每一用户 1 元的赔偿标准；就"下载侵权"部分，按软件大全网站中涉案软件的下载人气数量，乘以每一次下载 0.21 美元的赔偿标准；维权合理支出包括律师费 15 万元和鉴定费 5 万元）；三是被告在其官网及《中国知识产权报》刊登声明、消除影响。

被告辩称：其一，原告主体不适格，权利基础缺失。涉案软件的原权利主体（究竟涉案软件在中国地区的"分发权"归属于奥多比公司，还是奥多比爱尔兰公司）、授权链条（究竟两名不明身份的自然人是否有权代表奥多比公司签署授权书）、授权性质（究竟是实体权利和诉权的一并授权，还是披着实体权利外衣的单纯诉权授权）、权利种类（究竟授权书中记载的"分发权"，是否对应《中华人民共和国著作权法》中的复制权及 / 或信息网络传播权）等方面存在诸多虚假与瑕疵，退一步而言，即使原告获得了充分、真实的信息网络传播权授权，亦享有诉权，原告也仅能主张授权期限内的侵权责任，而不能主张授权期限外的侵权责任。

其二，原告构成恶意诉讼。涉案软件自问世以来一直是面向终端用户免费的浏览器插件软件，第三人针对不同的浏览器内核（谷歌、IE 和火狐）开发出不同的涉案软件接口，以期使涉案软件可以内置到不同的浏览器软件之中。不仅如此，第三人早在 2017 年就已宣称，涉案软件存在安全隐患，强烈建议用户卸载，并将于 2020 年底停止运营涉案软件。在涉案软件"如日中天"之时，第三人从未就涉案软件进行过所谓的"维权"，在涉案软件即将"寿终正寝"之际，原告将他人弃如敝屣的软件拿来提起维权诉讼，显然是将诉讼当成了牟利工具，明显缺乏正当性，属于恶意诉讼。

其三，被告不构成侵权。关于"内置行为"，被告浏览器软件中内置的是PEPFLASH.DLL 文件，至多算是涉案软件的一部分，而非涉案软件全部，该部分也仅占浏览器软件代码的 6%，功能不到 1%，根据三步检验法，属于合理使用；国内众多浏览器软件都内置了相关 DLL 文件，权利人长期知晓并保持沉默，构成著作权默示许可。关于"下载行为"，软件大全网站是一个软件免费的分享平台，为用户提供信息存储空间服务，涉案软件由网络用户自行上传，根据避风港规则，被告不承担责任；国内各大软件分发平台都提供包括涉案软件在内的数万款免费软件的下载，权利人长期知晓并保持沉默，构成著作权默示许可。

其四，即使构成侵权，也不应予以赔偿。无论是国内的浏览器软件厂商，还是软件大全类平台，过去没有、现在不会、将来也绝无可能以付费方式去获得一个本来就对终端用户免费的软件的许可。换言之，涉案软件根本不存在真实的或潜在的许可交易市场，原告提出的 1 元 / 用户或 0.21 美元 / 下载的定价赔偿标准均没有事实依据。因此，在被告并无直接获利，原告更无实际损失的情况下，即使构成侵权也不应予以赔偿。

二、争议焦点

本案的争议焦点主要包括三大项：

其一，主体适格及权利权属问题。

原告是否获得了合法授权。原告认为，其从奥多比公司即 flash 软件处获得了合法且充分的授权；我方则认为，根据 flash 软件用户协议记载，该软件在北美地区由奥多比公司向用户提供服务，在北美以外的地区由奥多比爱尔兰公司向用户提供服务，因此，原告理应从奥多比爱尔兰公司处获得涉案软件之授权，而非从奥多比公司处获得授权。不仅如此，我方还提出，原告提供的授权书由两位自称为奥多比公司的高管签署，该两个自然人的身份存疑。

原告是否享有中国著作权法项下的复制权和信息网络传播权。原告认为，授权书所记载的"分发涉案软件的权利"，是在美国版权法语境下的概念，其包含了《中华人民共和国著作权法》的复制权及信息网络传播权。我方则认为，既然出具该授权书之目的是在中国提起相关维权诉讼，那么，对授权书的理解应适用中国法律，而非美国法律。根据授权书中的文字记载，"分发涉案软件的权利"（right of distribution）似与《中华人民共和国著作权法》中的"发行权"对应，而不能得出其涵盖了复制权和信息网络传播权的结论。

原告可否对 2018 年 1 月 1 日之前的侵权行为提起诉讼。原告认为，授权书明确记载了原告有权以自身的名义就相关侵权行为提起诉讼，既包括获得奥多比公司的授权之后的行为，也包括获得授权之前的行为。我方则认为，没有获得实体授权的情况下不享有诉权，因此，即使认可原告获得了涉案软件原始权利人的授权，其有权以自身名义提起侵权诉讼的期限也仅能始于其获得该实体授权之际，而不能拓展至其获得实体授权之前。

其二，侵权定性问题。

"内置行为"是否构成合理使用。我方认为，浏览器中内置的 PEPFLASH. DLL 文件并非涉案软件，至多算是涉案软件的一部分，其目的是实现浏览器打开或播放 swf 格式文件的功能，满足了"三步检验法"，构成著作权法中的合理使用。

"内置行为"和"下载行为"是否构成著作权默示许可。我方通过大量举证，试图向法庭呈现这样的行业客观事实：多年以来，包括被告的浏览器在内的几乎所有的浏览器软件都将 PEPFLASH.DLL 文件内置其中，这样一来，就可以免除终端用户另行下载安装涉案软件的麻烦，提高了公众上网效率与用户体验；多年以来，包括被告的软件大全网站在内的几乎所有的软件分发平台都收录了 flash 这款始终免费面向用户的软件，用户从网站大全网站下载涉案软件和从奥多比官网下载涉案软件并无二致。涉案软件的权利人对上述客观事实长期知晓且予以默认，构成了著作权默示许可。

原告是否构成恶意诉讼。原告认为，其获得了涉案软件的授权，有权就侵权行为提起维权诉讼；我方则认为，涉案软件早已被奥多比公司官方宣布即将停止运营，在将停未停之窗口期，原告看到了"商机"，企图将免费软件变为收费软件，通过提起侵权诉讼的方式获得非法收益，属于权利滥用的恶意诉讼行为。

其三，民事责任承担问题。

原告主张的许可费损失及流量损失无法律及事实依据。原告提交了一份由北京某资产评估公司出具的《损失价值评估报告》，以此为基础提出了巨额索赔。我方则认为，该评估报告系违法出具，毫无事实依据，我方在诉讼中亦采取了相关救济措施，向评估机构的上级主管部门就该评估机构的违法行为予以实名举报。

三、法律分析

关于第一个争议焦点，法院在审理过程中追加了奥多比公司为本案的第三人，且奥多比爱尔兰公司亦向法院出具了相关情况说明，故法院认定原告获得了涉案软件的合法授权。关于第二个争议焦点，法院通过相关文献检索，并咨询了华东政法大学王迁教授，确认美国将"通过网络向公众传播作品的行为"纳入"发行权"的控制范围，认定《授权书》中记载的"分发权"包含了中国著作权法项下的复制权和信息网络传播权。关于第 6 个争议焦点，法院并未过多予以回应，而从诉讼策略的角度出发，亦非我方的抗辩重点。本部分重点针对其他几个争议焦点展开法律分析。

（一）原告可否对 2018 年 1 月 1 日之前的侵权行为提起诉讼

重大疑难复杂的诉讼案件往往不仅是实体法问题，而且还会涉及程序法问题，本案正是如此。

原告的权利来源即《授权书》的第 3 条记载："重橙公司行使上述第 1、2 项权利时，所针对的版权侵权行为或不正当竞争行为，既包括本授权书签署日期之后发生的也包括本授权书签署日期之前发生的行为。"《授权书》的签署日期为 2018 年 6 月 7 日，授权期限为 2018 年 1 月 1 日至 2020 年 12 月 31 日。

原告认为，根据第 3 条之约定，涉案软件原始权利人实质上已经赋予了原告对 2018 年 1 月 1 日之前中国大陆地区的侵权行为提起诉讼的权利。对此，我方不敢苟同，提出以下几点理由予以反驳：

首先，从授权书的文义理解。这是一份倒签的授权书，授权开始日期是 2018 年 1 月 1 日，而授权书签署的日期是 2018 年 6 月 7 日。这两者显然不能等同。授权书原文载明的"本授权书签署日期之前"，原告却将其扩张解读为"授权开始日期之前"的维权权利，显然不符合文意。

其次，从"诉权不得单独转让"的司法原则理解。《民事诉讼法》规定，起诉必须符合的条件是"原告是与本案有直接利害关系的公民、法人和其他组织"。例如，北京知识产权法院在（2015）京知民终字第 751 号民事判决书中指出，"直接的利害关系是指原告与其请求法院予以确认和保护的、发生争议的或受到侵害的民事权利之间存在直接的联系，即原告是否具有应当受到实体法保护的可能性。如果根据现有法律规定可以确认原告不具有可保护的利益，应该以与本案没有直接利害关系为由，否定其主体资格的适格性"；云南省高级人民法院在（2013）云高民三终字第99号民事判决书中指出，"诉权由实体权利和程序权利共同构成""只是授权其行使维权等诉讼权利，国惠公司不能因此获得诉权"；浙江省宁波市中级人民法院在（2014）浙甬知初字第156号民事判决书中明确"禁止任意的诉讼担当""只有享有实体权利的被许可人才属于利害关系人可依法以自己的名义提起诉讼"；山西省高级人民法院在（2018）晋民终199号民事判决书中指出："在知识产权维权诉讼中，享有实体权利是行使诉权的前提条件"……由此可见，众多司法裁判早已明确，享有实体权利是行使诉权的前提条件，如果不享有实体权利，自然也不应拥有诉权。本案中，授权书载明授权期限始于2018年1月1日，而在此之前，由于原告未取得涉案软件的著作权实体权利，明显缺乏权利基础，因此，也不应享有诉权。

（二）"内置行为"是否构成合理使用

在著作权司法实践中，认定构成被告构成侵权的案件数量要远远多于认定被告不构成侵权的数量，而在不侵权判决中，合理使用抗辩成功的更是少之又少。本案中，笔者选取了上海法院曾认定构成合理使用的在先判例，即"葫芦娃、黑猫警长美术形象电影海报案"，并将本案与该案进行类比，以此向法院展示为什么本案构成合理使用。

在"葫芦娃、黑猫警长美术形象电影海报案"中，涉案电影是以"80后"的成长为主题的电影，被控侵权的电影海报中不仅使用了"葫芦娃""黑猫警长"等美术形象，还使用了诸多20世纪80年代具有代表性的人、景、物，如黑白电视机、落地灯、缝纫机、二八式自行车、热水瓶等元素，涵盖了日用品、文教用品、玩具、零食以及生活学习场景等多个方面，整个电影海报的内容呈现给受众的是关于80年代少年日常生活的信息。因此，电影海报中使用"葫芦娃""黑猫警长"美术作品，不再是单纯地再现"葫芦娃""黑猫警长"美术作品的艺术美感，而是反映"80后"共同经历的少年儿童时期，"葫芦娃"和"黑猫警长"这两个经典动画形象具备了可以"定义'80后'一代人童年记忆"的功能。

本案中，被告的浏览器软件中内置的**PEPFLASH.DLL**文件的情况，与上述案件中电影海报使用"葫芦娃""黑猫警长"美术形象的情况，如出一辙。相比之下，本案更应被认定构成合理使用：

其一，谷歌、微软等市面上的绝大多数浏览器软件都内置了 PEPFLASH. DLL 文件，由于涉案软件及其组成部分 PEPFLASH.DLL 文件对终端用户从来都是免费的，因此，浏览器厂商没有任何理由通过付费购买的方式获得一个本就对终端用户免费的软件许可，且原告也没有提交任何证据证明谷歌、微软等向奥多比公司付费获得涉案软件的许可。与此相比，"葫芦娃""黑猫警长"等美术作品始终都不是免费的，权利人长期从事有偿授权和诉讼维权行为。

其二，涉案浏览器软件是免费提供给用户的；与此不同，上述案件的电影作为文化产品并不是免费的，用户需要付费（买电影票或者购买影视平台会员）才可以观看。

其三，涉案软件及其内部的 PEPFLASH.DLL 文件仅能作为浏览器软件的插件使用，具有播放 swf 格式文件的功能。swf 是奥多比公司打造的基础性文件格式，被广泛应用于视频、广告、传媒、游戏等领域，因此，要想实现这一功能，必须将涉案软件内部的 PEPFLASH.DLL 文件内置于浏览器软件之中，任何一款其他插件软件都无法实现 swf 格式文件的播放。而上述案件中，为突出"80后"的童年时代印记，电影海报中倒是未必一定要使用葫芦娃、黑猫警长的美术形象。

其四，从功能占比来看，涉案浏览器软件共有百余种功能，播放 swf 格式文件只是众多功能之一；从文件大小来看，涉案 PEPFLASH.DLL 文件也仅仅占到涉案浏览器软件的 7%—8%。上述案件中，葫芦娃、黑猫警长的面积占整幅海报的面积约有 10%。

其五，在早期阶段，假设用户打开 IE 等浏览器软件，登录视频网站观看视频时，播放窗口会出现提示，用户根据提示去下载并安装涉案软件，安装完成后，用户再次需点击视频后就可以实现视频播放。后来，在浏览器中提前内置涉案 PEPFLASH.DLL 文件成为趋势，包括微软、谷歌以及被告等在内的绝大多数浏览器都采取了这一方式，从而为用户省去了另行单独下载涉案软件的步骤，提升了用户的上网效率和使用体验。因此，在浏览器软件中内置使用 PEPFLASH.DLL 文件，只不过是将终端用户下载安装涉案软件的行为前置罢了，该行为并没有剥夺涉案软件的用户数量，不会对涉案软件形成任何市场替代。

原告重庆重橙网络科技有限公司诉被告上海二三四五移动科技有限公司、被告上海二三四五网络科技有限公司、第三人奥多比公司侵害计算机软件著作权纠纷案

也就是说，为了提升用户体验，浏览器提前内置涉案软件，与早期由用户另行单独下载涉案软件相比，两者在本质上并无二致。

（三）"内置行为"和"下载行为"是否构成著作权默示许可

我国《著作权法》中并未明确规定默示许可制度，这也是我方这一抗辩的难点所在。为此，笔者向法院提交了数十页的《著作权默示许可文献综述》，供合议庭参考。笔者认为，著作权默示许可具有理论基础、立法基础及实践基础，本案认定构成默示许可不仅不会不公平地损害权利人利益，而且还可以实现各方利益平衡，维护正当稳定的市场秩序。

首先，理论基础。默示许可制度符合信赖利益保护原则和利益平衡原则。如果从权利人的行为（包括作为、不作为）中能够合理地推定权利人已同意他人使用其作品，那么，他人就获得了一种被许可的信赖，并基于这种信赖而受到合同的保护和法律的肯定，否则，就会对他人造成不公平的后果，不利于建立稳定的、可预期的市场秩序。著作权默示许可还符合利益平衡原则。保护著作权不在于奖赏权利人，而在于鼓励创作和创新，但过分保护反而又会限制创新。因此，只有站在利益平衡的角度和高度上把握，才能透过现象看本质，确保良好的法律效果与社会效果。倘若平衡不恰当，要么会对版权造成伤害，降低权利人的创新激励；要么会使版权获得不应有的保护，妨碍正当商业发展和社会公众的创新。

其次，立法基础。《民法总则》第140条规定，行为人可以明示或者默示作出意思表示。沉默只有在有法律规定、当事人约定或者符合当事人之间的交易习惯时，才可以视为意思表示。而1988年最高法院《关于贯彻执行〈中华人民共和国民法通则〉若干问题的意见（试行）》第66条规定，一方当事人向对方当事人提出民事权利的要求，对方未用语言或者文字明确表示意见，但其行为表明已接受的，可以认定为默示。不作为的默示只有在法律有规定或者当事人双方有约定的情况下，才可以视为意思表示。对比不难发现，《民法总则》将"交易习惯"增加为"沉默可以构成意思表示"的情形。

本案中，被告提交大量证据证明，包括涉案浏览器在内的几乎所有浏览器软件都在内置涉案PEPFLASH.DLL文件，包括被告软件大全网站在内的几乎

所有的免费软件分发平台都在向用户提供包括涉案软件在内的海量免费软件的下载服务。由此足以表明，涉案软件权利人对上述客观情况是不可能不知悉的，上述状态已经成为免费软件行业的惯例即"交易习惯"。

其三，实践基础。在（2015）浙杭知终字第 244 号案中，法院认为，相关公众根据原告郭某"送给大家使用"的声明及提供免费下载的行为，有理由相信其可以使用涉案作品，被告使用涉案作品具有正当合理性，其作为善意相对方之使用行为在法律上不应给予否定性评价，否则有违诚实信用原则。在（2018）京 73 民终 226 号案中，原告将表情包免费发布后又起诉特定人侵权并索赔，法院认为，若作出单方许可且未明确限制范围、方式后，如需变更或撤销原许可内容，至少应将该意思表示以原许可作出的平台、方式及其传播范围所能达致的传播效果相当的途径和方式向不特定公众作出。若针对特定当事人，则还应有证据证明其对后续变更或撤销的意思表示系知悉，否则要求该当事人受变更后的条件约束，有损于其信赖利益。

本案中，涉案软件自其诞生之日起便始终通过互联网向公众广泛传播分发，供用户免费下载并安装使用。在原始权利人已宣布将涉案软件"弃之不用"之际，原告接手后试图变"免费"为"收费"，无疑是对各方主体信赖利益的破坏。

最后，认定默示许可并不会损害权利人利益。对浏览器厂商而言，他们乐意将 PEPFLASH.DLL 文件内置其中，从而实现浏览器直接播放视频的功能，提高用户使用便捷度；对免费软件大全平台而言，他们乐意将包括涉案软件在内的海量免费软件收录于平台之中，以满足用户一站式下载需求；对涉案软件等免费软件的开发者而言，他们也乐意更多的浏览器软件开发者内置其 PEPFLASH.DLL 文件，乐意更多的软件大全平台收录其软件，此举无疑可以扩大涉案软件的用户数量，使涉案软件触达更大范围的用户；对普通用户而言，可以免去下载浏览器软件之后另行下载涉案软件的麻烦，大大增加了上网的便利性。这一极为稳定的利益格局，既没有对涉案软件的权利人造成任何不公平的损害，也没有因出现新的利益考量而必须被打破。原告起诉前后，涉案软件的功能、属性及其与浏览器软件的合作、依存模式，都没有发生任何根本性变化。而如果说有变化的话，反倒是涉案软件已经因技术漏洞、安全隐患等原因被原始权利人弃之不用，市场份额逐渐在下降，技术已逐渐被 H5 等技术所替代。这意味着，在涉案软件"如日中天"之时，权利人尚且不需要通过向浏览器软件开发者收费的方式来维持自身的创新激励，而在涉案软件"行将就木"之际，在权利人已放弃涉案软件、不愿意再投入智力和创造的情况下，更加没有任何理由去打破既有的利益平衡格局。

（四）原告主张的许可费损失及流量损失有无法律及事实依据

原告主张的许可费损失针对的是"内置行为"，按照被告浏览器用户数量乘以 1 元／户／年的许可费标准计算，并为此提交了由北京某资产评估公司出具的《损失价值评估报告》，该份报告中附有原告与上海某信息科技公司、上海某网络科技有限公司分别签订的《Adobe 软件分发许可协议》，以此试图证实其许可费的市场价格标准。

原告主张的流量损失针对的是"下载行为"，按照被告软件大全网站中的涉案软件下载次数乘以 0.21 美元／每次下载的标准计算。该 0.21 美元的出处是《损失价值评估报告》中所附的奥多比爱尔兰公司作为甲方和上海剑圣网络科技有限公司（系原告母公司）作为乙方的《推广和发行协议》，协议约定由甲方在奥多比官网中推广乙方的应用程序"2144 游戏中心"，若终端用户通过奥多比官网下载该"2144 游戏中心"，原告母公司按照 0.21 美元每次向奥多比爱尔兰公司支付推广服务费。

由于原告提交的《损失价值评估报告》是其据以提出巨额索赔的重要依据，因此，在诉讼过程中，笔者对该份证据高度重视，不仅针对性地提出极为详细的质证意见，而且还向该报告出具单位即北京某资产评估公司的主管部门北京市财政局进行实名行政举报，从合法性层面彻底否定了该份评估报告。

首先，在质证方面，我方提出了诸多合理质疑。比如，协议系倒签而成，签协议在后，授权许可的开始期限在前，明显不合常理；比如，《Adobe 软件分发许可协议》的合同方上海某信息科技公司深陷多个债务、行政处罚和诉讼之中，处于待破产状态，其所谓被授权的网站早已于 2018 年就已关停，2019 年法院已受理该公司破产案件，在这种情况下，该公司又怎会斥巨资去购买一个本不需要花钱就可以使用的软件许可？再如，《Adobe 软件分发许可协议》中既有按使用量支付许可费的计费方式，又有固定总许可费的计费方式，两者计费方式相互矛盾且原告亦无法自圆其说。

其次，在行政举报层面，我方彻底从合法性上否定了原告提交的评估报告。我方通过仔细研究评估报告，提出了多项违法、缺陷及瑕疵，比如，成本法计算过程未考虑关键性"贬值"因素（包括"功能性贬值"和"经济性贬值"），不符合行业规范，存在重大缺陷；评估报告中适用的竟然是已经失效的《资产评估准则——无形资产》，等等。北京市财政局收到我方的实名举报信后高度重视，该局在对我方的书面答复中指出：出具《资产评估报告》的机构和资产评估师未完全履行评估程序，在获取的评估预测依据不够充分适当的情况下，出具了资产评估报告，影响了评估结果，将对其依法进行处理。此后不久，经官网查询，该评估机构已注销。

最后，关于原告主张的流量损失。原告母公司与奥多比爱尔兰公司所签订的《推广和发行协议》的逻辑是，如果有 1 个用户通过奥多比官网这一渠道下载了"2144 游戏中心"，那么，原告母公司就要向奥多比爱尔兰公司支付 0.21 美元的推广费，对于奥多比爱尔兰公司而言，这就是其所谓的流量收益。我方认为，本案是著作权侵权案件，损害赔偿应且仅应围绕"版权利益"损失展开，而不是所谓的"流量利益"损失。况且，整个协议通篇既不涉及涉案软件，也不涉及原告的网站，可以说与本案毫无关联，原告据此主张涉案软件的流量损失显然是张冠李戴。北京市财政局的回复中也指出，评估取价依据是 2144 游戏中心的推送费，该取价依据与 Flash 软件是否相关类似，是否具有可比性，评估底稿中未见相关资料，存在取价依据选择缺乏相关性问题。

四、裁判结果

一审法院认为：

关于原告的权利基础。涉案软件的著作权人为奥多比公司，即本案第三人。因中国和美国均为《保护文学和艺术作品伯尔尼公约》的成员国，根据《中华人民共和国著作权法》（2010）第二条第二款及《计算机软件保护条例》第五条第三款之规定，奥多比公司对涉案软件享有的著作权受中国法律保护。在本案诉讼中，奥多比公司确认其对原告有关涉案软件的授权真实有效，并陈述计算机软件许可协议及相关商业合同中出现有奥多比爱尔兰公司作为权利主体或权利主体之一，系公司商业安排；奥多比爱尔兰公司亦出具声明，表示对奥多比公司将涉案软件授权原告无异议。鉴于涉案软件的著作权人已确认对原告的授权合法有效，关联方亦无异议，且不违背中国法律的禁止性规定，故此确认，原告为涉案软件在中国大陆区域内进行分发（distribution）和再许可（sub-licensing）的独占许可权人。根据外国法的查明，一审法院进一步确认，美国版权法项下并没有规定信息网络传播权，其分发权（distribution）与中国著作权法项下的信息网络传播权存在对应关系，且鉴于将作品放置于互联网上进行传播，必然涉及作品的复制，因此，在网络环境中，美国版权法项下的分发权（distribution）包含有中国著作权法项下的复制权和信息网络传播权，故原告享有中国著作权法项下的复制权和信息网络传播权。

诉讼制度是国家司法主权的集中体现，当事人寻求诉讼救济必须遵守被请求保护地法律。《中华人民共和国民事诉讼法》第一百一十九条规定了民事诉讼的起诉条件，其第（一）项规定"原告是与本案有直接利害关系的公民、法人和其他组织"。本案系侵害计算机软件著作权纠纷案件，原告在 2018 年 1 月 1 日之前并非涉案软件的被许可人，与涉案软件并无关联，仅因奥多比公司庭审中的授权，具有了以自己名义独立在中国大陆地区采取法律行动进行维权的权利。而提起诉讼是国家赋予当事人的一种重要的权利救济手段，依附于当事人的实体权利而存在。如果任由无任何实体权利的主体可以以自己名义提起诉讼，势必在实践中形成诉讼任意担当的事实，有违民事诉讼法第一百一十九条第（一）项将原告限定为与本案有直接利害关系的主体的法条旨意。法院据此确认原告无权对 2018 年 1 月 1 日之前侵害涉案软件的行为寻求诉讼救济，有权就 2018 年 1 月 1 日至 2020 年 12 月 31 日期间两被告侵害涉案软件复制权和信息网络传播权的行为提起侵权诉讼。

关于侵权行为的认定。原告独占享有涉案软件在中国著作权法项下的复制权和信息网络传播权，只要未经原告许可，也没有法律规定的抗辩事由，擅自实施受原告复制权和信息网络传播权规制的行为即构成对原告上述权利的直接侵害。本案中，根据鉴定意见和双方当事人专家证人的证言，可以确认 Pepflashplayer.dl1 文件并非涉案软件本身，但系涉案软件的重要部分。事实表明，被告一发布的涉案浏览器内置有 Pepflashplayer.dl1 文件，被告一运营的 2345 软件大全网站（原多特软件站）、被告二运营的 www.2345.com 网站均提供涉案浏览器的下载。通过被告一运营的"2345 安全卫士"可以进入"2345 软件管家"下载涉案软件，被告二运营的 www.2345.com 网站提供"2345 安全卫士"的下载；被告一运营的 2345 软件大全网站（原多特软件站）提供涉案软件、涉案浏览器的下载。据此确认，两被告共同侵害了原告对涉案软件独占享有的复制权和信息网络传播权。

关于默示许可、合理使用及原告构成恶意诉讼的抗辩。我国《著作权法》（2010）第四节规定了著作权的权利限制，分为合理使用和法定许可两大类，并没有默示许可的规定。同时，一般认为，著作权默示许可是指被许可人并未获得著作权人的明确授权，而是通过著作权人的行为或者沉默中推定其获得了著作权人授权许可的著作权许可方式。其中的沉默只有在有法律规定、当事人约定或者符合当事人之间的交易习惯时，才可以视为意思表示。同时，默示许可亦要求使用人向权利人支付合理报酬。本案中，两被告与奥多比公司无合同约定，不存在与涉案软件相关的交易习惯，亦未向奥多比公司支付过相关报酬，两被告仅以涉案软件被内置于各类浏览器中，奥多比公司长期知晓但未就涉案软件提起过侵权诉讼，主张该公司默示许可使用涉案软件缺乏法律和事实依据。此外，《著作权法》（2010）第二十二条采用封闭式列举的方式，明确了十二种合理使用作品的情况，两被告主张其合理使用涉案软件的事实行为与法律规定的合理使用情形均不相吻合，故上述抗辩事由不成立。通常认为，恶意诉讼是指当事人以获取非法或不正当利益为目的，而故意提起一个在事实上和法律上无根据之诉，并致使相对人在诉讼中遭受损失的行为。本案中，本院已经确认原告独占享有涉案软件在中国著作权法项下的复制权和信息网络传播权，具有提起侵权诉讼的权利基础；两被告亦共同实施了侵害原告上述权利的行为，故实质上已经否定了被告主张原告恶意诉讼的抗辩事由。但鉴于本院系一审法院，被告可以在本案终审生效后，根据裁判结果再行决定本案是否属于原告提起的恶意诉讼。

关于侵权损害赔偿。其一，原告主张的许可费损失。原告提供的与上海某信息科技公司、上海某网络科技有限公司分别签订的《Adobe 软件分发许可协

议》的真实性存疑，亦无证据证明奥多比公司与其他浏览器厂商存在付费许可
关系，无法反映涉案软件在浏览器厂商中存在真实的许可交易市场。故法院认
为，原告未能提供证据证明因两被告的侵权行为遭受了许可费损失。其二，原
告主张的流量损失。原告母公司在奥多比网站上推送其公司应用程序，向相关
网站经营主体支付费用与涉案软件在被告网站上推送，涉案软件权利人向被告
网站收取费用并非相同性质行为，两者不可类比；更何况，标的物不同，平台
不同，推送方式不同，下载数量不同，原告以此价格计算缺乏事实和法律依据。

二审法院认为：

重橙公司上诉认为其对于 2018 年 1 月 1 日之前的侵权行为可以提起诉讼。
对此，除非有法律规定、当事人约定或者符合当事人之间的交易习惯，否则只
有权利人处分权利的意思表示具体明确时，才能认定其进行了授权许可。本案
中，首先，虽然奥多比公司出具的授权书第 3 条记载"重橙公司行使上述第 1、
2 项权利时，所针对的版权侵权行为或不正当竞争行为，既包括本授权书签署日
期之后发生的也包括本授权书签署日期之前发生的行为"，但授权书的整体授权
期限自 2018 年 1 月 1 日开始，授权书签订的实际时间为 2018 年 6 月 7 日，上
述"本授权书签署日期之前"的期间应理解为 2018 年 1 月 1 日至 6 月 7 日。来
自奥多比公司的媒体快讯显示，奥多比公司自 2018 年初与重橙公司开始建立合
作关系，在 2020 年后继续与重橙公司合作，亦不能体现双方对 2018 年之前的
合作及授权作出了安排。其次，重橙公司、奥多比公司均主张即便授权书未明
确记载，但奥多比公司已经参加本案诉讼并进行了确认，应认可重橙公司的相
应诉权。对此，本案中，奥多比公司有关授权的相关意见均系其委托诉讼代理
人口头陈述或签字确认的意见，并无证据表明其委托诉讼代理人有超出本案诉
讼事项范围之外代表奥多比公司进行授权的权利。因此，在案证据尚不足以证
明奥多比公司就 2018 年 1 月 1 日之前的授权许可作出了明确的意思表示，一审
判决认定重橙公司在本案中对于 2018 年 1 月 1 日之前的侵权行为无权提起诉
讼，结论并无不当。

重橙公司主张的损失由两部分构成：其一，针对涉案浏览器内置涉案软件
的侵权行为的损失为人民币 10 633.333 3 万元；其二，针对直接提供涉案软件
下载的侵权行为的损失为人民币 1 325.098 5 万元。对此，首先，重橙公司根据

上海二三四五网络控股集团股份有限公司年报所载涉案浏览器每年的用户数量，以其提起诉讼的 2018 年开始向前主张 3 年的损害赔偿，但根据上述分析，重橙公司无权对 2018 年 1 月 1 日之前的行为主张权利，其主张的损害赔偿期间有误。其次，重橙公司主张以 1 元人民币 / 户 / 年作为许可费计算标准，提交了《损失价值评估报告》予以佐证。然而，北京市财政局经调查，已经认定"北京广智通资产评估有限公司及签字资产评估师未完全履行评估程序，在获取的评估预测依据不够充分适当的情况下，出具了资产评估报告，对评估结论有一定影响"。而且，现广智通公司已处于注销状态，重橙公司主张的上述许可使用费标准不应予以采信。最后，从上述《损失价值评估报告》所附的两份《Adobe 软件分发许可协议》来看，该两份协议均同时约定了按次计价的许可费计费方式和固定总价的许可费计费方式，该两种计费方式的关系协议未予以约定，重橙公司亦未能作出合理说明。该两份协议的许可期限均截至 2018 年 12 月 31 日，而协议签字时间分别为 2018 年 3 月 1 日和 6 月 21 日，距 2018 年 12 月 31 日时间较为接近，在此情况下，对于合同实际履行期间的相关事实重橙公司未举证证明。而且，其中一份协议的主体脉淼公司在签订《Adobe 软件分发许可协议》一年后成为失信被执行人，进一步印证该两份协议的真实履行情况存疑。基于此，《损失价值评估报告》的结论并不客观，重橙公司据此主张的损失数额无法采信。关于直接提供涉案软件下载的损失。重橙公司主张按"2345 软件大全"网站的下载人气计算赔偿金额，涉案软件下载人气为 9 245 953，流量损失按《损失价值评估报告》确定的每次下载 0.21 美元计算，具体计算公式为：9 245 953 × 0.21 美元 × 6.824 6=1 325.098 5 万元人民币。对此，如前所述，根据北京市财政局的答复，该《损失价值评估报告》不应予以采信。且《损失价值评估报告》取价 0.21 美元 / 次源于奥多比爱尔兰公司和剑圣公司签订的《推广和发行协议》，该协议约定由奥多比爱尔兰公司在奥多比网站推送剑圣公司的应用程序，该协议双方主体并非本案著作权人奥多比公司和独占许可人重橙公司，上述 0.21 美元 / 次的推送价格不能作为本案重橙公司主张所谓流量损失的依据。因此，即便不考虑《损失价值评估报告》的可信度问题，本案中亦难采信 0.21 美元 / 次的计算标准。据此，重橙公司主张以其遭受的损失的两部分计算依据均不能成立。根据现有证据，在权利人实际损失和侵权人侵权获利难以计算的情况下，一审法院综合涉案软件的类型、涉案软件的应用现状、市场价值、被告侵权行为的性质、涉案软件的下载量、涉案浏览器的用户情况、对相关权利人的影响程度等因素，尤其是考虑重橙公司享有涉案软件权利的期间以及侵权持续时间，根据 2010 年修正的著作权法第四十九条之规定，确定二三四五移动公司、二三四五网络公司共同赔偿重橙公司经济损失人民币 35 万元及维权合理开支人民币 15 万元，符合法律规定，并无明显不当，不属于必须予以调整之情形。

（一）裁判结果

本案于 2018 年 9 月 3 日立案，上海市高级人民法院即一审法院于 2022 年 1 月 29 日作出（2018）沪民初 73 号一审判决：被告赔偿原告经济损失人民币 35 万元及合理维权开支人民币 15 万元，驳回原告的其他诉讼请求。原告不服提起上诉，被告亦提起上诉。最高人民法院于 2023 年 12 月 28 日作出（2022）最高法知民终 2170 号二审判决：驳回上诉，维持原判。

（二）案例亮点

本案从一审立案到终审判决，历时达 5 年多，概因追加第三人，案外人奥多比爱尔兰公司出具情况说明，域外送达，域外委托文件的公证认证手续，域外法查明及全球新冠大流行等诸多因素。当然，诉讼周期之长，也让笔者作为被告方代理人有机会、有时间更为充分地举证、质证和抗辩。

本案所涉及的索赔金额创下上海市高级人民法院一审知识产权民事案件年度之最，曾入选 2018 年度和 2019 年度上海法院知识产权审判白皮书。2024 年 4 月 26 日，值世界知识产权日之际，该案被上海市高级人民法院评选为"2023 年度上海法院知识产权司法保护十大案件"。

本案所涉及的计算机软件是大名鼎鼎的 Adobe Flash Player，法院虽然未支持我方提出的合理使用、默示许可等不侵权抗辩，认定被告构成侵权，但是在无实体权利则无诉权、不存在许可费损失和流量损失等方面都支持了我方观点。一场"索赔一个亿，判赔五十万"的计算机软件著作权侵权之诉也就此画上了句号。

破产衍生纠纷、执行类纠纷

锦天城律师事务所经典案例集

ALLBRIGHT
LAW OFFICES
锦天城

安徽省环太金属矿产进出口有限公司与某港口股份有限公司破产债权确认纠纷

——企业破产后管理破产财产所产生的费用是否一律认定为共益债务？

许华满 *

一、案情介绍

（一）案件背景

自 2014 年开始，安徽省环太金属矿产进出口有限公司（以下简称"环太公司"）因资金链断裂，巨额到期债务无法清偿，业务停止，2018 年 2 月 6 日，合肥市中级人民法院作出（2018）皖 01 破申 1 号民事裁定，裁定受理来宝资源国际公司对环太公司的破产清算申请。2018 年 3 月 23 日，合肥市中级人民法院作出（2018）皖 01 破 3 号决定，指定上海锦天城（合肥）律师事务所为环太公司管理人。2018 年 9 月 10 日，合肥市中级人民法院作出（2018）皖 01 破 3 号之

---

* 上海市锦天城律师事务所高级合伙人。

一民事裁定，裁定受理皖银控股股份有限公司对环太公司的重整申请。

（二）具体案情

2013 年 1 月 5 日、8 月 1 日，案外人某港货物经营有限公司与山东某物流公司（以下简称某物流公司）签订编号为 SDHZ-YTG20130105 号《委托代理合同》及《补充协议》，约定某物流公司作为环太公司代理人通过烟台港芝罘港湾区由国外进口铝土矿委托某港货物经营有限公司办理货物到港后的卸船、储存、转运等有关事宜。约定港口对货物提供 180 天的港口免费堆存期，超过免费堆存期，按 0.05 元 / 吨天收取货物堆存费。2014 年 1 月 3 日，被告代理人某物流公司与某港口股份有限公司（以下简称"某港口公司"）签订 SDHZ-YTG20140103《货物港口作业合同》，约定某物流公司作为环太公司代理人由国外进口铝矾土，船名为"西弥斯"轮 56 345 吨、"沙龙"轮 45 154 吨，委托某港口公司办理货物到港后的卸船、储存、转运等事宜。某港口公司对货物提供 180 天的港口免费堆存期，起算时间自货物进入港口库场当天起，至货物提离库场的当天止。货物在港口超过免费堆存期，某港口公司收取货物堆存费，堆存费率为 0.05 元 / 吨天。如未按约支付，某港口公司有权留置相应的货物。2013 年 12 月 20 日，某港货物经营有限公司向某港口公司出具通知，内容为：2013 年 1 月和 2013 年 8 月我司与某物流公司签订了 SDHZ-YTG20130105 号《委托代理合同》及《补充协议》，卸载于你司码头的"新红宝石"轮、"克里南湖"轮、"骑士"轮、"海洋钻石"轮、"安妮"轮、"新柳林海"轮 6 船铝土矿的港口作业费已结清。上述货物产生的堆存费，现由你司直接向某物流公司或货主按合同约定进行收取。某物流公司及货主方环太公司对该债权转让没有异议，但未向某港口公司支付上述货物所欠堆存费。

2015 年 6 月 25 日，某港货物经营有限公司向某港口公司出函，建议在环太公司货权转移给下家之前产生的堆存费，一并转移至"西弥斯"和"沙龙"两船，在"西弥斯"和"沙龙"提货前，由环太公司与港口协商所有堆存费的结算事宜。

2017 年 6 月 1 日，环太公司代理人某物流公司向某港口公司出具《关于分期偿付货物堆存费的申请》，内容为：自 2013 年 9 月至 2014 年 1 月，某物流公司共代理环太公司进口至贵司库场八船铝矾土矿石，截至 2017 年 6 月 30 日所代理船舶预计共拖欠贵司货物堆存费 940 余万元。我司同意在"西弥斯"轮货物提货前，一次性向贵司先行偿付货物堆存费 495 万元，剩余的货物堆存费，待"沙龙"轮货物提货前，由货权所有人或货权所有人委托人一次性支付。某港口公司收到上述堆存费 495 万元后，协助办理了"西弥斯"轮放货手续。截至原告起诉时，"沙龙"轮 45 154 吨货物仍堆存在某港口公司码头。

2018 年 7 月 11 日，某港口公司就涉案堆存费向环太公司管理人申报债权 5 580 235.59 元，并要求管理人在处置或提取"沙龙"轮货物时，应当优先清偿堆存费 5 580 235.59 元。

2019 年 2 月 15 日，管理人书面通知某港口公司，初步审核认定债权额为 4 909 980.35 元，债权性质为优先债权。

2019 年 2 月 20 日，某港口公司对管理人审核认定的债权金额 4 909 980.35 元及计算方法有异议，认为截至 2018 年 2 月 6 日债权金额应为 4 979 539.90 元，债权性质为优先债权。

2019 年 5 月 16 日，管理人向某港口公司出具债权异议复核通知书。

2019 年 5 月 28 日，某港口公司对管理人作出的《债权异议复核通知书》提出异议复核申请，内容为：对管理人确认的债权总额 4 979 539.90 元（港存"沙龙"轮堆存费暂计算至 2018 年 2 月 6 日环太公司破产受理日）没有异议，但对环太公司债务清偿方式及债权性质的认定有异议，要求对 4 979 539.90 元债权均应认定为优先债权。

2019 年 5 月 31 日，管理人在第二次债权人会议中就某港口公司提出的异议复核申请予以回复，认为某港口公司复核异议申请证据不足，维持初步确认某港口公司 1 646 616.49 元为优先债权，3 332 923.41 元为普通债权。

2019 年 6 月 27 日，某港口公司向合肥市中级人民法院提起诉讼，诉讼请求为：1. 确认原告对被告享有到期债权 4 979 539.90 元（计算至 2018 年 2 月 6 日），且该笔债权为有留置权的优先债权，原告享有优先受偿权；2. 确认原告对被告享有的堆存费债权自 2018 年 2 月 7 日起按每天每吨 0.05 元、计费重量 45 154 吨持续增加计算至被告货物提走之日，且该笔债权为有留置权的优先债权，原告享有优先受偿权；3. 确认"沙龙"轮卸载的提单号 PSA-TPI/001 项下的 45 154 吨货物自 2018 年 4 月 7 日之后产生的堆存费为共益债务，被告对原告实现上述一、二项优先权不足部分承担随时清偿责任；4. 判令被告承担本案诉讼费用。

法院判决如下：

一、确认被告安徽省环太金属矿产进出口有限公司欠原告某港口股份有限公司堆存费为 4 979 539.90 元（该堆存费算至 2018 年 2 月 6 日）；对前述债权，原告某港口股份有限公司有权以"沙龙"轮 45 154 吨货物享有优先受偿权；

二、确认被告安徽省环太金属矿产进出口有限公司存放在原告某港口股份有限公司的 45 154 吨货物自 2018 年 2 月 7 日起，按 0.05 元/吨天的标准计算至货物实际提走之日止产生的堆存费为共益债务；

三、驳回原告某港口股份有限公司其他诉讼请求。

为维护破产企业和全体债权人合法权益，管理人依法提起上诉。

二、争议焦点

（一）争议焦点

（1）"沙龙"轮自 2018 年 2 月 7 日起产生的堆存费的性质是享有留置权的债权还是共益债务。

（2）原审法院判决某港口公司对 2018 年 2 月 6 日前的堆存费用 4 979 539.90 元享有优先受偿权有无事实和法律依据。

（二）本案复杂性分析

（1）涉及权利人众多，某港口公司要求确认"沙龙"轮自 2018 年 2 月 7 日之后产生的堆存费为共益债务，该轮货物涉及多个权利人，有海关，有享有留置权的某港口公司还有手握货物提单的质押权人某银行日照分行，还关系到全体普通债权人。

（2）《企业破产法》未对共益债务进行定义，对共益债务的理解存在争议，在某些特殊情况下将债权认定为共益债务，并非在系统的共益债务制度下作出的认定，而是作为解决问题的一种方法，在本案中案涉货物产生的堆存费用存在特殊性。

（三）本案诉讼难点问题分析

（1）现有法律关于"共益债务"的规定未成体系。

破产法未对"共益债务"作出定义，共益债务作为破产法上新提出的法律名词，概念不明，在认定范围的理解与适用上存在争议。《企业破产法》第四十二条以完全列举的方式以及司法解释中对几种特殊情形共益债务的列举列明了共益债务的种类和范围，在审判实务中，对于破产程序中共益债务的形成和认定，各地做法不一。具体在本案中，在各级法院对"共益债务"认定范围存在争议的情况下，本案的结果具有极大的不确定性。

（2）审判实务中，缺少"共益债务"类的典型案例指引。

2006年，现行《企业破产法》发布并对共益债务进行了专门规定，在微信公开平台中国破产法论坛上《破产债权确认纠纷共益债认定大数据报告》一文中，显示普通破产债权确认纠纷、破产债权确认纠纷、职工破产债权确认纠纷等债权确认纠纷中涉及共益债争议的案件数量仅为122件（数据采集时间2022年4月28日）。在2018年前，案件数量较少，平均每年1—3件，2018年起显著增加，2020年和2022年基本稳定在40件左右，对本案的参考价值有限。

（3）学界对于"共益债务"缺乏系统性研究。

在中国知网检索"共益债务"或"共益债"等关键词会发现，少有专门针对共益债务的研究，大多存在于对其他问题的讨论，缺少系统性研究，另外将某些特殊情况下的债权认定为共益债务作为解决问题的一种方法，与破产法实践相脱节。

（4）在一审法院作出肯定性判决的情况下，推翻一审判决存在难度。

原审法院认为，某港口公司是为了全体债权人的利益持续提供储存服务，应当认定"沙龙"轮自2018年2月7日之后产生的堆存费为共益债务。《破产债权确认纠纷共益债认定大数据报告》一文中揭露支持认定共益债的重要理由就是明确认定债务"发生于法院受理破产申请之后"，在法律规定和实务研究皆有限的情况下，本案改判存在难度。

三、法律分析

被上诉人某港口公司提出：

（1）某港口公司在本案中主张的共益债务属于破产债权确认之诉的审理范围。

① 某港口公司的主要诉讼请求有两项，即确认债权和确认共益债务，其中确认债权适用《民事案件案由规定》中的第 23 类"与破产有关的纠纷"（二级案由）中的"破产债权确认纠纷案件"（三级案由）；而《案由规定》中并没有与确认共益债务有关的三级、四级案由，故一审法院将确认共益债务并入并适用三级案由"破产债权确认纠纷案件"，这既不违法，也并无不当。

② 司法实践中，各地法院也是将确认共益债务引起或相关的诉讼案件归入"破产债权确认纠纷"（三级案由）或"与破产有关的纠纷"（二级案由），详见证据 1：（2017）浙 06 民终 2014 号民事判决书和（2017）辽 02 民初 472 号民事判决书。

③ 确认共益债务属于债权人的民事权利，某港口公司在本案中申请法院确认共益债务并不违法违规，理由如下：

第一，某港口公司已经向环太公司申报了债权，因对其作出的债权认定有异议，才不得已诉请法院解决；某港口公司在诉讼中申请法院确认共益债务，也是向环大公司提出该主张的正当合法方式，法院亦有权在本案破产债权确认纠纷案件中一并审理。

第二，《破产法》及相关法律并没有规定共益债务需要向管理人进行申报、何时申报及申报的方式，某港口公司通过诉讼方式请求法院确认共益债务，也正是在双方协商不成的情况下进行正当合法申报的一种方式。

第三，环太公司要求某港口公司向其主张共益债务时应再履行一个前置的债权补充申报，而在其不予确认的情况下再另行提起一个破产债权确认之诉，这不仅没有法律依据，而且也势必会造成司法资源的严重浪费。环太公司的这种观点是错误的、荒谬的。

（2）一审法院判决确认"沙龙"轮货物自 2018 年 2 月 7 日至货物实际提走之日产生的堆存费属于共益债务，并无不当。

某港口公司同意一审法院在一审判决书第16—17页中对上述共益债务所作之认定，认为环太公司未通知自己解除合同，则合同仍属于继续履行状态。即使环太公司的未通知符合《企业破产法》第18条规定的"视为解除合同"情形，但"视为解除合同"并不必然发生《合同法》意义上的法定解除或约定解除合同的法律后果。

（3）若二审法院认定环太公司与某港口公司签订的合同于2018年4月7日起解除，则"沙龙"轮货物自2018年4月7日至货物实际提走之日（应扣减管理人查封货物期间）产生的堆存费亦属于共益债务。

① 上述堆存费是某港口公司无因管理所产生的债务。

合同解除后，为了保护债务人环太公司的财产，也为了保护包括自己在内的众多债权人的利益，某港口公司仍继续对"沙龙"轮货物提供仓储堆存和保管服务。某港口公司的这种管货行为符合民法上的无因管理构成要件，属于对环太公司财产的无因管理。

某港口公司的这种管货行为发生在法院受理环太公司破产申请之后，符合《企业破产法》第42条第（二）项的规定，即"法院受理破产申请后发生的债务人财产受无因管理所产生的债务为共益债务"，故"沙龙"轮货物自2018年4月7日至货物实际提走之日产生的堆存费属于共益债务，但上述期间应扣减管理人申请法院查封"沙龙"轮货物的期间（即2020年7月7日至2021年2月20日），因该期间所产生的堆存费属于破产费用。

② 上述堆存费也是管理执行职务存在过错致损行为所产生的债务。

《企业破产法》第27条规定，"管理人应当勤勉尽责，忠实执行职务"；第37条规定，"人民法院受理破产申请后，管理人可以通过清偿债务或者提供为债权人接受的担保，取回质物、留置物"。本案，"沙龙"轮货物在进入破产程序后仍属于债务人环太公司的财产，而货物处置的权利在管理人，管理人应当积极采取措施取回留置物，或及时采取措施将该批货物进行拍卖变价，以避免损失扩大。但自法院受理破产申请的2018年2月6日至今，已近四年，管理人却一直怠于履行该法定职责，既未要求法院解除执行查封措施，也未及时处置货物，没有尽到管理人勤勉尽责的法律义务，导致该批货物在价值持续贬值的情况下，还持续产生堆存费。某港口公司认为管理人在履职过程中存在重大过失，其行为严重侵害了某港口公司的财产权益，故某港口公司的堆存费损失属于管理人执行职务过错行为所产生的债务。

管理人的上述行为发生在法院受理环太公司破产申请之后，符合《企业破产法》第42条第（五）项的规定，即"法院受理破产申请后发生的管理人执行职务致人损害所产生的债务为共益债务"，故"沙龙"轮货物自2018年4月7日至货物实际提走之日（应扣减管理人查封货物期间）产生的堆存费属于共益债务。

（4）管理人申请法院查封"沙龙"轮货物期间所产生的堆存费属于破产费用。

2020年7月2日，管理人申请合肥中级人民法院查封了"沙龙"轮货物，查封期限为1年，自2020年7月7日至2021年7月6日；2021年2月20日，管理人又申请法院解除了货物查封手续。

《企业破产法》第41条第（二）项规定，"法院受理破产申请后发生的管理、变价和分配债务人财产的费用为破产费用"。某港口公司认为，管理人申请法院对环太公司所有的"沙龙"轮货物进行查封的行为属于管理债务人财产的行为，某港口公司签收了法院出具的货物查封《协助执行通知书》，即负有对货物在法院查封期间妥善存储和保管的法律义务。某港口公司的管货行为来源于管理人的查封，因此货物查封期间所产生的堆存费属于管理人管理债务人财产的费用，亦属于破产费用。

围绕本案争议焦点以及被上诉人提出的观点管理人分析如下：

（1）共益债务的认定不属于本案审理范围，某港口公司在诉讼之前未向破产管理人主张过共益债务，一审判决认定结果不具备程序正当性，应当依法纠正。

企业破产法规定，债务人、债权人对债权表记载的债权有异议的，可向人民法院提起破产债权确认之诉，其前置程序是债权人已经依法申报了债权，并且债权人申报的债权已经过管理人审查。共益债务并不是破产法规定的需要破产管理人编制的债权册中登记记载的债权类型，破产债权确认之诉无法确认共益债务，一审判决超过了破产债权确认之诉的范围。

共益债务的认定，是管理人随时向债权人会议报告发生的期间、金额后，由债权人会议认定的。某港口公司在诉讼前未向管理人主张过共益债务，管理人未对这笔债权是否认定共益债务做出处置，即便债权人对管理人认定共益债务存有异议，债权人也应向破产合议庭提出异议，在破产法框架下解决对共益债务的认定问题，要求法院确认共益债务。而不是在本案中，由共益债务的权利人向债权确认之诉的商事案件合议庭提出主张，在本案中作出裁判。因此，一审法院判决确认共益债务适用程序不当，二审法院应予以纠正。

破产程序本身就是一揽子解决破产企业的债务问题，如果允许某港口公司肆意运用《民事诉讼法》的程序解决共益债务认定问题，则违背企业破产法的立法本意。破产程序属于特别程序，在解决破产相关纠纷时，应当优先适用《企业破产法》，只有在《民事诉讼法》中有明确规定，共益债务的认定应当适用民事诉讼程序提起诉讼，才应该适用《民事诉讼法》，否则应当优先适用《企业破产法》的相关规定。

（2）2018 年 2 月 7 日起"沙龙"轮货物产生的堆存费并非共益债务，是留置权人未依法交付债务人财产，为自行实现留置优先受偿权而产生的保管费用，一审判决认定错误。

① 某港口公司未依照破产法规定向管理人交付"沙龙"轮货物，而非管理人要求其保管货物。

2018 年 2 月 6 日，法院裁定受理对环太公司破产清算。根据《中华人民共和国企业破产法》及相关解释，债务人已依法设定担保物权的特定财产，人民法院应当认定为债务人财产。人民法院受理破产申请后，债务人的债务人或者财产持有人应当向管理人交付财产。

管理人的职责之一就是管理和处分债务人的财产，本案中，"沙龙"轮货物一直堆存在某港口公司，某港口公司在法院受理破产申请之后也并未向管理人交付破产财产。某港口公司在 2018 年 2 月 6 日之后仍然选择继续留置破产财产，留置权人为自行实现优先受偿，由此产生的堆存费用仍应属于留置权范围内的优先债权，而非破产法规定的共益债务，若强行认定为共益债务，则可能在留置物权之外让破产企业的普通债权人承担此额外的债务，损害了全体普通债权人利益，与破产法之精神相背离。

在破产程序中，共益债务是为了全体债权人的共同利益而负担的债务。在破产程序开始之后"沙龙"轮货物继续产生堆存费用，并非为全体债权人的共同利益，而仅为留置权人及质押权人等个别优先债权人的利益所为。管理人在破产程序开始后，也并未要求某港口公司保管货物，而是为了配合某港口公司行使留置权，主动积极地对留置物进行评估和拍卖，尽力保护某港口公司作为货物留置权人的合法权益。该货物在某港口公司处堆存，主要是为了实现留置权的利益，不仅如此，在留置权人的优先权之后，该货物还有质押优先权人的利益，以该货物的当时成本价格来看，在扣除应支付的海关税负后，已无法清偿留置权人和质押权人的债权，所以该堆存费用应于破产企业的普通债权人利益无关，因此该笔堆存费用不能作为共益债务。

② 某港口公司作为留置权人负有对货物的保管义务，留置财产的保管费用不属于共益债务。

环太公司未履行到期债务，某港口公司是作为债权人留置"沙龙"轮货物。就留置权人而言，其负有妥善保管留置财产的义务。就 2018 年 2 月 6 日之后"沙龙"轮货物产生的堆存费用而言，这部分费用属于货物留置而产生的保管费用。担保物权的担保范围包括主债权及其利息、违约金、损害赔偿金、保管担保财产和实现担保物权的费用。因此针对这部分堆存费用，应当从留置财产拍卖、变卖价款中扣除，而非归入共益债务。一审法院将留置财产的保管费用承担扩大到全体普通债权人，对于普通债权人来说，是极其不公平的。

共益债务与担保物权两类权利在破产程序中享有优先权对应的债务人清偿财产范围不同。担保债权对债务人的特定财产享有优先受偿权，本案中某港口公司仅享有对环太公司"沙龙"轮货物范围内享有优先受偿权；共益债务原则上应当优先从无担保的财产中支付。"沙龙"轮货物系留置货物，其产生的堆存费用应当从留置货物变价款中支付，在留置权范围内的优先债权，变价款不足清偿部分应该转为普通债权。

（3）被上诉人主张从 2018 年 4 月 7 日至环太公司货物提走之日期间产生的堆存费用属于无因管理与事实不符。

无因管理是基于无因管理人没有法定或者约定的义务，为了避免他人利益受损失而管理他人事务。被上诉人在一审过程中称，环太公司在 2018 年 2 月 6 日破产申请受理起两个月内未通知其解除合同，故某物流公司与某港口公司之间签订编号为 SDHZ-YTG20140103 的《货物港口作业合同》于 2018 年 4 月 6 日起解除；从 2018 年 4 月 7 日至环太公司货物提走之日期间产生的堆存费用属于无因管理。上诉人认为，这个逻辑是说不通的，首先，既然双方已经存在合法的合同关系事实，那么无论合同最终解除与否，双方的纠纷依法是合同引起的纠纷，不存在无因管理的事实基础；其次，不论合同是否解除，货物在被上诉人港口处存放是客观事实，其原因要么是已有合同的延续，要么是事实保管关系的存在，要么是留置权的自力救济，而以上情形均不具备无因管理的前提。

（4）尽管管理人未取得对案涉货物的控制权，仍然积极处置货物，履行管理人职责，并非被上诉人所称怠于履行法定职责。

虽然被上诉人未将"沙龙"轮货物交付管理人，但是管理人对案涉货物仍组织了多次拍卖，对被留置的货物予以积极处置。2018 年 3 月 23 日法院指定管理人，管理人接管破产企业，对破产企业情况进行摸排调查，随后分别于 2018 年 10 月 26 日在中拍平台和安徽盘龙拍卖集团公司拍卖大厅进行网络竞价和现场竞价；2019 年 4 月 30 日在中拍平台和安徽盘龙拍卖集团公司拍卖大厅进行网络竞价和现场竞价；2019 年 11 月 21 日在淘宝网进行拍卖；2020 年 9 月 30 日在中拍平台进行拍卖，皆无人报名而流标，最终流拍价格为 5 768 000 元。案涉货物不符合行业标准，货物本身不具经济价值，该货物现呈现负资产状态，甚至不足以支付清关费用。尽管管理人多次对案涉货物进行处置，但是受货物性质、价值掣肘，一直未拍卖成交。

另，破产企业案涉货物的处置体现了极强的领域专业性，被上诉人作为经验丰富的港口作业方，未积极配合管理人对案涉货物进行处置，未提供有效行业信息最终导致案涉货物处置失败。因此，不存在被上诉人所称的管理人怠于履责的情形。

（5）破产财产被法院查封不是破产费用产生的依据，查封不影响被上诉人行使留置权，被上诉人主张的费用应由其自行承担。

案涉货物被上诉人并未交付管理人，只有管理人接收货物之后进行管理处分才谈得上破产费用，管理人自始至终未取得对案涉货物的控制权，被上诉人主张破产费用无事实和法律依据。

管理人对案涉货物进行查封不影响被上诉人行使留置权，管理人申请法院对货物进行查封，系对破产财产的保全行为，并不是对留置物的限制处分行为。债权人留置财产后，债权人可以与债务人协议以留置物折价，也可以依法拍卖、变卖留置物。但被上诉人留置标的物后，未能按照法律的规定实现留置权，且长期留置标的物不作处理，导致其主张产生了相关费用，该费用不属于共益债务。留置权人负有对货物的保管义务，留置财产的保管费用应当由其自行承担。

退一步说，即便被上诉人不想积极主动实现留置权，其可以将案涉货物交付管理人，向管理人交付留置物并不意味着丧失留置权，留置权人将留置物交由破产管理人只是把对留置物的直接占有转化为间接占有，留置权并没有消灭。留置权人交付留置物的目的并不是返还留置物，而是交由管理人协助处置留置物，其性质不会被视为放弃占有，被上诉人依然就留置物享有优先受偿权。

综上，被上诉人为实现自身债权产生的费用没有理由让其他普通债权人来共同承担，其诉讼请求无事实和法律依据。

四、裁判结果

（一）裁判结果

二审法院撤销原审判决，驳回某港口公司要求确认"沙龙"轮 45 154 吨货物自 2018 年 4 月 7 日之后产生的堆存费为共益债务的诉讼请求。

（二）项目特殊之处

环太公司为破产企业，案件的处理不仅需要在民商法体系下予以考量，更需要依托企业破产法这一特别法。

案涉货物涉及大宗货物港口堆存问题，案涉货物一直在存放，货物没有因环太公司破产而消失，必然涉及费用承担，区别在于由谁承担、如何承担。

不同于一般案件，判决结果影响的原被告双方之间直接的责任承担和利益分割，本案判决结果影响的是环太公司 8.4 亿债权的全体普通债权人。

上海锦天城律师事务所是法院指定的环太公司管理人，案件走向不仅关乎债权人利益，还关系到管理人履职质量。

（三）重要性

环太公司系破产企业，普通债权达 8.4 亿元，可供债权人分配的财产仅有 1 500 万元不到，案涉费用能将原审判决推翻，能最大限度保证全体债权人的权益，提高普通债权人的清偿率。

庭审中某港口公司提出"管理人未积极履职处置货物存在重大过失，导致货物贬值，侵害其财产利益"，精准把握共益债务的认定，不仅是管理人勤勉忠实履职的体现，也是维护社会主义公平正义的应有之义，同时彰显锦天城律师在处理破产案件时的担当。

（四）创新性及亮点

纠纷类型具有新颖性，不同于常规的纠纷类型，本案属于破产债权确认纠纷，案件同时具备新颖性和专业性，突破常规案件的纠纷类型，具有研究价值。

在缺少相关类案判决的情况下，本案可作为共益债类争议案件典型案例，供破产法方向研究参考。

共益债务是破产法独有的债务类型，具有独特性。共益债务制度随着破产法的产生而产生，共益债务是破产法独有的债权类型，也是其他法律制度中不可见的债务类型。

本案系破产衍生诉讼，与一般的诉讼案件有所区别，本案的处理体现了破产法思路与民商事思路的迥异。

某集团公司上海石油有限公司管理人与某集团公司请求确认债务人行为无效纠纷一案

——法院基于优势证据原则对审计机构无法判断的债权债务予以确认

党争胜* 李 娜** 蔡 城*** 倪 骋****

一、案情介绍

本案为破产衍生诉讼，管理人起诉债务人的股东，请求确认债务人与股东之间的债权债务冲抵及债务清偿行为无效，并要求股东承担相应返还及赔偿责任。本所律师接受债务人股东的委托作为其诉讼代理人参与本案，成功实现代理目标，助力委托人减少损失上亿元。

---

* 上海市锦天城律师事务所高级合伙人。
** 上海市锦天城律师事务所律师。
*** 上海市锦天城律师事务所高级合伙人。
**** 上海市锦天城律师事务所律师。

（一）破产案件背景情况

某集团公司上海石油有限公司（以下简称"上海石油公司"）为某集团公司全资子公司，以不能清偿到期债务，且资产不足以清偿全部债务为由向法院申请破产清算，法院于 2019 年 5 月裁定受理上海石油公司破产清算申请并指定了管理人。

在债权申报期限内，共有 1 名债权人申报债权，为某贸易公司，管理人初步确认的债权金额约 5 亿元。某贸易公司申报债权的依据为其与上海石油公司买卖合同纠纷一案生效判决，该案一审判决于 2013 年 9 月 18 日作出，二审判决于 2014 年 6 月 17 日作出。

债权人某贸易公司在管理人处查阅了债务人财务资料后向管理人反映，上海石油公司与某集团公司、某集团公司上海分公司（以下简称"上海分公司"）于 2013 年 9 月 30 日（即上述买卖合同纠纷案一审判决后）签订的《债权债务冲抵及债务清偿三方协议》系为逃避债务而隐匿、转移财产，该行为应属无效，要求管理人对某集团公司提起诉讼，追回债务人资产。

（二）本案基本情况

1. 上海石油公司与某集团公司之间债权债务冲抵及债务清偿情况

2013 年 9 月 30 日，某集团公司（甲方）、上海分公司（乙方）、上海石油公司（丙方）签订《债权债务冲抵及债务清偿三方协议》（以下简称《抵债协议》）。该协议载明了以下内容：

（1）截至 2013 年 9 月 30 日，甲方欠乙方、丙方的往来款金额、乙方欠丙方的往来款金额、丙方欠甲方、乙方的往来款金额。

（2）"债权债务冲抵"约定：乙方将其对甲方的全部债权用于等额抵偿其对丙方的全部债务，按前述方式将三方之间的债权债务冲抵后，乙方、丙方之间的往来款项已全部结清，乙方仍欠甲方往来款项 12 663 627.89 元未结清，丙方仍欠甲方往来款项 117 298 895.89 元未结清。

（3）"债务偿还"约定：丙方将其拥有的加油站资产用于抵偿丙方对甲方的债务（具体金额以实际评估值为准），若加油站的实际评估值低于丙方欠甲方债务金额，丙方应向甲方偿还剩余债务，若加油站的实际评估值高于丙方欠甲方债务金额，甲方应将差额部分退还丙方。

2013年10月22日，新闵公司接受上海石油公司的委托，对案涉加油站在2013年9月30日的公允价值进行了评估，并出具评估报告。评估结论为：采用收益法评估方法，加油站评估值为21 125 900元；采用资产基础法（即成本法）评估方法，加油站账面净值为4 755 156.45元，评估值为4 800 011.96元。本次评估对象为可持续经营的收益性物业，收益法更能反映其公允价值，故本次评估结果采用收益法计算结果作为最终评估值。

该评估报告后附加油站收益预测表，分别记载了第1年、第2年、第3年的加油站财务数据以及第4年至第40年预测数据。

上海石油公司按照《抵债协议》约定，将案涉加油站转移给了某集团公司。某集团公司将案涉加油站交付给了其在上海新设的全资子公司。

2. 司法审计、评估情况

管理人提起本案诉讼后，随即向法院申请司法鉴定，提出其接管债务人账簿等财务资料后发现两项重要疑点：（1）债务人未提供充分资料证明《抵债协议》记载的债务人债务具有事实基础，债务人与某集团公司之间的关联交易真实性存疑；（2）根据债权人聘请的财务机构对案涉加油站原评估报告的分析，原评估报告存在低价评估，损害债权人权益的可能。故，申请法院委托审计机构对《抵债协议》所记载的基础债权债务进行审计，委托评估机构对案涉加油站抵债时的价值进行重新评估。

（1）司法审计情况。

法院委托审计机构对某集团公司、上海分公司、上海石油公司于2013年9月30日签订的《抵债协议》的基础债权债务及原始凭证相关材料进行了司法审计。审计机构出具了专项审计报告，审计意见如下：

① 上海石油公司与某集团公司之间的往来情况。

截至2013年9月30日，确认上海石油公司欠某集团公司往来款项939 196 105.63元，不确认应付货款金额为9 363 912.86元，无法判断的金额为41 165 292.61元。

② 上海石油公司与上海分公司的往来情况。

截至 2013 年 9 月 30 日，确认上海分公司欠上海石油公司往来款余额为 908 686 882.73 元，不确认金额为（贷方）余额 43 970.87 元，无法判断的金额为（贷方）余额 36 216 496.65 元。

综上，审计机构对《抵债协议》项下债权债务冲抵后形成的某集团公司对上海石油公司的债权余额 117 298 895.89 元，发表了三类审计意见，包括：确认金额 30 509 222.90 元、不确认金额 9 407 883.73 元、无法判断金额 77 381 789.26 元。上述审计无法判断的金额，由法院审理后裁决。

（2）司法评估情况。

法院委托评估机构对案涉加油站在 2013 年 9 月 30 日的市场价值进行了重新评估。司法评估机构出具的评估报告载明：评估方法为收益法和成本法，其中收益法评估结论为加油站在 2013 年 9 月 30 日的评估值为 4 794.38 万元，成本法评估结论为加油站在 2013 年 9 月 30 日的评估值为 480 万元。本次评估选择收益法评估结果作为最终评估结果。

该评估报告后附资产评估结果汇总表，分别记载了 2014 年至 2020 年加油站财务数据，2021 年及以后现金流量现值。

庭审中，司法评估机构评估人员陈述，其采用的系 2014 年至 2020 年期间加油站实际财务数据，2021 年之后是估算的数据，而新闵公司原评估报告采用的是 2013 年之前的加油站实际财务数据，2014 年之后为估算的数据。

司法评估机构、新闵公司均采用收益法对案涉加油站在 2013 年 9 月 30 日的市场价值进行评估，但司法评估机构评估结果相较于新闵公司原评估报告评估结果高出约 2 600 万元。

3. 管理人诉讼请求

管理人诉称，上海石油公司与某集团公司签订抵债协议，通过评估做低案涉加油站价值的方法抵债，某集团公司取得案涉加油站后随即在上海新设子公司运营案涉加油站，使得上海石油公司可用于偿债的财产明显减少，其行为符合法律规定的为逃避债务而隐匿、转移财产的情形，严重侵害了债权人某贸易公司的利益。故请求：（1）确认上海石油公司与某集团公司之间以案涉加油站抵偿债务的抵销行为无效；（2）判令某集团公司返还案涉加油站给原告；（3）判令某集团公司向原告返还占有案涉加油站期间的孳息。

庭审中，管理人根据司法审计及评估结果，将诉讼请求变更为：（1）确认上海石油公司与某集团公司签订的《抵债协议》项下共计 86 789 672.99 元（包括审计不确认部分及无法判断部分金额）债权债务的抵销行为无效；（2）确认上海石油公司将案涉加油站转移给某集团公司抵债的行为无效；（3）判令某集团公司向原告返还案涉加油站于抵债时的现金价值；（4）判令某集团公司向原告返还诉请第 3 条所述金额所产生的孳息损失（该损失自 2013 年 10 月 1 日计算至实际支付之日，按同期贷款基准利率计算）；（5）判令某集团公司向原告赔偿诉请第 1 条确认无效的抵销金额与案涉加油站原评估价值之间的差额；（6）判令某集团公司向原告赔偿诉请第 5 条所述金额所产生的孳息损失（该损失自 2013 年 10 月 1 日计算至实际支付之日，按同期贷款基准利率计算）；（7）判令某集团公司承担本案审计费用、评估费用（前述诉讼请求金额共计约 1.65 亿元）。

二、争议焦点

本案主要争议焦点在于：

（1）关于审计无法判断金额的认定。具体而言，上海石油公司是否应承担 2006 年至 2010 年期间的人员费用？上海石油公司是否应承担 2006 年至 2013 年 9 月期间的资金占用利息？

法院认为，根据专项审计报告，上海石油公司与某集团公司、上海分公司之间在审计期间（2005 年 12 月至 2013 年 9 月）确实存在大量的关联账务往来，并形成了相应的债权债务关系。如经查实确存在不具有相应依据的债权而某集团公司就该债权与其所负上海石油公司债务相抵，则该部分债权债务抵销行为应认定为无效。

本案中，法院对审计确认的上海石油公司应付金额、审计不予确认的上海石油公司应付金额，采信审计机构意见。审计无法判断的金额，成为本案争议焦点。

由于被审计的债权债务发生在 2005 年至 2013 年期间，因时间久远存在资料缺失的情况，对于审计机构基于财务准则无法判断的事项，如何通过间接证据证明债权债务发生的合理性、高度盖然性，促使法官基于优势证据原则对审计无法判断金额予以确认成为办理本案的难点。

（2）若《抵债协议》项下部分债权债务抵消行为无效，某集团公司是否应返还相应金额？

基于我方答辩时提出，即便《抵债协议》项下部分债权债务抵销行为被认定为无效，其法律后果应是调减某集团公司对上海石油公司的债权余额，而非向上海石油公司实际支付该金额。故，法院将债权债务抵销行为无效之法律后果列为本案争议焦点。

（3）关于案涉加油站的价值认定应采用哪一份评估报告？

司法评估机构对案涉加油站抵债时的市场价值进行重新评估得出的评估结论，与新闵公司原评估报告评估结论存在巨大差异，采用哪一份评估报告来确定抵债加油站的价值，关乎案涉加油站是否存在低价转让情形而无效的认定。

寻找司法评估报告存在的问题，结合收益法这一评估方法的特点，论证司法评估报告不能推翻原评估报告，并使法官采信原评估报告成为办理本案的难点。

三、法律分析

（一）关于争议焦点一

根据专项审计报告，审计无法判断金额合计 77 381 789.26 元，系上海石油公司应付 2006 年至 2010 年期间人员费用、应付 2006 年至 2013 年 9 月期间资金占用利息。

1. 2006 年至 2010 年期间的人员费用是否应由上海石油公司承担的问题

由于 2006 年至 2010 年期间上海分公司人员为上海石油公司工作，因此上海分公司人员的薪酬、社保等人员费用应由上海石油公司承担。鉴于此，某集团公司每年度向上海石油公司开具了"服务费"发票，上海石油公司对应付款进行相应记账处理，但记账凭证未附借用人员名单及人员费用明细。

审计机构对人员费用无法判断的主要理由在于：上海分公司人员在 2006 年至 2010 年期间存在到上海石油公司兼职和借用情况，但审计无法判断上海分公司人员是否全部为上海石油公司工作，由于上海石油公司与某集团公司、上海分公司未明确具体兼职和借用人员数量，未明确相关费用的分摊比例，致使审计无法判断上海石油公司应付的人员费用。

针对审计机构对人员费用无法判断的理由，我方的应对策略是向法官说明上海分公司人员由上海石油公司借用的特殊背景情况，并提交补充证据材料论证上海分公司人员均为上海石油公司工作的合理性、高度盖然性，影响法官心证，促使法官采纳我方意见。

具体而言：

（1）提交集团改制背景材料作为补充证据，证明上海分公司所有人员由上海石油公司借用有其特殊的背景情况，上海分公司的功能定位仅是安置集团改制时分流的人员，上海分公司没有开展业务经营，上海分公司人员均为上海石油公司工作，人员费用应由上海石油公司承担。

（2）提交上海石油公司与上海分公司在 2008 年签订的《借用人员服务协议》（复印件）作为补充证据，该协议明确自 2005 年起上海分公司所有人员一直由上海石油公司借用工作，并约定上海分公司所有人员继续由上海石油公司借用并按实承担所有借用人员的人工成本及相应费用。

原告对该协议的真实性不予认可，但因该协议内容与我方提交的集团改制背景材料等补充证据能够相互印证，且与专项审计报告中记载的人员费用开票记账情况相符，法院对该证据的真实性予以确认。据此，由上海石油公司承担所有人员费用具有相应的合同依据。

（3）上海石油公司与某贸易公司的买卖合同纠纷发生在 2009 年，但某集团公司自 2006 年起即向上海石油公司开具"服务费"发票，上海石油公司则将其列入应付款科目核算，该财务记账和开票具有延续性，无证据证明系为逃避债务所作。故，对双方通过记账开票方式确认的上海石油公司应付人员费用应予确认。

（4）根据上海石油公司 2006 年度及 2009 年度审计报告，上海石油公司自 2006 年起主要经营成品油批发业务等，至 2009 年还新增零售业务，有高额的主营业务收入。而经审计机构人员核查确认，上海石油公司人员却极为有限，2006 年人员仅 3 人，2007 年人员仅 10 人。相较而言，上海分公司无实际经营收入，但其 2006 年、2007 年人员均有 70 人。此种情况下，上海分公司人员为上海石油公司工作具有高度盖然性。

基于上述，综合考虑上海分公司人员为上海石油公司工作的原因、财务记载、合同约定、业务收入与员工人数匹配度等因素，可以认定 2006 年至 2010 年期间的人员费用应由上海石油公司承担，属于上海石油公司应付某集团公司款项。

2. 上海石油公司是否应承担 2006 年至 2013 年 9 月期间资金占用利息的问题

上海石油公司向某集团公司采购油品，某集团公司对上海石油公司应付货款计提资金占用费，自 2007 年起上海石油公司将应付某集团公司的货款转入"其他应付款—往来款"科目，与应付借款一并核算并计提资金占用利息。

审计机构对资金占用利息无法判断的主要理由在于：（1）某集团公司未就下属子公司应付货款的资金占用情形需计算资金占用费作出明确规定，审计无法判断对上海石油公司应付货款是否应计算资金占用费；（2）上海石油公司将应付某集团公司货款转入"其他应付款—往来款"科目与应付借款一并核算，导致审计无法区分归还货款和归还借款的具体金额，进而无法区分确认应付货款资金占用费和借款利息，因此对应付货款资金占用费和应付借款利息整体无法判断；（3）2006 年至 2009 年 3 月期间资金占用利息计提凭证后未见相关资金利息计算表，对利息金额无法判断；（4）2009 年 3 月资金管理系统上线后，将"其他应付款—往来款"科目包含的应付货款和应付借款余额转为内部借款计算借款利息，缺少借款协议和相关决策性文件。

针对审计机构对资金占用利息无法判断的理由，我方的应对策略是提交补充证据材料证明某集团公司对子公司应付货款计息具有制度依据和合理性，并结合专项审计报告征求意见稿（第一稿）对资金占用利息的测算结果和意见，论证资金占用利息为上海石油公司应付款项。

具体而言：

（1）某集团公司于 2008 年 4 月 30 日发布的《资金预算管理办法》对应付货款计提资金占用利息作出了明确规定。

根据《资金预算管理办法》规定，总部业务部门对各公司的销售业务，在总部给各公司开具发票的当天，确认增加各公司资金占用金额。资金实行有偿使用，按中国人民银行公布的同期企业贷款利率计息。据此，某集团公司对上海石油公司应付货款计提利息有相应内部规定依据。

（2）某集团公司对 2006 年至 2008 年 4 月期间上海石油公司应付货款计提资金占用利息具有依据和合理性。

某集团公司内部执行资金有偿使用的资金使用规则，2008 年 4 月的《资金预算管理办法》是对集团内部资金使用规则的延续和确认。审计已经确认某集团公司与上海石油公司之间的油品购销业务是真实发生的，某集团公司也向上海石油公司开具了发票。故，某集团公司对上海石油公司应付货款计提资金占用利息具有依据和商业合理性。

上海石油公司与某贸易公司的买卖合同纠纷发生在 2009 年，依据专项审计报告，上海石油公司自 2007 年起就将应付某集团公司的货款转入"其他应付款—往来款"科目核算，并计提资金占用利息，该行为系上海石油公司的账务处理行为，且具有延续性，无证据证明系为逃避债务所作。故，可以认定上海石油公司已通过转科目核算、计提行为确认了其应承担的资金占用利息。

（3）将应付货款与借款列在一个科目核算，不影响对资金占用利息的测算，双方已对应付货款与借款一并计算利息达成一致。

因应付货款与借款采用的计息标准具有一致性，2007 年起上海石油公司将应付某集团公司的货款转入其他应付款科目，与借款一起核算资金占用利息，并不影响对资金利息的测算，2009 年 3 月资金管理系统上线后双方对此予以了进一步确认。

2009 年 3 月资金管理系统上线后，某集团公司与上海石油公司将"其他应付款—往来款"科目包含的应付货款和应付借款余额转为内部借款并计算借款利息，已经通过资金管理系统审批履行了内部决策程序，形成了合意，双方在线上系统的审批与签署书面文件具有同等法律效力。

（4）根据审计测算，计提利息费用未高于人民银行同期贷款基准利率，对资金占用利息应予确认。

因 2009 年 3 月资金管理系统上线之前是采用手工记账方式，由于时间久远，未能找到当时的资金占用利息计算表，目前难以对当时的计算过程进行还原。

审计机构以上海石油公司 2005 年至 2009 年 3 月期间与某集团公司的资金占用情况为基数，对包括应付货款和借款的资金占用利息，分别按照人民银行半年期和一年期贷款利率进行测算，测算得出的利息金额均高于账面计提金额。

审计机构在专项审计报告征求意见稿（第一稿）中，认为计提利息费用未高于人民银行同期贷款基准利率，对资金占用利息予以确认。后由于审计机构对应付货款是否计息无法判断，加之应付货款与内部借款一并核算资金占用利息导致审计无法区分，故审计对应付货款和内部借款整体的资金占用利息作出无法判断的意见。

基于上述，某集团公司对上海石油公司的应付货款计提资金占用利息具有依据与合理性，双方已对包括应付货款和借款在内的资金占用计息予以确认。根据审计测算，某集团公司未多计上海石油公司应付利息，未损害上海石油公司债权人利益。故，上海石油公司自 2006 年至 2013 年 9 月期间计提的资金占用利息属于上海石油公司应付某集团公司的款项。

（二）关于争议焦点二

若《抵债协议》项下部分债权债务抵消行为被认定为无效的，关于无效之法律后果。我方主张应是对《抵债协议》项下某集团公司对上海石油公司的债权余额进行调减而非实际支付该金额。

对此法院认为，某集团公司与上海石油公司在双方确定的审计基准日 2013 年 9 月 30 日之后仍有持续的关联账务往来，《抵债协议》确定的债权余额因部分债务清偿及持续的关联往来长期处于浮动状态。本案中，基于原告的诉请主张，法院仅处理案涉《抵债协议》项下截至 2013 年 9 月 30 日债权债务抵销部分款项的行为无效所直接带来的法律后果。

根据审计意见，因上海石油公司与某集团公司两笔关联采购价格不合理，审计机构对上海石油公司应付某集团公司的货款金额进行调整，不予确认上海石油公司应付货款 9 407 883.73 元。故《抵债协议》项下抵销 9 407 883.73 元款项的行为无效，某集团公司应向上海石油公司返还该款项。

至于某集团公司与上海石油公司在 2013 年 9 月 30 日后因债务清偿及持续关联往来新产生的债权债务，应由双方在破产程序中另行处理，不属于本案审理范围。若某集团公司在破产程序中对上海石油公司享有债权，其可依企业破产法相关规定主张抵销。

（三）关于争议焦点三

依据新闵公司原评估报告，案涉加油站在 2013 年 9 月 30 日的评估值为 2 112.59 万元，而依据司法评估机构的评估报告，案涉加油站在 2013 年 9 月 30 日的评估值为 4 794.38 万元。该两份评估报告均采用收益法进行评估。

收益法是通过估算被评估资产的未来预期收益折算成现值，借以确定被评估资产价值的一种评估方法。其优点在于各收益法参数选取较为准确的前提下，评估结果能较为真实、准确地反映被评估资产未来获利能力，其局限性则在于未来预期收益额预测准确性难度较大，与现实情况较易产生差异。

本案中，不能依据司法评估报告结论来认定新闵公司原评估报告属于低价评估，并进而认定案涉加油站转让行为无效，理由如下：

从采用的评估参数来看，新闵公司的评估报告系以委托方提供的近 3 年（即 2010 年至 2012 年期间）单体加油站经营数据、有关文件资料为依据，第 4 年（即 2013 年）至第 40 年加油站收益为预测数据；而司法评估机构的评估报告采用的是 2014 年至 2020 年期间加油站的实际经营数据，2021 年及以后为预测数据。如前所述，采用收益法对未来预期收益额预测准确性难度较大，两份评估报告在采用的参数存在较大差异的情况下，最终评估结论产生差距，具有必然性。

从溢价率来看，依据新闵公司的评估报告，加油站在评估基准日的账面净值为 4 755 156.45 元，而最终评估认定的价值为 21 125 900 元，溢价率已达约 440%。原告并未举证证明该溢价率在评估基准日过分低于相同区域、相同类型的经营性物业的溢价率标准。

从协议约定来看，双方就加油站转让的定价依据并非系自行协商确定，而是以实际评估值为准。具体履行过程中，上海石油公司委托具有资质的评估机构对案涉加油站进行了评估并出具评估报告。无证据证明新闵公司的评估存在程序违法、相关评估人员不具有资质等情形，亦无证据证明评估所依据的基础资料虚假。相反，根据司法评估机构评估人员的陈述，其未发现上海石油公司提供的数据、资料虚假。故难以认定双方存在低价转让案涉加油站之主观故意。

四、裁判结果

一审法院认为：

虽然专项审计报告基于财务准则对上海石油公司应付 2006 年至 2010 年期间人员费用、应付 2006 年至 2013 年 9 月期间资金占用利息不予判断，但结合被告提供的补充证据反映的事实，被告的抗辩意见具有合理性，根据优势证据原则，对前述上海石油公司应付某集团公司款项予以确认。

根据司法审计意见，上海石油公司不应向某集团公司支付的款项金额为 9 407 883.73 元，该部分债权债务缺乏充分的事实和法律依据，故可以认定双方就该款项进行抵销的行为无效，某集团公司应向上海石油公司返还该款项。

关于原告主张的孳息损失，由于返还义务系因双方多抵销部分债权债务而产生，依据本案司法审计结论而认定，无证据证明某集团公司抵债时存在主观过错，故不予支持。

关于原告主张上海石油公司向某集团公司转让案涉加油站属于低价转让资产而无效，依据不足，不予支持。

关于本案审计费用，由于审计意见确有不予确认的金额，相互抵销的债权债务中部分款项存在缺乏依据的情形，故法院酌情认定由原告与被告各半负担。关于本案评估费用，则由原告负担。

二审法院认可一审法院裁判理由，维持原判。

（一）裁判结果

一审法院判决：确认上海石油公司与被告某集团公司在《抵债协议》项下抵销 9 407 883.73 元款项的行为无效；被告某集团公司应于本判决生效之日起十日内向上海石油公司返还 9 407 883.73 元；驳回原告上海石油公司管理人的其余诉讼请求。

（二）案件总结

本案诉讼实为管理人根据债权人某贸易公司的要求提出，法院对本案中上海石油公司与某集团公司之间关联交易债权债务真实性的认定不仅影响本案中某集团公司的责任承担，也关系到某集团公司后续是否会被管理人或债权人继续追索其他责任。

上海石油公司与某贸易公司买卖合同纠纷一案一审判决于 2013 年 9 月 18 日作出后，上海石油公司随即于 2013 年 9 月 30 日与某集团公司、上海分公司签订《抵债协议》，某集团公司依据《抵债协议》取得案涉加油站后，随即在上海新设子公司并将案涉加油站交付给新设子公司运营。

上述《抵债协议》签订相关的背景情况，容易使债权人认为上海石油公司是在逃避债务转移资产，引发了本案诉讼。

承办律师认为，上海石油公司通过债权债务冲抵及以加油站抵债方式向某集团公司抵偿债务，并以加油站评估值确定抵债金额，是正常的债务清偿行为，只要双方之间的基础债权债务真实，不存在虚构债务之情形，则不能认定上海石油公司有逃避债务的主观故意及转移财产的行为。

且不论《抵债协议》签订时某贸易公司对上海石油公司的债权尚未经法院生效判决确认，当上海石油公司同时面临多个债权人时，上海石油公司有权选择向某一债权人进行清偿。本案中上海石油公司向某集团公司清偿债务的行为发生在 2013 年，法院受理上海石油公司破产清算申请发生在 2019 年，上海石油公司的选择性清偿行为不构成企业破产法规定的可由管理人请求撤销的个别清偿。

由于本案争议的上海石油公司与某集团公司之间的关联交易发生在 2005 年至 2013 年期间，因时间久远存在文件依据缺失的情况，对于审计机构基于财务准则无法判断的事项，通过间接证据证明债权债务发生的合理性、高度盖然性，使法官采纳我方意见成为本案的亮点。

承办律师在办案过程中，与委托人法务部、财务部、业务部人员积极沟通、密切配合，全面了解委托人与上海石油公司之间的历史沿革、业务往来、资金往来、账务处理等信息，寻找到补充证据材料证明上海石油公司应付款项发生的合理性、高度盖然性，从而使法官根据优势证据原则对上海石油公司应付款项予以确认，不仅在本案中维护了委托人的权益，也避免了委托人陷入诉累。

火眼金睛辨真伪　惩罚犯罪护权益

——简析某借款纠纷执行案 ①

全玉龙[*]

一、案情介绍

（一）案情一：原告 A 贸易公司与被告甲公司、王某借款纠纷案（以下简称"本案"）

原告：A 贸易公司

被告一：甲公司，法定代表人：王某

被告二：王某

原告 A 贸易公司与被告甲公司、王某借款纠纷一案，重庆市某法院于 2015 年 9 月受理。

原告 A 贸易公司诉称：2014 年 12 月，原告作为委托人与受托人重庆农村

---

① 本案被重庆市律协评选为"2021 年度十佳民事诉讼案例"、被锦天城诉仲委评选为"锦天城 2021 年度诉讼仲裁十佳优秀案例"，并入选中国中小商业企业协会编写的《2021—2022 年度全国中小企业维权典型案例》。

* 上海市锦天城律师事务所合伙人。

商业银行股份有限公司渝中支行（以下简称农商行渝中支行）、被告甲公司签订《委托贷款合同》，约定甲公司借款 3 000 万元，期限自 2014 年 12 月 3 日至 2015 年 2 月 2 日，贷款年利率 21.6%；甲公司按季付息，结息日为每季末月 20 日；2015 年 2 月 2 日一次性还本。合同有效期内，甲公司未按合同约定期限清偿贷款本息，原告有权根据违约天数按合同约定和法律规定计收相应逾期利息及复利至本息清偿为止。2014 年 12 月 3 日，甲公司的法定代表人王某与原告签订《保证合同》，为上述《委托贷款合同》项下债务提供连带保证担保。2014 年 12 月 3 日，原告如约向被告甲公司提供贷款 3 000 万元，但截至目前，甲公司对借款本息分文未还。甲公司的行为已经构成严重违约。原告起诉请求判令：1. 甲公司支付原告借款本金 3 000 万元及贷款期限内利息 111.6 万元（该利息按照年利率 21.6% 计算）、自 2015 年 2 月 3 日起至还清之日止的逾期利息 424 万元及复利 15.7 万元（逾期利息以 3 000 万元本金为基数，按照年利率 24% 标准计算，从 2015 年 2 月 3 日起算，暂计算至 2015 年 9 月 2 日为 424 万元；复利以未付利息 111.6 万元为基数，按照年利率 24% 的标准计算，暂计算至 2015 年 9 月 2 日为 15.7 万元）。2. 王某对上述债务承担连带清偿责任。3. 全部诉讼费用（包括案件受理费、保全费、实现债权所需费用）由被告连带承担。

被告对原告陈述的事实及诉讼请求无异议。

法院经审理认为：A 贸易公司、农商行渝中支行与甲公司签订的《委托贷款合同》系各当事人的真实意思表示，不违反法律法规的禁止性规定，合法有效。合同签订后，A 贸易公司委托农商行渝中支行向甲公司发放贷款 3 000 万元，甲公司应按约定支付利息并按期归还本金。王某与 A 贸易公司签订《保证合同》对 3 000 万元借款进行担保，是当事人的真实意思表示，不违反法律法规的禁止性规定，具有法律效力。借款人甲公司未能按期归还借款时，担保合同的义务人王某应按约定承担相应的担保责任。

据此，法院于 2016 年 5 月作出判决：一、被告甲公司在判决生效后十五日内向原告 A 贸易公司偿还借款本金 3 000 万元及合同期内利息、逾期利息、复利。二、如被告甲公司未履行第一项的给付义务，由被告王某承担连带保证责任。

一审判决后，原被告双方均没有提起上诉，一审判决生效。

（二）案情二：乙公司与王某买卖合同纠纷案

原告：乙公司

被告：王某（同案件一被告二）

乙公司因与王某买卖合同纠纷一案，于 2016 年 5 月向重庆某某法院申请诉前财产保全，某某法院于 6 月 16 日冻结王某持有的某新三板上市公司 6% 的股权（以下简称案涉股权）。乙公司于 6 月 20 日向法院提起诉讼，诉称王某于 2016 年 1 月 2 日与乙公司签订《购销合同》，约定王某向该公司购买共计 2 900 万元的电子产品，在收货后 10 个工作日内支付合同款项 50%，在收货后 4 个月内支付剩余 50% 的款项，逾期付款的，自逾期之日起，按日支付拖欠货款金额万分之一的违约金。合同签订后，乙公司于 2016 年 1 月 9 日向王某交付了价值 2 900 万元的电子产品，但王某未按照合同的约定支付货款。故诉请法院判令王某向该公司支付货款及违约金共计 3 000 余万元，并提供购货合同和货物签收单作为佐证。被告王某对原告的诉讼请求、事实和理由均无异议。

法院受理后，于同年 7 月 7 日主持双方当事人达成调解协议：约定王某于 2016 年 7 月 8 日支付原告乙公司货款 3 000 万元，同日法院出具民事调解书。由于王某未按照调解书确定的期限履行付款义务，乙公司于同年 8 月 8 日向法院申请执行。在执行过程中，乙公司在未获得受偿且未申请拍卖已保全王某所持股权的情况下，于同年 11 月 18 日向法院申请终结本次执行。

（三）案情三：本案执行阶段

本案判决生效后，甲公司及王某未能履行判决书确定的义务。A 贸易公司于 2016 年 6 月向法院申请执行。在执行部分款项后，由于被执行人财产已被多个法院多次查封、冻结，本案查控措施皆为三轮、四轮之后的轮候冻结，在此情况下，A 贸易公司委托上海锦天城律师事务所全玉龙律师作为本案执行阶段的代理人。承办律师代理本案后，申请法院于 2018 年 5 月轮候冻结了王某持有的前述案件二中乙公司已先行申请冻结的王某持有的案涉股权。

在冻结前述案涉股权时，经法院查询，该股权已经质押给了乙公司，质押债权本金 3 000 万元，且乙公司为首轮冻结，本案仅仅是第二轮冻结（见图 1）。

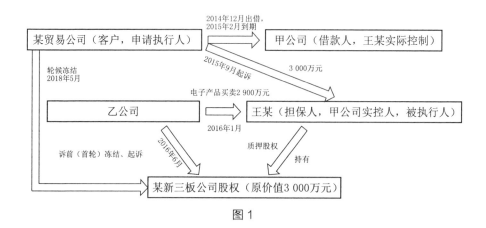

图1

二、办案难点

在被执行人财产已全部被其他案件查封冻结的情况下，本案几乎陷入了僵局，代理律师及团队一度陷入了绝望的境地。

在这种情况下，本案该如何才能继续推进执行呢？研究案件时，团队有律师提出再次仔细梳理之前被执行人已经被查封冻结的财产，看是否还有轮候的剩余价值可供执行；也有律师提出来再调查一下被执行人王某注册的个体工商户（某快餐馆）是否有执行的价值。但是，经过再次梳理已被冻结查封的财产信息，这些财产都被冻结三轮以上，从查控在前的执行案件的标的金额看，这些财产根本无剩余价值。而所谓王某名下的餐馆，也早已经关门大吉，且场地也是租赁的，亦无执行价值。在此情况下，该如何突破本案呢？

三、精研细究，巧获突破

（一）大胆设想

在多种方法无效的情况下，承办律师转换了工作思路，决定再试探一下王某名下已被冻结的案涉股权的基本情况（因为按照当时的市场价值，该股权市值可达3000万元，且该股权属于上市公司股权，流动性好，容易变现，还有就是该股权只有前面一轮冻结，如果把前面一轮处理掉，我们作为轮候冻结能递补上去，将获得巨大的收益）。基本设想是，如果首轮冻结的债权已经被偿还掉了，甚至或许是虚假债权呢，是否可以通过做工作去除掉该冻结，从而由我们二轮冻结债权人享有该笔股权价值呢？

（二）抓住蛛丝马迹

带着这个设想，承办律师决定申请法院传唤王某，尝试通过询问王某探查股权的详细情况。在法官询问王某案涉股权的基本情况时，承办律师发现王某对案涉股权的相关情况非常敏感，回答问题时言辞闪烁，似乎在刻意回避这一话题，如回答"我不清楚具体情况，需回去问一下相关工作人员"。鉴于王某这一躲躲闪闪的表现，结合多年来办理执行案件的经验，承办律师敏锐的感觉，这个首轮冻结的案件一定存在着问题。

（三）深入挖掘

带着设想和疑问，承办律师接下来进行了一系列的缜密调查，终于发现了案件的蛛丝马迹：

首先，承办律师调阅了首轮冻结案件申请执行人乙公司的工商档案，发现乙公司早在 3 年前曾经是王某 100% 控股的某科技公司投资的全资子公司，即王某旗下的孙公司。2015 年 5 月，在本案债务到期（2015 年 2 月）后，某科技公司将持有的乙公司 100% 股权转让给了自然人张某（见图 2）。

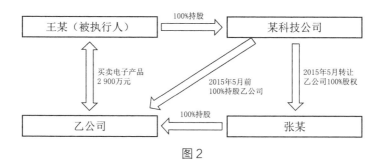

图 2

其次，带着前述猜想，承办律师随即又调阅了首轮冻结股权案件的相关涉案卷宗，仔细研究了首轮冻结案件的基础交易材料和诉讼过程，发现该案虽然基础法律关系——买卖电子产品的交易资料齐全，但因王某系自然人，且其名下投资有多家贸易公司，其以个人名义买进 2 900 万元的电子产品，本身极为可疑。同时，该案的处理过程也极为蹊跷和迅速：即该案乙公司系先行于 2016 年 5 月（我们代理的案件判决刚刚送达但尚未生效时）申请法院诉前财产保全，案件立案后 7 天双方当事人就带着调解协议要求法院直接予以确认，原告在没收到调解书的情况下即拿着被告收到的调解书（根据法院案卷中调解书邮寄送达日期记载）向法院申请执行，且在用于质押和冻结的股权没有被处置、王某也没有进行任何主动履行、双方也没有达成任何执行和解协议的情况下，乙公司即申请法院终结该案的本次执行（见图 2 时间轴）。还有，更大的疑点是，王某在案件诉讼阶段的委托代理人朱某，在（恢复）执行阶段中竟然变成了申请执行人乙公司的代理人（朱某系王某名下公司的工作人员，且在承办律师办理本案时，朱某也是王某的代理人并常伴王某左右）。

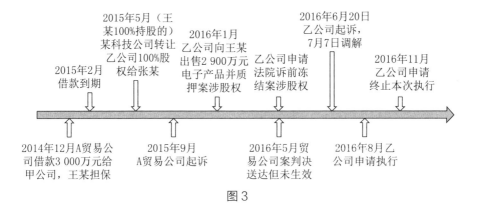

图 3

最后，通过研究乙公司的工商档案材料发现，其本身系多年歇业的一家商贸公司，其一次性向自然人王某供应 2 900 万元的电子产品，实属异常。

综合上述情况，承办律师基本判断该案件系乙公司和王某之间恶意串通构成的虚假交易和虚假诉讼。

（四）制定突破方案

1. 先礼后兵，效率优先

经律师团队和客户沟通研究，大家一致认为，鉴于之前双方当事人之间合作比较愉快，王某未能如期还款也是因为这几年生意不顺导致，故可以先行对其动之以情、晓之以理，尽量促使其把隐藏的股权拿出来偿还了债务即可，对其涉嫌虚假诉讼的行为，可不予追究。

确定工作方案后，承办律师和客户一起约王某（朱某陪同）进行了谈判，在承办律师向王某指明了其违法隐藏名下股权，涉嫌犯罪后，王某坚决不予承认。无奈，最后的善意劝告失败。

2. 司法机关介入

在王某拒不承认恶意隐藏股权并配合处置的情况下，接下来无疑只能强攻。那如果选择强攻，该选择什么样的方案进行突破呢？经过律师团队研究，认为当前突破虚假诉讼有三种方法：一是直接以民事再审的手段，由我方当事人直接作为利害关系第三人申请法院撤销虚假诉讼案件；二是通过向检察院申请检察监督，争取检察院提起抗诉后撤销该虚假诉讼案件；三是直接向公安机关控告涉案人员涉嫌犯虚假诉讼罪，通过公安机关的侦查确定虚假诉讼的案件事实。

经过团队律师反复研究，第一种方法，看起来要简单直接一些，但面对虚假诉讼案件中买卖合同、货物交接清单等主要证据齐全的情况，我们仅凭怀疑是无法撤销案件的。而向检察机关申请抗诉，向检察机关举报，也同样面临着检察机关是否能够有效调取证据的问题，而且如果检察机关不能在询问当事人阶段取得突破（当事人直接承认虚假诉讼），依靠现有证据只是对虚假诉讼持怀疑态度的情况下，还得移交公安机关进行侦查。而采取向公安机关控告的方式，看起来好像程序复杂，经历公安侦查—检察院起诉—法院判决的模式，拖沓冗长，但公安机关有着当事人和检察机关无可比拟的强大、有效、全面的侦查手段，相较而言，更能快速有效地调取到案件的关键证据。从结果上讲，向公安机关控告应该更为可靠。经过慎重研究，承办律师最终选择了通过向公安机关控告的方式来破解这一虚假诉讼案件。

（五）突破虚假诉讼

1. 刑事控告

确定突破方案后，承办律师首先结合案件事实和证据材料，草拟了大约7 000字的书面刑事控告材料，详细列明了王某涉嫌犯虚假诉讼罪的事实、法律依据以及详细的证据材料，并于2018年8月向公安机关进行了控告。在公安机关接收材料及受理案件后，王某多次多渠道对公安机关进行了信访和投诉，意图阻碍正常案件的办理，也一度导致案件不能正常立案和顺利侦查。

2. 侦查

（1）初查和立案。

公安机关接收控告材料并排除干扰后，首先传询乙公司和王某交易时的全资股东和法定代表人张某，但张某长期电话关机，住所地亦不见踪影。经询问张某的配偶，其配偶称张某已经到江浙一带打工。经查询张某的证件办理情况，张某已于近期办理了出境护照，随时有出境可能。

后来公安机关又查询了乙公司在与王某交易前后三年时间的税款缴纳情况，发现乙公司在交易前三年的纳税金额全部为 0，本次交易至案件侦查时，其交易情况仍然为 0，即近 5 年来，乙公司除了案涉此次交易，基本处于歇业状态。

补充调查上述情况后，结合之前承办律师提供的控告事实和证据，公安机关认为王某涉嫌犯虚假诉讼罪的事实基本成立，遂于 2016 年 12 月决定对王某进行立案侦查。

（2）案件侦查。

王某涉嫌虚假诉讼罪案件立案后，公安机关先是对案件的核心人物——乙公司和王某交易时的公司全资股东及法定代表人张某采取传唤措施，以取得直接的突破。由于张某（和王某）提前做了准备，到处躲避，2019 年 2 月，公安机关最终在王某位于中部省份的老家将张某找到。在强大的法律威慑下，张某直接向公安机关竹筒倒豆子——交代了其对乙公司和王某的交易完全不知情，乙公司实际仍然是直接受王某控制，2 900 万元电子产品并非真实交易的事实。

至此，案件真相基本大白，公安机关也具备了抓捕王某的条件。但由于王某多年混迹江湖，反侦查意识非常强，但最终在 2019 年 4 月 22 日在重庆被公安机关抓获。王某到案后，在大量证据面前，仍然拒不承认其策划、实施虚假诉讼的行为。公安机关为了固定事实和证据闭环，又接连对包括之前多次提到的朱某在内、相关知情的王某名下公司工作人员进行了传唤，朱某和其他知情人员均证实了王某指挥、策划、实施此次虚假诉讼的事实，并指认了王某炮制的虚假《购销合同》的存档电脑及某律师参与案件策划的全过程。

（3）起诉和判决。

在案件事实清楚、证据确实充分后，公安机关在王某零口供的情况下于

2019 年 11 月向检察机关提请对王某执行逮捕和将案件移送审查起诉。在检察机关审查起诉期间，王某在大量的证据面前，做出了认罪认罚的承诺书。同年 12 月，检察机关依法将王某涉嫌虚假诉讼案向法院提起公诉。2021 年 5 月，经法院审理，判决确认王某构成操纵他人虚构交易和虚假诉讼的犯罪行为，判处罚金 50 万元。一审判决做出后，王某没有提出上诉，判决生效。

在检察院提起公诉的同时，律师团队为了提高工作效率，在王某做出认罪认罚承诺后法院作出有罪判决前，承办律师又依法向检察机关申请对该虚假诉讼案件进行抗诉。经审查，检察机关接受了抗诉申请，并依法向法院提出了抗诉。重庆市某中院于 2021 年 1 月出具再审判决，撤销了该虚假诉讼案件。

四、取得成果

（一）首轮冻结股权的解除

为了进一步提高工作效率，在向检察院申请抗诉的同时，代理律师又尝试与被执行人王某沟通，以其配合解除乙公司首轮冻结股权的方式加快案涉股权的处置速度。通过多方和多次与被执行人王某沟通，王某主动申请法院撤回了乙公司的执行申请，首冻法院于 2018 年 6 月 18 日解除了对案涉股权的冻结，这比通过检察院抗诉撤销虚假诉讼案件的判决还提前了 7 个月的时间。

（二）本案对案涉股权的执行

首轮冻结被法院解除后，本案由二轮轮候冻结股权转变为首轮冻结，本案的申请执行人 A 贸易公司依法取得了案涉股权的处置权。在承办法院对该股权进行拍卖并流拍后，申请执行人申请以物抵债，案涉股权于 2021 年 3 月经法院裁定以 1 200 万元的价格抵偿给贸易公司。此时距冻结股权时已历时近三年，案涉股权所在公司已从新三板退市，股权价值已经比 3 年前缩水近三分之二。

（三）办理过程总结

本案从 2018 年 5 月冻结股权，到 2021 年 3 月裁定以股权抵债，历时近 3 年。其间，经历了纷繁复杂的调查取证、公安控告、公安侦查、检察院起诉、法院刑事判决、检察院抗诉、法院撤销虚假冻结和虚假诉讼案件、法院拍卖股权和裁定抵债，涉及公检法三个执法部门参与办理，三个法院数个判决、裁定，工商税务两个部门调查取证，跨度广、历时长，非常考验律师团队的综合业务能力（具体过程见图4）。

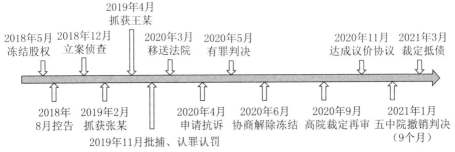

三三三二：历时近三年（刑事侦查、起诉、判决1年半）、涉及公检法三个部门、三个法院、两个侦查部门、工商税务

图4

五、法律分析及延伸

（一）虚假诉讼罪名的出台

2010年左右，承办律师还在司法机关工作时，某政法大学前来实习的博士研究生研究的课题即为虚假诉讼，且其也曾向承办律师问询是否接触过虚假诉讼案件。当时承办律师虽然身处司法工作一线，但的确没注意到类似案件。但现在回忆起来，当时社会界和学术界应当已经对此问题有了深刻的认识和研究。但直至2015年全国人大常委会修改刑法时，才在《刑法修正案（九）》中将虚假诉讼行为正式入刑，即在三百零七条基础上增加一条，作为第三百零七条之一，即"以捏造的事实提起诉讼，妨害司法机关秩序或者严重侵害他人合法权益的，处三年以下有期徒刑、拘役或者管制，并处或者单处罚金；情节严重的，处三年以上七年以下有期徒刑，并处罚金"。在此之前，虚假诉讼行为一直由法院依照《民事诉讼法》中的"妨碍民事诉讼"行为处理，最大的惩罚也就是对行为人进行罚款或司法拘留。

近年来，最高人民法院和最高人民检察院对虚假诉讼非常重视，在

2018 年发布了《关于办理虚假诉讼刑事案件适用法律若干问题的解释》；2021 年，最高人民法院、最高人民检察院、司法部四部门又发布了《关于进一步加强虚假诉讼犯罪惩治工作的意见》，持续提高了对虚假诉讼的打击力度。

根据上述规定，虚假诉讼，就是指以捏造的事实提起民事诉讼，妨害司法秩序或者严重侵害他人合法权益的行为。这个犯罪侵犯的是双重法益，一个是侵犯了司法机关的正常工作秩序，即妨害了社会的管理秩序。这个比较简单，比如前边讲的案例就是王某通过虚假诉讼扰乱了正常的诉讼秩序，浪费了司法资源，而且通过司法程序保护了不该保护的财产利益。第二个侵犯的法益就是受害人的私权利，如案件中王某通过虚假诉讼保护其名下的财产不被执行，就侵犯了王某债权人 A 贸易公司的合法权益。

虚假诉讼常见的情形有以下几种：

（一）与夫妻一方恶意串通，捏造夫妻共同债务的；

（二）与他人恶意串通，捏造债权债务关系和以物抵债协议的；

（三）与公司、企业的法定代表人、董事、监事、经理或者其他管理人员恶意串通，捏造公司、企业债务或者担保义务的；

（四）捏造知识产权侵权关系或者不正当竞争关系的；

（五）在破产案件审理过程中申报捏造的债权的；

（六）与被执行人恶意串通，捏造债权或者对查封、扣押、冻结财产的优先权、担保物权的；

（七）单方或者与他人恶意串通，捏造身份、合同、侵权、继承等民事法律关系的。

（八）隐瞒债务已经全部清偿的事实，向人民法院提起民事诉讼，要求他人履行债务的。

（九）向人民法院申请执行基于捏造的事实作出的仲裁裁决、公证债权文书，或者在民事执行过程中以捏造的事实对执行标的提出异议、申请参与执行财产分配的。

本案例就是符合"捏造债权债务关系"。目前已发现的案件中，最为常见也最为简单的是通过捏造虚假的"借贷关系"而提起的诉讼。

（二）执行中的其他相关罪名

当前我国仍然存在严重的执行难状况，造成这一问题的原因之一就是有些债务人及其法律顾问或顾问律师故意利用自己掌握的一些法律知识，在财务危机发生前设计一些程序转移或隐匿财产，以达到逃避债务、规避执行的目的。这种行为，美其名曰是未雨绸缪，但从本质上讲是投机钻营，甚至是违法犯罪。本案中债务人王某利用其控制下的乙公司和其本人制造了一场虚假的交易并通过虚假诉讼对其名下财产予以强化保护，就是被执行人常用的对抗执行和规避执行的手段之一。

另外执行中常见的刑事犯罪除本案件中的虚假诉讼罪外，还有拒执罪、非法处置法院控制的财产罪、隐匿财务会计报告罪、虚假出资罪、抽逃出资罪等。拒执罪的全称叫拒不执行判决、裁定罪，顾名思义，就是在执行过程中，被执行人具有履行能力而拒不履行，情节严重的行为，其典型表现有：违反财产报告令、限制高消费令，经采取罚款或者拘留等强制措施后仍拒不执行的；伪造、毁灭有关履行能力的重要证据，以暴力、威胁、贿买方法阻止他人作证或者指使、贿买、胁迫他人作伪证；通过虚假诉讼、虚假仲裁、虚假和解等方式妨害执行；暴力对抗法院的执行等行为。

本案的虚假诉讼罪也涉嫌犯这一罪名，但两个犯罪从法律原理上讲系想象竞合，择一重罪处罚就可以。拒执罪目前在全国各地的法院中执法尺度不统一，公安机关对法院移送的拒执罪案件也不够重视，往往很难立案，也很难真正发挥作用。为此，最高人民法院分别在 2015 年和 2018 年发布了《关于审理拒不执行判决、裁定刑事案件适用法律若干问题的解释》《关于拒不执行判决、裁定罪自诉案件受理工作有关问题的通知》两个司法文件，明确如果申请执行人曾经提出控告，而公安机关或者人民检察院对负有执行义务的人不予追究刑事责任的，人民法院也可以作为自诉案件立案审理，给申请执行人通过拒执罪维护自身权益提供了一个新的渠道。其他的犯罪如非法处置法院控制的财产罪、隐匿财务会计报告罪、虚假出资罪、抽逃出资罪，则发生的概率较低。

（三）本案的具体法律适用分析

相比于民事诉讼来讲，刑事诉讼具有国家的公权力参与，对于调取证据的能力和对当事人的威慑力均具有民事诉讼不可比拟的优势。比如本案中税务资料的调取，目前税务机关是不接受律师去调取他人的纳税资料的，且很多税务机关也往往不接受法院出具的调查令。再比如构成本案中虚假诉讼罪的外围证据，如参与虚假诉讼的乙公司的工作人员的询问笔录，律师也根本无法调取。另外，如果虚假诉讼行为没有入刑，即使面对大量充分的证据，本着最多被罚款或拘留的代价，当事人也是坚决不会承认自己的虚假诉讼行为的。

因此，本案中面对被执行人设计的虚假诉讼证据齐全、手续完备的情况，如果通过民事诉讼的方式去申请撤销，将很难得到法院支持。而且，被执行人制作的虚假证据，民事法官在正常情况下也的确无法判断其真假。刑事手段的介入，则有利于固定其相关外围的证据，有利于获取相关人员及犯罪嫌疑人的口供和笔录，并最终从内部打开一个缺口。

六、典型意义

本案是虚假诉讼罪名设立以来典型的虚假诉讼犯罪案件，系承办律师通过敏锐的职业眼光和独特的视角，熟练运用各种法律知识和工作方法、技巧，调取了大量证据，抽丝剥茧识破了被执行人精心编造的套路，且最终通过大量的工作，横跨两个法院，公、检、法三个司法机关全部参与，成功将僵尸案件执行，有力地维护了当事人的合法权益和社会的公平正义。且系通过惩罚犯罪达到办理执行案件的目的，创新了执行工作方法，对重大疑难执行案件的突破提供了新思路和新技巧，对维护社会公平正义、引领诚实守信、抑制违法犯罪起到了积极的社会效果和法律效果。

七、结语

在办理案件过程中，有些当事人的违法或犯罪行为具有极强的专业性和隐蔽性，而且也不乏不良的律师参与其中，所以此种情况下如果不具备精深的法律专业和丰富的法律工作经验，一般难以发现。在此种情况下，除正常进行民事诉讼外，对于个别钻法律空子、投机钻营的当事人，可以依法拿起刑事诉讼的武器，对其涉嫌犯罪的行为进行举报和控告，全面维护自己的合法权益。

作为法律工作者，除具备自己擅长领域的法律知识外，应具备全方面社会知识，同时要有敏锐的观察力和洞察力，察言观色、机智灵活，善于抓住案件的关键点和突破口，全方位最大限度实现客户的利益。

陈某与某建设发展股份有限公司、某房地产开发有限公司执行异议之诉

——由于自身原因未办理房屋过户的购房人能否享有排除强制执行的民事权益

杜存朋*

一、案情介绍

2004 年 9 月 7 日，开发公司与陈某签订《商品房买卖合同》，约定陈某以 443 688 元的价格购买开发公司开发建设的位于常熟市海虞南路某国际广场某室商品房。上述合同约定建筑面积为 49.23 平方米，2004 年 9 月 8 日前付款 223 688 元，2004 年 9 月 15 日前支付 220 000 元，房产交付日期为 2006 年 6 月 30 日；合同还明确项目地块土地规划用途为商业服务业，买受人的房屋用途为商业用房。合同签订后，2004 年 9 月 8 日陈某向开发公司支付 29 万元购房款。2007 年 3 月 19 日，陈某向开发公司支付剩余房款 153 680 元。但案涉房产开发建设完成后，开发公司与陈某至今未办理房产变更登记手续，案涉房产仍登记在开发公司名下。

---

* 上海市锦天城律师事务所高级合伙人。

开发公司陈述于 2006 年向陈某交付案涉房产，而陈某陈述房产实际于 2007 年 3 月全部交接，陈某提交了《房屋交接书》一份，内容载明："开发公司（甲方）与业主陈某（乙方）对常熟市海虞南路某国际广场某室进行验收交接，双方确认：1. 甲方交付给乙方的房屋为某室。该房屋建筑面积为 51.72 平方米……2. 该房屋的总价款为人民币 456 936 元，该款即为甲乙双方租赁合同（委托经营管理合同）4.1 条款的租金计算基数。乙方已付清全部房价款 456 936 元。甲方已开具发票、收据给乙方。若乙方逾期，则需承担余额的日万分之二的违约金。3. 本交接书由甲乙双方签字生效。原房屋买卖合同履行完毕，双方无其他异议，均按本交接书履行。"但交接书未载明形成日期。同时，陈某提交加盖有某国际假日酒店有限公司发票专用章的收据内容显示，陈某于 2007 年 3 月 17 日交纳案涉房产的有线电视费用，物业管理费用；加盖有开发公司印章的收据内容显示，陈某于 2007 年 3 月 17 日交纳案涉房产基础建设配套费 5 291 元。2017 年 4 月 15 日，陈某向案涉商品房的物业支付了第一季度的水电费 1 382.8 元。

陈某和开发公司一致确认，在签署《房屋交接书》之后，陈某即委托开发公司统一出租，开发公司按时向陈某支付收取的租金。陈某提交 2010 年 7 月 1 日和 2011 年 6 月 28 日《委托租房合同》两份。其中 2011 年 6 月 28 日的《委托租房合同》约定陈某委托某国际假日酒店有限公司将常熟市海虞南路某国际广场某室的公寓进行出租，委托期限自 2011 年 7 月 1 日至 2016 年 6 月 30 日。开发公司提交的回报表载明，自 2011 年至 2016 年期间开发公司陆续向陈某支付回报款，其中最晚一笔为 2016 年 8 月 22 日，支付金额为 3 360 元。陈某提交的常熟市不动产登记中心于 2017 年 4 月 17 日出具的《证明》，载明："依据查询人陈某申请，经查询，至 2017 年 4 月 17 日 10 时 34 分止，查询个人在我中心不动产登记信息库中，无房产（现手）登记记录。"

另外，某房地产开发有限公司（以下简称开发公司）因拖欠某建设发展股份有限公司（以下简称建设公司）工程款，苏州市中级人民法院审理建设工程施工合同纠纷后，于 2012 年 2 月 21 日作出民事判决书，判决确定开发公司应支付建设公司工程款（土建及安装）7 244 033.98 元及欠付工程款利息（计算方法：以 3 832 113.4 元计、自 2006 年 10 月 31 日至实际付款之日、按中国人民银行发布的同期同类贷款利率计息；以 3 411 920.58 元计、自 2010 年 11 月 11

日至实际付款之日、按中国人民银行发布的同期同类贷款利率计息）。因开发公司未能履行上述判决确定的义务，建设公司申请执行，苏州市中级人民法院于2014年5月28日作出执行裁定书，裁定依法冻结或划拨被执行人开发公司银行存款人民币9 860 773.78元及申请执行费用人民币76 704元与迟延履行期间的双倍债务利息，于2014年7月21日向常熟市住房和城乡建设局、常熟市国土资源局送达执行裁定书及协助执行通知书，查封开发公司名下位于常熟市海虞南路某国际广场某室等12套房产。后陈某以常熟市海虞南路某国际广场某室系其所有，向苏州市中级人民法院提起执行异议。在执行异议审查听证过程中，陈某陈述其未办理权证的原因是："本人工作繁忙，当时未及时办理房屋权证，过后一直搁置，认为未办理权证并未影响对房屋的使用，故至今未办理相关权证"，以及"我搬了三次家，因为中间搬家，有些办理房产证的材料没找到，这次又搬家，这些材料才找到……，所以才没有急于办理房产证"。苏州市中级人民法院于2017年3月16日作出执行裁定：陈某提供的相关证据并不能证明其未办理过户非因自身原因，反而提出未能办理产权登记手续的原因是自身工作繁忙以及没能找到办理房产证的资料；陈某的异议理由没有法律依据，遂裁定驳回陈某提出的执行异议。

本团队接受陈某委托，于2017年向苏州市中级人民法院提起执行异议之诉，建设公司为被告，开发公司为第三人，一审诉讼请求：1. 判决确认位于常熟市海虞南路某国际广场某室商品房归陈鹤亭所有；2. 判令停止对案涉常熟市海虞南路某国际广场某室商品房的强制执行行为；3. 诉讼费用由建设公司负担。

建设公司辩称：苏州市中级人民法院作出的执行裁定书认定陈某不能证明其未办理过户登记非因自身原因。陈某自己提出未能办理产权登记手续的原因，是其自身工作繁忙以及没能找到办理房产证材料。因此，陈某合法权益未能得到保护是自身原因造成，其要求不得对本案所涉房屋进行执行的诉讼请求不能成立，建设公司有权按照公示的房产登记信息申请法院进行执行。建设公司在后期诉讼中又补充辩称：没有相关证据证明陈某与开发公司之间的房屋买卖事实真实存在，即便陈某与开发公司之间的房屋买卖事实真实存在，也不符合《执行异议与复议规定》第二十八条、第二十九条规定的能够排除执行的情形。

开发公司述称：案涉商品房屋是开发公司出卖给陈某，房屋已经交付给陈某，陈某已经付清房款，房屋权利是属于陈某。

二、争议焦点

争议焦点：购房户因自身原因未办理过户，能否享有足以排除强制执行的民事权益？

《最高人民法院关于人民法院办理执行异议和复议案件若干问题的规定》（以下简称《执行异议和复议规定》）第二十八条规定："金钱债权执行中，买受人对登记在被执行人名下的不动产提出异议，符合下列情形且其权利能够排除执行的，人民法院应予支持：（一）在人民法院查封之前已签订合法有效的书面买卖合同；（二）在人民法院查封之前已合法占有该不动产；（三）已支付全部价款，或者已按照合同约定支付部分价款且将剩余价款按照人民法院的要求交付执行；（四）非因买受人自身原因未办理过户登记。"上述法律规定明确了买受人对登记在被执行人名下的不动产提出异议及其权利能够排除执行情形的条件。就本案而言，陈某诚实叙述未办证缘由，二审判决直接适用《执行异议和复议规定》第二十八条规定认定陈某不能排除强制执行，未对符合适用条件的第二十九条及《最高人民法院关于建设工程价款优先受偿权问题的批复》等相关规定所涉买房人优先权益作出审查，没有全面审理分析陈某的二审上诉理由。《执行异议和复议规定》第二十九条规定："金钱债权执行中，买受人对登记在被执行的房地产开发企业名下的商品房提出异议，符合下列情形且其权利能够排除执行的，人民法院应予支持：（一）在人民法院查封之前已签订合法有效的书面买卖合同；（二）所购商品房系用于居住且买受人名下无其他用于居住的房屋；（三）已支付的价款超过合同约定总价款的百分之五十。"陈某向开发公司购买商品房是否符合该规定，成为案件处理思路之一，其中商业性质地块公寓房能否认定为居住用房，成为该思路处理难点。

陈某主张案涉房屋系酒店式公寓，具有居住功能，陈某此前以出租收益维系生活开支，目前名下无其他房屋用于居住，且陈某现已居住在内，本案符合《执行异议和复议规定》第二十九条规定情形，应认定排除强制执行；根据《工程款优先受偿批复》的规定，建筑工程承包人的工程价款优先受偿权优先于抵押权和普通债权，但已支付购买商品房全部或大部分款项的消费者的权利优先于建筑工程价款优先权，举重以明轻，商品房买受人的权利应当优先于普通债权，建设公司对第三人所主张的是工程款普通债权，不得对抗商品房买受人；同时陈某已经提供了许多年前已经客观形成的涉案商品房买卖合同、房屋交接书、购房发票、缴纳有线电视费、物业费、基础建设配套费等大量的证据，主张陈某在案涉查封执行前早已与开发公司签署商品房买卖合同并已经按照合同约定足额付清购房款，陈某已经具备实质意义上的占有、使用、收益和处分的权能，应当认定诉争房屋归陈某实际所有的事实，陈某享有足以排除强制执行的民事权益。

三、法律分析

本案法律适用争议较大，二审判决关于原物权法第九条"不动产物权的设立、变更、转让和消灭，经依法登记，发生效力；未经登记，不发生效力"之规定法律适用不符合执行异议之诉特点，正是因为案涉商品房尚未办理不动产登记才发生执行异议之诉，才出现实际权利人与登记状况不一致的情形，倘若按照原物权法第九条适用该案审理，尚未办理登记的实际权利人合法权益永远无法得到法律保障。另外，二审法院仅局限《执行异议与复议规定》第二十八条法律适用分析，对于本案系第三人开发建设的商品房销售引发的执行异议之诉，没有按照《执行异议与复议规定》第二十九条及其他相关规定审查。

购房人与开发商在案涉商品房被查封之前十年早已签署商品房买卖合同，购房户已长期具备案涉商品房占有、使用、收益和处分权能，系案涉商品房实际权利人，基于商品房买卖基础关系和事实行为设立、转让物权。时风公司作为出卖人因买受人陈某依约履行了付款义务而让渡了其对所售房屋享有的占有、使用、收益及部分处分的物权权能，买受人也因实际占有该房屋获得了一定的对外公示效力，尽管该效力尚不能与不动产物权登记的法定效力相等同。据此，陈某对案涉房屋所享有的权利尽管尚不属于物权法意义上的物权（所有权），但已具备了物权的实质性要素，陈某可以合理预期通过办理不动产登记将该物权期待权转化为物权法意义上的物权（所有权）。实际上，根据《最高人民法院关于审理建筑物区分所有权纠纷案件具体应用法律若干问题的解释》第一条第二款关于"基于与建设单位之间的商品房买卖民事法律行为，已经合法占有建筑物专有部分，但尚未依法办理所有权登记的人，可以认定为物权法第六章所称的业主";《中华人民共和国物权法》第六章第七十条、第七十一条、第七十二条中关于"业主对建筑物内的住宅、经营性用房等专有部分享有所有权,对专有部分以外的共有部分享有共有和共同管理的权利","业主对其建筑物专有部分享有占有、使用、收益和处分的权利","业主对建筑物专有部分以外的共有部分,享有权利,承担义务;……业主转让建筑物内的住宅、经营性用房,其对共有部分享有的共有和共同管理的权利一并转让"等规定,陈某至少在形式上已经符合上述司法解释对"业主"的界定,只是由于尚未办理不动产物权登记,其作为"业主"对案涉房屋的处分权能尚受到一定限制,但陈某对案涉房屋享有的物权期待权已具有一定的物权权能是可以确定的。

建设公司申请查封、执行的案涉房屋,系被执行人开发公司开发建设的酒店式公寓。基于本案已查明的事实,2004 年 9 月 7 日,开发公司与陈某签订《商品房买卖合同》,将该房屋以 443 688 元出售给陈某,陈某依约向开发公司支付了全部购房款,开发公司亦向陈某实际交付了该房屋,陈某也实际缴纳过该房屋有线电视费用、物业管理费用、基础建设配套费、水电费等相关费用。尽管陈某在收房后又将该房屋委托给开发公司进行出租,但没有证据证明陈某与开发公司恶意串通或者存在其他利害关系。在此情况下,陈某与开发公司所签《商品房买卖合同》已经基本履行完毕。开发公司作为出卖人对该房屋即不再享有任何法律上的实体权利,仅负有协助陈某办理过户登记的义务。案涉房产一经售出并交付,不再属于开发商责任财产范围。

执行异议作为执行程序的一部分,其制度功能在于快速、不间断地实现生效裁判文书确定的债权,其价值取向更注重程序效率性,同时兼顾实体公平性。基于这一目标,执行异议程序更侧重于对执行标的上的权利进行形式审查,人民法院执行部门主要根据执行标的的物权登记、实际占有等权利外观来认定执行标的的权属,并作出应否予以执行的判断。而执行异议之诉作为与执行异议衔接的后续诉讼程序,是一个独立于执行异议的完整的实体审理程序,其价值取向是以公平优先、兼顾效率,通过实质审查的方式对执行标的权属进行认定,进而作出案外人享有的民事权益是否足以排除强制执行的判断,以实现对案外人民事权益的实体性执行救济。在针对执行异议之诉具体审查标准的法律规定或者司法解释出台前,执行异议之诉案件可参照适用《执行异议和复议规定》

的相关规定，对案外人享有的民事权益是否足以排除强制执行进行审查认定。若案外人异议符合《执行异议和复议规定》中关于可以排除强制执行的认定标准，人民法院在执行异议之诉中就要支持案外人的异议请求。在案外人异议不符合或者不能完全符合《执行异议和复议规定》中关于可以排除强制执行认定标准的情况下，人民法院在执行异议之诉中也不能当然认定案外人的异议请求不能成立，而应该根据《最高人民法院关于适用〈中华人民共和国民事诉讼法〉的解释》第三百一十二条第一款关于"对案外人提起的执行异议之诉，人民法院经审理，按照下列情形分别处理：（一）案外人就执行标的享有足以排除强制执行的民事权益的，判决不得执行该执行标的；（二）案外人就执行标的不享有足以排除强制执行的民事权益的，判决驳回诉讼请求"的规定，基于案件具体情况对案外人是否享有足以排除强制执行的民事权益进行实质审查，并依法作出是否支持案外人异议请求的判断。

购房人对将购置的商品房享有实际物权，享有登记为所有权人的请求权，该民事权益足以排除对案涉商品房的强制执行。从请求权产生时间来看，陈某早在 2004 年 9 月 7 日签署商品房买卖合同；从请求权的性质和内容看，住安公司对于第三人仅仅享有一般金钱债权。需要说明的是，根据法释〔2002〕16 号《最高人民法院关于建设工程价款优先受偿权问题的批复》，消费者交付购买商品房的全部或者大部分款项后，承包人就该商品房享有的工程价款优先受偿权不得对抗买受人。即使假设住安公司对涉案工程款主张优先受偿权，也不能对抗买受人，何况，建设公司并无优先受偿权，购房人享有优先权益足以请求停止对案涉商品房的强制执行。

案涉商品房所在项目土地虽然属于商业，但是在商品房设计、功能上具有可居住的公寓功能，商品房买卖合同载明公寓用途，载明厨房、卫生间装修明细，即使按照《执行异议和复议规定》第二十九条来看，购房人依然有权请求对案涉商品房停止强制执行。

四、裁判结果

一审法院认为：

首先，陈某已经在执行异议案件中明确陈述系其工作繁忙以及没能找到办理房产证资料等自身原因，而未能及时办理案涉房产权属变更登记，陈某提供的相关证据并不能证明其未办理过户的原因非因自身原因，并不符合上述第二十八条法律规定的情形，其不能据此对抗案涉房产的执行行为。

其次，案涉《商品房买卖合同》明确约定常熟市房产系商业用房，且事实上陈某自 2007 年交接房产后即将房产委托开发公司出租进而获取租金，显然属于投资性质的行为，并不属于购买用于居住房产。故陈某的诉请主张，亦不符合上述第二十九条法律规定的情形，其亦不能据此对抗案涉房产的执行行为。

二审法院认为：

案外人提起执行异议之诉排除对特定执行标的的执行，人民法院首先要判断案外人对案涉执行标的是否享有实体权益，一审法院根据陈某的一审诉讼请求将争议焦点归纳为陈某要求确认其对于案涉常熟市海虞南路某室房产享有所有权，进而主张停止对常熟市海虞南路某室相应强制执行行为能否成立，并无不当，一审法院围绕争议焦点进行审理，有事实与法律依据。陈某关于一审法院未全面审查其诉讼请求的主张，没有事实与法律依据。

根据物权法相关规定，除了继承、征收等非因法律行为所取得的物权外，不动产物权的设立、变更、转让和消灭，必须经依法登记，始能发生效力。2004 年 9 月 7 日，陈某与开发公司签订《商品房买卖合同》并支付了房款，陈某据此获得了案涉房屋的物权期待权。但案涉房屋至人民法院查封前，一直未过户至陈某名下，又因陈某在签署《房屋交接书》之后，即委托开发公司统一出租。2011 年至 2016 年期间，开发公司按时向陈某支付收取的租金，其中最晚一笔为 2016 年 8 月 22 日，支付金额为 3 360 元。据此可以判断，陈某在 2004 年购买案涉房屋后，至人民法院查封之前一直将案涉房屋出租使用。因此，陈某对案涉房屋的物权期待权能否对抗苏州市中级人民法院 2014 年 7 月 21 日的查封，应当依照《执行异议和复议规定》第二十八条规定的四个条件进行审查，缺一不可。

依据法律规定，案外人或者申请执行人提起执行异议之诉的，案外人应当就其对执行标的享有足以排除强制执行的民事权益承担举证证明责任。陈某自 2004 年购买案涉房屋后至 2014 年人民法院查封前，在较长时间内一直没有办理过户手续，其亦未能提供证据证明案涉房屋没有过户系非因自身原因所造成。

再审法院认为：

本院认为，针对陈某对执行标的所享有的民事权益是否足以排除强制执行，可以结合被执行人开发公司的责任财产范围、异议人、申请执行人及被执行人对案涉房屋各自享有的权利性质，以及案涉房屋的功能、属性等方面进行综合判断。案涉房屋不属于时风公司的责任财产，不应纳入强制执行的范围；陈某对案涉房屋享有的物权期待权与建设公司的普通金钱债权相比，应予优先保护；陈某对案涉房屋具有一定的居住权益，有优先保护的价值和意义。至于案涉房屋因陈某自身原因一直未办理过户登记手续，不影响对陈某享有前述物权期待权的认定。但基于一、二审判决查明的事实，陈某怠于行使自己的权利，购买并接收案涉房屋后多年不办理过户登记，对本案的发生具有明显过错，浪费本已紧张的司法资源，亦应承担相应的法律责任，故结合本案实际情况由其承担本案一、二审诉讼费用，以示惩戒。

（一）裁判结果

一审法院于 2017 年 11 月 23 日认定陈某主张其对于案涉常熟市海虞南路某室房产享有所有权，进而主张本院停止对常熟市海虞南路某室相应强制执行行为，缺乏事实和法律依据，驳回陈某的诉讼请求。二审法院没有开庭，直接书面审查，认定陈某不能依据《执行异议和复议规定》第二十八条规定排除人民法院对案涉房屋的执行，陈某的上诉请求不能成立，于 2018 年 4 月 19 日作出民事判决，驳回上诉，维持原判。最高人民法院经审判委员会讨论决定，于 2019 年 6 月 24 日作出民事判决，认定陈某的再审事由基本成立，一、二审判决认定事实清楚，但适用法律错误，应予纠正，判决撤销一审判决、二审判决；不得执行江苏省常熟市海虞南路某室商品住房（建筑面积 49.23 平方米）；同时认为目前没有证据证明案涉房屋在解除查封后不能办理过户登记手续，陈某不能将基于自身财产保障而应履行的申请登记的责任和义务转嫁给司法机关，故判决驳回陈某请求确认案涉房屋归其所有的诉讼请求，一审案件受理费 7 955 元，二审案件受理费 7 955 元，合计 15 910 元均由陈某承担。

（二）案例亮点

该案被"民事审判"等有关公众号文章评价为最柳暗花明的再审案件，对于实际生活中因自身原因怠于办证的购房人执行异议之诉案件处理具有重大的风向意义，通过多方面凸显购房人物权期待权益优先保护的价值：

第一，全面、正确审查执行异议之诉求与确权之诉求的关系。

陈某一审起诉状上载明诉讼请求是判决不得对位于常熟市海虞南路某室商品房进行执行及判决确认位于常熟市海虞南路某室商品房属原告所有，而一审法院将案件争议焦点限缩理解为陈某要求先确权，"进而"主张停止强制执行。陈某上诉主张本案基本诉因系执行异议之诉，无论上诉人是否同时提出确权，一审法院均应当对陈某是否享有足以排除强制执行的民事权益进行审查，该民事权益包括所有权、期待权益、优先权益等，而且签约、付款、占有使用等实际所有权归属考量因素亦未分析说理，未全面审查陈某的诉讼请求。二审法院回应认为案外人提起执行异议之诉排除对特定执行标的的执行，人民法院首先要判断案外人对案涉执行标的是否享有实体权益，认为一审法院将争议焦点并无不当。两级法院均强调确权之诉求作为执行异议之诉求的前置审查，援引原物权法第九条关于"不动产物权的设立、变更、转让和消灭，经依法登记，发生效力；未经登记，不发生效力，但法律另有规定的除外"之规定，论证物权设立尚未发生效力，进而否定享有排除强制执行的民事权益。

再审法院先关注执行异议之诉求审查，后关注确权之诉求审查。案外人执行异议之诉争议的核心就是案外人就执行标的是否享有足以排除强制执行的民事权益，再审法院支持再审申请人关于购房人享有足以排除强制执行的民事权益与确认所有权两个诉求需要全面审查的意见，主张无论人民法院能否直接确认案涉房屋所有权，均不影响购房人享有足以排除强制执行的民事权益，该权益并非局限于房屋所有权。再审法院通过期待物权等多层面论证陈某享有排除强制执行的民事权益，支持陈某要求停止强制执行的基本诉求。至于陈某关于请求确认案涉房屋归其所有的诉求，尽管有《最高人民法院关于适用〈中华人民共和国民事诉讼法〉的解释》第三百一十三条第二款关于"案外人同时提出确认其权利的诉讼请求的，人民法院可以在判决中一并作出裁判"的规定作为依据，但根据原物权法第九条关于"不动产物权的设立、变更、转让和消灭，经依法登记，发生效力；未经登记，不发生效力，但法律另有规定的除外"；第十一条关于"当事人申请登记，应当根据不同登记事项提供权属证明和不动产界址、面积等必要资料"以及《不动产登记暂行条例》的相关规定，陈某基于不动产登记即可依法取得案涉房屋的所有权，不能直接通过人民法院司法确权的形式规避本应履行的申请不动产登记的责任。

第二，梳理案外人执行异议之诉与执行异议的关系。

根据民事诉讼法第二百三十八条规定，"执行过程中，案外人对执行标的提出书面异议的，人民法院应当自收到书面异议之日起十五日内审查，理由成立的，裁定中止对该标的的执行；理由不成立的，裁定驳回。案外人、当事人对裁定不服，认为原判决、裁定错误的，依照审判监督程序办理；与原判决、裁定无关的，可以自裁定送达之日起十五日内向人民法院提起诉讼。"案外人依法基于对执行标的主张实体权利而提出异议或者诉讼，均属于执行救济程序，执行异议是案外人权利救济的前置环节，执行异议之诉是对执行异议结论不服的后续救济路径。案外人执行异议与执行异议之诉虽具有一定的关联性和共通性，但二者分属于不同的法律程序，其功能并不相同。执行异议的本质是属于程序上的救济。在执行过程中，在执行案件终结前应提出执行异议；针对终结执行本身的法律文书，可在收到执行终结法律文书之日起或知道或应当知道人民法院终结执行之日起 60 日内可以提出异议。执行异议之诉的本质是属于实体上的救济，审查要求与前者程序救济审查要求不同。根据《最高人民法院关于人民法院办理执行异议和复议案件若干问题的规定》第二十五条第一款规定，对案外人的异议，人民法院应当按照下列标准判断其是否系权利人：（一）已登记的不动产，按照不动产登记簿判断；未登记的建筑物、构筑物及其附属设施，按照土地使用权登记簿、建设工程规划许可、施工许可等相关证据判断；（二）已登记的机动车、船舶、航空器等特定动产，按照相关管理部门的登记判断；未登记的特定动产和其他动产，按照实际占有情况判断；（三）银行存款和存管在金融机构的有价证券，按照金融机构和登记结算机构登记的账户名称判断；有价证券由具备合法经营资质的托管机构名义持有的，按照该机构登记的实际出资人账户名称判断；（四）股权按照工商行政管理机关的登记和企业信用信息公示系统公示的信息判断；（五）其他财产和权利，有登记的，按照登记机构的登记判断；无登记的，按照合同等证明财产权属或者权利人的证据判断。从上述条款规定可以看出，在案外人执行异议中，法院在审查判断执行标的的权属时，侧重做形式审查，根据财产登记在谁名下或者未登记的特定动产和其他动产由谁实际占有这样的公示信息或外观信息来进行判断，并不考虑深层次或复杂缘由等其他因素和情况。进入案外人执行异议之诉审理，需要评价当事人的民事权利是否真实存在，依法进行权属的实体审查，判断标准就发生了变化，转为不再完全受登记主义的观念限制，而是按照实体权利和实际情况进行综合判断和认定。倘若继续以登记来判断权属，则案外人执行异议之诉法律制度就失去了其存在的价值和意义。

第三，厘清《最高人民法院关于适用〈中华人民共和国民事诉讼法〉的解释》第三百一十条第一款与《执行异议和复议规定》的法律适用关系。

《执行异议和复议规定》作为执行程序中规范"执行异议和复议案件"的司法解释，原则上适用于执行程序，但基于执行异议之诉与执行程序之间的关联性和共通性，在针对执行异议之诉具体审查标准的法律或者司法解释出台前，执行异议之诉案件可参照适用《执行异议和复议规定》的相关规定，对案外人享有的民事权益是否足以排除强制执行进行审查认定。但是若《执行异议和复议规定》相关条款能否适用案涉纠纷存在较大争议，当事人对此认识亦各有理据，则不宜参照适用该司法解释的相关规定处理案涉纠纷，而应回归执行异议之诉的本质，基于案件具体情况对案外人是否享有足以排除强制执行的民事权益进行实质审查，依据《最高人民法院关于适用〈中华人民共和国民事诉讼法〉的解释》第三百一十条第一款关于"对案外人提起的执行异议之诉，人民法院经审理，按照下列情形分别处理：（一）案外人就执行标的享有足以排除强制执行的民事权益的，判决不得执行该执行标的；（二）案外人就执行标的不享有足以排除强制执行的民事权益的，判决驳回诉讼请求"的规定作出是否支持案外人异议请求的判断。因此，即使案外人异议不符合或者不能完全符合《执行异议和复议规定》中关于可以排除强制执行认定标准，人民法院在执行异议之诉中也不能当然认定案外人的异议请求不能成立。

第四，界定被执行人责任财产范围。

责任财产是指民事主体用于承担民事责任的各项财产及权利总和。民事主体以责任财产为限对外承担法律责任，债权人不能要求债务人用其责任财产之外的财产偿付债务。人民法院在执行程序中对被执行人所采取的强制执行措施，应当以其责任财产为限。如果有证据证明拟执行标的不属于被执行人的责任财产，则人民法院应当停止对该标的的执行。

作为以开发、销售房屋为经营目的的开发商，在全额收取了购房人支付的购房款，并将案涉商品房交付购房人占有后，其相应的财产利益已经从实物形态的房屋转化为金钱形态的购房款，即便此时案涉商品房仍登记在开发商名下，但其对该房屋已经不再享有实质意义上的支配权，而仅负有配合购房人办理房屋登记之义务。以实物形态存在的案涉商品房已经实质性脱离了开发商所控制的责任财产范围，而购房款作为案涉商品房的转化价值，已被纳入开发商的责任财产范围。即使案涉房屋已经脱离开发公司责任财产范围，但是开发公司因全额收取了陈某支付的购房款，其责任财产并未因此减损，开发公司已无权再用该房屋偿付其所欠债务，否则就有违公平、诚实信用的法律原则。建设公司作为开发公司债权人原则上亦不能请求以该房屋抵偿时风公司所欠债务，除非建设公司有证据证明陈某与开发公司恶意串通或者有其他利害关系，影响了对开发公司责任财产范围的认定。

第五，凸显物权期待权优先保护价值。

虽然我国现行立法未就物权期待权作出明确规定，但作为一种从债权过渡而来、处于物权取得预备阶段的权利状态，此种权利具有与债权相区别、与物权相类似的效力特征，因执行异议申请人自身原因一直未办理房屋过户登记手续，不影响对其享有该房屋物权期待权的认定，陈某所享有的权利在内容和效力上已经超过了建设公司享有的普通金钱债权，在没有证据证明陈某物权期待权的取得有瑕疵或存在适法性问题的情况下，应优先于建设公司的普通金钱债权予以保护。

第六，强调居住权益优先保障意义。

《执行异议和复议规定》第二十九条规定"所购商品房系用于居住"，以往案件审理判断通常以政府规划主管部门规划批准的房屋使用性质作为判断的"客观标准"，如果案外人购买的房屋性质为住宅用房，则认定为消费者；如果案外人购买的房屋性质为商铺、写字楼等商业用房，则不是消费者。司法实践倡导做宽泛理解，不管是单纯的居住房还是商住两用住房，只要是有居住功能的，即应视为用于居住的房屋。本案处理采取一种更为符合司法实践需要的"实际用途"认定标准，在审查案外人请求排除的房屋是否属于"系用于居住"的房屋时，认为应从房屋是否具有居住功能、案外人是否实际居住以及房屋系案外人唯一住房的角度，认定房屋是否属于"系用于居住"。案涉房屋作为酒店式公寓在2014年被人民法院查封前，陈某一直委托开发公司对外出租获取收益，而非自住。仅就此而言，一审判决从形式上审查认定陈某的异议不符合《执行异议与复议规定》第二十九条所列可以排除执行的条件，也并无不当。常熟市不动产登记中心于2017年4月17日出具《证明》，载明：依据查询人陈某申请，经查询，至2017年4月17日10时34分止，查询人个人在我中心不动产登记信息库中，无房产（现手）登记记录。开发公司确认其向陈某支付案涉房屋的租金至2016年8月，并当庭陈述2016年8月之后未再支付案涉房屋租金的原因是陈某自己居住。陈某再审亦陈述自己和配偶目前居住在案涉房屋内。尽管建设公司对陈某的陈述尚有异议，但并无证据证明陈某及其配偶除案涉房屋外还有其他可用于居住的房屋。房屋是否具有居住功能，与房屋系商业房还是住宅的属性并无直接对应关系，酒店式公寓一类的商业房设计仍可用于居住，并不排除自住，相对于建设公司享有的普通金钱债权，陈某的居住、生存权益就有了优先保护的价值和意义。

刑民交叉、行政诉讼、公益诉讼

ALLBRIGHT
LAW OFFICES
锦天城

锦天城律师事务所经典案例集

中某公司与甲乙房屋买卖合同纠纷

——依法追回已经被刑事判决处理房产的刑民交叉案件

李　丹* 王罕芳**

一、案情介绍

委托人中某公司是本案所涉开发商蓝某公司的全资母公司，蓝某公司与中某公司签订了《转让协议》，约定由中某公司从蓝某公司处承继了涉案房产的全部权利。

2008年，甲、乙父子二人与开发商蓝某公司（系中某公司为开发某房地产项目而出资设立的全资子公司）签订了涉案《商品房买卖合同》。合同约定，甲、乙二人作为买受人，购买由蓝某公司开发建设的位于广州市某区的某房产（下称"涉案房产"），按照约定，甲乙二人在支付了涉案房屋总价款的10%作为房屋首付款后，应于2008年6月底以前付清剩余购房款。

涉案《商品房买卖合同》签订后，双方于广州市房地产交易登记中心办理了预售合同鉴证登记手续。

然而，甲、乙二人在支付了涉案房产10%的首付款后，再未向蓝某公司履

*　上海市锦天城律师事务所合伙人。

**　上海市锦天城律师事务所律师。

行付款义务。在此期间，蓝某公司曾先后两次向甲乙二人寄送《交款通知书》和《缴款通知书》，催告其依约履行付款义务，但甲、乙二人始终未再向蓝某公司支付过涉案房产的购房款。

2009年8月，甲因涉嫌××罪被北京市公安局羁押，涉案房产也因甲涉嫌××罪一案而被司法机关查封、扣押。该案后于2010年由北京市某中级人民法院依法作出一审判决，判决如下：甲因犯××罪，依法判处有期徒刑××年。人民法院对甲名下的财产采取执行措施，用以拍卖变价并返还给该案中的各被害人，超出部分在折抵罚金后，余款退回北京市人民检察院某分院处理，其他物品予以没收。涉案房产亦在该案之《刑事判决书》后附的《扣押物品清单》之列。

甲对北京市某中级人民法院作出的刑事判决不服，向北京市高级人民法院提起上诉。北京市高级人民法院经审理后作出了"驳回上诉，维持原判"的二审刑事裁定书。该案判决、裁定生效后，包括本案涉案房产在内的相关财产也被移送执行。

在甲××罪一案的审理期间，蓝某公司曾于2010年和2012年向广州市某区人民法院提起诉讼，要求解除蓝某公司与甲、乙二人之间的《商品房买卖合同》。但广州市某区人民法院均以"被告甲××一案正在北京市某中级人民法院审理之中，本案诉争房产在该案件中被依法查封扣押，在解除经济犯罪嫌疑或查处经济犯罪之前，本案不宜审理与此相关的商品房买卖合同纠纷"为由，裁定驳回了蓝某公司的诉讼请求。

2012年，鉴于蓝某公司负责的房地产项目已完成了全部开发事宜，中某公司作为蓝某公司的全资股东，决议注销蓝某公司。就涉案房屋，蓝某公司与中某公司签订了《转让协议》，约定：蓝某公司将其在涉案房产及《商品房买卖合同》中的权利，包括房屋所有权及合同中约定的债权一并无偿转让给中某公司，中某公司同意受让该权利。此后，中某公司可以自行行使《商品房买卖合同》中约定的权利，包括向买受人追索未付房款，在买受人不能或拒绝支付房款时解除合同并另行处置涉案房产。2013年，蓝某公司经核准完成注销手续。蓝某公司对涉案房产的相关权利均由中某公司所承继。

2019年，代理律师受中某公司的委托而介入本案，并作为中某公司的委托代理律师，帮助中某公司展开本案的诉讼和维权工作。

2019 年，代理律师代理中某公司向北京市某中级人民法院就 2010 年该法院对甲作出的《刑事判决书》提起执行异议之诉，请求法院停止对涉案房屋的执行措施，解除对该房屋的查封、冻结，并将该房屋返还给中某公司。对此，北京市某中级人民法院于 2020 年初作出《执行裁定书》，并指出，本案据以执行的生效刑事判决主文部分已经明确载明在案扣押的包含案涉房屋在内的财产的处置方式，中某公司对案涉房屋的执行提出异议，请求中止对该房屋的执行并将该房屋返还给该公司，实质系对执行依据确定的内容有异议，其可通过审判监督程序或其他法律程序寻求救济，故对其所提异议申请本院不予支持。北京市某中级人民法院最终未支持中某公司的请求，并作出裁定，驳回了中某公司的执行异议申请。

对此，代理律师又做了进一步努力，在北京市某中级人民法院作出上述执行裁定后不久，向北京市高级人民法院就该《执行裁定书》提出复议申请，请求撤销此前北京市某中级人民法院作出的《执行裁定书》，并请求裁定停止对涉案房产的扣押、拍卖、变价等执行措施，解除对该房产的查封冻结，将该房产返还给中某公司。2020 年 6 月，北京市高级人民法院作出《执行裁定书》，认为：中某公司提出的异议系针对执行依据确定的内容，应当通过审判监督程序或其他程序解决。对中某公司提出的异议，应当从程序上予以驳回，北京市某中级人民法院作出的《执行裁定书》认定事实清楚，适用法律正确，应予维持。北京市高级人民法院裁定：驳回中某公司的复议申请，维持北京市某中级人民法院的执行裁定。

此后，代理律师又以原审法院作出的刑事判决、裁定认定事实不清为由，向北京市高级人民法院递交了《刑事申诉书》。经过长达一年半的审理，北京市高级人民法院作出了《驳回申诉通知书》，驳回了中某公司的申诉请求，但也同时告知中某公司及代理律师：关于中某公司申诉所提涉案房产问题，本案已经执行终结，并未对涉案房产进行处置。

在向北京市高级人民法院提出申诉的同时，代理律师还向北京市人民检察院某分院发出函件，要求解封并退回涉案房产，并得到了检察院关于涉案房产应予解封的肯定答复。

就此，涉案房产得以顺利解除前述甲犯××罪一案的查封、扣押状态，从而为代理律师针对涉案房产开展进一步民事诉讼打下了坚实基础。

2022年8月，代理律师就本案向广东省广州市某区人民法院提起民事诉讼，请求：（1）确认蓝某公司与甲、乙二人之间签署的《商品房买卖合同》解除；（2）甲、乙二人向中某公司支付违约金；（3）甲、乙二人应配合中某公司办理涉案房屋的预售合同登记备案注销手续；（4）本案诉讼费由甲、乙二人承担。在提起民事诉讼的同时，代理律师还向该法院就本案提出了财产保全申请。2022年9月，受理法院作出《民事裁定书》，裁定：查封、扣押、冻结甲、乙二人名下的财产，涉案房产也被依法查封，查封期限为三年。

2023年，受理法院经过审理，依法就本案作出《民事判决书》，判决：确认蓝某公司与甲、乙二人于2008年签订的《商品房买卖合同》解除，甲、乙二人应协助中某公司办理涉案《商品房买卖合同》登记备案的注销手续，甲、乙二人应向中某公司支付违约金（因中某公司同意将甲乙二人支付的购房款抵扣违约金，受理法院予以照准，抵扣后甲乙二人无需再向中某公司支付违约金）。甲对此判决结果不服，向广州市中级人民法院提起上诉。在二审阶段，甲又撤回上诉，广州市中级人民法院遂对本案作出《民事裁定书》，裁定："准许甲撤回上诉。一审判决自本裁定书送达之日起发生法律效力……本裁定为终审裁定。"

本案一审判决生效后，因甲、乙二人消极履行本案生效判决，代理律师遂向广州市某区人民法院递交了《执行申请书》，申请就本案的生效判决强制执行。在执行过程中，代理律师向执行案件经办人提交了《关于提请法院尽快办理本案〈商品房买卖合同〉登记备案注销手续及房屋解封手续的情况说明》，经多次与执行案件经办人、被执行人代理人沟通、催办后，广州市某区人民法院于2023年底向中某公司发出《执行结案通知书》，告知法院已通过执行措施，由行政主管部门将涉案房产的《商品房买卖合同》的登记备案依法注销，本案得以执行完毕，中某公司得以顺利从甲、乙二人手中追回本案涉案房产。

二、争议焦点

本案是一宗追回已经被刑事判决处理房产的刑民交叉案件。中某公司一方在委托本代理律师团队介入前，曾两次向广州市某区人民法院提起民事诉讼，但均被人民法院以"甲××一案正在北京市某中院审理之中,本案讼争房产在该案件中被依法查封扣押,在排除经济犯罪嫌疑或查处经济犯罪之前,本案不宜审理与此相关的商品房买卖合同纠纷"等为由,驳回了委托人的起诉。且生效刑事判决已经处置了案涉房产。代理律师接案后,经过充分论证,认为鉴于已经生效的刑事判决已经处置了案涉房产,本案需先行解决刑事判决中对案涉房产的处理问题,方可解决某公司与甲、乙二人就商品房买卖合同产生的民事纠纷问题。本案争议焦点和难点如下。

(1)本案的法律适用问题。

本案的主要案件事实发生于《中华人民共和国民法典》颁行以前,双方争议一直持续到2023年。本案究竟应当适用《民法典》施行前的相关民事法律法规进行裁判,还是应该适用《民法典》进行裁判,是首先应当解决的问题。

(2)涉案房产是否应当作为甲犯××罪一案中的被告人财产进行处置?

甲、乙二人在与蓝某公司签订《商品房买卖合同》之后,双方对涉案合同办理了鉴证登记,北京市某中级人民法院、北京市高级人民法院据此对涉案房产进行了查封扣押、判决、裁定,判令对甲名下的涉案房产用以拍卖变价并返还给该案中的各被害人,超出部分在折抵罚金后,余款退回北京市人民检察院某分院处理。因此涉案房产依法是否能够作为甲犯××罪一案中的被告人财产进行处置,也是在解决中某公司与甲、乙二人的商品房买卖合同民事纠纷之前,必须要优先解决的前置问题,假如该难点问题得不到妥善解决,中某公司如直接向人民法院提起与甲、乙二人的商品房买卖合同民事纠纷,可能难逃败诉结果。

(3)甲、乙二人在本案中是否存在违约行为?蓝某公司与甲、乙二人签署的《商品房买卖合同》是否符合解除要件?

甲、乙在签订该合同并支付了涉案房产10%的购房首付款以后,未再向蓝某公司以及该合同权利的受让人中某公司支付过后续剩余款项。庭审中,甲以其在刑事诉讼中受到司法机关羁押、人身自由受限,构成不可抗力,因而无法履行合同约定的义务为由,对中某公司的主张提出抗辩。甲、乙二人的行为是否构成违约,是否享有合法抗辩权,中某公司主张解除合同的理由能否成立,这是认定、处理某公司与甲、乙二人商品房买卖合同纠纷的关键问题。

三、法律分析

本案民事纠纷的法律适用问题。本案的案件事实发生于《中华人民共和国民法典》颁行以前，根据《最高人民法院关于适用〈中华人民共和国民法典〉时间效力的若干规定》第一条第二款："民法典施行前的法律事实引起的民事纠纷案件，适用当时的法律、司法解释的规定，但是法律、司法解释另有规定的除外。"因此，本案应当适用《民法典》施行前的相关民事法律法规进行裁判。具体来讲，应当以《中华人民共和国合同法》《中华人民共和国物权法》及相关司法解释和法律法规作为本案的裁判依据，并据此分析本案涉案房屋的不动产权属争议和本案涉案合同的效力问题。

涉案房产不应作为甲犯 × × 罪一案中的被告人财产进行处置，应予解封。根据《中华人民共和国物权法》第九条第一款："不动产物权的设立、变更、转让和消灭，经依法登记，发生效力"以及第十七条第一款"不动产权属证书是权利人享有该不动产物权的证明"之规定，本案涉案房产作为不动产，其所有权是否发生转移，即甲、乙是否取得对涉案房产的所有权，应当以该房产是否办理完成不动产权属登记手续作为判断依据。在涉案房产的不动产所有权转移登记尚未办理的情况下，应当认定涉案房产的所有权尚未发生转移，在蓝某公司注销前涉案房产应归蓝某公司所有、并不属于甲的个人财产，刑事审判机关对本案涉案房屋所做出的刑事判决、刑事裁定，实际上均是在未查清涉案房产权属事实的基础上所作出的错误处理，涉案房产不应当被司法机关在甲犯 × × 罪一案中强制执行。在蓝某公司与中某公司签署《转让协议》且蓝某公司依法注销后，涉案房产的所有权则应当由中某公司享有。此前甲、乙二人与蓝某公司在签订《商品房买卖合同》后办理的鉴证登记，仅表明该笔交易已被纳入行政管理机关的行政监管，并不具有针对涉案房产所有权的确权效力。

甲、乙二人存在严重违约行为，蓝某公司与甲、乙二人签署的《商品房买卖合同》依法应予解除。甲、乙在签订该合同并支付了涉案房产10%的购房首付款以后，便未再向蓝某公司以及该合同权利的受让人中某公司支付过后续剩余款项，已经严重违反了合同中关于房屋买受人付款义务的约定，构成了严重违约。庭审中，甲曾以其在刑事诉讼中受到司法机关羁押、人身自由受限，构成不可抗力，因而无法履行合同约定的义务为由，对中某公司的主张提出抗辩。然而具体析之，甲提出的抗辩并不能得到认可：其一，就不可抗力的有关法律规定而言，不可抗力是不能预见、不能避免、不能克服的客观情况，因不可抗力不能履行民事义务的，不承担民事责任。本案中，甲因犯 ×× 罪而于该刑事案件的侦查阶段受到羁押，完全是因甲的自身过错所致，因此甲在其 ×× 罪一案中受到司法机关羁押的事实，并不构成民法意义上的不可抗力；其二，回到案涉《商品房买卖合同》的具体约定来看，甲、乙应于 2008 年 6 月底就向蓝某公司付清涉案房产的全部购房款，而甲被司法机关羁押的时间为 2009 年 8 月，羁押时甲、乙的迟延履行已明显超过合同约定的付款期限。因此，甲以其人身自由受到限制为由，主张系因不可抗力而无法履行合同义务，与事实不符，也不符合相关法律规定；其三，除了甲之外，乙同为涉案《商品房买卖合同》的合同当事人，与甲一同作为涉案房产的买受人，亦有支付房款的合同义务，且乙不存在任何无法履行合同的情形，完全具有履行付款义务的民事行为能力，但乙也始终没有依约履行付款义务。综上，甲、乙二人违反涉案《商品房买卖合同》约定，长达十四年未能依约履行付款义务，严重逾期，构成严重违约。中某公司作为涉案《商品房买卖合同》中蓝某公司的权利继受人，依法依约均有权要求解除涉案《商品房买卖合同》，要求甲、乙二人承担违约责任。

四、裁判结果

北京市某中级人民法院认为：

据以执行的生效刑事判决主文部分已经明确载明在案扣押的包含案涉房屋在内的财产的处置方式，中某公司对案涉房屋的执行提出异议，请求中止对该房屋的执行并将该房屋返还给公司，实质系对执行依据确定的内容有异议，其可通过审判监督程序或其他法律程序寻求救济，故对其所提异议申请本院不予支持。依照《中华人民共和国民事诉讼法》第一百五十四条第一款第十一项及《最高人民法院关于刑事裁判涉财产部分执行的若干规定》第十四条、第十五条规定，裁定如下：驳回中某公司的异议申请。

北京市高级人民法院（执行）认为：

本案中，中某公司提出的异议系针对执行依据确定的内容，应当通过审判监督程序或其他程序解决。对于其提出的异议，应当从程序上予以驳回。北京某中院（2020）京××执异××号执行裁定认定事实清楚，适用法律正确，应予维持。依照《中华人民共和国民事诉讼法》第一百五十四条第一款第十一项之规定，裁定如下：驳回复议申请人中某公司的复议申请，维持北京市某中级人民法院（2020）京××执异××号执行裁定。本裁定为终审裁定。

北京市高级人民法院（申诉）认为：

本院经复查认为，原审判决认定甲犯××罪的事实，有证人证言、相关书证及原审被告人供述等证据在案，已形成完整的证据链，能够证明甲犯××罪的事实。原审法院认定甲犯罪的事实清楚，证据确实、充分，足以认定。

原审法院根据甲犯罪的事实、犯罪的性质、情节以及对社会的危害程度所作的刑事判决、裁定，定罪及适用法律正确，量刑适当，审判程序合法，应予维持。关于中某公司申诉所提涉案房产问题，本案已经执行终结，并未对涉案房产进行处置，中某公司所提申请再审的理由不符合法定再审条件，本院不予支持，予以驳回。

北京市人民检察院认为：

中某公司来函反映甲××一案所涉房屋应予解封及退回一事，我院于2011年11月1日收到北京市某中级人民法院函，北京市某中院对甲××案执行过程中，依法对位于北京市×××县××××别墅进行处置，处置案款已全部发还被害人到位，将位于广州市××区×××住宅一套（即涉案房产）退回我院。我院正与北京市公安局联系，将上述房产予以解封并退回公安机关依法处理。

广东省广州市某区人民法院认为：

本案为民法典施行前的法律事实引起的民事纠纷案件，根据《最高人民法院关于适用〈中华人民共和国民法典〉时间效力的若干规定》第一条第二款的规定，应当适用当时的法律、司法解释的规定。

蓝某公司与甲、乙签订的《商品房买卖合同》是双方当事人的真实意思表示，内容没有违反法律和行政法规的强制性规定，合法有效。中某公司通过与蓝某公司签订《转让协议》，受让了《商品房买卖合同》中蓝某公司的权利。甲、乙已在本案诉讼中知悉上述转让，且对此无异议，中某公司有权向甲、乙主张合同权利。

甲、乙至今未能支付涉案房屋的剩余购房款，已构成违约。中某公司起诉要求解除《商品房买卖合同》，符合约定，本院予以支持。甲、乙分别于2022年11月24日、2022年12月9日收到本院送达的起诉状副本，《商品房买卖合同》已于2022年12月9日解除。合同解除后，甲、乙应当配合中某公司办理涉案房屋预售合同鉴证登记的注销手续。根据《商品房买卖合同》的约定，甲、乙最终应于2008年6月30日前支付剩余购房款。甲于2009年被羁押，羁押时已超过合同约定的付款期限，甲以其人身自由受限为由主张系因不可抗力无法履行合同，与事实不符，本院不予采信。即使甲被羁押，乙作为买受人亦负有支付房款的合同义务，但其并未依约履行。虽然蓝某公司曾同意给甲、乙放宽付款期限，但二人逾期付款已长达十四年，明显超过合理期限。甲、乙要求继续履行合同的答辩意见，没有依据，本院不予采纳。

如前所述，甲、乙拒不履行付款义务的行为，构成违约。中某公司要求二人支付违约金，符合约定，本院予以支持。中某公司要求将甲、乙支付的购房款抵扣违约金，本院予以照准。抵扣后，甲、乙已无需再向中某公司支付违约金。依法判决如下：一、确认蓝某公司与被告甲、乙于2008年签订的《商品房买卖合同》已于2022年解除；二、被告甲、乙应于本判决发生法律效力之日起三日内协助原告中某公司办理《商品房买卖合同》登记备案（即鉴证登记）的注销手续。

广州市中级人民法院认为：

上诉人甲与被上诉人中某公司以及原审被告乙房屋买卖合同纠纷一案，不服广东省广州市某区人民法院作出的（2022）粤×××民初×××号民事判决，向本院提起上诉。在审理过程中，甲于2023年8月21日向本院申请撤回本案上诉。本院认为，甲撤回上诉的申请不违反法律规定，本院予以准许。依照《中华人民共和国民事诉讼法》第一百八十条规定，裁定如下：准许甲撤回上诉。一审判决自本裁定书送达之日起发生法律效力。

（一）裁判结果

本案历经执行异议、执行复议、刑事申诉、民事诉讼，最终取得了就刑事案件人民法院解除了对案涉房屋的查封处置，就民事案件人民法院判令解除案涉《商品房买卖合同》，还判令甲、乙二人向中某公司支付相当于合同总价10%的逾期付款违约金的圆满结果。

（二）案例亮点

精准选择了最有利于委托人的基础法律关系作为启动本案的请求权基础。

娴熟运用执行（执行异议、执行复议）、刑事申诉、民事诉讼等多重程序解决争议。

在确认案涉房产没有被处置、已经解除刑事案件查封的前提下，做好证据保全和民事诉讼财产保全工作，为民事诉讼胜利奠定坚实基础。

代理律师凭借超强的专业水准和负责的职业操守，巧妙适用法律规定，做好充分的诉讼准备，稳扎稳打，案件影响效果好，最终判决结果超乎委托人预期，最大限度地维护了委托人的合法权益。

邓某、何某与陈某等民间借贷再审案

——全项公证委托中不动产抵押担保责任的认定

彭胜锋* 李　垚** 汪　甜***

一、案情介绍

（1）天降判决，案涉房屋被法院强制执行拍卖。

2019 年 5 月，邓某、何某夫妇找到本代理人，称其在不知情、没有参加诉讼的情况，其名下位于广州市越秀区中山六路粤×街×号二楼前座房屋（以下简称案涉房屋）将被广州市越秀区人民法院强制执行拍卖。

经了解，广州市越秀区人民法院于 2016 年 3 月作出的（2015）穗越法民一初字第 3688 号民事判决（以下简称"3688 号案判决"）认定被告廖某向原告陈某借款，被告邓某、何某以案涉房屋为上述借款作抵押担保。法院判决廖某偿还陈某借款 984 000 元及利息、违约金；如被告廖某未能向陈某偿还借款本金及利息、违约金，陈某有权就案涉房屋进行拍卖所得价款享有优先受偿权。

邓某、何某未参加上述案件的庭审，法院采用公告送达等方式向邓某、何

*　上海市锦天城律师事务所高级合伙人。

**　上海市锦天城律师事务所律师。

***　上海市锦天城律师事务所律师。

某送达了应诉通知、开庭传票、判决书。上述案件一审判决后，已进入强制执行程序。邓某、何某在案涉房屋强制执行拍卖时才获悉上述案件情况。

（2）抽丝剥茧，揭出尘封十年的"套路贷"疑云。

本代理人接受委托后，查询了案涉房屋的登记档案，发现档案资料中有一份邓某、何某授权朱某、陈某梅处理案涉房屋的公证《委托书》。《委托书》记载的授权内容为代为出售、出租案涉房屋，签署借款抵押合同，办理银行贷款、抵押登记等。朱某等人凭公证的《委托书》将案涉房屋多次抵押、涂销、抵押。

经邓某、何某，及邓某母亲朱某玲陈述，尘封十年的涉嫌"套路贷"案情浮出水面。具体如下：

案涉房屋原为邓某的母亲朱某玲所有，由其居住至今。

2009年6月，邓某、何某因资金周转需要向案外人李某晖借款8万元，以案涉房屋作为抵押。

2009年12月，上述借款8万元，经邓某、何某签字确认，已利滚利至20余万元。

廖某、朱某等人称其可以为邓某、何某办理案涉房屋抵押借款，用于偿还邓某、何某上述借款。因邓某母亲朱某玲年事已高，无法贷款，廖某、朱某等人说服朱某玲将案涉房屋过户至其女儿邓某名下。

2010年3月2日，在廖某、朱某等人的诱骗下，邓某、何某向朱某、陈某梅出具《委托书》，授权代为办理出售、出租案涉房屋，签署借款抵押合同，办理银行贷款、抵押登记等手续，并进行了公证。

2010年3月，朱某等人要求邓某向朱某出具23万元的借据，并以案涉房屋办理了抵押登记，抵押金额40万元。

2011年1月，朱某等人以邓某名义向案外人冯某强签订了借款55万元的借据，并凭《委托书》办理了抵押登记，抵押金额55万元。在此之前，朱某等人以邓某名义申请涂销了案涉房屋之前的抵押登记。

2013年10月25日，廖某向陈某借款100万元，双方签署《借据一》。同日，朱某等人以邓某的名义与陈某签订了借款100万元的借据（注：借款协议）、案涉房屋抵押合同，并凭公证《委托书》办理了案涉房屋的抵押登记（注：在此之前涂销了案涉房屋原来的抵押登记），抵押金额120万元。

2015 年 7 月，陈某起诉廖某、邓某、何某，要求廖某偿还借款 100 万元及其利息、违约金，并主张邓某、何某以案涉房屋承担抵押担保责任（即 3688 号案）。

（3）民刑并进，信访寻求再审。

由于 3688 号案件已过申请再审、申请检察监督期限，无法依申请启动再审程序。本代理人综合案情，制订通过民事、刑事报案、信访等途径，搜集相关证据，多渠道推进案件，寻求法院主动启动再审的策略。具体如下：

第一，就案件中涉嫌"套路贷"等情况，以廖某、朱某、陈某等涉嫌诈骗犯罪为由，向广州市公安局越秀分局报案。

第二，就朱某未经邓某同意，以邓某的名义与陈某签订 100 万元借款合同、案涉房屋抵押合同，以案涉房屋为陈某提供抵押担保事宜，以委托合同纠纷向广州市黄埔区人民法院起诉朱某、廖某等人，借此收集相关证据。

第三，通过信访的方式向广州市越秀区人民法院、广州市中级人民法院申请法院启动 3688 号案再审。

（4）山重水复，终获重大进展。

自 2019 年 5 月接受委托以来，案件出现了以下不利情况：

案涉房屋于 2019 年 11 月被广州市越秀区人民法院裁定过户给陈某，用以清偿廖某所欠陈某借款。陈某于 2020 年 1 月提起物权保护诉讼，要求邓某、何某及邓某母亲朱某玲搬离案涉房屋并支付占用房屋期间的房屋使用费。

广州市黄埔区人民法院以违反"一事不再理"，构成重复起诉为由，驳回邓某、何某委托合同纠纷案的起诉。

刑事报案迟迟未得到立案，法院信访没有结果。

经过坚持不懈的沟通与努力，代理人持续表达专业法律意见，案件终于在 2020 年底取得了重大进展：

广州市公安局越秀分局于 2020 年 12 月 3 日对朱某等人以涉嫌诈骗罪进行刑事立案。

广州市越秀区人民法院于 2020 年 12 月 11 日作出（2020）粤 0104 民监 3 号民事裁定，裁定再审 3688 号案。再审裁定作出后，本代理人立即申请对案涉房屋进行了财产保全。

上述物权保护纠纷案件，历经一审、二审、发回重审一审，因再审中止审理，保障了朱某玲老人的居住权。

（5）再审逆转，3688 号案判决被撤销，案涉房屋抵押权不成立。

进入再审程序后，本代理人向合议庭详细阐述了案涉房屋抵押权并不从属于廖某与陈某的借款关系，3688 号判决认为陈某因与廖某的借款关系而享有的案涉房屋抵押优先受偿权缺乏依据。最终，广州市越秀区人民法院于 2021 年 5 月 21 日，经审判委员会讨论决定后，作出（2020）粤 0104 民再 8 号判决，判决撤销 3688 号判决，并驳回陈某主张邓某、何某对廖某的债务承担连带责任及对案涉房屋进行拍卖所得价款享有优先受偿权的诉讼请求。广州市中级人民法院于 2021 年 12 月 21 日作出（2021）粤 01 民终 16501 号判决，维持前述（2020）粤 0104 民再 8 号判决。

二、争议焦点

本案进入再审程序后，本代理人向合议庭详细阐述了案涉房屋抵押权并不从属于廖某与陈某的借款关系，3688 号判决认为陈某因与廖某的借款关系而享有的案涉房屋抵押优先受偿权缺乏依据。本案争议焦点和难点如下：

（1）朱某是否具有代表邓某、何某与第三方签订借款合同、借款的代理权，朱某以邓某名义与陈某签订《借据》《房地产抵押合同》是否构成表见代理？

（2）朱某以邓某名义与陈某签订的《借据》是否生效，案涉抵押合同是否生效，案涉抵押权是否发生法律效力？

（3）案涉抵押合同、抵押权是否从属于廖某与陈某签订的《借据一》，陈某就案涉房屋拍卖价款是否享有优先受偿权？

三、法律分析

（1）朱某没有代邓某、何某为廖某向陈某借款提供抵押担保的代理权。朱某以邓某名义与陈某签订《借据》《房地产抵押合同》及设定抵押，不构成表见代理。

① 朱某的代理权仅限于向银行贷款来偿还出借给邓某的 23 万元"借款"，朱某以案涉房屋为陈某设定抵押，超越代理权。

邓某、何某签署的公证《委托书》载明：委托朱某、陈某梅全权代为处理案涉房产的下列事项："一、提前清偿银行贷款本金、利息并支付各项相关费用；领取房地产权证明原件等相关文件；二、涂销房地产抵押登记；及退案手续……四、有权代我们出售、出租、转让上述房屋，收取售房款及租金、办理交易和过户手续，签订《房屋买卖合同》；办理房产的产权登记、办理测绘手续、抵押登记及备案手续；代委托人签署借款抵押合同及估价协议书等相关贷款文件；代委托人收取银行贷款所得的款项；领取他项权证或抵押备案证明文件，缴纳一切税费；五、代委托人办理银行贷款手续及签署相关的贷款文件；六、代委托人办理转按揭手续及签署相关的转按揭文件；七、代为开立账户领取存折……"

邓某、何某出具《委托书》，是委托朱某、陈某梅以案涉房屋向银行贷款，用以偿还向朱某借得的 23 万元"借款"。《委托书》签订的时间为 2010 年 3 月 2 日。朱某于 2010 年 3 月 3 日与邓某签订《借据》《房地产抵押合同》，约定朱某出借 23 万元给邓某，邓某以案涉房屋提供抵押担保。邓某签订《委托书》的目的是偿还向朱某借得的"借款"，委托书的代理事务即为朱某、陈某梅以案涉房屋向银行贷款来偿还前述"借款"。

② 朱某的代理权仅限于向银行贷款抵押，朱某以案涉房屋为陈某设定抵押，超越代理权。

邓某、何某签订案涉《委托书》，是委托朱某、陈某梅以案涉房屋向银行办理贷款，不包括向自然人借款及为自然人抵押的权限。《最高人民法院关于适用〈中华人民共和国民法典〉时间效力的若干规定》第五条规定："民法典施行前已经终审的案件，当事人申请再审或者按照审判监督程序决定再审的，不适用民法典的规定。"《合同法》第一百二十五条第一款规定："当事人对合同条款的理解有争议的，应当按照合同所使用的词句、合同的有关条款、合同的目的、交易习惯以及诚实信用原则，确定该条款的真实意思。"根据前述规定，应结合《委托书》签订的背景、授权目的、委托事项的内在关联等来确定邓某、何某出具《委托书》的真实意思。《委托书》委托事项第一条"提前清偿银行贷款本金"、第四条"代委托人签署借款抵押合同及估价协议书等相关贷款文件""代委托人收取银行贷款所得的款项"、第五条"代委托人办理银行贷款手续及签署相关的贷款文件"、第六条"代委托人办理转按揭手续及签署相关的转按揭文件"、第七条"代为开立账户领取存折"等，委托事务皆指向银行贷款，并不包括向自然人借款、为自然人借款提供抵押。

③ 朱某的代理权因其与邓某的"借款"23 万元被清偿而终止，朱某以邓某名义以案涉房屋为陈某设定抵押，没有代理权。

朱某的代理权因代理事务完成，于 2011 年 1 月 30 日终止。朱某于 2011 年 1 月 30 日出具《还款证明》："本人朱某已收到邓某归还清款项，现双方同意办理涂销抵押登记。"《民法通则》第六十九条规定："有下列情形之一的，委托代理终止：（一）代理期间届满或者代理事务完成……"根据前述规定，邓某向朱某的"借款"已清偿，《委托书》的代理事务已完成，朱某、陈某梅的委托代理终止。朱某以邓某名义以案涉房屋为陈某设定抵押，没有代理权。

④ 朱某承认签署《借据》《房地产抵押合同》及设定抵押均系廖某的指示，而非基于邓某的授权。

广州市黄埔区人民法院作出的（2020）粤 0112 民初 4440 号之一民事裁定书，记载：朱某陈述，签署《借据》《房地产抵押合同》是廖某指示的工作行为。朱某以案涉房屋为陈某设定抵押，没有相应代理权。

⑤ 不构成表见代理。

陈某在与朱某签署《借据》《房地产抵押合同》时，知晓未取得邓某的同意，不是善意的，不构成表见代理。朱某代邓某签订《借据》和《房地产抵押合同》、办理抵押登记，均系无权代理，对邓某不发生法律效力。

（2）因朱某无权代理，其以邓某名义与陈某签署的《借据》《房地产抵押合同》，对邓某不发生法律效力，陈某取得案涉抵押权缺乏依据。

朱某没有代理权或代理权终止后的行为，未经邓某追认，对邓某不发生法律效力。《合同法》第四十八条第一款规定："行为人没有代理权、超越代理权或者代理权终止后以被代理人名义订立的合同，未经被代理人追认，对被代理人不发生效力，由行为人承担责任。"根据前述规定，朱某没有代理权或代理权终止后，以邓某名义与陈某签订的《借据》《房地产抵押合同》，未经邓某追认，对邓某不发生法律效力。前述《借据》是案涉抵押权的主合同，《房地产抵押合同》是案涉抵押权的基础。《借据》《房地产抵押合同》对邓某不发生法律效力，案涉抵押权缺乏成立的基础，陈某缺乏取得抵押权的依据。

（3）即使认为朱某有代理权，案涉抵押权不从属于廖某与陈某的借款关系，陈某就其与廖某之间的借款关系，对案涉房屋不享有优先受偿权。另外，案涉抵押权合同并未生效。

朱某以邓某名义与陈某签署的《借据》，与廖某和陈某签订的《借据一》系互相独立的借款法律关系。即使按照《委托书》，认定朱某享有邓某授权的代理权，案涉房屋抵押权的主债权是朱某以邓某名义与陈某签订的《借据》，而不是廖某与陈某签订的《借据》。《物权法》第一百七十二条第一款规定："设立担保物权，应当依照本法和其他法律的规定订立担保合同。担保合同是主债权债务合同的从合同。主债权债务合同无效，担保合同无效，但法律另有规定的除外。"根据前述规定，担保具有从属性，案涉房屋抵押权登记时向房管部门备案的是邓某与陈某签订的《借据》，其从属于备案的《借据》。基于担保的从属性，即使邓某应承担抵押担保责任，亦是对朱某以其名义与陈某签订的《借据》承担责任，显然不应对廖某与陈某之间的借款承担抵押担保责任。陈某无权就其与廖某之间的贷款主张以案涉房屋抵押权优先受偿。

另外，自然人之间的借款合同为实践性合同。《合同法》第二百一十条规定："自然人之间的借款合同，自贷款人提供借款时生效。"朱某以邓某名义与陈某签订的《借据》，因陈某未交付借款而未生效。基于担保的从属性，朱某以邓某名义与陈某签订的《房地产抵押合同》亦不生效，案涉抵押权缺乏成立的基础，陈某缺乏取得抵押权的依据。

（4）即使认为朱某以邓某名义为廖某向陈某提供抵押担保成立，相关《房地产抵押合同》无效，以此设定的抵押权无效，陈某就案涉房屋不享有优先受偿权。

① 朱某为达到以案涉房屋为廖某提供抵押担保的目的，以邓某名义与陈某签订《房地产抵押合同》，系虚假的意思表示，以此设定的抵押权无效。

朱某以邓某名义与陈某签订《借据》《房地产抵押合同》，以达到用邓某的案涉房屋抵押的目的，《借据》《房地产抵押合同》属于虚假意思表示。《最高人民法院关于适用〈中华人民共和国民法典〉时间效力的若干规定》第三条规定："民法典施行前的法律事实引起的民事纠纷案件，当时的法律、司法解释没有规定而民法典有规定的，可以适用民法典的规定，但是明显减损当事人合法权益、增加当事人法定义务或者背离当事人合理预期的除外。"《民法典》第一百四十六条第一款规定："行为人与相对人以虚假的意思表示实施的民事法律行为无效。"根据前述规定，《借据》《房地产抵押合同》属于虚假意思表示而无效。《房地产抵押合同》无效，由此设定的抵押权丧失法律基础，亦无效。

② 朱某以邓某的名义与自己同时代理的廖某实施民事法律行为，属于双方代理，违反法律的强制性规定而无效。

即使认为朱某有代理权，其将邓某的房屋为同时代理的廖某提供抵押担保，属于法律所禁止的"双方代理"。广州市黄埔区人民法院作出的（2020）粤 0112 民初 4440 号之一民事裁定书记载：朱某陈述，签订《借据》《房地产抵押合同》是廖某指示的工作行为。朱某同时是廖某的代理人。《民法典》第一百六十八条第二款规定："代理人不得以被代理人的名义与自己同时代理的其他人实施民事法律行为，但是被代理的双方同意或者追认的除外。"根据前述规定，邓某未同意或追认该代理行为，朱某实施的代理行为违反法律的强制性规定而无效。朱某以此设立的抵押权亦无效。

③ 朱某与廖某恶意串通，损害邓某利益，以此设立的抵押权无效。

广州市黄埔区人民法院作出的（2020）粤 0112 民初 4440 号之一民事裁定书，记载：朱某陈述，签订《借据》《房地产抵押合同》是廖某指示的工作行为。朱某与廖某存在意思联络，朱某未取得邓某同意，以案涉房屋设定抵押，增加了邓某的权利负担，损害了邓某的合法权益。《合同法》第五十二条规定："有下列情形之一的，合同无效：……（二）恶意串通，损害国家、集体或者第三人利益；……"根据前述规定，朱某以案涉房屋为廖某借款提供抵押担保，存在恶意串通，损害邓某的利益，以此设立的抵押权无效。

四、裁判结果

再审一审、二审法院认为：

根据《委托书》载明的事项，邓某、何某没有授予朱某代为他人借款提供担保的权限。从其二人签订《委托书》的目的考虑，应当是授权朱某为其二人自身的债务办理房屋的相关手续。即邓某、何某主观上并无为他人债务提供担保的目的和动机，客观上《委托书》也未授予朱某为他人债务提供担保的权限。朱某没有代表邓某、何某与陈某签订借款合同，进行借款的代理权。陈某未尽审查义务，在案涉担保关系中并非善意相对人，不能因公证的《委托书》而产生信赖利益，朱某以邓某名义与陈某签订的《借据》《房地产抵押合同》，不构成表见代理，案涉抵押权对邓某不发生法律效力。另，在房管部门备案的出借人为邓某、出借人为陈某的《借据》，陈某明确案涉借款人并非邓某，其亦未向邓某实际出借款项，双方之间并未成立借款合同关系。案涉抵押合同、抵押权亦不从属于廖某与陈某签订的《借据一》，陈某无权就案涉房屋拍卖的价款享有优先受偿权。

（一）裁判结果

再审一审法院于 2021 年 5 月 21 日经审判委员会讨论后，作出（2020）粤0104 民再 8 号判决，判决撤销 3688 号判决，并驳回陈某主张邓某、何某对廖某的债务承担连带责任及对案涉房屋进行拍卖所得价款享有优先受偿权等诉讼请求。二审法院于 2021 年 12 月 21 日作出（2021）粤 01 民终 16501 号判决，维持（2020）粤 0104 民再 8 号判决。

（二）案例亮点

本案系疑因"套路贷"引发的纠纷。廖某、朱某凭借邓某、何某出具的授权委托书，以邓某名义签署借款合同、抵押合同，办理房屋抵押登记，并通过诉讼取得房屋抵押优先受偿权，通过强制执行将邓某名下的房屋据为己有。邓某、何某错过了相关案件的申请再审、检察监督期限，权利救济的难度很大。本代理人通过刑事报案、发起外围诉讼、信访等途径，最终通过法院主动启动再审，经再审一审、二审，判决撤销原错误判决，获得胜诉，帮助弱势群体追回已执行的房屋，保障了朱某玲老人的居住权，取得了良好的案件结果和社会效果。本案例亦获得广州市律师协会 2021 年度业务成果奖。

本案涉及公证的《委托书》，在民间借贷纠纷案中具有一定的普遍性。民间借贷的出借人为保障其债权实现，往往要求借款人出具涉及不动产处分的全项公证委托书，将借款人的房屋等资产的出售、抵押等事项全权委托其或其指定的第三方行使，以担保其债权的实现。实践中出现了不少出借人依据委托书随意处分债务人房屋产生纠纷的案例。涉及不动产处分的全项公证委托，发生争议时，应从文义解释、目的解释、交易习惯、诚实信用等方面确定委托人的真实意思表示。本案中，《委托书》虽然授予了朱某代为处分案涉房产的概括性权限，但结合相关条款、行为的性质和委托目的、交易习惯等方面看，邓某并未授权朱某以涉案房产为他人借款提供担保的意思表示。在邓某始终未追认的情况下，朱某签署的《借据》《房地产抵押合同》对邓某不发生法律效力，以此为基础办理的涉案抵押权登记缺乏成立的基础，陈某缺乏取得抵押权的依据。司法部于 2017 年 8 月印发的《关于公证执业"五不准"的通知》第三条规定："不准办理涉及不动产处分的全项委托公证。公证机构、公证员办理涉及不动产处分的委托公证，应当按照'重大事项一次一委托'的原则，告知当事人委托抵押、解押、出售、代收房款等的法律意义和法律后果，不得办理一次性授权全部重要事项的委托公证，不得在公证书中设定委托不可撤销、受托人代为收取售房款等内容。"上述规定的出台，有助于抑制职业放贷人借助公证授权侵害人民群众合法权益的行为。

本案的难点在于本案原审判决已经生效，案涉房屋已经强制执行抵债过户至陈某名下，邓某夫妇错过了上诉、申请再审及检察监督的程序机会；同时，如何解释公证委托书的委托事项内容、理解抵押担保的从属性是本案的争议焦点，影响人民法院能否自行启动再审程序。

当事人不仅需要重视自己的实体救济权利，更应重视自己的程序救济权利。实践中，当事人错过了自行救济的程序期限机会，试图通过人民法院自行启动再审程序改判案件的难度很大。本案的典型的意义在于代理人充分意识到本案的特殊性，从维护弱势群体的利益出发，穷尽一切努力，不断搜集证据，还原邓某夫妇出具公证委托书的"套路贷"背景，通过刑事报案、向人民法院信访等手段，为法院启动再审程序创造了条件。案件实体方面，代理人紧紧围绕当事人出具公证委托书的真实意思表示，并非授权委托人随意将案涉房屋为第三方提供担保；案涉抵押担保合同并不从属于陈某与廖某之间的借款合同，抵押权对陈某不发生效力这两个核心点。最终成功争取人民法院启动再审程序，对案件进行改判，驳回了陈某主张邓某夫妇承担抵押担保责任的诉讼请求。

本案对类似案件的处理有着积极的参考作用，一是应结合公证委托书的出具背景，考察当事人出具委托书的真实意思表示；二是抵押担保的从属性具有特定的指向性，具体指向其担保的主合同。在存在多个主债权合同的情况下，抵押权人将另一主债权合同与本案抵押担保合同"张冠李戴"，主张行使优先受偿权不应得到支持。

本代理人代理本案有以下几点心得：

第一，本代理人充分认识到本案的特殊性和复杂性，从一开始就从多途径救济，通过刑事报案、发起外围诉讼、向两级人民法院信访等途径，多管齐下，引起相关部门的重视。

第二，本代理人多次对委托人进行详细询问，收集、组织相关证据，还原"套路贷"等案件背景、事实细节，为刑事报案、法院信访提供证据、事实依据。

第三，专业制胜。例如：组织证据、论证相关人员涉嫌诈骗犯罪，向公安机关报案，促成刑事立案。从朱某无代理权、担保的从属性入手，阐述案涉抵押合同和抵押权对委托人未发生法律效力，原民间借贷纠纷案判决错误。最终法院采纳代理人意见，主动启动再审，通过再审，撤销原错误判决，驳回了陈某行使案涉房屋抵押权的诉讼请求，帮助当事人追回房屋，维护了弱势群体的合法权益。

中国生物多样性保护与绿色发展基金会诉雅砻江流域水电开发有限公司环境民事公益诉讼案

——全国首例预防性环境公益诉讼

邹树彬[*]

一、案情介绍

可再生能源是我国重要的能源资源，在满足能源要求，改善能源结构，减少环境污染，促进经济发展等方面具有重要作用。而水能资源是最具规模开发效益、技术最成熟的可再生能源。因此开发建设水电站，将水能资源优势转化为经济优势，在国家有关部门的监管下，利用丰富的水能资源，合理开发水电符合我国国情。但是，我国水能资源蕴藏丰富的地区，往往也是自然环境良好、生态功能重要、生物物种丰富和地质条件脆弱的地区。

环境保护是我国的基本国策，并且环境保护应当坚持保护优先、预防为主的原则。预防原则要求在环境资源利用行为实施之前和实施之中，采取政治、法律、经济和行政等手段，防止环境利用行为导致环境污染或者生态破坏现象

---

[*] 上海市锦天城律师事务所高级合伙人。

发生。利用环境资源的行为如果造成环境污染、生态资源破坏，往往具有不可逆性，被污染的环境、被破坏的生态资源很多时候难以恢复。因此，在可再生能源开发利用过程中，如何妥善保护环境，特别是防止对濒危物种的生存环境构成破坏性影响，也成为一个难题。尽管我国已建立了较为完善的环境保护制度，但仅靠环保部门的力量不足以制止破坏环境行为的发生。因此，引入公益诉讼制度，利用社会的力量，通过司法裁判加强对环境保护，也成为实现环境保护的一个重要途径。但任何制度都有其合理运行边界，否则，就会失之偏颇。

案涉五小叶槭种群位于四川省雅江县麻郎措乡沃洛希村，是当今世界上残存最大的五小叶槭种群，也是目前所发现的还有自然繁衍能力的唯一种群。2013 年 9 月 2 日发布的中国生物多样性红色名录中五小叶槭被评定为"极危"。2016 年 2 月 9 日，五小叶槭列入《四川省重点保护植物名录》。2018 年 8 月 10 日，世界自然保护联盟在其红色名录中将五小叶槭评估为"极度濒危"，但当时我国《国家重点保护野生植物名录》中无五小叶槭。2016 年 9 月 26 日，四川省质量技术监督局发布《五小叶槭播种育苗技术规程》，当地林业部门已在就近的通乡公路堡坎上设立了保护牌。

雅砻江上的牙根梯级水电站是由雅砻江流域水电开发有限公司（以下简称雅砻江公司）负责建设和管理，根据我国水电项目核准流程的规定，水电项目分为项目规划、项目预可研、项目可研、项目核准四个阶段，当时处于项目预可研阶段，水电站及其辅助工程（公路等）尚未开工建设。但根据五小叶槭雅江种群的分布区海拔高度和水电站水位高度对比数值，牙根梯级水电站以及配套公路的建设将影响到五小叶槭的生存。

2015 年 12 月，中国生物多样性保护与绿色发展基金会（以下简称中国绿发会）向四川省甘孜藏族自治州中级人民法院（以下简称"甘孜中院"）提起预防性公益诉讼，本案也是全国首例预防性公益诉讼。在民事起诉状中，中国绿发会认为，雅江县麻郎措乡沃洛希村附近的五小叶槭种群是当今世界上残存最大的五小叶槭种群，是唯一还有自然繁衍能力的种群。根据五小叶槭雅江种群的分布区海拔高度和水电站水位高度对比数值，牙根梯级水电站以及配套公路的建设将直接威胁到五小叶槭的生存，对社会公共利益构成直接威胁，中国绿发会遂要求判令：1. 依法判令被告立即采取适当措施，确保不因雅砻江水电梯级开发计划的实施而破坏珍贵濒危野生植物五小叶槭的生存；2. 依法判令被告在采取的措施不足以消除对五小叶槭的生存威胁之前，暂停牙根水电站及其辅助设施（含配套道路）的一切建设工程；3. 依法判令被告承担原告为本次诉讼而支出的差旅费、调查费等一切必要的费用 106 938.20 元、必须支出的律师费 30 万元和案件受理费 50 元。

二、争议焦点

根据甘孜中院的归纳总结，本案所涉的争议焦点如下：

（1）原告所述的对于濒危保护植物的危害情况是否存在、属实？

（2）被告是否已采取保护性措施，是否有办法进行原告所要求的保护性措施，目前是否需要暂停牙根水电站及其辅助设施（含配套道路）等一切建设工程？

（3）被告是否承担原告为本次诉讼而支出的差旅费、调查费等一切必要的费用 106 938.20 元、必须支出的律师费 30 万元？

锦天城成都办公室邹树彬律师团队在本案中代理被告，从法院归纳的争议焦点可以看出，主办律师在代理本案过程中将面临如下难点：

（1）相关的法律法规及相关规定更多的都是原则或框架性条文，缺乏直接规定，对于这些原则性的条文，应当如何应用在司法裁判过程中，还需加以深入的阐述与说明；

（2）本案所涉争议焦点问题还涉及植物学、环境学等生物地理学科的专业知识，而彼时，环保公益诉讼刚刚兴起，主办律师和主审法官都缺乏相应的知识储备，需要进行大量的学习研究；

（3）本案的处理其核心在于经济效益与环境价值两者之间关系的考量与平衡，不仅非常考验代理律师对于有关规定的理解和使用，也对相关证据的举证和质证工作提出了极高的要求。

从法律规定上来看，我国是联合国《生物多样性公约》的缔约国，应当遵守其约定。《生物多样性公约》中规定，我们在注意到生物多样性遭受严重减少或损失的威胁时，不应以缺乏充分的科学定论为理由，而推迟采取旨在避免或尽量减轻此种威胁的措施；各国有责任保护它自己的生物多样性并以可持久的方式使用它自己的生物资源；每一缔约国应尽可能并酌情采取适当程序，要求就其可能对生物多样性产生严重不利影响的拟议项目进行环境影响评估，以期避免或尽量减轻这种影响。

三、法律分析

对于本案中的第一项争议焦点：原告所述的对于濒危保护植物的危害情况是否存在、是否属实。

原告认为：五小叶槭为我国四川省特有物种，该植物由于独特的叶形和绚丽的色彩，是世界上最具观赏价值的槭树种类之一。按照世界自然保护联盟濒危等级标准，该物种已属极危物种。目前为止，已知五小叶槭仅残存分布于四川省的九龙县、康定县、雅江县和木里县的雅砻江河谷地带的部分区域内，野外现仅存500余株，分属4个种群。雅江县麻郎措乡沃洛希村（音译）附近的五小叶槭种群是当今世界上残存的最大的五小叶槭种群，现存五小叶槭大树262株，该种群分布区海拔范围介于2 520—3 000米之间，是唯一还有自然繁衍能力的种群。雅江县雅砻江上的牙根电站即将修建。根据《四川省雅砻江两河口—牙根段水电开发方案研究报告》，该段梯级电站中两座电站建成后，两河口电站正常蓄水位是2 860米，牙根一级电站正常蓄水位是2 602米，牙根二级电站正常蓄水位是2 560米。根据五小叶槭雅江种群的分布区海拔高度和水电站水位高度对比数值，电站水库正常蓄水后，将淹没雅江县五小叶槭的绝大部分分布区，对五小叶槭的生存构成严重威胁，急需进行抢救性保护。为了修建水电站而修建的道路，即雅砻江牙根二级水电站准备工程"对外交通专用公路"，位于雅江县境内，起点高程2 535.53米，经过五小叶槭的生长区域，也会对五小叶槭种群的生存构成严重影响，实际上已经因为修路毁坏了一些五小叶槭。提起本案诉讼的目的，不仅仅是保护几棵五小叶槭，而是要保护现存的，也是仅存的野外野生的最大的一个五小叶槭种群，以及其原始生境。即使五小叶槭在人为繁殖的情形下可以大量存活，也不能因此忽略原生境的保护。

原告所述的对于濒危保护植物的危害情况并不存在。其一，对于该植物的分布状况，原告在庭审中提出的证据更多是论文和关于本案件诉讼报道中的资料记载，例如2010年12月的《四川林业科技》、2014年9月的《四川林堪设计》等论文中"据资料记载，五小叶槭野外现仅存 500 余株，分属 4 个种群，且种群之间相隔遥远，雅江种群是世上残存的最大的一个种群，调查统计，雅江种群现存五小叶槭大树 262 株，分布于雅砻江河谷两岸的滑坡带上"；并据此要求法庭认定"五小叶槭野生种群仅有 4 个、500 余株，分布区介于海拔 2 520 米—3 000 米之间，雅江种群为最大种群"等。对此，主办律师当庭对其援引的证据提出质疑：原告所列举的证据均为"据资料记载"，并没有说明具体是何种资料以及资料的出处，其证据内容本身是否客观真实都存在疑问，那么依据存疑的事实推出的观点更不能得到有效证明。其二，原告的证据均为新闻报道或者学术文章，并有很多报道内容重复，不能因为学术观点和报道广泛就认定原告诉求的真实性。其三，原告所述："为修建水电站而修建的道路，即雅砻江牙根二级水电站准备工程对外交通专用公路，位于雅江县境内，起点高程 2 535.53 米，经过五小叶槭的生长区域，也会对五小叶槭种群的生存构成严重影响。但实际上因为修路所毁坏的一些五小叶槭的公路并非被告所修建，而是其他人所为。而且，是否因为修路毁坏了一些五小叶槭也无法考证，更不能要求被告承担相关的责任。"

对于本案中的第二争议焦点：被告是否已采取保护性措施，是否有办法进行原告所要求的保护性措施，目前是否需要暂停牙根水电站及其辅助设施（含配套道路）等一切建设工程。

对于绿发会诉称的"为了修建水电站而修建的道路，即雅砻江牙根二级水电站准备工程'对外交通专用公路'，位于雅江县境内，起点高程 2 535.53 米，经过五小叶槭的生长区域，也会对五小叶槭种群的生存构成严重影响，实际上已经因为修路毁坏了一些五小叶槭"，即案涉珍稀濒危植物已经受到危害的陈述，由于原告未能举证说明道路系被告所修，因此也未能证明是被告的原因导致了该植物受到危害。相反，根据被告所举证据及法院实地勘察调取形成的证据，恰好能够证明该道路并不是被告或者因被告修建水电站而修筑，伤害案涉珍稀濒危植物的行为并不是被告所作出或导致。

同时，主办律师还向法庭阐明，依据风险预防原则，明确项目建设可能破坏濒危野生植物生存环境，损害生态环境公共利益的，可以判决被告采取预防性措施，将对濒危野生植物生存的影响纳入环境影响评价，根据环评结果决定项目建设能否依法推进，促进环境保护和经济发展的协调。我国环境保护以预防性为主，根据《中华人民共和国环境保护法》和《最高人民法院关于审理环境民事公益诉讼案件适用法律若干问题的解释》的相关规定，环境保护是我国的基本国策，并且环境保护应当坚持保护优先、预防为主的原则。预防原则要求在环境资源利用行为实施之前和实施之中，采取政治、法律、经济和行政等手段，防止环境利用行为导致环境污染或者生态破坏现象发生。它包括两层含义：一是运用已有的知识和经验，对开发和利用环境行为带来的可能的环境危害采取措施以避免危害的发生；二是在科学技术水平不确实的条件下，基于现实的科学知识评价风险，即对开发和利用环境的行为可能带来的尚未明确或者无法具体确定的环境危害进行事前预测、分析和评价，以促使开发决策避免可能造成的环境危害及其风险出现。因此，环境保护与经济发展的关系并不是完全对立的，而是相辅相成的，正确处理好保护与发展的关系，将生态优先的原则贯穿到水电规划开发的全过程，二者可以相互促进，达到经济和环境的协调发展。利用环境资源的行为如果造成环境污染、生态资源破坏往往具有不可逆性，被污染的环境、破坏的生态资源很多时候难以恢复，单纯事后的经济补偿不足以弥补对生态环境造成的损失，故对环境污染、生态破坏行为应注重防患于未然，才能真正实现环境保护的目的。同时，《生物多样性公约》规定"认识到经济和社会发展以及根除贫困是发展中国家第一和压倒一切的优先事物"。按照《中华人民共和国节约能源法》第四条"节约资源是我国的基本国策。国家实施节约与开发并举、把节约放在首位的能源发展战略"的规定和《中华人民共和国可再生能源法》第二条第一款"本法所称可再生能源，是指风能、太阳能、水能、生物质能、地热能、海洋能等非化石能源"的规定，可再生能源是我国重要的能源资源，在满足能源要求，改善能源结构，减少环境污染，促进经济发展等方面具有重要作用。而水能资源是最具规模开发效益、技术最成熟的可再生能源。因此开发建设水电站，将水能资源优势转化为经济优势，在国家有关部门的监管下，利用丰富的水能资源，合理开发水电符合我国国情。

案涉的工程未开工建设，仅为审批规划过程中。同时证明，被告并无已经损害社会公共利益或者损害社会公共利益重大风险的污染环境、破坏生态的行为。原告仅凭借雅砻江水电开发内部设计文件，根据预期数据认为会对危险植物造成危害，要求停止审批暂停牙根水电站及其辅助设施（含配套道路）的一切建设工程，但其未能举证证明雅砻江公司有已经损害社会公共利益或者损害社会公共利益重大风险的污染环境、破坏生态的行为，或该行为实施的过程中将对社会公共利益造成危害。同时原告认为，现实中没有任何手续就开始建设的情况十分普遍，因此，不能因为审批程序未完成就证明其没有开始建设行为。

庭审中，代理律师通过举示相关的行政批复及专项的环境批复证明牙根二级水电站目前仅仅通过了规划和预可研，现处于可研阶段，在取得可研审查批复文件之前还有共计 40 余项各类审查意见和批复文件，这些文件就包括环境影响评价报告审查意见及批复，相关动植物保护措施均有审批行政机关审查把关，距离申请项目核准需要经过的程序还非常多。另外，代理人举示的：四川省发展和改革委员会对牙根二级水电站对外交通专用公路工程可行性研究设计报告的批复（川发改能源函〔2012〕153 号文）；甘孜州交通运输局对牙根二级水电站对外交通专用公路工程初步设计报告的批复（甘交发〔2013〕12 号文）；四川省环境保护厅对牙根二级水电站对外交通专用公路工程环境影响报告书的批复（川环审批〔2014〕471 号文）；雅砻江水电流域开发有限公司规划发展部《关于牙根二级水电站对外交通专用公路纳入主体工程核准的函》（规发函〔2015〕227 号文）及设计单位签收该函的《文件接收回执单》。证明了牙根二级水电站对外交通专用公路工程虽已经省发改委、省环保厅、甘孜州交通局等部门批复，但雅砻江公司已主动将对外交通专用公路纳入主体工程核准，目前并未开工建设。同时说明，雅砻江公司并无已经损害社会公共利益或者损害社会公共利益重大风险的污染环境、破坏生态的行为，本案应当不予受理；早在牙根水电站规划阶段，行政机关已就五小叶槭保护问题提出要求，环境影响及动植物保护措施是否适当的审批权限系行政权力，且行政机关并未缺位，现原告诉请司法保护明显不当，预防性诉讼不能成立，依法应当驳回起诉。证明了案涉的工程未开工建设，仅为审批规划过程中，距离申请项目核准需要经过的程序还非常多。同时证明，雅砻江公司并无已经损害社会公共利益或者损害社会公共利益重大风险的污染环境、破坏生态的行为。

被告已经有针对性地采取了保护措施。案涉工程也已经按照国家规范流程在设计时即考虑包括五小叶槭在内的环境保护问题，环境影响及动植物保护措施。设计单位已就牙根水电站水生、陆生生态调查与影响评价专项委托西南大学开展工作，且已实际开展对五小叶槭等珍稀濒危植物的调查并对电站建设对其影响进行了分析，有针对性地提出了保护措施；雅砻江公司其他开工建设的水电站已对五小叶槭采取相应保护措施，足以消除原告认为的水电建设会破坏生态、对五小叶槭生存构成威胁的担忧。

对于第三个争议焦点，原告所述的对于濒危保护植物的危害情况如果存在，被告是否承担原告为本次诉讼而支出的差旅费、调查费等一切必要的费用106 938.20元、必须支出的律师费30万元和案件受理费50元。

原告认为雅砻江上设计建造的牙根水电站是污染环境、破坏生态的行为，将损害社会公共利益或者会对社会公共利益造成重大风险，因此雅砻江公司应当承担其为本案支出的差旅费、调查费、案件受理费、律师费等必要的费用：因办理本案支出的差旅费、调查费、案件受理费95 141.70元；调查费及诉讼代理费用共计30万元、加整治资金等的10%。主办律师则提出本案中由于被告工程还处于预可研阶段，被告并没有破坏生态环境、损害社会公共利益的实际行为，因此不应当产生所谓的赔偿费用或整治资金；同时针对原告所举出的支付费用证据代理人指出：没有实际支付和发生的费用不应当得到支持；"整治资金等的10%"有违律师费的收费规定；关于律师费的证据不能达到证明目的。根据《关于规范律师法律服务收费管理有关问题的通知》（川发改委〔2018〕93号）办理不涉及财产关系的公共利益的群体性案件每件不高于1万元的规定，原告所主张的律师代理费用远超相关规定，不应当得到支持。

四、裁判结果

最终法庭认为：本案中由于被告工程还处于预可研阶段，被告并没有破坏生态环境、损害社会公共利益的实际行为。但绿发会系为保护生物多样性而非为自身利益提起的预防性环境民事公益诉讼，绿发会确为本案诉讼支出了差旅费、调查取证费等，并且聘请律师参加了诉讼，参照《最高人民法院关于审理环境民事公益诉讼案件适用法律若干问题的解释》第二十四条"人民法院判决被告承担的生态环境修复费用、生态环境受到损害至恢复原状期间服务功能损失等款项，应当用于修复被损害的生态环境。其他环境民事公益诉讼中败诉原告所需承担的调查取证、专家咨询、检验、鉴定等必要费用,可以酌情从上述款项中支付"的规定和《关于规范律师法律服务收费管理有关问题的通知》(川发改委〔2018〕93号)办理不涉及财产关系的公共利益的群体性案件每件不高于1万元的精神,酌情认定绿发会为本案诉讼产生必要费用4万元,合理的律师费1万元。此款项在本院其他环境民事公益诉讼案件中判决的被告承担的生态环境修复费用、生态环境受到损害至恢复原状期间服务功能损失费用等费用(环境公益诉讼资金)中支付。

中国生物多样性保护与绿色发展基金会诉雅砻江流域水电开发有限公司环境民事公益诉讼一案,是全国首例涉及生物多样性保护的预防性公益诉讼案。该案中绿发会诉请除四十多万元赔偿外,要求暂停牙根梯级水电站及其辅助设施(含配套道路)的一切建设工程,一旦达成诉讼目的,雅砻江流域水电开发将陷入停滞,前期的测绘研究投入将直接对于全国的经济开发建设与生态环境保护有重大的影响。

(一)裁判结果

本案于2015年12月21日立案,因系公益诉讼,且案件影响重大,历时长达五年的诉讼过程后,2020年12月17日,甘孜中院作出一审判决:一、被告雅砻江公司应当将五小叶槭的生存作为牙根梯级水电站项目可研阶段环境评价工作的重要内容,环境影响报告书经环境保护行政主管部门审批通过后,才能继续开展下一步的工作;二、原告绿发会为本案诉讼产生的必要费用4万元、合理的律师费1万元,合计5万元,上述款项在本院其他环境民事公益诉讼案件中判决被告承担的生态环境修复费用、生态环境受到损害至恢复原状期间服务功能损失费用等费用(环境公益诉讼资金)中支付(待本院有其他环境公益诉讼资金后执行);三、驳回原告绿发会的其他诉讼请求。

在主办律师的努力下,法院认为本案中由于被告工程还处于预可研阶段,被告并没有破坏生态环境、损害社会公共利益的实际行为。但绿发会系为保护生物多样性而非为自身利益提起的预防性环境民事公益诉讼,绿发会确为本案诉讼支出了差旅费、调查取证费等,并且聘请律师参加了诉讼,参照《最高人民法院关于审理环境民事公益诉讼案件适用法律若干问题的解释》第二十四条

"人民法院判决被告承担的生态环境修复费用、生态环境受到损害至恢复原状期间服务功能损失等款项，应当用于修复被损害的生态环境。其他环境民事公益诉讼中败诉原告所需承担的调查取证、专家咨询、检验、鉴定等必要费用，可以酌情从上述款项中支付"的规定和《关于规范律师法律服务收费管理有关问题的通知》（川发改委〔2018〕93 号）办理不涉及财产关系的公共利益的群体性案件每件不高于 1 万元的精神，酌情认定绿发会为本案诉讼产生必要费用 4 万元，合理的律师费 1 万元。此款项在本院其他环境民事公益诉讼案件中判决的被告承担的生态环境修复费用、生态环境受到损害至恢复原状期间服务功能损失费用等费用（环境公益诉讼资金）中支付。故对绿发会提出"依法判令被告承担原告为本次诉讼而支出的差旅费、调查费等一切必要的费用 106 938.20 元、必须支出的律师费 30 万元和案件受理费 50 元"的诉讼请求，本院予以部分支持。从中看出此款项并非赔偿款，更多地是按照相关规定为了鼓励更多的社会公益组织关注生态环境问题而对于支出的必要费用的填补。原告大部分诉讼请求未得到支持，较好地维护了被告雅砻江流域水电开发有限公司合法权益。

（二）案例亮点

本案避免了因暂停牙根水电站项目推进导致的雅砻江流域水电开发的国家投入损失，同时，作为全国首个预防性公益诉讼，在科学技术水平不确实的条件下，基于现实的科学知识评价风险，即对开发和利用环境的行为可能带来的尚未明确或者无法具体确定的环境危害进行事前预测、分析和评价，以促使开发决策避免可能造成的环境危害及其风险出现，是对《环境保护法》中环境保护预防为主原则在实际裁判中的贯彻落实，对全国的环境保护公益诉讼有指导性作用，对全国的水利设施建设及生态环境保护有重大意义。该案在 2021 年被最高人民法院确定为指导性案例（第 174 号）、长江流域生态环境司法保护十大典型案例、四川政法五年百佳案例（2018—2022）。

某煤业有限公司等诉某市人民政府、某县人民政府行政赔偿纠纷案

——煤矿违法关闭与政策性关闭的认定及违法关闭煤矿行政赔偿的认定

刘景明 *

一、案情介绍

某煤矿是经某省政府 2007 年批准保留的合法煤矿。2010 年，某煤业公司投资 2 800 万元收购某煤矿，依法取得某煤矿的所有权、采矿权、经营权等全部权益。收购该矿后，某煤业公司开始按照国建煤矿安监局及某省政府相关文件要求进行矿井技术改造。2010 年 11 月 30 日，与某煤矿比邻的矿井发生较大水害事故，经省、市、县、镇各级政府及主管部门研究决定由某煤矿收购整合该矿井并承担解决该矿井遗留的各种问题。2011 年，经某市人民政府、县人民政府同意并上报某省人民政府，某煤矿投入数千万元用于收购整合另一煤矿并补偿周边群众农赔房款等共计 455 万元。2012 年 9 月，某省煤矿安全专项整治工作领导小组办公室同意某煤矿收购整合前述另一煤矿资源，整合规划某煤矿矿

山范围走向 3.93 千米，倾斜宽 1.66 千米，矿山面积 6.516 平方千米，开采深度 +120 千米至 400 千米，保有煤炭资源储量 880.14 万吨，改扩建成 30 万吨/年矿井。该规划经县（区）、市相关部门及专家评审通过，总体规划及 30 万吨/年的改扩建规划已报省发改委进入审批程序。

2013 年 10 月 2 日，国务院办公厅下发《关于进一步加强安全生产工作的意见》（国办发〔2013〕99 号），对 9 万吨/年以下及不具备安全生产条件的煤矿依法重点关闭，国家安监总局等十二部门也作出相应部署。2014 年 5 月 30 日，某省人民政府办公厅下发文件，对加强煤矿安全生产工作进行了安排部署。

2014 年 6 月 30 日，某省煤矿安全监察局给某市监察分局发函：某煤矿是省人民政府同意保留的整合技改煤矿，应加快技改进度，近期完成改扩建工程，经有关部门竣工验收合格后，可依法申办煤矿安全生产许可证。

2014 年 6 月 16 日，某省落后小煤矿关闭退出工作领导小组办公室下发某省落后小煤矿关闭退出工作总体方案文件，该文件要求：由市州人民政府拟定关闭和保留矿井名单，上报省审批，在 9 月底前，确定关闭矿井和保留矿井。市、县人民政府在 10 月底前组织将应关闭矿井关闭到位。

2014 年 8 月 18 日，某县煤矿整顿关闭工作领导小组向某市落后小煤矿关闭退出工作领导小组办公室呈报关于某县落后小煤矿关闭退出工作实施方案的请示，其中附件明确"保留的煤矿经改造升级后其产能原则上达到 9 万吨/年以上""某煤矿为整改保留对象"。

2014 年 9 月 19 日，某市人民政府向某省人民政府呈报关于某市煤矿关闭退出方案的请示，某煤矿被列入关闭退出煤矿名单。2014 年 9 月 30 日，某省人民政府同意某市上报的总体方案。

2014 年 10 月 16 日，某市人民政府作出文件，要求于 2015 年 10 月底前关闭某煤矿。

2015 年 10 月 30 日，某县人民政府、某镇人民政府召开会议，统一安排部署，委托某村委员会出面关闭某煤矿，要求必须在 2015 年 10 月 31 日前完成关闭工作。2015 年 10 月 31 日，某村委员会组织多名人员将某煤矿予以关闭。

根据中央、省、市、县相关文件，对于关闭落后小煤矿，最高可享受中央财政补助 100 万元、省级财政补助 300 万元、市级财政补助 500 万元、县级财政补助 500 万元，共计 1 400 万元。

2016 年 3 月 31 日，锦天城律师代理某煤业公司等以某市人民政府、某县人民政府、某镇人民政府为被告向某省高级人民法院提起行政赔偿诉讼，诉讼请求为：（1）依法确认被告关闭某煤矿的行政行为违法；（2）依法判决被告补偿原告 231 082 009.52 元（其中财务成本暂计至 2015 年 11 月 30 日，之后另行计算）；（3）依法审查并确认某市人民政府向某省人民政府呈报关于某市煤矿关闭退出方案的请示等文件违法；（4）依法判决被告承担诉讼费用。某省高级人民法院裁定案件指定由某市相邻市中级人民法院管辖。后因相邻市中级人民法院新任院长在某市工作多年，且曾在被告之一的某镇人民政府挂职锻炼，该院认为不适宜审理本案，报请某省高级人民法院再次指定管辖。某省高级人民法院裁定指定由其他市中级人民法院管辖。

某市人民政府认为：（1）本案应当由某市中级人民法院管辖；（2）某市政府不是本案适格被告。某市政府未对某煤矿作出关闭决定，也未对某煤矿实施强制关闭行为，更未与本案其他被告共同作出关闭行为；（3）根据国务院和某省政府加强煤矿安全生产工作有关意见以及加快落后小煤矿关闭退出的有关精神，某煤矿属于落后小煤矿关闭退出对象；（4）某煤业公司对某市政府提出的补偿请求缺乏事实和法律依据。

某县人民政府认为：（1）某县人民政府没有对某煤矿实施封堵措施；（2）相关单位因公共安全需要对某煤矿采取临时封堵设施，其性质不属于强制关闭行为；（3）某煤矿因长期存在严重的安全隐患，收购后，井口一直处于水淹状态，已被省、市人民政府列为强制关停对象，相关机构为消除公共安全隐患，对其采取封堵矿井的临时措施符合相关政策规定；（4）某煤业公司请求某县人民政府对其进行赔偿无事实依据，也不符合法定程序；（5）某煤矿被认定为落后小煤矿，并被要求退出市场，其性质属于政策性关闭，某煤业公司只能依据政策享有相应的行政补偿。

某镇人民政府认为：（1）法律、行政法规没有赋予镇政府关闭矿山职能；（2）某镇政府没有实施关闭某煤矿行为；（3）因为没有实施关闭行为，某镇政府不承担补偿款和本案诉讼费。

一审审理过程中，某煤业公司申请对本案进行会计审计，审计机构出具会计审计报告载明：（1）截至 2015 年 11 月 30 日，某煤业公司共计投入收购及技改支出 153 438 521.3 元；（2）从 2015 年 11 月 30 日至 2017 年 12 月 20 日某煤业公司资金利息按银行基准年利率 4.9% 测算的资金利息为 15 448 947.01 元，按年综合利率 7.35% 测算的资金利息为 23 173 420.52 元。某县人民政府认为矿山及地质损害的评估应当由具有资质的机构进行评估，申请法院重新鉴定。一审法院委托评估机构对某煤业公司所有的房屋建筑物、构筑物及其他附属物市场价值及某煤矿采矿权价值分别进行评估，资产评估报告载明评估对象于 2018 年 12 月 7 日评估基准日所表现的评估原值为 18 778 700 元、评估净值为 13 095 800 元，采矿权评估报告载明评估对象于 2018 年 12 月 7 日评估基准日所表现的评估价值为 3 685 800 元。

原一审判决确认某县人民政府强制关闭某煤业公司等某煤矿的行政行为违法、某县人民政府补偿某煤业公司等损失 1 400 万元、驳回某煤业公司等对某市人民政府、某镇人民政府的起诉、驳回某煤业公司等的其他诉讼请求。某煤业公司、某县人民政府均提起上诉，原二审判决维持确认强制关闭某煤矿的行政行为违法的判决、撤销某县人民政府补偿某煤业公司等损失 1 400 万元的判决、判决将本案行政赔偿部分发回重审。行政赔偿重审一审判决某市人民政府、某县人民政府共同赔偿某煤业公司损失及利息。某煤业公司、某市人民政府、某县人民政府均提起上诉，行政赔偿重审二审判决某市人民政府、某县人民政府共同赔偿某煤业公司被强制关闭煤矿所造成的直接损失及利息。某市人民政府、某县人民政府等向最高人民法院申请再审，最高人民法院驳回某市人民政府、某县人民政府等再审申请。

二、争议焦点

本案主要争议焦点为：（1）某市人民政府、某县人民政府、某镇人民政府是否是适格被告；（2）强制关闭某煤矿的行政行为是否合法；（3）某煤业公司因关闭煤矿导致的损失是否可以获得行政赔偿或者补偿以及金额。

三、法律分析

某市人民政府、某县人民政府、某镇人民政府是否是适格被告问题。根据最高人民法院相关司法裁判观点,"在行政诉讼中,被告适格包含两个层面的含义。一是形式上适格,亦即行政诉讼法第四十九条第二项规定的'有明确的被告'。所谓'有明确的被告',是指起诉状指向了具体的、特定的被诉行政机关。但'明确'不代表'正确',因此被告适格的第二层含义则是实质性适格,也就是行政诉讼法第二十六条第一款规定的,'公民、法人或者其他组织直接向人民法院提起诉讼的,作出行政行为的行政机关是被告'。又按照行政诉讼法第四十九条第三项的规定,提起诉讼应当'有具体的诉讼请求和事实根据',这里的'事实根据'就包括被告'作出行政行为'的相关事实根据"。本案中,某煤业公司以对某煤矿实施了强制关闭行政行为为由,以某市人民政府、某县人民政府、某镇人民政府为被告提起本案诉讼,该行政行为涉及两个相互关联的行为,即关闭决定、关闭措施。某省落后小煤矿关闭退出工作领导小组办公室印发的某省落后小煤矿关闭退出工作总体方案文件要求,由市州人民政府拟定关闭和保留矿井名单,上报省审批。从查明事实看,中央、省政府提出要求之后,某县人民政府将某煤矿作为了整改保留对象,但市人民政府将某煤矿列入了关闭名单,并要求某县人民政府组织实施。并且,某市人民政府在一系列的政府文件中均明确了煤矿关闭工作由市人民政府领导并统一部署,由有关县市区负责落实。本案中关闭某煤矿的行为实际上是由某市人民政府拟定、某县人民政府执行,某镇人民政府受某县人民政府指派"封闭了井口"。因此,某市人民政府、某县人民政府均是作出关闭某煤矿行政行为的行政机关,对于某煤业公司的损失,市县两级政府均负有责任,某市人民政府、某县人民政府均是本案适格被告。某镇人民政府没有对某煤矿的关闭作出实质性的行政行为,且不是落实煤矿关闭的实施主体,故某镇人民政府不是本案适格被告。

强制关闭某煤矿的行政行为是否合法问题。本案中,强制关闭某煤矿是否合法的关键在于某煤矿是否属于政策性关闭的范围,并且由于是否属于政策性关闭范围对于赔偿/补偿金额的认定存在重大影响,该焦点为本案的核心焦点之一。根据在案客观事实及证据,某煤矿一直是经省人民政府批准保留的合法煤矿,直至某市人民政府将某煤矿列入关闭名单前一个月,即 2014 年 8 月 18 日,某县人民政府仍根据国家、省、市的相关法律、法规、政策等文件精神,以书面文件的形式认定某煤矿属于合法保留煤矿。并且,某煤矿被列入关闭名单的三个月前，某省煤矿安全监察局明确某煤矿是省人民政府同意保留的整合技改矿井。因此，某煤矿不属于政策性关闭范围，应为合法保留煤矿，某市人民政府、某县人民政府强制关闭某煤矿的行为存在实质性违法情形。

在程序上，《中华人民共和国行政强制法》第三十五条规定，"行政机关作出强制执行决定前，应当事先催告当事人履行义务。催告应当以书面形式作出，并载明下列事项：（一）履行义务的期限；（二）履行义务的方式；（三）涉及金钱给付的，应当有明确的金额和给付方式；（四）当事人依法享有的陈述权和申辩权"。第三十六条规定，"当事人收到催告书后有权进行陈述和申辩。行政机关应当充分听取当事人的意见，对当事人提出的事实、理由和证据，应当进行记录、复核。当事人提出的事实、理由或者证据成立的，行政机关应当采纳"。第三十七条规定，"经催告，当事人逾期仍不履行行政决定，且无正当理由的，行政机关可以作出强制执行决定"。因此，在作出关闭决定前，应当事先催告某煤业公司，某煤业公司有权进行陈述和申辩，强制关闭某煤矿的行为应当按照法定程序进行。某市人民政府、某县人民政府对某煤业公司进行催告，在落实关闭政策之前，某县人民政府、某市人民政府没有发布关闭决定，没有给予某煤业公司合理期限，仅是在与某镇人民政府召开会议后，径自强制对某煤矿进行了关闭，该等关闭行为不符合行政正当程序的要求，存在程序违法情形。

本案应当适用行政赔偿还是行政补偿的问题。《中华人民共和国行政许可法》第八条第二款规定，"行政许可所依据的法律、法规、规章修改或者废止，或者准予行政许可所依据的客观情况发生重大变化的，为了公共利益的需要，行政机关可以依法变更或者撤回已经生效的行政许可。由此给公民、法人或者其他组织造成财产损失的，行政机关应当依法给予补偿"。《中华人民共和国国家赔偿法》第四条规定，"行政机关及其工作人员在行使行政职权时有下列侵犯财产权情形之一的，受害人有取得赔偿的权利：（一）违法实施罚款、吊销许可证和执照、责令停产停业、没收财物等行政处罚的；（二）违法对财产采取查封、扣押、冻结等行政强制措施的；（三）违法征收、征用财产的；（四）造成财产损害的其他违法行为"。行政补偿与行政赔偿的前提不同，行政补偿的前提是行政行为合法，行政赔偿的前提是行政行为违法。由此，本案适用行政赔偿还是行政补偿的关键在于本案属于合法的行政许可撤回还是违法的关闭行为。对于该问题，原审和重审判决对此认定存在不同意见。原审一审、二审判决认为，某煤业公司作为合法经营某煤矿的经营者，其合法权益应当受到法律保护。在某市人民政府、某县人民政府实施强制关闭矿井行为时，某煤业公司仍具有相关合法行政许可手续或是在延期换证过程中。某市人民政府、某县人民政府在某煤业公司无违法情形的情况下关闭某煤矿，其性质可视为行政机关对相关行政许可的撤回，某市人民政府、某县人民政府应当对某煤业公司进行补偿。该认定与判决中关于某市人民政府、某县人民政府强制关闭某煤矿行为违法的认定矛盾。重审二审判决认为，某市人民政府、某县人民政府在实施强制违法强制关闭行为之时，给某煤业公司造成损失，应当承担赔偿责任。因某市人民政府、某县人民政府实施的强制关闭某煤矿的行为违法，因而其应当承担的是行政赔偿责任而非行政补偿责任。

本案中某煤业公司的损失金额确定问题。原一审判决认为，根据国家、某省及某市有关加强煤矿安全生产以及落后小煤矿关闭退出工作的文件精神，某煤矿已被列入应当关闭的煤矿，虽关闭某煤矿程序上违法，但关闭行为与其损失之间不存在必然因果关系，对某煤业公司主张的损失金额以及司法鉴定机构出具的相关鉴定报告不予采信。原二审判决认为，一审已委托审计且有审计结论，应当围绕审计结论的可采性进行质证、认证。若该审计结论及政府现有补偿依法均不能采信，且不能再鉴定，则应根据《最高人民法院关于适用〈中华人民共和国行政诉讼法〉的解释》第四十七条第三款的规定，结合当事人的主张和在案证据，遵循法官职业道德，运用逻辑推理和生活经验、生活常识等，酌情确定赔偿数额；若认可政府现有的行政补偿，则应充分论证其正当性及审计结论不能采信的理由。一审判决认为案涉关闭行为与某煤业公司损失之间不存在必然因果关系，属于因果关系认识错误。本案的核心是补偿/赔偿问题，某煤业公司是否有损失以及损失金额的认定是关键，一审判决对前述问题没有查明，对于其判决的赔偿金额论证不充分，故将本案行政赔偿部分发回重审。因此，本案行政赔偿部分重审的重点在于某煤业公司是否存在损失以及某煤业公司的实际损失应当如何认定。

与某煤业公司同时期被列入关闭名单、被强制关闭的当地煤矿有数个，其中部分煤矿的权利人在本案提起诉讼或本案诉讼过程中已经完成诉讼程序，并且大部分由最高人民法院再审确认，对该等煤矿的赔偿金额按照相关政策规定的奖补资金计算，最高不超过 1 400 万元。在前述案件中，各级人民法院对于煤矿权利人的实际损失、投入等未予认定或认定但不作为赔偿依据。但经律师团队全面梳理，认为本案情况与前述案件情况存在较大差异，某煤矿与其他煤矿相比存在特殊性。某煤业公司自收购某煤矿以来，投入煤矿建设等各项资金，一直处于技改期，只有投入但没有任何收益。并且，某县人民政府、某市人民政府等各级政府在其作出的相关文件中对某煤业公司收购整合、技改等方面的投入已经进行了确认。某县人民政府、某市人民政府系在某煤矿符合保留条件的情况下，对某煤矿采取违法强制关闭措施。基于前述等特殊情况，本案中对于某煤业公司损失金额的认定与前述案件不同。

《中华人民共和国国家赔偿法》第三十六条规定："侵犯公民、法人和其他组织的财产权造成损害的，按照下列规定处理：……（八）对财产权造成其他损害的，按照直接损失给予赔偿。"在本案赔偿部分重审中，一审、二审判决采取不同的方式和角度对某煤业公司的损失进行认定。一审判决认为某煤业公司的损失可以 9 万吨/年的小煤矿为标准，结合某煤矿的实际投入、产能等，按产能比例进行折算来酌定。二审判决将某煤业公司的各部分损失一一进行审查及认定。

本案中，某市人民政府、某县人民政府认可某煤业公司可获得 1 400 万元的奖补资金，该奖补权益属于某煤业公司的损失，应属于赔偿范围。其次，在政府的引导和协调下，某煤矿收购整合煤矿，配合政府解决相邻矿井矿难遗留问题，补偿周边群众农赔房赔。某镇人民政府、某县人民政府在相关文件中确认了某煤业公司对某煤矿的投入情况，包括收购某煤矿的金额、因周边矿井发生较大水害事故而支出的排水电费、人工工资、农赔款、周边房屋赔偿款、租赁款等费用。在收购整合煤矿后，某煤矿在政府的同意下进行 30 万吨/年的改扩建工作，总体规划通过了有关部门及专家评审，某煤业公司的信赖利益应予以考虑。并且，某煤矿在政府引导下进行收购整合以及改扩建投入，自收购以来一直从事技改，没有进行生产，按照 1 400 万元的奖补资金赔偿显然不能弥补某煤业公司的各项投入。此外，某煤矿按照政府评审通过的改扩建计划进行了提供产能的技术改造，该部分投入应当计入其损失。最后，关于矿井内财产损失部分，某煤矿如果按照法定程序实施关闭，可以自行对矿井内原材料及设备等可以移动或者重新利用的资产进行处置。因某市人民政府、某县人民政府采取直接封闭矿井井口的方式违法实施强制关闭，某煤矿无法对上述财产进行及时处置而造成损失，应当予以赔偿。《中华人民共和国行政诉讼法》第三十八条规定："在起诉被告不履行法定职责的案件中，原告应当提供其向被告提出申请的证据。但有下列情形之一的除外：（一）被告应当依职权主动履行法定职责的；（二）原告因正当理由不能提供证据的。在行政赔偿、补偿的案件中，原告应当对行政行为造成的损害提供证据。因被告的原因导致原告无法举证的，由被告承担举证责任。"《最高人民法院关于适用〈中华人民共和国行政诉讼法〉的解释》第四十七条规定："根据行政诉讼法第三十八条第二款的规定，在行政赔偿、补偿案件中，因被告的原因导致原告无法就损害情况举证的，应当由被告就该损害情况承担举证责任。对于各方主张损失的价值无法认定的，应当由负有举证责任的一方当事人申请鉴定，但法律、法规、规章规定行政机关在作出行政行为时依法应当评估或者鉴定的除外；负有举证责任的当事人拒绝申请鉴定的，由其承担不利的法律后果。当事人的损失因客观原因无法鉴定的，人民法院应当结合当事人的主张和在案证据，遵循法官职业道德，运用逻辑推理和生活经验、生活常识等，酌情确定赔偿数额。"某煤矿矿井内财产损失应当适用举证责任倒置规则，由某市人民政府、某县人民政府承担举证责任，因其未能证明该部分损失且未进行鉴定，该部分损失金额由人民法院酌情确定。最后，《中华人民共和国国家赔偿法》第二条第二款规定："本法规定的赔偿义务机关，应当依照本法及时履行赔偿义务。"第三十六条第（七）项规定，"（七）返还执行的罚款或者罚金、追缴或者没收的金钱，解除冻结的存款或者汇款的，应当支付银行同期存款利息"。根据上述规定，本案赔偿金所产生的利息属于损失范围，某市人民政府、某县人民政府应当按中国人民银行公布的一年期人民币整存整取定期存款基准利率，支付利息至赔偿款付清之日止。某煤矿的采矿权价款、矿山地质环境治理备用金系向原某省国土资源厅缴纳，某煤业公司如果有剩余采矿权价款、矿山地质环境治理备用金，可以依照规定申请返还，在本案中不宜计入赔偿范围。

四、裁判结果

（一）裁判结果

某市人民政府、某县人民政府共同赔偿某煤业公司被强制关闭煤矿所造成的直接损失共计人民币 3 000 万元，并自 2015 年 10 月 31 日起按中国人民银行公布的一年期人民币整存整取定期存款基准利率，支付利息至赔偿款付清之日止。

（二）案例亮点

因本案涉及行政赔偿数额巨大，且被告为某市两级政府，为保障本案的公正审理，经申请，本案经由某省高级人民法院审批，两次指定异地管辖。因所涉损失巨大，原一审法院委托进行了审计鉴定和评估鉴定，各方提交了大量的政府文件、政策文件等作为证据材料，对于是否违法关闭案涉煤矿争议较大。本案历经一审、二审发回重审、重审一审、重审二审、再审等程序，历时七年，某市中级人民法院、某省高级人民法院、最高人民法院各级法院对案件事实均进行了认定和裁判，属重大疑难案件。本案面临与几乎所有行政诉讼案件一致的困难，尤其是本案诉讼的行政赔偿数额巨大且当事人确因此造成巨大损失，给作为被告的某县人民政府、某市人民政府造成巨大压力，也给审理的各级人民法院带来难度。

本案争议焦点在于案涉煤矿是否属于政策性关闭煤矿以及损失金额的认定，当地政府认为案涉煤矿属于应当关闭的落后小煤矿，应当按照国家以及省市关于落后煤矿的补偿标准进行补偿。代理律师就案涉煤矿不属于政策性关闭的范围而是属于合法应当保留的煤矿以及因违法关闭行为给当事人造成严重损失等问题进行充分举证，并对重点证据进行详细梳理和论证，并对因违法关闭行为造成的损失申请审计鉴定和评估鉴定，终审判决确认政府关闭煤矿行为违法并判决政府对某煤业公司直接损失进行赔偿。本案最终作出政府行为违法的认定，并判决政府赔偿直接损失 3 000 万元。在案件进入执行后，代理律师克服被执行人为一方政府的重重困难，取得良好的执行效果。

　　某煤业公司本着投资当地的目的收购案涉煤矿，并基于对各级政府的信赖，按照各级政府的要求不断投入，为当地经济发展、缓解社企矛盾、维护社会稳定做出了贡献，在案涉煤矿投入巨大但未正式生产产生收益前，政府违法关闭应当保留的优质煤矿，严重损害了当事人的合法权益。在此情况下，本案审理认定政府的违法行为、判决赔偿所造成的直接损失，本案是人民法院维护社会的基本公平正义、促进行政机关守信践诺、保障民营企业营商环境的典型案例。

海南某公司不服海南省某县政府土地闲置无偿收回决定行政复议案

——紧扣土地闲置原因认定、充分论证，成功撤销该县政府就数千亩土地所做的无偿收回决定

余西湖* 张 进**

一、案情介绍

海南某公司（以下简称"该公司"）于 2004 年通过司法拍卖方式取得海南某地数千亩土地的国有建设用地使用权（以下简称"该地块"），土地规划用途为旅游、商住用地。该公司竞得该地块后，当地资规局未就该地块与该公司重新签订土地出让合同约定动工开发日期。2005 年，该公司依法取得该地块的国有土地使用权证，并依法取得该地块的项目建设用地规划许可证。

但在该项目建设后续相关施工手续报批过程中，当地人民政府发函称因该项目地块与政府相关规划存在冲突，责令该公司停止该项目的一切开发建设活动，待规划冲突问题解决后方可开发建设。2006 年至 2013 年期间，该公司向当

---

* 上海市锦天城律师事务所合伙人。

** 上海市锦天城律师事务所合伙人。

地人民政府、当地住建局多次请求明确处理意见，但当地人民政府、当地住建局均明确回函表示不予批准该公司建设该项目的申请，且规划冲突问题也始终未能得到妥当解决。

2014年，当地人民政府经调查认定该地块为"闲置开发"地块，但未对闲置原因作出认定，也未作出闲置用地处置决定。后经该公司多次发函协商，当地资规局与该公司于2017年签署《国有建设用地临时使用协议书》，约定临时用地期限为两年待该地块土地具备动工开发条件后，再重新签订协议并约定动工开发日期。

然而在该协议书约定的临时用地期内，因海南省政府就该地块的相应空间规划又于2018年再次发生调整，地块主要性质调整为保护林地。此后该公司多次请示当地规委会请求将该项目地块调整恢复为建设用地，并请示当地资规局请求在没有恢复该地块原土地用途前再续签国有建设用地临时使用协议书，在符合动工开发条件后再重新约定动工开发时间。但该项目的争议仍然无法解决。

2020年末，当地资规局再次启动闲置土地调查程序。根据调查结果，认定该项目地块为闲置土地，闲置原因为企业原因。同月，当地资规局向该公司作出《闲置土地认定书》及《听证权利告知书》。2021年初，当地资规局组织召开听证会。同月当地人民政府向该公司作出《无偿收地决定》，决定无偿收回该地块土地使用权，并要求该公司30日内办理国有建设用地使用权注销登记手续、交回国有土地使用权证，逾期办理的，将据此直接公告注销该地块国有建设用地使用权登记证和土地权利证书。

该公司不服该《无偿收地决定》，向省政府申请行政复议，并委托本所律师作为代理人参与行政复议程序。

二、争议焦点

本所律师接受委托后，细致研究了本案事实和相关法律规定，并对海南省省内有关闲置土地无偿收回的行政纠纷案件进行了地毯式搜索。

在此基础上，综观全部案情，本所律师归纳认为，根据《中华人民共和国行政复议法》第二十八条第一款第三项规定的行政行为合法性审查要件，本案中当地人民政府作出的《无偿收地决定》，存在三项主要违法事由，其一是主要事实不清、证据不足，其二是适用依据错误，其三是违反法定程序。

而从本案案件事实出发，自该公司于 2004 年以司法拍卖方式取得该项目地块土地使用权证，至当地人民政府于 2021 年作出无偿收地决定，历时长达 17 年之久。就客观事实而言，该项目地块始终未能动工开发建设，土地构成闲置的事实是清楚的。然而，不同原因的认定所导向的闲置土地的处置方式是截然不同的，因此本案项目地块的闲置是"政府原因"，还是应归责于该公司，则是本案的核心争议焦点。

三、法律分析

海南省政策对于闲置国有建设用地使用权处置工作的力度历来十分强硬，因此有关无偿收回闲置土地的纠纷与诉讼案件的数量也伴随着增多。本所律师接受委托后，对海南省省内所有相关的行政和民事诉讼案件进行了海量检索与分析，得出如下法律分析结论：

（1）对当时现行闲置土地收回制度的分析。

根据《中华人民共和国城市房地产管理法》第二十六条规定，"以出让方式取得土地使用权进行房地产开发的，必须按照土地使用权出让合同约定的土地用途、动工开发期限开发土地。超过出让合同约定的动工开发日期满一年未动工开发的，可以征收相当于土地使用权出让金百分之二十以下的土地闲置费；满二年未动工开发的，可以无偿收回土地使用权；但是，因不可抗力或者政府、政府有关部门的行为或者动工开发必需的前期工作造成动工开发迟延的除外"。

原国土资源部于 2012 年修订的《闲置土地处置办法》（国土资源部第 53 号令）在上述法律规定的基础上，对闲置土地作出了进一步的细化规定，明确了闲置土地如何调查和认定，规定了政府、政府有关部门原因造成闲置的六种情形，以及根据不同情形的土地闲置规定了不同的处置方式。

另外，根据原国家土地管理局下发的〔1997〕国土〔法〕字第 153 号《关于认定收回土地使用权行政决定法律性质的意见》第五条的规定，"超过出让合同约定的动工开发日期满二年未动工开发的，人民政府或者土地管理部门依法无偿收回出让的国有土地使用权，属于行政处罚决定"。也就是说，行政机关在收回闲置土地过程中，除应当遵循《闲置土地处置办法》等收回闲置土地的特别规定外，还应当遵循《行政处罚法》的一般规定。例如，国土资源部政策法规司《关于〈闲置土地处置办法〉实施中若干问题的解释》就明确指出，国土资源主管部门对于其调查认定的闲置土地，在下达《收回国有建设用地使用权决定书》前，应当首先责令其限期动工开发；逾期不动工开发的，无偿收回土地。这也符合《行政处罚法》第二十三条关于"行政机关实施行政处罚时，应当责令当事人改正或者限期改正违法行为"的有关规定。

综上，现行的闲置土地收回制度体系为以《中华人民共和国城市房地产管理法》《中华人民共和国行政处罚法》为一般法，以原国土资源部于 2012 年修订的《闲置土地处置办法》为部门规章，以《海南省闲置土地认定和处置规定》《海南经济特区土地管理条例》等为地方性法规。包括本案在内，大部分海南省收回闲置土地所引发的行政纠纷案件中，均适用或援引了上述规定。因此，本所律师在代理本案的过程中，首要任务就是吃准"如何规定"以及"如何适用规定"这两大问题。

（2）对闲置土地无偿收回制度内涵的分析。

根据现行的闲置土地处置制度，对超过出让合同约定的动工开发日期满二年未动工开发的闲置土地，要依法无偿收回国有土地使用权。并且无偿收回在现行的司法实践中被普遍认为是一种行政处罚行为，因此具有财产罚的性质，政府部门在依法无偿收回国有建设用地使用权时，并不向国有建设用地使用权人退回的其取得土地的成本。因此，无偿收回制度对于土地使用权人而言，无疑是非常严厉的处罚措施。

回到闲置土地收回制度的目的，国土资源部政策法规司《关于〈闲置土地处置办法〉实施中若干问题的解释》中明确指出"在《闲置土地处置办法》起草过程中，我们把握的一个基本原则就是促进利用，也就是说在闲置土地处置过程中，收缴土地闲置费和无偿收回土地都不是目的，闲置土地处置的最终目标是促进闲置土地的消化和合理利用"。为了规范土地经济市场的交易秩序，充分利用土地这一稀缺资源，行政机关有义务对闲置土地进行监管和处置。

如此，闲置土地处置法律制度产生了公权和私权的平衡问题。因此，原国土资源部《闲置土地处置办法》才对闲置土地形成的归责认定，对闲置土地的分类处理进行了详细的规定。根据该办法，土地闲置的原因不同的，应当适用两大不同的处置程序：

第一，因政府、政府有关部门的行为造成土地闲置的，不得无偿收回，市、县国土资源主管部门应当与国有建设用地使用权人协商，选择下列方式处置：①延长动工开发期限。签订补充协议，重新约定动工开发、竣工期限和违约责任。从补充协议约定的动工开发日期起，延长动工开发期限最长不得超过一年；②调整土地用途、规划条件。按照新用途或者新规划条件重新办理相关用地手续，并按照新用途或者新规划条件核算、收缴或者退还土地价款。改变用途后的土地利用必须符合土地利用总体规划和城乡规划；③由政府安排临时使用。待原项目具备开发建设条件，国有建设用地使用权人重新开发建设。从安排临时使用之日起，临时使用期限最长不得超过两年；④协议有偿收回国有建设用地使用权；⑤置换土地。对已缴清土地价款、落实项目资金，且因规划依法修改造成闲置的，可以为国有建设用地使用权人置换其他价值相当、用途相同的国有建设用地进行开发建设。涉及出让土地的，应当重新签订土地出让合同，并在合同中注明为置换土地；⑥市、县国土资源主管部门还可以根据实际情况规定其他处置方式。

第二，除因政府、政府有关部门的行为造成土地闲置以外的所有其他情形，①未动工开发满一年的，由市、县国土资源主管部门报经本级人民政府批准后，向国有建设用地使用权人下达《征缴土地闲置费决定书》，按照土地出让或者划拨价款的百分之二十征缴土地闲置费。土地闲置费不得列入生产成本；②未动工开发满两年的，由市、县国土资源主管部门按照《中华人民共和国土地管理法》第三十七条和《中华人民共和国城市房地产管理法》第二十六条的规定，报经有批准权的人民政府批准后，向国有建设用地使用权人下达《收回国有建设用地使用权决定书》，无偿收回国有建设用地使用权。闲置土地设有抵押权的，同时抄送相关土地抵押权人。

具体到本案，该地块究竟是否属于"因政府、政府有关部门的行为造成土地闲置"的情形，直接影响到该地块是否应适用无偿收回的行政处罚法律后果。基于以上种种分析，本所律师将案件行政复议的重点集中于对土地闲置原因认定的异议。

（3）对政府原因造成土地闲置情形的分析。

《闲置土地处置办法》第八条明确规定了属于政府、政府有关部门的行为造成土地闲置的五种情形，分别是：①因未按照国有建设用地使用权有偿使用合同或者划拨决定书约定、规定的期限、条件将土地交付给国有建设用地使用权人，致使项目不具备动工开发条件的；②因土地利用总体规划、城乡规划依法修改，造成国有建设用地使用权人不能按照国有建设用地使用权有偿使用合同或者划拨决定书约定、规定的用途、规划和建设条件开发的；③因国家出台相关政策，需要对约定、规定的规划和建设条件进行修改的；④因处置土地上相关群众信访事项等无法动工开发的；⑤因军事管制、文物保护等无法动工开发的；以及一条兜底性条款。同时，因自然灾害等不可抗力导致土地闲置的，也依照"属于政府、政府有关部门的行为造成土地闲置的情形"的规定办理。

同时《闲置土地处置办法》第十四条的规定也已经明确，只要排除政府原因和不可抗力情形，就是相对人自身原因造成的土地闲置。这种单一的归责模式对企业来说举证的难度很大。

本所律师在代理过程中，盘点并分析了最高人民法院审理的海南省内所有的无偿收回闲置土地行政诉讼案件的裁判文书。其中，主要争议焦点包括土地闲置的原因认定的案件中，认定为政府原因的情形主要是《闲置土地处置办法》第八条第一款第1项"项目因政府原因不具备动工开发条件的"及第2项"规划调整导致无法按出让合同原有约定开发建设的"，同时法院也对部分案例中企业主动报规报建、积极履行开发建设职责的行为予以认可。通过检索大量的案例观点，本所律师结合本案具体案情，对有利观点一一进行类推适用，最终形成了代理思路。行政复议机关基本采纳了本所律师的意见，认定本案该地块在各个阶段始终系政府原因造成的土地闲置，并且该公司自取得该土地使用权以来持续主动地申请协调解决，表现了积极的开发意愿，对土地闲置不存在过错。

四、裁判结果

经审理，海南省人民政府于2021年7月出具《行政复议决定书》，认为：

2005年1月，该公司就涉案地取得土地证，但未与县政府签订合同约定动工开发日期。根据《海南省闲置土地认定和处置规定》第六条"本规定第二条所称动工开发日期，按照国有建设用地使用权有偿使用合同约定或者划拨决定书规定认定；没有约定、规定或者约定、规定不明确的，以实际交付土地之日起 1 年为动工开发日期；实际交付土地日期不明确的，以核发土地使用权证之日起 1 年为动工开发日期"的规定，涉案地的动工开发日期应为县政府向其核发土地证之日起 1 年。该公司至今未动工开发建设，涉案地闲置满两年事实清楚。

2005 年 6 月，县政府以规划冲突为由作出复函，要求该公司停止涉案项目建设。该公司取得土地证至 2013 年期间，多次向县政府及其相关部门书面申请涉案项目用地建设规划指标，但县政府均以拟建项目不符合总体规划为由，函复不予批准。2014 年 1 月，县政府向省土地资源利用管理突出问题专项治理工作领导小组办公室报送《闲置土地调查情况的函》，明确涉案项目用地长期闲置存在政府原因，根据《闲置土地处置办法》相关规定，该地不宜采取收取闲置费和无偿收回的方式处置，可采取安排临时使用、有偿收回等方式处置，鉴于县政府目前实际情况及存在的困难暂不将该地列为闲置土地处置对象。综上，因县政府未明确规划指标，暂停受理该公司的报建申请，且县政府相关函件内容亦承认涉案地未开发长期存在政府原因，涉案项目用地截止至 2014 年未动工开发建设，系政府及相关部门的行为造成该公司动工开发延迟，应认定政府原因造成涉案项目用地闲置。

2015 年 6 月，县政府启动闲置土地调查程序，并作出《闲置土地认定书》，但未认定土地闲置原因。12 月 15 日，某地规划方案获批，明确涉案项目用地的性质主要为仓储物流用地，少部分为道路用地和防护绿地。该方案明确的规划内容与涉案项目用地证载旅游、商住用地用途不一致。2017 年 10 月，县政府与该公司签订《临时协议》，以安排该公司临时使用的方式处置闲置涉案项目用地期限 2 年。根据《海南省闲置土地认定和处置规定》第二十一条"因政府原因造成项目尚不具备动工开发条件导致土地闲置的在不具备动工开发条件期间，市、县、自治县土地行政主管部门可以安排国有建设用地使用权人临时使用其闲置土地。从安排临时使用之日起，临时使用期限最长不得超过 2 年。项目具备动工开发条件后，国有建设用地使用权人按照协商确定的动工开发时间进行建设"的规定，县政府采取由政府安排临时使用的方式处置涉案闲置土地，应视为县政府认定涉案项目用地存在政府原因导致该公司至2017年未按期动工开发，造成土地闲置。

该公司临时使用涉案项目用地期间，某县总体空间规划获批，该规划将涉案项目用地性质分别明确为保护林地、基本农田、其他农用地、基础设施用地、园地等。因总体规划调整修改土地用途，该公司已不能按照涉案项目用地证载用途报建动工开发建设。根据《闲置土地处置办法》第八条第一款第（二）项关于因土地利用总体规划城乡规划依法修改，造成国有建设用地使用权人不能按照国有建设用地使用权有偿使用合同或者划拨决定书约定、规定的用途规划和建设条件开发的，属于政府、政府有关部门的行为造成动工开发延迟的相关规定，涉案项目用地至今仍未开发建设构成闲置，属政府原因造成。

本案中，涉案项目用地因政府及政府有关部门行为、规划调整等政府原因造成至今未动工开发建设，且县政府已安排临时使用予以处置，根据《海南省闲置土地认定和处置规定》第二十一条之规定，县政府应在该公司临时使用土地2年期限届满后，对涉案项目用地是否具备动工开发条件作出认定，再根据实际情况采取其他处置方式。但县政府未作调查，于2020年12月24日作出《闲置土地认定书》直接认定系该公司自身原因造成涉案地闲置，无偿收回涉案地土地使用权，与政府原因造成涉案地闲置实际情况不符，缺乏事实依据，违反法律规定。根据《闲置土地处置办法》《海南省闲置土地认定和处置规定》的相关规定，无偿收回土地使用权应履行闲置土地调查职责、送达《闲置土地调查通知书》等程序，但县政府未经履行上述程序，即作出决定无偿收回涉案地使用权，程序违法，并导致认定事实错误侵犯了该公司的合法权益。

县政府作出《无偿收地决定》适用的依据是《海南经济特区土地管理条例》第四十一条关于国有土地受让人从合同约定的动工开发之日起，满两年未完成项目投资总额百分之二十五的：由市、县、自治县人民政府无偿收回土地使用权的规定。适用该规定的前提是双方已签订相关用地合同，本案中，县政府与该公司从未就涉案地签订合同约定动工开发期限，不符合适用上述规定的前提条件，该《无偿收地决定》适用依据错误。

（一）裁判结果

海南省人民政府支持了本所律师的全部意见，认定案涉项目土地属于政府原因导致的闲置，且认定政府作出原无偿收回行政决定程序违法、适用法律错误，并据此决定撤销当地人民政府作出的无偿收回决定。

（二）案例亮点

（1）深入研习法律规定，确立核心争议焦点，直击痛点。

本所律师对闲置土地相关法律的制定背景及发展，查阅了大量专业文章、阅读了大量的案例，对闲置土地的认定和处置有了较为深入的认识。有观点认为，在我国房地产行业发展迅猛的当下，土地闲置现象属于一种市场失灵，需要由政府来进行规制。而闲置土地无偿收回制度出台的目的则是加强监管、严厉查处违规用地与恶意炒地、囤地行为。从这一制度目的出发，对闲置土地进行无偿收回前，势必应对闲置土地的形成进行归责。若是因为政府及相关部门责任造成土地闲置的情形，例如非净地出让、土地征收工作未如期完成导致交地时间延后造成土地闲置的，又例如企业拿地后政府规划有所变更或后续的审批政策变化导致后期开发建设无法进行造成的土地被迫闲置，该类情形则实际上并不符合无偿收回制度的监管目的，就不宜采取无偿收回的方式处置。

本所律师综合上述研究并结合本案案情事实，精准地把握住了本案地核心争议焦点，即案涉土地客观被闲置的原因是"政府原因"还是"公司原因"。

（2）有效组织证据，将案件事实化繁为简，突出重点。

本案所涉事实的时间跨度超过了 20 年，如何能够全面、准确同时又有效地还原土地闲置的真实原因，对本所律师来说无疑是很大的挑战。

为证明案涉地块并非因"公司原因"闲置，本所律师对该公司的所有档案及来往函件进行了详尽梳理，并最终形成数百页的证据。证据以六个"时间段"作为划分标准，详细分析并举证各个时间段导致案涉地块无法开发的原因，并最终规划出案涉地块完全系因"政府原因"导致闲置的结论，具体时间脉络如表1。

表1

第一阶段： 1993年，项目土地 使用权取得	原土地使用权人于1993年以出让方式取得土地，规划用途为旅游、商住用地，建设项目获批准。
第二阶段： 2004年至2005年5 月，项目开始启动	该公司以司法拍卖方式取得该项目地块土地。该项目取得相应土地使用权证且依法取得建设用地规划许可证。同时该项目的开发与建设获得了当地人民政府的积极支持。
第三阶段： 2005年5月至6月， 因规划冲突被责令 停止开发建设	该项目在办理规划条件审批过程中，当地人民政府发现该项目与省交通厅关于某区的规划相冲突，并据此发文要求停止一切该项目的开发建设活动。
第四阶段： 2005年6月至2013 年，因规划冲突导 致项目开发建设完 全停滞	当地人民政府以规划冲突为由发函要求停止该项目开发建设后，该公司自2005年6月至2013年期间，多次以各种方式向当地人民政府及其相关主管部门书面申请该项目用地建设规划指标，但当地人民政府均以拟建项目不符合总体规划为由，函复不予批准。鉴于该公司连续多年持续不断申请项目规划条件审批，当地人民政府于2013年正式函复告知暂不受理该项目建设的申请。
第五阶段： 2013年至2017年， 项目土地处理方案 沟通	项目因规划问题停滞多年后，该公司多次向各政府部门发函，要求明确该项目的用地解决办法。 2014年，当地人民政府向省土地资源利用管理突出问题专项治理工作领导小组办公室报送《闲置土地调查情况的函》，明确该项目用地长期闲置存在政府原因，根据《闲置土地处置办法》相关规定，该地不宜采取收取闲置费和无偿收回的方式处置，可采取安排临时使用、有偿收回等方式处置。 2017年，该公司与当地人民政府按照因政府原因导致土地被闲置的处理方式就项目土地签署了《国有建设用地临时用地协议》，临时使用期限为2年。由此，应当认为，该项目用地截至2017年未动工开发建设，系政府及相关部门的行为造成动工开发延迟，应认定政府原因造成该项目用地闲置。
第六阶段： 2017年至2021年， 因规划冲突及新增 土地用途问题，项 目用地始终不具备 开工条件	临时用地协议约定的临时用地期间，该项目与省交通厅关于某区的规划的冲突问题仍未得到解决的情况下，政府规划又于2018年末再次发生调整，将该项目原用地性质由"建设用地"调整为"保护林地、基本农田、其他农用地、基础设施用地、园地等"。因总体规划调整修改土地用途，该公司已不能按照该项目用地证载用途报建动工开发建设，项目至今仍未开发建设构成闲置，属政府原因造成。

本所律师通过时间脉络划分证据的方式，将本案各个时间节点的大事记以简要的形式迅速呈现给复议机关，力求最全面客观地展现各个时间节点导致本案该项目地块土地闲置的真实原因。正是本所律师对案件事实细节的耐心挖掘、对证据的有效组织，为本案的全面胜利奠定了基础。

（3）多管齐下，全面论述无偿收地决定的违法性。

在稳抓核心争议焦点的同时，本所律师也凭借敏锐的诉讼"嗅觉"意识到，本案中当地人民政府作出的《无偿收地决定》，不仅事实不清、证据不足，并且这一行政处罚行为还违反了法定程序，甚至适用法律还存在明显错误。对此，本所律师逐一进行了全面的论述，真正做到了锱铢必较、寸土必争。

第一，针对本案《无偿收地决定》是否存在违反法定程序的情形，本所律师首先通过对闲置土地相关法律法规、行政处罚法相关规定的详尽研究，大致梳理出了人民政府或者土地管理部门无偿收回出让的国有土地使用权所应遵循的法定程序，包括案卷建档、送达闲置土地调查通知书、调查取证、送达闲置土地认定书、告知听证权利、组织听证会、作出处置决定、告知行政复议和诉讼权利等一系列程序。

比对案件事实，本所律师发现，当地人民政府违反法定程序的情形有：当地人民政府在作出《闲置土地认定书》前未依法对该项目地块进行调查核实，也未依法送达《闲置土地调查通知书》；《闲置土地认定书》未依法履行行政告知义务；当地人民政府作出无偿收回的行政处罚决定时未依法履行集体决策程序。为此，本所律师在听证中，对上述观点进行了详细论述。

第二，针对本案《无偿收地决定》存在的明显法律适用错误问题，本所律师在听证中也进行了充分阐述。

本所律师发现，当地人民政府作出《无偿收地决定》适用的依据是《海南经济特区土地管理条例》第四十一条关于国有土地受让人从合同约定的动工开发之日起，满两年未完成项目投资总额百分之二十五的，由市、县、自治县人民政府无偿收回土地使用权的规定。也就是说，适用该规定的前提是双方已签订相关用地合同并约定了动工开发期限。

综观本案事实，该公司于2004年通过司法拍卖方式竞得该项目地块后并未就该地块签订土地出让合同，该公司签订过的用地合同仅有该公司与当地人民

政府于 2017 年签订的《国有建设用地临时用地协议》。然而无论如何，该公司
从未就该地块与当地人民政府、当地资规局约定过动工开发期限，因此根本不
适用《海南经济特区土地管理条例》第四十一条的前提条件。当地人民政府依
据这一规定作出《无偿收地决定》明显存在适用依据错误的问题。

至此，本所律师代表该公司在该行政复议程序中取得全面的胜利。本所律
师从接受该案件委托至该无偿收回的行政决定被撤销，前后历时仅半年时间，
有效地维护了当事人的合法权益，为企业挽回了巨额经济损失。

锦天城律师事务所经典案例集

仲裁类纠纷

深圳某产业投资基金与某上市公司控股股东、实控人之间股权收购纠纷仲裁案

——如何在回购纠纷中结合商业背景尽可能争取高比例的投资回报?

李立坤* 王 珏** 赵昕昕***

一、案情介绍

客户系国内某知名股权投资机构,基金管理规模数百亿元人民币。2017 年 12 月,该知名股权投资机构管理的产业投资基金向国内某知名电子类上市公司(下称"上市公司")的境外子公司(下称"目标公司")进行了股权投资,投资本金近 3 亿元人民币。随后,相关主体签订投资协议(下称《协议》),并约定在触发回购条件的情况下,上市公司控股股东、实控人需要向产业投资基金支付以投资款本金加上 33% 年利率计算而来的收购款,以收购产业投资基金间接持有的境外子公司股权。2020 年 12 月,上市公司未能实现以约定方式收购标的

---

* 上海市锦天城律师事务所高级合伙人。

** 上海市锦天城律师事务所律师。

*** 上海市锦天城律师事务所律师。

股权，标的股权回购条件触发。产业投资基金提出主张后，上市公司控股股东、实控人拒绝向产业投资基金支付超人民币 6 亿元的收购款，拒绝履行标的股权回购义务。在争议解决方案的磋商过程中，上市公司控股股东、实控人认为，目标公司长期处于亏损状态，且产业投资基金的资金成本只有 4%，按照 33% 的年利率计算，明显过高，所以不愿意按照协议履行。

随后，因双方未就处理方案达成一致，产业投资基金作为申请人（下称"申请人"）以上市公司控股股东、实控人为被申请人（下称"被申请人"）向深圳国际仲裁院（SCIA）提出仲裁申请（下称"本案"），仲裁请求为要求被申请人支付投资款本金加上按照年化 33% 单利计算的收购款，并支付违约金。

二、争议焦点

本案中，为抗辩申请人的主张，被申请人提出案涉投资协议因实际系明股实债应属无效，即便被申请人负有回购义务，收购款的计算应适用情势变更原则并参照民间借贷按照年化 8% 进行调整等一系列主张。庭审中，仲裁庭结合双方主张归纳的主要争议焦点为：《协议》的效力，《协议》性质如何界定、是否属于明股实债，约定收购款应按照什么标准计算等。

结合申请人的仲裁请求以及被申请人的答辩意见，本团队在承办过程中，围绕以下重难点问题展开分析及论证：

（1）《协议》的效力问题，是否合法有效、是否存在无效、未生效、可撤销的情形；

（2）《协议》的性质如何认定，是投资还是借款，是否属于让与担保，是否属于明股实债，是否能适用民间借贷司法解释？

（3）若被申请人负有收购义务，收购款应该如何计算，《协议》约定的 33% 的性质是什么，是借款利息、违约金、还是其他？按照 33% 年利率计算所得是收益，还是利息、资金占用成本？是否过高？

除了上述焦点问题，本团队判断案件的难点更突出地体现为，如何在司法实践普遍参照 LPR 四倍调整回报率的情况下，突破民间借贷审理规则对于投资类纠纷的限制，以最大限度维护当事人的利益。

三、法律分析

围绕争议焦点和办案难点，本团队主要从如下几点展开论证，发表代理意见。

（一）《协议》效力问题

案涉投资项目已依法向相关主管部门登记备案，并已获得相应主管行政部门签发的同意投资文书，所有投资行为合法合规；案涉合同亦均是各方当事人在充分协商后达成意思表示一致的结果，是各方真实意思表示，不存在违反法律法规强制性规定中效力性规定的情形，案涉合同对各方均具有法律约束力，协议合法有效，各方当事人均应当按照协议约定履行合同义务。具体而言：

首先，案涉投资项目已依法向相关主管部门登记备案，并已获得相关主管行政部门签发的同意投资文书，所有投资行为合法合规。

其次，申请人与被申请人及其他主体所签署的包括《协议》在内的一系列合同，均系各方当事人经过充分协商后签署的，是各方真实意思表示，不存在违反法律、行政法规的强制性规定中效力性规定的情形。案涉合同合法有效，对各方当事人均具有法律约束力。被申请人依据《私募投资基金备案须知》和《关于加强私募投资基金监管的若干规定》主张协议无效，但该等规定并不属于法律、行政法规的强制性规定中效力性规定。更何况，参照最高人民法院《关于当前形势下审理民商事合同纠纷案件若干问题的指导意见》第五条"正确适用强制性规定，稳妥认定民商事合同效力"①的基本原则，民商事合同是否有效，应当综合市场交易的安全和稳定、法律法规的意旨，同时，《最高人民法院

①　最高人民法院《关于当前形势下审理民商事合同纠纷案件若干问题的指导意见》：

五、正确适用强制性规定，稳妥认定民商事合同效力

15. 正确理解、识别和适用合同法第五十二条第（五）项中的"违反法律、行政法规的强制性规定"，关系到民商事合同的效力维护以及市场交易的安全和稳定。人民法院应当注意根据《合同法解释（二）》第十四条之规定，注意区分效力性强制规定和管理性强制规定。违反效力性强制规定的，人民法院应当认定合同无效；违反管理性强制规定的，人民法院应当根据具体情形认定其效力。

16. 人民法院应当综合法律法规的意旨，权衡相互冲突的权益，诸如权益的种类、交易安全以及其所规制的对象等，综合认定强制性规定的类型。如果强制性规范规制的是合同行为本身即只要该合同行为发生即绝对地损害国家利益或者社会公共利益的，人民法院应当认定合同无效。如果强制性规定规制的是当事人的"市场准入"资格而非某种类型的合同行为，或者规制的是某种合同的履行行为而非某类合同行为，人民法院对于此类合同效力的认定，应当慎重把握，必要时应当征求相关立法部门的意见或者请示上级人民法院。

关于印发〈全国法院民商事审判工作会议纪要〉的通知》(下称《九民纪要》)第31条①明确,"在认定规章是否涉及公序良俗时,要在考察规范对象基础上,兼顾监管强度、交易安全保护以及社会影响等方面进行慎重考量,并在裁判文书中进行充分说理",案涉投资交易模式是行业中常见的高风险、高收益交易类型,符合市场交易惯例,不存在违反金融安全、市场秩序、国家宏观政策等公序良俗的情形。

再次,本案属于典型的投资协议纠纷,并非明股实债,亦非让与担保;根据《九民纪要》第71条之规定,即便在让与担保的情况下,协议本身的效力也并不会受到影响。《协议》并非让与担保的原因在于:第一,让与担保明确规定是"约定将财产形式上转让至债权人名下",而本案并非如此,本案是实质转移,具体表现为申请人参与了目标公司的经营管理,且在退出期限届满时,申请人同样有权选择是否退出,也即对于是否继续持有标的股权享有决定权,因此也就不是形式转移,因此本案不属于让与担保的情形;第二,让与担保处理的问题是股权的权利所属问题,而本案中,协议并没有额外强调如果被申请人未履行收购义务,则股权归申请人所有。第三,因申请人本就享有对股权的所有权,所以无需额外主张要求股权归申请人所有,与让与担保行权不同。

(二)《协议》性质如何,本案是否适用民间借贷的相关规定

《协议》是典型的高风险高收益投资合同,不具有民间借贷性质,也不属于明股实债。从项目到期是否强制退出/回购来看,申请人对于是否退出案涉项目拥有选择权;从风险承担来看,申请人既面临着协议中继续持股的风险,还面临着协议能否得到实际执行的风险;从实际履行来看,申请人实际参与了目标公司的经营管理;从交易主体、客体来看,案涉股权交易与所谓的"债权交易"标的物不一致,且回购义务主体与"借款人"亦无法匹配。因此,《协议》不属

---

① 《最高人民法院关于印发〈全国法院民商事审判工作会议纪要〉的通知》:
　　31. 违反规章的合同效力违反规章一般情况下不影响合同效力,但该规章的内容涉及金融安全、市场秩序、国家宏观政策等公序良俗的,应当认定合同无效。人民法院在认定规章是否涉及公序良俗时,要在考察规范对象基础上,兼顾监管强度、交易安全保护以及社会影响等方面进行慎重考量,并在裁判文书中进行充分说理。

于明股实债，是典型的投资行为。具体而言：

第一，明股实债是到期退户，但是本案中，申请人并不是一定到期退出，而是有权选择退出或者继续持股。根据《协议》约定，申请人选择退出有明确的期限限制，如申请人在该期间内未主张，则权利丧失，继续做股东，或者申请人可以主动选择放弃在该期间内确定退出方案，主动选择继续做股东。

第二，明股实债是保本保收益，有固定收益，且收购价格与目标公司经营情况无关，可实现保本保收益，债权人不承担任何投资风险，而本案中申请人没有固定收益，收购款项的计算与目标公司运营情况息息相关，实际是根据标的股权市场价值而定。

第三，明股实债的债权人不参与目标公司的经营，标的股权仅是形式上转让至债权人名下，但本案中申请人参与了目标公司的经营，行使了股东权利、履行了股东义务。

因此，本案不属于借款合同，也不是明股实债，而是投资协议，属于无名合同，不适用关于民间借贷的相关规定。且本案也不应参照民间借贷的相关规定，民间借贷是为了防止高利贷破坏金融秩序，因此对利息进行了上限规定。而本案是投资纠纷，协议是各方当事人的真实意思表示，且不违反任何法律法规的规定，各方当事人均应受协议约束，意思自治。

（三）关于投资回报率问题的意见

按照年化 33% 计算标的股权收购价值是基于各方当事人在订立合同时对标的股权估值增长的客观测算，是各方当事人真实意思表示，各方均应受其约束，以维护交易的稳定性与安全性；且即便是以当前作为时间基点考虑，按照年化 33% 计算得出的股权价值也与市场交易价值相匹配，不会造成履行后不公允的后果。更何况，案涉交易作为高风险高收益的投资行为，认定收益率是否过高应当综合考虑投资项目本身的风险与标的物的价值现状，被申请人主张将收益率调整至 8% 计算股权价值，甚至按照民间借贷的规则计算收益，没有事实依据和法律依据，该请求实际系通过违约而变相牟利，将造成实质上的不公允，也是变相鼓励违约行为。具体而言：

首先，从《协议》订立时关于股权收购价值条款商议的过程来看，按照年利率 33% 计算股权收购价值，符合各方当事人真实意思表示，同时也是根据市场价值预测的客观结果。

其次，从标的股权价值现状来看，按照年利率 33% 计算得出的收购款金额符合标的股权现值，且股权价值曾多次经被申请人确认，不存在过高或显失公平的情况。被申请人一再强调目标公司的净利润为负值，按照 33% 年利率计算得出的股权收购价值不具有公平性。但显然，被申请人有意混淆净利润与股权价值。通过对比目标公司从 2017 年至 2022 年的营收、净利润与估值增长可以发现，净利润不是股权的唯一估值依据，即便在目标公司净利润为负的情况下，不论是市场交易价格，还是被申请人确认的价格，目标公司股权价值确实呈现持续上涨的趋势，足以证明申请人主张的价值并未过高。

再次，被申请人主张按照 8% 调整投资回报率不仅没有事实依据和法律依据，更加不符合标的股权的实际价值，若被申请人主张被支持，才会造成实质上的不公平，有悖于任何人不得因为违约行为获益的基本原则，相当于变相鼓励违约行为。

（四）是否构成情势变更

情势变更原则适用的最终目的在于调整因非双方原因导致合同履行显失公平的后果，在本案并不适用。本案争议标的的实际价值完全符合《协议》约定的计算方式，继续履行协议不会造成任何一方实质上的不公平；且在本案提起前，被申请人从未向申请人提出过因为新冠疫情需要调整协议内容，自始至终对于收购价格计算不持异议，因此，不存在适用情势变更调整协议内容的必要。具体而言：

首先，本案情形不符合适用情势变更的构成要件，情势变更原则适用的基本前提是"继续履行合同对于当事人一方明显不公平的"，但标的股权实际价值并未因新冠疫情影响而低于按照《协议》约定计算得出的被申请人应当支付的收购额。且根据申请人统计汇总的同行业企业、上下游企业关于销售额、净利润、市值以及 PE 对比汇总表，自 2017 年以来，目标公司所属行业持续向好发展，且新冠疫情并未对行业发展造成持续影响。除此之外，由于成长性行业性质和政策等因素影响，即便净利润为负值，高市场估值仍然是普遍现象，亦未受到新冠疫情影响。可见，被申请人要求适用情势变更原则调整《协议》约定的主张不能成立。

其次，被申请人从未提出因为疫情出现了情势变更需要调整协议约定的内容。事实上，被申请人所谓情势变更事项也就是新冠疫情，自2020年发生，但被申请人从未提出过因为疫情的影响导致协议履行显失公平或者合同目的不能实现，反而多次确认按照协议约定方式计算得出的股权价值，可见，新冠根本不构成本案的情势变更。

再次，情势变更的核心问题协议继续履行会导致显失公平，而本案根本不存在显失公平的情况。从目标公司的经营数据来看，收购价值约定具有合理性和公允性，根本不存在显失公平。反倒是如果降低了被申请人应当向申请人支付的收购款，才会构成实质上的不公允，甚至促使被申请人通过违约行为获益的不良目的实现。

综上，被申请人主张情势变更客观不存在，以此要求调整为8%更是没有任何道理和事实依据。

（五）关于尊重意思自治的意见

投资行业是个高风险、高回报的行业。本案是投资领域高风险、高收益的典型案例，投资逻辑在于对行业未来发展的高预期所带来的高收益，与此同时又因为行业的成长性和不确定性而必然附带的高风险，只有尊重当事人意思自治，才有利于高风险行业的投资，尤其是类似卡脖子、长周期的行业，才能获得投资人的眷顾。具体而言：

有别于其他被投项目失败倒闭，本案是个投资非常成功的个案，被申请人因申请人的投资渡过了难关，抢占了市场先机，成为市场的黑马。行业特性和投资性质决定了本案与民间借贷的本质区别。在投资行业，33%年利率并非过高的收益率，尤其是在发展前景较好的行业内，收益成倍数增长也是极为常见的情形，但投资失败的案例也比比皆是。如果对于投资成功的项目在回报上予以调整，而对于投资失败的项目却没有救济渠道，对投资行业是不公平的。如果以民间借贷的利息标准作为上限或者是参照标准，无疑对于投资行业而言是毁灭性打击，势必会造成高风险行业再也无法获得有效融资的后果，极大地挫败了创业型企业和成长型企业快速发展的行业活力。因此，一级、二级市场交易是不存在过高或者收益比例有最高限制的说法，所有的交易均是基于标的物本身的市场价值以及其他因素来确定交易对价的，也正是交易习惯和市场决定了本案各方当事人均认可按照33%年利率计算标的股权价值。

就案涉投资项目投资时，对投资人而言，案涉项目虽然有较大的想象空间，但显然还是风险比较高，且投资额基数巨大导致很多投资人望而却步，所带来的后果就是投资项目融资极为困难。而对被申请人而言，申请人能在2017年投入近3亿元的款项，对目标公司而言无疑是"雪中送炭"，也为其后续持续良好发展态势奠定了不可磨灭的重要基础。可见，所有的投资行为和市场交易，均是多方因素博弈的结果。再回到当前，在标的股权已经实现大幅增长的情况下，被申请人反而要求调低投资人理应获得的收益。则导致的结果就是，目标公司客观上通过融资实现了企业的良性发展，申请人为了帮扶目标公司的发展承受了巨大的投资风险，最终并没有获得应得的收益，而被申请人不仅通过目标公司的发展实现了所持资产的增资，还通过违约行为获得了本应有申请人作为投资方应得的利益。该结果不仅是对法律权威的践踏，更是有悖于社会主义核心价值观。

基于上述代理意见，本团队为论证案涉纠纷的投资属性以及目标公司的市场估值，同步向仲裁庭提交了《同行业数据对比汇总表》《类案检索报告》及案例全文，以及《申请人证据中关于被投企业经营情况的补充说明》。

四、裁判结果

（一）裁判结果

关于案涉争议焦点，仲裁庭最终认定如下：

仲裁庭认为，本案《投资合作协议》具有股权投资特征，并非明股实债或民间借贷法律关系，详述如下：

第一，从《协议》的背景来看，被申请人在庭审中陈述当时目标公司虽然连年亏损，且亏损不断增大，但基于对产业的看好，被申请人与申请人对接融资事宜，说明申请人的出资行为系看好目标公司以期待退出时获取高额回报的投资行为，并非以获取本息为目的。第二，从一系列案涉协议的履行情况来看《协议》订立后，申请人实缴了目标公司出资额，登记成为公司股东，且委派了目标公司董事，系行使股东权利的体现。第三，从协议内容来看，根据双方当事人的合意，申请人享有在一定条件下要求被申请人回购并支付回购价款的权利，符合股权投资的商业惯例和普遍交易模式。第四，从回购价格来看，回购价格并非单一的绝对确定金额，并不符合以在固定期限内获取固定收益为特征的债权融资模式。

在商事投融资实践中，投融资双方约定由融资方（包含其股东）给予投资方特定比例的利润补偿，或按照约定回购投资方股权的情况非常普遍，股权回购约定的本身也是股权投资方式灵活性和合同自由的体现，应当予以尊重。故申请人的投资行为不属于为规避监管所采取的明股实债的借贷情形，不具有明股实债以及民间借贷的特征。

仲裁庭认为，本案虽然并非民间借贷案件，但对于以现金出资方式的投资收益，在目标公司并非上市公司，不存在相对公允市场价值可供参考的情况下，可以资金融通的成本和收益作为本案相对合理的投资收益回报参照标准。综合各方当事人履约情况、资本市场投融资收益和资金拆借利率水平，仲裁庭酌定按照年化 20% 调整回购收益利率。

（二）案件亮点

本案标的额巨大，被申请人及目标公司涉及境内外，人数众多，且本案的保全及执行涉及上市公司的控制权变更和信息披露，本案的仲裁策略关系到对赌条件的可实现性等问题，处理难度很大。在此局面下，本团队与该上市公司控股股东、实控人进行谈判并处理有关争议，向客户提供商务磋商与谈判、财产核查、保全、仲裁、执行等全程法律服务。

承办案件后，本团队基于对案涉纠纷整体利弊的分析，制定了宏观的谈判、仲裁、保全及执行策略。

在仲裁前谈判阶段，经过本团队的努力，案涉纠纷即实现了 6 000 万元的大额款项回收。

在提起仲裁后，本团队突破常规，制定了三级攻防策略：首先，结合合同条款、洽谈过程强调并充分论证，合同为股权投资而非民间借贷，此为根基。其次，通过对行业及投资背景的技术性论证，主动收集了大量证据，证明年化 33% 计算标的股权收购价值是基于各方当事人在订立合同时对标的股权估值增长的客观测算，高利率收购在案涉交易中，不仅是双方真实意思表示，且具有客观公允性，再辅以行业数据和标的目标公司数据，论证高回报率实质上并未造成显失公平的结果，此为攻坚。最后，从投资行业高风险、高回报的特性出发，强调在公平正义之后还应尊重意思自治，营造鼓励经济发展的良好环境，此为制胜。最终，仲裁庭裁决支持了 20% 的高利率，收购款合计超人民币 6 亿元，赢得了超过客户预期的胜诉裁决。

在执行阶段，本团队通过周密地调查取证发现了被执行人名下的融资融券账户中存有大额股票，法院未进行冻结，后本团队通过调查研究，了解到融资融券账户内的股票及资金部分属于证券公司自有财产，部分属于证券公司持有的信托财产，均不属于融资人名下的财产，遂导致这部分股票及资金合法地逃脱了法院的执行范围。根据对相关规定的研究，本团队申请法院依法责令证券公司结算该融资人的部分或全部融资融券交易、收回因融资融券所产生的对融资人的优先债权，后申请法院就剩余证券及资金划转至被执行人的普通证券账户再进行冻结，成功获得了价值上亿的执行标的。此外，本案还查控了被执行人大量房产其他等优质资产。虽被执行人在裁决生效后、执行程序启动后又先后向法院提出了撤销仲裁裁决、中止执行仲裁裁决的申请，本团队均专业应对、高效处理，法院最终对被执行人的申请均予以驳回。

某投资基金与智能电车企业实控人对赌回购合同争议仲裁案

——未经股东会特别决议的增资对赌是否影响相对人行使回购权？

林 雁[*]

一、案情介绍

委托人某投资基金系本案仲裁的申请人，目标公司某智能电车企业的实控人沈某系本案仲裁的被申请人。

2018 年 6 月 15 日，申请人作为投资人，与案外人目标公司以及作为目标公司创始股东的被申请人签订《增资协议》，约定申请人通过增资扩股的方式向目标公司投资认缴增资款人民币 5 000 万元。同时，《增资协议》第 7.2.1 条约定，若目标公司未能在投资人全部认缴增资款缴付完成之日或完成相应的工商变更登记之日起满 4 年内完成合格 IPO，则目标公司应当以合同约定的方式对投资方持有的目标公司股权进行回购。同日，申请人与被申请人、目标公司又签订《补充协议》，将《增资协议》第 7.2.1 条中负有回购义务的主体变更为：被申请人沈某，即若目标公司未能按照合同约定完成合格 IPO，则申请人有权要求被申

---

* 上海市锦天城律师事务所高级合伙人。

请人按照合同约定的价格对申请人持有的目标公司股权进行回购，被申请人负有向申请人指定账户支付回购款的义务，回购款计算方式为申请人认缴增资款本金加上以年 10% 利率自认缴增资款汇入目标公司账户之日起至被申请人付清回购款之日止。

《增资协议》及《补充协议》（以下统称案涉协议）签订后，申请人依约履行出资义务，分别于 2018 年 6 月 15 日、2018 年 6 月 19 日向目标公司账户汇入投资款 4 500 万元、500 万元，已经完成合同约定的全部出资义务。此后，目标公司未依约履行案涉协议项下义务，迟迟未能完成合格 IPO，且被申请人作为目标公司的实际控制人亦未在申请人履行出资义务后促使目标公司完成对申请人股权的工商变更及备案登记手续。

申请人认为，因目标公司怠于履行案涉协议项下的回购股权条款，未能依约实现合格 IPO，申请人有权按照合同约定要求被申请人依约支付回购款，回购款应当以增资款 5 000 万元为本金、以年 10% 为利率计算至 2022 年 6 月，即共计 7 000 万元。另外，根据《补充协议》第 3.1 条之约定，申请人有权向被申请人主张合同约定的每日 0.05% 的逾期付款利息。为此，本团队接受申请人委托，向上海仲裁委员会提出仲裁申请，请求裁决：1. 被申请人立即向申请人支付回购款 7 000 万元并支付逾期付款利息，利息以 7 000 万元为基数，以每日万分之五为标准，自 2022 年 7 月 23 日开始至回购价款实际支付之日止；2. 被申请人承担申请人因本案而支出的律师费 140 万元；3. 本案仲裁费用由被申请人承担。

被申请人则提出如下抗辩意见：

根据《中华人民共和国公司法》第三十七条和第四十三条的规定，有限责任公司增资必须经股东会经代表三分之二以上表决权的股东后作出决议；目标公司章程也作出了相同的规定。有限责任公司的增资涉及原股东的优先认购权、股权比例稀释、股东权利变更等重大事宜，属于法定特别决议事项，必须由股东会经代表三分之二以上表决权的股东通过后作出决议，未经股东会有效决议，相关增资无效。

申请人要求被申请人履行股权回购款支付义务的必要前提之一是，申请人已依法取得并持有目标公司股权。但目标公司股东会未曾就申请人认缴目标公司增资做出过决议，本案项下的增资属于无效，申请人未曾取得目标公司股权，因而不论回购权行使触发条件是否满足，申请人均无权要求被申请人履行股权回购义务支付股权回购款。

申请人对目标公司的投资款原计划为 1.2 亿元至 1.3 亿元，在案涉协议中对于申请人的增资认缴款以及所认购的目标公司新增注册资本的具体金额也没有明确，申请人的增资款总额至今并未正式确定，因此至少在 2021 年 6 月，目标公司完成合格 IPO 的 4 年期间尚不应开始起算。在此情况下，目标公司股东会客观上也不可能就申请人认缴目标公司增资作出有效决议。

受新冠疫情不可抗力影响期间，目标公司完成合格 IPO 的 4 年期间应停止计算，直至该等阻却因素消失后重新计算。

二、争议焦点

传统公司法概念上的投资行为，或称为增资行为，均是以增资扩股或老股转让为典型特征，对价在于取得以投票权为核心的公司治理权力的股东权利。但在股权融资交易过程中，投资方更多是作为纯粹的财务投资人进行投资，客观上也很少实际参与公司经营并行使股东权利，融资方也不希望投资人过多地参与公司的经营管理。在股权风险投资（venture capital）领域，目标公司一般不会在投资者增资款缴付之后立即进行股权变更登记，而往往集中一轮多位投资者统一进行股权变更登记。在这些客观背景之下，本案案涉协议的条款认定和法律适用存在较大的争议，争议焦点和难点是：未经目标公司股东会决议，增资协议是否有效？申请人是否取得了目标公司股权，是否有权行使回购权？

三、法律分析

（1）案涉对赌协议的效力判断应当依据《中华人民共和国民法典》合同编有关合同效力的判断规则，而不是依据《中华人民共和国公司法》的规定，案涉对赌协议有效、增资行为有效。

"对赌协议"的法律性质是股权融资协议。《九民纪要》明确规定，"对赌协议"是指投资方与融资方在达成股权性融资协议时，为解决交易双方对目标公司未来发展的不确定性、信息不对称以及代理成本而设计的包含了股权回购、金钱补偿等对未来目标公司的估值进行调整的协议。《九民纪要》之后，对赌协议的效力之争已经尘埃落定，投资人与公司股东对赌、与目标公司对赌均为有效。"对赌协议"的有效性已为《九民纪要》所确认。该纪要第5条明确规定，"对于投资方与目标公司股东或者实际控制人订立的'对赌协议'，如无其他无效事由，认定有效并支持实际履行，实践中已无争议。"同时规定，"投资方与目标公司订立的'对赌协议'在不存在法定无效事由的情况下，目标公司仅以存在股权回购或者金钱补偿约定为由，主张'对赌协议'无效的，人民法院不予支持。"由此表明，最高司法机关的关注点从协议效力转向"对赌协议"能否得到履行的问题上。投资方与目标公司对赌而发生回购或者业绩补偿问题，因涉及目标公司减资和业绩补偿，可能会涉及《中华人民共和国公司法》与《中华人民共和国民法典》同时适用的问题；而在投资方与股东或与实际控制人之间的"对赌协议"问题上，因不涉及目标公司的参与，不会涉及目标公司资本结构、治理结构的变化，也不涉及其他股东权利义务的问题，仅涉及纯粹合同法问题，其效力应当依《中华人民共和国民法典》的规定进行判断。

《中华人民共和国民法典》关于合同无效的规定包括：通谋虚伪行为（《民法典》第146条）、恶意串通损害他人合法权益（《民法典》第154条）及违反法律或者公序良俗（《民法典》第153条），前两种情形不适用本案。就第三种情形而言，《民法典》第153条第1款规定："违反法律、行政法规的强制性规定的民事法律行为无效，但该强制性规定不导致该民事法律行为无效的除外。"对于违反法律强制性规定构成合同无效的情形，是指合同主体、内容或标的物本身违法。一般包括：合同主体违反法律、行政法规关于国家限制经营、特许经营以及禁止经营等强制性规定，当事人的交易方式违反法律、行政法规关于应当采用公开竞价方式缔约等强制性规定以及当事人的交易场所违反法律、行政法规关于应当集中交易等强制性规定；合同内容本身违法，如为掩饰、隐瞒犯罪所得实施洗钱犯罪签订的协议；合同相对方知道或者应当知道对方为集中资金优势实施操纵证券市场犯罪签订的委托理财合同；合同标的物属于法律、行政法规禁止或者限制流通物的，如买卖假币等。除以上情形外，一般不以合同违法而根据《民法典》第153条第1款规定宣告合同无效。因此，"对赌协议"作为平等商事主体之间根据真实、自由的交易安排所形成的商事交易合同，"认定有效并支持实际履行"，实践中并无争议。《中华人民共和国民法典》第

502条第1款规定："依法成立的合同，自成立时生效，但是法律另有规定或者当事人另有约定的除外。"本案合同当事人没有就协议生效作出附条件或附期限的约定，案涉协议也不属于法律规定须经批准生效的合同，故案涉协议于各方签署之日即成立并生效。

《中华人民共和国公司法》第37条、第43条属于规范公司内部治理的管理性规范，不是判定合同效力的依据。首先，一般认为，效力性的强制性规范所禁止的行为，一定是道德评价负面的行为，以及行政法上违反市场准入和行政监管的行为，这些强制性规范都是规范所有市场主体的。法律法规对这类行为作出的禁止性规范是效力性的，既影响到行为效力，也影响到合同效力。而管理性规范通常是对合同一方当事人的约束，是一方当事人对另一方当事人提出的要求，公司法作为组织法，其中的大量规范就属于这种情形。其次，公司法是规范公司内部治理的组织法，其不具有规范公司对外行为效力的功能，规范公司内部治理的法律规定不可能影响公司与外部第三人之间的民事法律行为效力。再次，《公司法》第37条、第43条有关公司增资的股东会决议，是在增资协议生效后，履行股东变更登记的必备文件之一。对此，参照《民法典》第215条关于"当事人之间订立有关设立、变更、转让和消灭不动产物权的合同，除法律另有规定或者当事人另有约定外，自合同成立时生效；未办理物权登记的，不影响合同效力"的规定，也可佐证《公司法》第37条、第43条仅仅是一项管理性强制性规范。

本案增资协议效力仅以合同法律进行效力判断，后续增资程序是否履行与协议效力无关。从公司法理上讲，公司法是主体法、组织法，没有规范外部行为效力的功能，而"对赌协议"作为股权融资协议，是公司及其股东与外部当事人之间发生的民事法律行为，因此，其效力判定只能适用规范主体行为、规范平等民事主体之间行为的合同法律，而不是规范主体的公司法。从实务操作层面看，增资程序由一系列行为所组成，包含签订增资协议、召集召开股东会并作出决议、实缴出资、修改股东名册、修订公司章程、办理公司变更登记等。如果协议未生效或无效，增资程序就缺少履行的依据和基础，因此，增资协议不以后续行为的实施作为效力判定的根据。

（2）本案是投资方与公司股东对赌，不是与目标公司对赌，不会涉及公司和其他第三方利益，无论申请人是否取得股东资格，均可依约向被申请人主张合同权利。

案涉《补充协议》第3.1条明确约定以"投资方全部认缴增资款缴付完成"作为对赌条件，该条款是对《增资协议》第7.2.1条约定的对赌条件进行简化变更而来，即将原来的"完成相应的工商变更登记"和"投资方全部认缴增资款缴付完成"两个条件，简化为"投资方全部认缴增资款缴付完成"一个条件，充分证明各方一致同意仅以补充协议第3.1条约定作为对赌条件，而不是以"完成相应的工商变更登记"作为回购前提，双方均认可回购义务的履行无需以对外登记为股东作为前提条件，该约定没有违反法律法规规定，也不损害公司及其他第三方利益，应对各方具有约束力。可见，补充协议明确约定的被申请人应负股权回购义务、支付股权回购款的前提条件仅有唯一的"全部认缴增资款缴付完毕"一项，与申请人是否取得股东资格并无关系，无论申请人是否取得股东资格，均不影响申请人向作为合同相对人的公司控股股东的被申请人行使回购权。

（3）申请人完成案涉协议约定的增资款缴付行为且已经取得目标公司认可的情况下，申请人已经具备目标公司股东资格、取得目标公司股权，无需以目标公司作出同意股东会决议完成增资程序并进行工商变更登记作为前提条件。

第一，申请人向目标公司增资不存在履行以及公司内部决策程序上的障碍，并且在支付完毕认缴增资款后其股东身份即已取得。

除了公司设立时股东身份和股权的原始取得之外，公司设立之后投资人取得股东身份、享有股东权利皆是通过股权变动实现，如股权转让、增资扩股等方式。股权变动的程序由公司内部至外部存在多个阶段，包括股权变动协议、股东名册变更、工商登记等。《中华人民共和国公司法》第32条第3款规定，"公司应当将股东的姓名或者名称向公司登记机关登记；登记事项发生变更的，应当办理变更登记。未经登记或者变更登记的，不得对抗第三人。"民法中以是否产生生效效力，将登记效力区分为登记对抗主义和登记生效主义。在我国传统公司法理论下，存在股权变动模式的争论，主要涉及纯粹意思主义、修正意思主义、记载形式主义等多类通说，但无论根据哪一种通说，我国对于股权变动的工商变更登记行为效力均采登记对抗主义，即股东变更未经登记只发生不能对抗第三人的不利后果，但不影响公司内部股东的资格和相关权利享有、义务承担。《中华人民共和国公司法》第 37 条和第 43 条要求的公司增资的股东会决议，仅是公司进行股东变更登记的文件之一，根据前述规定，没有办理变更登记，并不妨碍申请人在目标公司内部具备股东身份。

目标公司通过被申请人向申请人出具的说明函明确记载："贵司已于 2018 年 6 月 15 日及 2018 年 6 月 19 日分别向本公司账户缴付人民币 4 500 万元（大写：人民币肆仟伍佰万元整）和 500 万元（大写：人民币伍佰万元整），合计人民币 5 000 万元（大写：人民币伍仟万元整）投资款均已缴付完毕，但目前尚未完成本次交易相关的工商变更登记及备案手续。"可以说明：第一，目标公司通过《说明函》确认了申请人的"投资款均已缴付完毕"，已经符合增资协议第 3.2.4 条中约定的股东身份的取得要求；第二，目标公司通过《说明函》表达了目标公司仅剩"完成本次交易相关的工商变更登记及备案手续"这项义务还未履行，即其余义务均已履行完毕，而工商变更登记义务系为对抗外部善意第三人的程序性事项，不会影响申请人取得股东身份，并在公司内部、股东之间的法律关系项下主张权利。

为此，目标公司在《说明函》进一步澄清了还未履行工商变更登记备案手续的原因："贵司可待本公司境外架构搭建好后，直接在境外通过贵司或贵司指定主体对本公司开曼公司（拟境外上市主体）进行持股，以保障贵司的权益不受影响。"即因目标公司正在搭建赴海外上市的红筹架构，为简化程序考虑，申请人所持目标公司股权将直接翻转至境外上市主体，并确保申请人的股东权益不会受到任何影响。由此可见，申请人股东资格已经在其认缴增资款缴付完毕之时取得，并且经目标公司及被申请人的确认。

第二，增资与对赌分离是常见的股权融资模式，二者分别按照各自协议约定履行，互不作为一方义务履行的前提条件。

投资人依约履行出资义务，合法享有投资权益；目标公司实际控制人作为回购义务人履行回购义务，取得投资人投资权益对应的股权。这是投融资双方经过理性的商业考量、平衡利益之后的结果，属于民事法律关系中自由意志的行使，应当被充分尊重。本案中，客观上被申请人作为目标公司的实际控制人，完全有能力召开股东会，并且该等股东会决议也必然会得到通过。目标公司除创始股东外，其他股东都是风险投资人，均希望公司通过增资获得更多资金，以利公司快速发展，只要溢价对价合理，增资额度不会受限。事实上也没有股东提出反对申请人增资，被申请人作为公司控股股东也完全可通过正常程序召集召开股东会并获得通过。因此，从该角度而言，若机械地适用公司法有关增资决议的规定，将会导致回购义务人利用其控制公司的地位怠于召开股东会并通过股东会决议，借助公司内部治理制度不履行合同义务，显然将会导致"对赌协议"背离其估值调整功能，最终损害股权融资的制度和机制。

（4）补充协议变更并明确约定回购权行使条件为全部认缴增资款缴付完成，并不以对外登记为股东作为前提条件，因此无论申请人是否成为公司登记股东，均不影响其按照补充协议的约定向被申请人主张回购。

本案增资协议第 7.2.1 条约定的回购权行使条件，经各方协商一致，已为补充协议第 3.1 条所替代。因此，本案回购权行使条件应按补充协议第 3.1 条约定执行。该条约定的条件是："若公司未能在投资方全部认缴增资款缴付完成之日起满四年内完成合格 IPO，则投资方有权选择创始股东或创始股东指定的第三方以下列价格按照法律允许的适当方式对投资方持有的股权进行回购，即投资方的认缴增资款本金加上该等金额按照年利率 10% 单利，计息期间为投资方认缴增资款汇入公司指定账户之日起至创始股东付清回购款之日止。"根据各方在上述补充协议中的约定，本案回购权的行使条件为：（1）投资方全部认缴增资款缴付完成起四年；（2）公司未能实现合格 IPO。此外，协议未就回购权行使附加其他任何条件。从增资协议第 7.2.1 条到补充协议第 3.1 条的变化可以见得，正是取消了"完成相应的工商变更登记之日（以二者孰晚）"这一条件，说明双方均认可回购义务的履行无需以对外登记为股东作为前提条件，事实上也与增资协议第 3.2.4 条约定的认缴增资款缴付完毕即取得股东资格的约定相吻合。

从前述约定也可知，对赌条件的起算时点系协议约定的"全部认缴增资款缴付完成"，即申请人向目标公司账户支付完毕增资款之时点，与全部认缴增资款金额的确认时间并无关联。自增资协议以及补充协议签订后，各方就回购权行使条件从未有过其他的变更约定，而根据补充协议第 3.1 条的约定，回购权的行使条件是"投资人全部认缴增资款交付完成"。换言之，该约定并未以增资决议通过、完成股东变更登记作为对赌条件的起算依据，双方应当依约履行。同时，从本案增资交易的根本目的上看，对于申请人而言，以认缴增资款到资为起算时点开始判断对赌条件、计算回购价格，才符合投资惯例和此类投资合同之目的；对目标公司和被申请人而言，获取融资资金是其在本案合同项下增资交易的根本目的，而在目标公司已使用该笔资金的情况下，自增资款到账开始承担融资成本并不会与其融资目的相悖。

四、裁判结果

仲裁委裁决认为：

《公司法》第32条规定："公司应当将股东的姓名或者名称向公司登记机关登记；登记事项发生变更的，应当办理变更登记。未经登记或者变更登记的，不得对抗第三人。"可见，公司增资后的工商登记属于公示行为，无论是对股东资格的确认还是公司注册资本的变化，均不以工商登记为唯一认定要件。因此，增资行为效力并不会因未办理工商变更登记而无效。另外，公司增资不同于减资，并不会影响债权人利益，亦无需履行通知债权人的程序。一般意义上，未经工商变更登记的增资行为对债权人尚未产生公示效力而已。

结合本案事实来看，虽然目标公司股东会未曾就申请人认缴目标公司增资作出过股东会决议，亦未进行工商变更登记，但是基于仲裁庭上述对案涉协议的性质和效力、申请人缴付认缴增资款金额的认定、对未履行《公司法》第37条、第43条规定的理解以及结合《增资协议》第3.2.4条权利转移的约定，仲裁庭认为，申请人实质上已经取得了对目标公司增资之后对应申请人认缴增资款金额对应比例的这部分股权，只是因该部分股权在形式上未经目标公司股东会决议和工商变更登记，故申请人实质上拥有的目标公司该部分股权不能对抗第三人。

同时，目标公司通过发送给申请人的函件明确表明目标公司正在搭建境外架构，承诺申请人持有目标公司股权有权直接翻转重组至境外上市主体，强调申请人的股东权益不受影响。这一内容可以表明，目标公司确认申请人的投资款均已缴付完毕，并表示尚未办理工商变更登记手续。按照通常理解，假如目标公司认为申请人未交付完全部增资款，则应当在相关函件中予以明确，或表示在增资款全部支付完毕后才能办理相关工商变更登记手续等。但相关函件对此并未提及，反而向申请人强调其股东权益的保障。由此可见，目标公司已确认申请人已缴付完增资款并承诺保障申请人的股东权益，因此申请人于缴付增资款后实际取得了目标公司增资后对应比例的股权。

（一）裁决结果

仲裁庭依据《××仲裁委员会仲裁规则》第 53 条第 1 款之规定，裁决支持申请人有权要求被申请人履行回购义务，并支付回购款及相关利息。

（二）案例亮点

本案涉及的是在公司融资金融化发展的趋势下与现行公司法规定、传统公司法理论适用上的差异问题，同时也涉及当前热门话题"对赌"争议性质或属于合同法问题或属于公司法问题的厘清。

"对赌协议"的契约法性质与组织法性质多重争议，换言之，对赌协议是典型的组织性契约。从表面上来看，对赌协议是投融资双方就公司的市值达成的契约条款，投资方与目标公司双方订立的对赌协议仅具有债法上的效力。但究其实质，对赌协议存在两次处分行为，一是投资入股的行为，即目标公司向投资者融资、投资者通过投资取得股权；二是股份回购条款实现时股权回购或者金钱补偿等估值调整行为。当股份回购条件成就，公司及其内部股东、外部债权人之间的利益关系将会受到影响。

按照"大前提—小前提"的法律推理模型，在解决对赌协议争议时便会产生大前提如何适用、以何种路径调整的问题。回到对赌协议的普遍性约定，投资者取得的是可以回购的股权，是一种附条件履行的合同条款，与公司法既有规定的具备回购请求权的类别股并不相同，而且由于对赌协议多见于私募或风投领域，多是"定向增发"形式，换言之，条件成就时回购的股权在协议订立时已经特定化。公司融资通过对赌协议的设定，意图增加退出机制的灵活性，提高对潜在投资者的吸引能力，从其外观上观察，实际上是一种短期资金融通加之固定回购金额约定，法律性质上更像是一种利率、期限固定的债权融资。但是投资者与公司对赌，"赌"的却是公司经营目标，又体现出了一定的股东属性。换言之，对赌协议的利害关乎债权人和股东，自然进入公司法规制范畴，与公司治理有关，那么只有在不影响公司股东利益、公司内部治理的情况下，才得以寻求合同救济，完全按照合同约定履行。

在本案中，增资协议与对赌协议呈现出完全的分离表征，申请人向目标公司投资、申请人与被申请人对赌，两者仅通过"对赌条件"衔接起来。对赌协议作为合同当事人为了获得经济回报而经过充分商业考量所选择的解决方案，法律应从交易的本质出发对交易当事人的意思自治给予充分尊重。因此，与控股股东对赌关系上所呈现出的更多的契约属性，从而按照附条件合同的角度论述委托方在本案"对赌协议"项下的权利主要依据是双方当事人之间的自由合意，尊重当事人之间的自由合意是寻求公司治理程序瑕疵的重要突破口。同时，结合我国公司法有关股东身份取得采取登记对抗主义的观点，本案证据也足以体现出目标公司对申请人股东身份和权利的认可，进一步佐证案涉"对赌协议"所约定的对赌条件无需以完成工商变更登记作为标志，也暗合严格依合同约定判断对赌条款履行标准的思路。

此外，考虑委托方并未客观上成为登记股东，不存在股权回转的问题，在仲裁请求的设置上也突破常规"对赌"案件中要求回购股权的处理方式，而径行以要求支付回购款作为首要仲裁请求，使仲裁请求能够完全得到支持。最终仲裁庭得出委托方在完成增资款的缴纳后实质上已经取得了对应股权的结论，使得委托方在行使对赌协议约定股权回购权利的最重要、最基本前提条件得到满足，而有关对赌期限的起算亦顺理成章地以增资款缴付完毕之日起计算。

某国有企业与境外股东股权回购纠纷
香港国际仲裁中心仲裁案

——如何要求股东承担担保责任并在国际仲裁中保全对方财产？

汤旻利*

一、案情介绍

本案为香港国际仲裁中心（HKIAC）管理的股权回购纠纷国际仲裁案件，申请人为某国有企业，被申请人为境外企业，我们接受申请人委托，担任申请人代理律师。

（一）关键协议及条款

在 2014 年底①，本案申请人与包括被申请人在内的其他目标公司原股东、目标公司签署了《增资协议》以及《增资协议补充协议》，其中《增资协议》主要对申请人向目标公司增资的交割进程、批准和登记程序、公司治理、竞业禁止等有关事项进行了约定。《增资协议补充协议》主要包含申请人向目标公司增资的相

---

* 上海市锦天城律师事务所合伙人。
① 因仲裁案件严格保密，本案例中涉及的日期等信息均已做相应调整而非真实日期。

关交易条款，包括目标公司上市和申请人退出计划、批准和登记增资交易的程序、股权转让限制、目标公司清算及股东清算优先权、违约责任等。《增资协议》与《增资协议补充协议》均约定相关争议提交华南国际经济贸易仲裁委员会。

2016 年 10 月，申请人与被申请人、目标公司签署了《股权回购协议》，主要约定包括以下内容。第一条：目标价格 [①] = 增资本金 ×（1+ 投入年限 ×x%）。第二条：若目标公司在 2017 年 11 月前变更为股份有限公司并成功新三板挂牌上市，乙方（申请人，下同）所持目标公司股权解除锁定后，乙方可在股权系统自行出卖所持全部股股份。若卖出总价低于目标价格，则甲方（被申请人，下同）需补偿申请人的损失，具体补偿金额是目标价格与卖出总价的差额……鉴于甲方已作保底承诺，若卖出总价低于目标价格时，甲方有权按照目标价格优先购买乙方持有的全部股权。无论何种原因（国家政策及乙方自身原因除外）导致乙方无法实现按目标价格从目标公司退出全部股权的，由此造成的乙方目标价格与实际股权退出价格的差额损失由甲方赔偿。第三条：若乙方在股权解禁期后两个月内，仍无法在股权系统自行卖出所持目标公司全部股权，则乙方有权要求甲方以目标价格收购其持有的目标公司的全部股权，甲方须在乙方提出要求之日起 6 个月内按上述要求完成其持有的目标公司全部股权的收购。第四条：在不损害乙方在本协议项下其他任何权利的情况下，若甲方未能在本协议约定的期限之内将收购价款（或补偿金额）支付至乙方指定的银行账户，甲方同意向乙方支付违约金，该等违约金的金额应等于自逾期之日起至实际支付之日未付款项按每日千分之零点五的标准计算所得的金额。第五条：自本协议签订之日起……或者甲方寻找到第三方按目标价格收购乙方持有的全部股权……且在转让过程中没有其他不利于乙方的附加条件时，乙方拒绝或不予配合完成股权转让工作，则甲方不再承担保底责任。第九条：因履行本协议发生争议的，本协议各方应到香港国际仲裁中心，并按照提交仲裁通知时有效的《香港国际仲裁中心机构仲裁规则》裁决。

2017 年 6 月初，被申请人向申请人出具《担保函》，被申请人表示为确保实现《股权回购协议》项下申请人退出目标公司时的全部收益，被申请人出具该

---

① 因仲裁案件严格保密，相关价格信息已做涉密处理。

担保函，承诺以其持有的目标公司 x%[1] 的股份作为申请人退出目标公司时赔偿申请人权益损失的质押担保，并承诺在目标公司挂牌上市后 30 日办理该股权质押。《担保函》项下未约定争议解决条款。

（二）相关协议履行情况

2014 年底，申请人完成了其在《增资协议》以及《增资协议补充协议》下向目标公司出资的义务。

2016 年 12 月 9 日，目标公司完成股改。2017 年 10 月 18 日，目标公司成功在新三板挂牌上市。

2017 年 11 月，申请人要求被申请人履行回购义务和质押义务。自 2017 年至 2019 年间，申请人多次致函要求被申请人履行回购义务和质押义务，期间双方曾讨论、安排过如下事宜：

关于宽限期。申请人曾告知拟提供给被申请人一定宽限期，要求其在 2018 年 12 月底之前完成办理相关股权质押手续，宽限期由质押合同签署之日起算，相应期限期满后按照《股权回购协议》的约定退出。被申请人后续曾根据双方谈判向申请人数次发送《股权回购协议之补充协议》和《股权质押合同》草稿，其中提及宽限期，回购利率或为双方《股权回购协议》约定利率，或为更低的利率，并对回购价款的支付方式进行了不同约定，但双方最终并未签署该两份协议。

关于接盘方收购。被申请人曾向申请人发送一份报告，指出被申请人应申请人要求寻找第三方接盘，已落实某接盘方（未明确相关接盘方主体信息），希望申请人就退出投资事宜尽快决策。

为促成实现接盘，2019 年 1 月申请人委托评估机构对目标公司进行尽职调查，经被申请人催促，申请人 2019 年 4 月首次将目标股权进行公开挂牌转让，并将摘牌时间进行了推迟。

（三）仲裁的启动

因双方沟通未果，申请人委托我们代理本案仲裁。我们协助客户基于《股

---

[1] 因仲裁案件严格保密，故而相关持股比例进行了涉密处理。

权回购协议》以及《担保函》向 HKIAC 提起了仲裁，要求裁决被申请人：第一，以目标价格回购申请人所持有的目标公司全部股权；第二，支付违约金；第三，完成办理将其持有的目标公司 x%① 股权质押给申请人的手续；第四，承担因本案仲裁发生的相关费用，包括仲裁费、律师费及申请人因本案发生的其他开支、前述所有费用的利息以及仲裁庭认为合适的救济。

仲裁程序启动后，被申请人在程序与实体两方面都提出了抗辩。

就程序而言，被申请人提出管辖权异议，主张 HKIAC/ 仲裁庭对本案没有管辖权，其理由主要包括三点：第一，《增资协议》《增资补充协议》《股权回购协议》相互之间不能独立存在，而三份协议约定的仲裁机构不同（《增资协议》与《增资补充协议》约定华南国际经济贸易仲裁委员会，《股权回购协议》约定 HKIAC），根据《中华人民共和国仲裁法》(下称《仲裁法》) 第 4 条② 和最高人民法院《关于适用〈中华人民共和国仲裁法〉的若干问题的解释》(下称《仲裁法司法解释》) 第 5 条③，应视为双方当事人未就申请人退出目标公司股权相关争议的管辖达成一致仲裁条款；第二，HKIAC 和仲裁庭在对《股权回购协议》项下争议审理过程中将不可避免地对《增资协议》《增资补充协议》的相关条款进行审理，有可能涉及超裁的问题；第三，《担保函》下无仲裁条款且不能适用《股权回购协议》中的仲裁条款。

就实体问题，被申请人辩称：

第一，被申请人并未违反《股权回购协议》项下义务，不应承担相关违约责任：其一，《股权回购协议》第二条、第三条应解释为申请人在股权解禁后两个月内自行转卖是申请人向被申请人主张行使股权回购价款的先决条件，因此被申请人的股权回购义务尚未被触发；其二，因申请人没有履行相关配合义务，根据《股权回购协议》第五条，被申请人不再承担保底义务。

第二，对申请人提出的股权回购价款及违约金计算提出异议。

---

① 因仲裁案件严格保密，故而相关持股比例进行了涉密处理。

② 《仲裁法》第 4 条："当事人采用仲裁方式解决纠纷，应当双方自愿，达成仲裁协议。没有仲裁协议，一方申请仲裁的，仲裁委员会不予受理。"

③ 《仲裁法解释》第 5 条："仲裁协议约定两个以上仲裁机构的，当事人可以协议选择其中的一个仲裁机构申请仲裁；当事人不能就仲裁机构选择达成一致的，仲裁协议无效。"

第三，双方同意将质押登记手续时间延长，且申请人对股权质押登记存在过错，被申请人在《担保函》下无违约行为，不应承担违约责任。

第四，申请人不能同时主张被申请人履行股权回购义务并主张被申请人质押其持有的目标公司股权。

第五，不承担申请人因本案仲裁发生的费用，并提出被申请人因本案仲裁发生费用的主张。

（四）财产保全

在仲裁提起过程中恰逢《最高人民法院关于内地与香港特别行政区法院就仲裁程序相互协助保全的安排》正式生效，我们第一时间协助客户根据该安排成功冻结了被申请人持有的目标公司（内地公司）股权。

二、争议焦点

本案系涉及多份关联交易文件且不同交易文件的争议解决条款约定不一致的股权回购纠纷国际仲裁案件，双方在程序与实体上均存在争议。本案的争议焦点和难点如下：

（1）本案是否应当由 HKIAC 管理且仲裁庭是否对本案有管辖权？

本案涉及四份主要交易文件，前期的《增资协议》《增资协议补充协议》约定的仲裁条款指向华南国际经济贸易仲裁委员会，《股权回购协议》约定的仲裁条款指向 HKIAC，而《担保函》下无仲裁条款。考虑到客户的核心诉求是要求对方履行《股权回购协议》以及《担保函》项下的回购及质押义务，因此我方势必需要基于《股权回购协议》以及《担保函》提出相关主张，而本案 HKIAC/仲裁庭对于《股权回购协议》以及《担保函》项下争议是否有管辖权则成为首先要解决的问题。

（2）被申请人在履行《股权回购协议》中是否存在违约行为？如是，其在《股权回购协议》项下应该承担何种违约责任？

被申请人在《股权回购协议》中是否违约是本案最为核心的实体争议焦点与难点。由于《股权回购协议》中对相关回购义务条款（尤其是被申请人回购义务触发条件、回购义务可以不再承担的情形等）的约定存在一定解释空间，双方对于相关条款的解释持不同意见，进而引出更多细节的争议点，包括：第一，被申请人在《股权回购协议》是否有回购义务，该等义务的触发条件是否满足？第二，被申请人在《股权回购协议》承担股权回购义务的前提是否为申请人必须先行尝试卖出其所持有的目标公司股权？第三，申请人在《股权回购协议》下是否负有配合股权回购的义务？如是，申请人是否履行了此等义务？如申请人未履行，是否导致被申请人不再承担股权回购义务？

此外，双方对于被申请人如果违反《股权回购协议》应承担何种违约责任、《股权回购协议》下的目标价格及违约金的计算方式亦存在争议。

（3）被申请人是否违反其在《担保函》下的义务？如是，其在《担保函》项下应该承担何种违约责任？

相较于《股权回购协议》，《担保函》关于被申请人办理股权质押登记的义务约定比较明确，双方关于此项争议的焦点主要集中在实际履行过程中双方是否变更股权质押登记办理期限，申请人对股权质押登记手续未完成是否存在过错，以及被申请人如构成违约（不能履行非金钱债务），应承担何种违约责任。

（4）申请人能否同时主张被申请人履行股权回购义务并主张被申请人质押其持有的目标公司股权？

本案下申请人同时要求被申请人履行股权回购义务并质押其持有的目标公司股权，被申请人以申请人可能会双重受偿等理由提出抗辩，认为申请人在二者中只能择一主张。

三、法律分析

本案下我们通过严密的事实梳理以及充分的法律检索，厘清了多份历史交易文件下各自的关系、核心条款以及双方实际履行过程中的关键内容，并找到支持我方论点的决定性有利法律依据。由此，在程序与实体两方面均形成了完善的论证，包括从程序上论证 HKIAC/ 仲裁庭对本案有管辖权，从实体上逐步论证被申请人违反《股权回购协议》及《回购函》项下义务、应承担支付股权回购价款、违约金、完成办理股权质押登记等违约责任，并承担申请人就本案仲裁所发生的费用等。具体而言：

（1）本案应当由 HKIAC 管理且仲裁庭对本案有管辖权。

第一，《仲裁法司法解释》第5条不适用于本案。《仲裁法司法解释》第5条适用的条件是相同当事人在同一仲裁协议中约定两个以上的仲裁机构的情形。本案中，《增资协议》《增资补充协议》《股权回购协议》在签订主体、涉及的标的、协议当事人的权利义务三个方面均不相同，其各自约定的仲裁条款应视为三个不同的仲裁协议。

第二，《增资协议》《增资补充协议》《股权回购协议》相互独立可分，三份协议分别约定仲裁条款并不矛盾。从形式上，三份协议当事人不同，形式相互独立可分；而从实体而言，《增资协议》及《增资协议补充协议》是对申请人向目标公司增资以及增资后的公司治理、股东权利等事项，而《股权回购协议》是关于被申请人回购申请人股权的预约，实质不同，内容亦独立可分，且《股权回购协议》已对申请人退出目标公司进行了独立约定，《增资协议》有关申请人退出目标公司的约定不再适用。

第三，仲裁庭在对《股权回购协议》项下争议进行审理的过程中，无需对《增资协议》《增资补充协议》中的条款进行实质性审理，且即使审阅也仅作为案件背景材料及事实证据来审阅。

第四，案涉《担保函》构成单方允诺而非独立合同，应当适用引发此单方允诺行为的《股权回购协议》下的仲裁条款。

第五，即便案涉《担保函》构成独立的合同，结合《最高人民法院仲裁法司法解释的理解与适用》以及《最高人民法院关于适用〈中华人民共和国担保法〉若干问题的解释》(下称《担保法司法解释》)第129条说明，在债务人自身提供的担保合同、主合同有仲裁条款而担保合同没有仲裁条款也没有提出适用主合同中的仲裁条款的情形下，有观点认为可以认为主合同的仲裁条款对担保合同具有约束力。鉴于本案的《担保函》由作为债务人的被申请人自身提供，因此应当适用主合同的仲裁条款，即《股权回购协议》的仲裁条款。

（2）被申请人违反《股权回购协议》项下义务，应承担继续履行《股权回购协议》(即按照目标价格支付股权回购价款并支付约定违约金)的违约责任。

第一，根据《股权回购协议》第三条，在股权解禁期后两个月内申请人没有义务自行在股转系统中卖出其所持有的目标公司股权。申请人有权在尚未尝试自行转卖股权的情况下要求被申请人回购，被申请人应当自收到申请人提出的要求之日起 6 个月内按照目标价格回购申请人所持的全部股权。

第二，根据《公司法》第 141 条 ① 对应的一年股权锁定期，本案目标股权的解禁日应为目标公司完成股改之日起一年，相关解禁日期已届满，且申请人已按约向被申请人发函，被申请人的回购义务因此触发，而被申请人至今未履行回购义务，已构成违约。

第三，对《股权回购协议》第二条的合理解释应为申请人有权在自行转卖或直接要求被申请人承担回购义务中选择；自行转卖不是要求被申请人承担回购义务的前提条件。一方面，第二条的文义是申请人"可以"在股转系统卖出股份，此为权利，而非义务；另一方面，在双方合同履行过程中，被申请人从未主张申请人必须先尝试自行卖出股份，说明双方真实意思表示是被申请人的回购义务不以申请人先行转卖股份为前提。

第四，从双方就"宽限期"、寻找第三方接盘、达成拟定的《股权回购协议补充协议》等多轮往来中看出，双方共识是申请人没有自行寻找第三方接盘的义务，而应该由被申请人负责，至于申请人在 2019 年 4 月将目标股权首次挂牌，亦不代表申请人认可其有义务挂牌，而是为了达成拟定的《股权回购协议补充协议》的前提条件。

第五，根据《股权回购协议》第五条，申请人虽然负有一定的配合股权回购的义务，但该义务的前提是仅当无不利于申请人利益的附加条件时，申请人才应当配合被申请人的工作，但被申请人提出的补充条款不利于申请人，增加申请人投资风险，且在申请人作出诸多让步后（包括宽限期、拟同意被申请人分期支付投资利益、延长挂牌时间等）被申请人依然未能履行其回购义务。

第六，关于投资收益的计算：应该严格按照《股权回购协议》第一条计算，约定的目标价格计算仅与申请人投资年限有关，包括和解谈判与本案仲裁程序

---

① 《公司法》第 141 条："发起人持有的本公司股份，自公司成立之日起一年内不得转让。公司公开发行股份前已发行的股份，自公司股票在证券交易所上市交易之日起一年内不得转让。公司董事、监事、高级管理人员应当向公司申报所持有的本公司的股份及其变动情况，在任职期间每年转让的股份不得超过其所持有本公司股份总数的百分之二十五；所持本公司股份自公司股票上市交易之日起一年内不得转让。上述人员离职后半年内，不得转让其所持有的本公司股份。公司章程可以对公司董事、监事、高级管理人员转让其所持有的本公司股份作出其他限制性规定。"

进行期间。

第七，关于违约金的计算：违约金起算日期应为申请人首次致函要求被申请人支付回购股权转让价款之日起 6 个月，且双方约定的违约金相当于年利率 18.25%，未超过《最高人民法院关于审理民间借贷案件适用法律若干问题的规定》(法释〔2015〕18 号)(《2015 年民间借贷司法解释》) 第 26 条 ① 规定的 24% 参考线，不属于约定过高的情形。

综上，根据《中华人民共和国合同法》(下称《合同法》) ② 第 107 条 ③、第 109 条 ④ 以及第 114 条 ⑤，被申请人应当承担继续履行《股权回购协议》并支付约定违约金的违约责任。

（3）被申请人违反其在《担保函》下的义务，申请人可以同时主张被申请人履行股权回购义务并主张被申请人按照《担保函》的约定质押其持有的目标公司股权。

我方主张申请人有权依据《担保函》要求被申请人在相关期限内办理股权质押登记手续，且被申请人未举证证明任何《合同法》第 110 条 ⑥ 下不能履行非金钱债务的例外情形。

---

① 《2015 年民间借贷司法解释》第 26 条："借贷双方约定的利率未超过年利率 24%，出借人请求借款人按照约定的利率支付利息的，人民法院应予支持。

借贷双方约定的利率超过年利率 36%，超过部分的利息约定无效。借款人请求出借人返还已支付的超过年利率 36% 部分的利息的，人民法院应予支持。"

② 申请人提起本案仲裁时《民法典》尚未施行，本案适用《合同法》有关规定。

③ 《合同法》第 107 条："当事人一方不履行合同义务或者履行合同义务不符合约定的，应当承担继续履行、采取补救措施或者赔偿损失等违约责任。"

④ 《合同法》第 109 条："当事人一方未支付价款或者报酬的，对方可以要求其支付价款或者报酬。"

⑤ 《合同法》第 114 条："事人可以约定一方违约时应当根据违约情况向对方支付一定数额的违约金，也可以约定因违约产生的损失赔偿额的计算方法。

约定的违约金低于造成的损失的，当事人可以请求人民法院或者仲裁机构予以增加；约定的违约金过分高于造成的损失的，当事人可以请求人民法院或者仲裁机构予以适当减少。

当事人就迟延履行约定违约金的，违约方支付违约金后，还应当履行债务。"

⑥ 《合同法》第 110 条："当事人一方不履行非金钱债务或者履行非金钱债务不符合约定的，对方可以要求履行，但有下列情形之一的除外：（一）法律上或者事实上不能履行；（二）债务的标的不适于强制履行或者履行费用过高；（三）债权人在合理期限内未要求履行。"

而且，我方主张申请人要求被申请人同时承担《股权回购协议》和《担保函》下的继续履行义务并不矛盾，《担保函》的目的是保障《股权回购协议》的权利的实现。

四、裁判结果 //////////////////////////////////

仲裁庭认为：

（1）关于本案管辖权的问题。

仲裁庭主要对当事人之间四份协议（即《增资协议》《增资补充协议》《股权回购协议》《担保函》）是否相互独立、仲裁庭对《股权回购协议》及其项下争议是否具有管辖权，仲裁庭对《担保函》及其项下争议是否具有管辖权三个方面展开分析，认为：

首先，当事人之间的四份协议相互独立。当事人之间的四份协议虽然源于申请人向目标公司增资这一交易，但内容和形式上是各自独立，四份协议的相互独立关系体现在以下两个方面：第一，当事人主体不同；第二，协议内容上具有独立性，主要体现为《增资协议》不包含申请人退出目标公司的约定，《增资协议补充协议》约定了目标公司未能实现上市时申请人及目标公司的权利义务，《股权回购协议》进一步就申请人退出进行了补充约定，而在《担保函》中仅约定被申请人就申请人退出时的实际所得权益与申请人全部权益差额提供股权质押担保。

其次，仲裁庭对于《股权回购协议》及其项下争议具有管辖权。在认定当事人之间四份协议相互独立的基础上，仲裁庭认为被申请人援引的《仲裁法司法解释》第 5 条不适用于本案，并根据《仲裁法》第 4 条 ① 和第 16 条 ②，结合《股权回购协议》项下明确表达了仲裁意愿和仲裁事项，并选定 HKIAC 为仲裁机构，最终认定仲裁庭对于《股权回购协议》及其项下争议具有管辖权。

------

① 《仲裁法》第 4 条："当事人采用仲裁方式解决纠纷，应当双方自愿，达成仲裁协议。没有仲裁协议，一方申请仲裁的，仲裁委员会不予受理。"

② 《仲裁法》第 16 条："仲裁协议包括合同中订立的仲裁条款和以其他书面方式在纠纷发生前或者纠纷发生后达成的请求仲裁的协议。仲裁协议应当具有下列内容：（一）请求仲裁的意思表示；（二）仲裁事项；（三）选定的仲裁委员会。"

最后，仲裁庭对于《担保函》及其项下争议具有管辖权。仲裁庭认为本案中的特定事实是《担保函》中被申请人以其持有的目标公司股权质押为申请人的增资提供担保，被申请人在签署《担保函》时知晓或理应知晓《股权回购协议》的仲裁条款，并且被申请人没有在《担保函》中明确排除《股权回购协议》的仲裁条款的适用。因此可以合理地推定双方当事人的真实意思是《股权回购协议》的仲裁条款适用于《担保函》。仲裁庭认为申请人援引的《最高人民法院仲裁法司法解释的理解与适用》一书中的观点体现了对相关司法实践的总结，具有借鉴意义。因此，仲裁庭认为对《担保函》及其相关争议应当具有管辖权。

综上，仲裁庭基本上采纳了申请人的观点，驳回了被申请人的管辖权异议。

（2）关于被申请人是否违反《股权回购协议》项下义务，以及如果违反，其应承担何种违约责任的问题。

针对该问题，仲裁庭分别从《股权回购协议》和《担保函》的解释、被申请人是否违约以及被申请人承担的违约责任三个方面展开分析。

① 关于对《股权回购协议》和《担保函》的解释。

仲裁庭认为，根据《合同法》第 125 条，"当事人对合同条款的理解有争议的，应当按照合同所使用的词句、合同的有关条款、合同的目的、交易习惯以及诚实信用原则，确定该条款的真实意思"。

仲裁庭首先从文义解释角度解释双方在《股权回购协议》下各自的义务负担和风险分配。

针对《股权回购协议》第二条。仲裁庭结合该条"乙方可在股权系统自行出卖所持全部股份"以及"鉴于甲方已作保底承诺……无论何种原因（国家政策及乙方自身原因除外）导致乙方无法实现按目标价格从目标公司退出全部股权的，由此造成的乙方目标价格于实际股权退出价格的差额损失由甲方赔偿"，认为"可"的字面意思是转卖股权是申请人的权利而非义务，且本条明确被申请人在《股权回购协议》下做出的是"保底承诺"，因此该第二条从字面含义理解应为申请人在本条项下可以选择是否自行转卖股权；如果申请人确实自行转卖股权，但转卖价格与其目标价格之间如有任何差距，均应由被申请人补偿；如果申请人不自行转卖股权（即转卖价格为零），被申请人应当全额支付目标价格。

针对《股权回购协议》第三条。仲裁庭结合该条"若乙方在股权解禁期后二个月内，仍无法在股权系统自行卖出所持目标公司全部股权，则乙方有权要求甲方以目标价格收购其持有的目标公司的全部股权……"认为前述"仍"和"则"之间在文义上存在条件与结果的逻辑关系，即只有申请人在股权解禁期后两个月内无法在股转系统自行卖出所持股权的前提下，申请人方才有权要求被申请人按照目标价格收购其持有的目标公司的全部股权。

因此，仲裁庭认为前述第二条与第三条的文义含义存在冲突，仲裁庭进一步从整体解释、目的解释、习惯解释和诚信解释等角度进行分析，具体如下：

一方面，从整体的角度，《股权回购协议》第二条和第五条均提到被申请人的"保底"承诺，被申请人在《担保函》中也承诺担保补偿申请人投资退出时实际所得权益与申请人全部权益的差额部分，且双方往来函件中也多次提到"保底"的说法，可见当事人的真实意思是被申请人向申请人承诺在任何情况下申请人在退出目标公司时都能够获得年利率单利 x%① 的收益。这一解释既符合第二条的字面含义，也符合双方的交易背景、对投资风险承担的预期。

另一方面，从诚信角度，双方自愿平等缔结合约，并且申请人所获的收益处于正常商业活动的合理范围内，不违反公序良俗原则或诚实信用原则。

综上，仲裁庭采纳了申请人的主张，认为申请人在股权解禁后两个月内自行转卖不是申请人向被申请人主张行使股权回购价款的先决条件。

② 被申请人是否违约。

仲裁庭认为，在论证申请人在股权解禁后两个月内自行转卖不是申请人向被申请人主张行使股权回购价款的先决条件的基础上，判断被申请人是否违约的关键点在于其是否可以基于《股权回购协议》第五条不再承担相应保底责任。

《股权回购协议》第五条约定，"自本协议签订之日起……或者甲方寻找到第三方按目标价格收购乙方持有的全部股权……且在转让过程中没有其他不利于乙方的附加条件时，乙方拒绝或不予配合完成股权转让工作，则甲方不再承担保底责任"。

仲裁庭认为，纵观双方多轮磋商，被申请人从未提出过与《股权回购协议》

---

① 因仲裁案件严格保密，相关利率已做涉密处理。

和《担保函》相同的股权回购条件，而任何不足以保证申请人获得同等补偿或保障的条件均应属于"不利于"申请人的附加条件。且被申请人自身也曾表示和解谈判、磋商不影响申请人在合同下主张权利。因此被申请人依然负有按照《股权回购协议》支付股权回购价款的义务，被申请人至今未履行相关义务，构成违约。

③ 被申请人应承担何种违约责任。

仲裁庭认为，根据《合同法》第 107 条 [①]，申请人有权要求被申请人继续履行其合同义务，即支付股权回购价款以及违约金。其中：第一，关于股权回购价款的计算，仲裁庭认为，整体考虑案涉四份协议的文义和双方的真实交易目的后，双方当事人的合同本意是由申请人向目标公司增资，并享受合同约定的期间内的投资收益。《股权回购协议》第一条"投入年限"并不是一个无限延续的时间段，而是一个合同约定的时间段，即自申请人完成出资之日起，至申请人在股权解禁后要求被申请人在 6 个月（该 6 个月可称为"回购准备期"）之内回购股权的期限届满止。在此基础上，仲裁庭根据《股权回购协议》第一条计算了相应的股权回购价款，该等金额大约为申请人仲裁请求的回购价款金额的94%。第二，关于违约金的计算，仲裁庭首先采纳了申请人的意见，认为《2020年民间借贷司法解释》不适用于本案，而仍以《2015 年民间借贷司法解释》规定的年利率 24% 作为认定本案逾期付款违约金是否过高的参考标准，最终认定本案违约金并不存在过高的情形。关于违约金具体如何计算，仲裁庭认为，在前述"回购准备期"内，被申请人尚不构成违约，不涉及违约金，如被申请人在上述期限届满后仍不履行其回购义务、支付股权回购价款，即为被申请人违约，申请人自其次日起可依据《股权回购协议》第四条主张每日千分之零点五的违约金。

（3）关于被申请人是否违反其在《担保函》下的义务，以及如果违反，其在《担保函》项下应该承担何种违约责任的问题。

针对该问题，如前述争议焦点 2 的分析，仲裁庭认为被申请人至今未办理

---

① 《合同法》第 107 条："当事人一方不履行合同义务或者履行合同义务不符合约定的，应当承担继续履行、采取补救措施或者赔偿损失等违约责任。"

《担保函》下的股权质押登记手续，构成违约，申请人有权要求被申请人承担继续履行义务。

此外，仲裁庭采纳了申请人主张，认为被申请人未举证证明其存在《合同法》第110条下不能履行非金钱债务的例外情形，认定被申请人有义务按照《担保函》相关约定履行质押手续。

（4）关于申请人能否同时主张被申请人履行股权回购义务并主张被申请人质押其持有的目标公司股权的问题。

针对该问题，仲裁庭采纳了申请人主张，认为要求被申请人同时承担《股权回购协议》和《担保函》下的继续履行义务并不矛盾；至于被申请人主张的申请人已采取财产保全措施，由具体的内地法院在执行程序中予以处理，在本案中不进行讨论。

（一）裁判结果

仲裁庭认定被申请人违反《股权回购协议》及《担保函》项下义务，裁决被申请人向申请人支付股权回购价款（该等金额大约为申请人仲裁请求的回购价款金额的94%）、支付违约金、支付申请人律师费的90%，本案仲裁费的90%并全额承担申请人因本案花费的差旅费；被申请人在收到本案裁决之日起30个自然日内，完成办理将其持有的目标公司 x%[①] 股权质押给申请人的手续。

（二）案件亮点

本案涉及跨境担保、上市公司股权回购、主从合同间仲裁协议效力、国际仲裁中的财产保全等诸多复杂法律问题，且涉及程序及实体两方面的争议与协调操作。

在程序方面，我们在查阅大量案例及法条后找到最高人民法院的论著，由此获得了决定性的有利依据。此外，我们还及时通过当时刚刚生效的《关于内地与香港特别行政区法院就仲裁程序相互协助保全的安排》，协助客户向内地法院申请财产保全，冻结外方投资者持有的内地公司股权。

---

① 因仲裁案件严格保密，故而相关持股比例进行了涉密处理。

在实体方面，本案也涉及多个历史交易文件及此类交易文件实际履行过程中错综复杂的相互关系。我们在厘清相关合同约定及历史履行过程的前提下，从中定位了最核心的条款与义务，由此协助仲裁庭不为无关背景所干扰、作出了正确的裁判。

仲裁庭在最终裁决中，几乎全部支持了申请人的所有仲裁请求，并在费用承担上，裁决被申请人支付申请人律师费、本案仲裁费比例高达 90%，申请人在本案仲裁中大获全胜且因提前采取的保全措施，使得被申请人及时履行了裁决，对国有资产的维护具有重大意义。

某奥地利企业与某中国香港企业国际贸易合同纠纷中国国际经济贸易仲裁委员会仲裁案

——在合同未明确约定的情况下如何结合国际贸易模式和案件背景，适用法律解释合同条款？

汤旻利 *

一、案情介绍

本案为中国国际经济贸易仲裁委员会（CIETAC）管理的跨境呼吸机采购纠纷涉外仲裁案件，申请人为某中国香港贸易企业，被申请人为某奥地利企业，我们担任被申请人代理律师。

（一）《销售合同》关键条款

在 2020 年全球疫情期间①，被申请人（合同买方）与申请人（合同卖方）

---

* 上海市锦天城律师事务所合伙人。

① 因仲裁案件严格保密，本案例中涉及的日期、价格、金额、主体等信息均已做相应调整而非真实信息。

签订了涉案呼吸机的《销售合同》，其下重要条款包括但不限于：

第 1 条及第 2 条：申请人向被申请人提供 100 台北京某公司生产的呼吸机（贸易条件为：FOB）

第 7 条：目的港为某北美国际机场

第 8 条：装运期为最早可能的日期

第 9 条：付款条件是货款应由买方在合同签订后一日内，按合同总价 100% 支付到卖家账户。

第 15 条：该合同受中华人民共和国的法律管辖，并按其进行解释。一切因合同引起的或与合同有关的争议，如果可能，应通过友好协商解决。如果协商不能解决，任何一方都可以提出仲裁。仲裁地点为中华人民共和国北京，仲裁均应提交中国国际经济贸易仲裁委员会，按照申请仲裁时该会现行有效的仲裁规则，由申诉一方选择由该会在北京或由该会深圳分会在深圳或由该会上海分会在上海进行仲裁。仲裁裁决是终局性的，对双方均有约束力。仲裁费用由败诉方承担。

（二）《销售合同》履行情况

2020 年 5 月 20 日，被申请人如约向申请人支付 100% 合同总价。同日，被申请人向申请人表示由于呼吸机将发往某北美国家，需要符合美国标准，申请人明确表示知晓最终目的地并确认可以提供符合美国标准的呼吸机。

2020 年 5 月 21 日开始，被申请人的项目负责、某北美国家政府沟通人、申请人代表人员共同加入 Whats App 群聊小组，就《销售合同》的实际履行事宜进行持续沟通。

5 月 23 日至 29 日期间，被申请人与申请人多次沟通表示时间的急迫性，申请人先是承诺可于 5 月 27 日从工厂提货，并于 5 月 29 日发货，后于 5 月 24 日，申请人出具了收件人为某北美国家政府（涉案呼吸机的最终接受方）的正式函件，其下写明其承诺交货截止日期为 2020 年 6 月 2 日。但是直到 5 月 29 日，申请人才告知被申请人涉案呼吸机预计于 6 月 17 日才可由上海某机场发货。在此期间，被申请人多次要求申请人发货，并且表示承受了来自某北美国家政府的巨大催货压力，此时距离合同签订已过数周，此种缓慢发货速度与合同下高昂的价格不相匹配，且该北美国家政府不能接受如此延迟，需要尽快安排发货。

6月3日至7日间，被申请人多次催促申请人，表示时间紧迫并提出若申请人无法在6月15日之前发货，则解除合同并要求申请人退款，申请人表示知晓并保证积极推动。

6月11日，申请人表示最早的发货日期是6月25日，被申请人随即提出无法接受该发货日期，并要求退款。申请人表示对于无法按时发货表示抱歉，并愿意沟通退款事宜。

6月14日，申请人告知被申请人，由于申请人无相关医药设备的进出口资质，故而需要通过具备资质的上海某公司（下称"上海公司"）方可从北京某公司（下称"北京公司"）处购买呼吸机。

6月16日至20日期间，被申请人表示由于申请人无法按时发货，订单已经被某北美国家政府取消，并通过聊天信息以及电子邮件的方式正式向申请人主张解除合同、要求退款。

6月28日至30日期间，申请人又试图联系被申请人，表示可以向被申请人提供符合欧洲标准的呼吸机。被申请人当即表示双方早在履行之初就已明确必须是美国标准，且欧洲标准根本无法在该北美国家使用（欧洲标准的插头、端口及电压均与美国标准不同），故而无法接受申请人的提议。

（三）仲裁的启动及被申请人的反请求

基于《销售合同》，申请人于2021年向CIETAC提起仲裁，要求裁决：第一，被申请人立即履行合同，向申请人提供承运人和交货接收方的信息，并将相应货物提走；第二，被申请人向申请人支付仓储保管费；第三，本案仲裁费由被申请人承担。

仲裁程序启动后，临近该案开庭几天之际，被申请人委任了我们担任其代理人。我们临危受命，协助被申请人在短时间内向CIETAC提交送达异议、申请重新选定仲裁员、申请延期提交仲裁文书、申请延期开庭等，并且在对案情进行详细的梳理后，协助被申请人针对申请人提起了仲裁反请求，请求裁决：第一，申请人与被申请人于2020年签订的关于呼吸机的《销售合同》于2020

年 6 月 16 日已解除；第二，申请人退还货款，并支付该款项的利息损失；第三，申请人承担因其违约而给被申请人造成的损失，并支付该款项的利息损失；第四，申请人承担本案仲裁费及被申请人的律师费等支出。

二、争议焦点

本案在程序及实体两方面均存在争议。就程序而言，主要是被申请人的相关送达的地址存在细微瑕疵，我们通过细致查证后发现了该瑕疵并通过列举中国法律与奥地利法律关于送达的相关法律法规和案例等，以证明相关送达并非有效送达，从而成功提出送达异议，并由此为被申请人争取到重新选定仲裁员（边裁）及提出反请求的机会。限于篇幅，就该程序争议在本文中不再详述。本案的实体争议焦点和难点主要包括：

（1）《联合国国际货物销售合同公约》（CISG）是否适用于本案？

明确本案的法律适用是讨论本案下合同履行、申请人是否违约，以及违约责任承担的基础和出发点。本案下，申请人为中国香港公司，被申请人为奥地利公司，根据 CISG 第 1 条第（1）款的规定，CISG 适用于营业地在不同国家当事人之间所订立的货物销售合同，且本案中双方当事人并未在《销售合同》中明确排除 CISG 的适用，故本案存在适用 CISG 的可能。因此本案的第一个关键点即为本案《销售合同》的适用法问题——CISG 是否适用本案？

（2）如何在合同并未明确约定的情况下，解释关键合同条款以确认申请人的义务？

本案下，双方就合同的状态存在争议：申请人主张其已经按约履行合同，要求被申请人履行提货义务，从而继续履行合同；被申请人则主张申请人已经违约，其已经解除合同，要求申请人退还货款并且承担赔偿责任。

由此可以看出，双方争议的焦点根本上在于：申请人在合同下的义务为何。该问题是评判申请人是否违约、被申请人是否有权解除合同、申请人是否有权要求被申请人履行合同的出发点。

但本案的难点恰恰在于，由于本案下《销售合同》中对于卖方义务（即申请人义务）描述得较为模糊，特别是针对卖方的两个核心义务条款：交付呼吸机的规格、交付呼吸机的时间，《销售合同》都没有做出非常明确具体的约定，因此，如何在合同并未明确约定的情况下，如何解释合同条款从而清晰明确地界定卖方义务范围成了本案论证申请人是否违约的关键问题。

（3）本案违约责任如何确定？

在解决了第二个争议焦点之后，本案下双方的进一步争议为：若本案下申请人违约，申请人的违约责任应当如何确定？

具体而言，在现有合同框架和法律适用下，被申请人可以主张的违约赔偿责任是被申请人因申请人违约所造成的损失，包括履行合同后可以获得收益，但不得超过违反合同一方订立合同时预见到或者应当预见到的因违反合同可能造成的损失。那么被申请人主张的应退货款的利息损失、转售差额的利润等是否落入了该违约赔偿责任范围内？另外，《销售合同》下关于对申请人赔偿责任限制的条款是否适用于本案下申请人应承担的违约责任？

三、法律分析

本案下我们通过对于法律适用的严格把握，对于国际贸易模式和案件具体背景的考虑，对于证据的全盘细致梳理，在合同无明确约定的情况下，从争议焦点着手，逐步构建出双方对于货物交货期限和交货规格的具体约定（即申请人的义务），论证申请人已构成延期交货违约，进一步主张被申请人有权解除合同并且要求赔偿损失。具体而言：

（1）针对当时 CISG 是否适用于香港特别行政区的问题，参考当时香港特别行政区政府律政司的相关观点，提出 CISG 不适用于本案。

本案下，案涉《销售合同》签订的时间为 2020 年，申请人为中国香港公司、被申请人为奥地利公司。虽然中国为 CISG 的成员国，但由于历史遗留问题，当时学界及实务界就 CISG 是否也应同时适用于香港特区仍存在不同看法。由于尚未有最终定论，我们认为可以参考当时香港特区律政司的相关观点，即当时 CISG 尚未正式适用于香港特区，故而 CISG 也不应适用于本案。

此外，就《销售合同》的法律适用，我们主张本案争议发生时《中华人民共和国民法典》(下称《民法典》) 尚未生效，但根据《最高人民法院关于适用〈中华人民共和国民法典〉时间效力的若干规定》第 2 条的规定 "民法典施行前的法律事实引起的民事纠纷案件，当时的法律、司法解释有规定，适用当时的法律、司法解释的规定，但是适用民法典的规定更有利于保护民事主体合法权益，更有利于维护社会和经济秩序，更有利于弘扬社会主义核心价值观的除外"，应基于"从旧兼从利"原则适用《中华人民共和国合同法》(下称《合同法》) 及《民法典》。

（2）结合国际贸易模式和案件背景，在合同未明确约定的情况下，解释合同核心条款，还原当事人真实意思表示以界定申请人的义务。

本案下，我们主张申请人主要存在两个违约行为：于呼吸机交货期限未能按约发货、提供的呼吸机规格不符合约定。但本案合同下对于这两个关键问题都并未明确规定，因此，我们根据基于国际贸易的通常交易模式和本案的特殊背景，界定和厘清了双方约定的呼吸机交货期限和呼吸机规格：

第一，双方约定的呼吸机交货期限。

我们通过列举本案交易有别于常规国际贸易模式的反常之处，主张双方已认可，合同下约定的"最早可能发货日期"的解释是申请人"尽最大诚信义务以调取市场上的现货并极速发货"。

首先，我们通过对本案下国际贸易买卖交易模式的观察，主张在此类交易的常规实践中，由于当事人位于不同国家且不少情况下仅通过电讯往来，买卖双方往往通过分期付款、分批发货的方式进行交易，以此制衡买卖双方、降低由信用问题而导致的风险。然而，本案的交易过程却极其反常——在本案交易之前，本案当事人之间从未有过任何过往交易且从未有过任何当面接触，而本案呼吸机的单价极高，足足高出当时的呼吸机市场价 3 倍有余。面对超出市场价 3 倍有余的价款、如此陌生的首次交易相对方，被申请人作为买方却愿意在合同签订后一日内即一次性支付合同全款。此类行为在国际贸易中极其罕见，且有悖于贸易主体的惯常操作。而此类反常的交易模式已经可以充分反映出一个事实：被申请人一次性支付高额全款货款的对价、购买的不仅仅是呼吸机本身，必定存在其他因素使得被申请人愿意接受如此反常的交易模式及价款，即发货时间的紧迫性。

其次，我们提出，任何一个买卖合同下买方支付的价款与卖方提供的货物或服务之间都存在对价关系，更高的价款必然对应价值更高的货物或服务。在不少买卖合同关系下，卖方提供的不仅仅包括直观可见的货物或服务，往往还包含着"附加值"：被申请人以出租车和公交车两种不同的运输服务举例：出租车的运输买卖合同关系下，乘客不仅仅购买了运输服务，还购买了"更少的时间"这一"附加值"，出租车车费高出公交车车费的部分所对应购买的即"用更少的时间到达目的地"之附加值。出租车的例子与本案非常类似——被申请人支付高额价款中高于市场价的部分所对应的即为申请人承诺给予的"附加值"：申请人应在短时间内发货。这在合同签订之时就已得到当事人双方的认可，故而在合同下双方约定发货时间为"最早可能的日期"。

再次，我们通过对本案的市场交易背景进行梳理，还原了当时特殊市场背景下当事人双方对于交货的急切性的共识，从而提出"最早可能的日期"的正确解释是发货的急迫性——申请人应在极短时间内、尽最大诚信义务调取市场上的现货并极速发货。基于前述分析可知，在订立本案合同时，当事人已经对交货的急迫性有足够的认识。此类急迫性体现在：其一，本案异于常规国际贸易的异常交易模式。其二，从交易当时的市场背景可见，对于医疗器材的急迫需求已被任何一个普通人所明知，本次销售合同的目的不是按照常规询价或生产流程购买呼吸机，而是在疫情的紧急情况下，卖方应于市场上尽一切可能紧急搜寻现货并交付。此外，合同的签订双方都是经验丰富的商人，商人对交易的风险和收益都是经过精打细算的，故双方对于相应高昂购买价格的对价以及该等对价购买的附加服务都是有清楚认知的。本案中，显然只有将"最早可能的日期"解释为"尽最大诚信义务以调取市场上的现货并极速发货"，才能做到权利与义务对等、风险与收益成比例，最为符合双方当事人当时内心真实的意思表示。且我们基于双方之间的书面沟通也进一步验证——在合同签订后，双方对"最早可能时间"进行了进一步明确，均知晓其紧迫性。因此，当事人双方明确知道"最早可能的日期"代表着尽最大的诚信义务履行极其急迫的发货需求，且当事人双方之后以书面形式对发货日期进行了明确，故由此可见，被申请人最终给出发货宽限期是不得晚于 2020 年 6 月 15 日。

最后，我们通过对申请人证据的分析，提出其迟延发货的原因是其企图赚取巨额利润，从而罔顾被申请人合理的发货时间要求，进一步强调被申请人的行为违背诚信且严重违约。从前述分析可以看出，申请人有义务最晚于 2020 年 6 月 15 日向被申请人发送呼吸机，然而其未能按约发货，实属违约。虽然申请人试图主张其未能发货的原因是当时市场找不到符合要求的呼吸机。然而，我们指出申请人的此种说法无任何证据支持，且与其自身提供的证据相矛盾。事实上，在整个履约过程中，申请人企图赚取巨额利润才是其无法按时发货的原因。申请人证据显示，若按其计划通过常规订购的方式订购呼吸机（交货排期在其订购时已经明确显示要到半年之后）并且出售给被申请人，可获得的利润高达70%。可见，在履约过程中，尽管被申请人多次催促，申请人仍旧不愿意为完成合同目的而减少自己的巨额利润，拒绝让出利润空间，没有尽一切努力去市场上寻找现货而仅订购仍在排期、尚未生产的呼吸机，是严重的违约行为。

第二，双方约定的呼吸机规格。

就本案《销售合同》下呼吸机的规格问题，我们提出，本案下呼吸机的规格标准应为美标，且无论如何，由于申请人已经延迟交货，此时涉案呼吸机的规格型号对本案的责任认定无实质性影响。

就货物的质量和规格之标准，我们通过对《合同法》第六十条至六十二条①的梳理，总结出认定货物质量和规格的法律路径：货物质量和规格应首先以合同约定为准，合同履行过程中当事人可以进行补充，若仍旧约定不明的则应以国家标准，且按照有利于实现合同目的的方式履行。

首先，我们提出本案合同中约定货物的目的港为某北美国家，该约定已经

---

① 《合同法》第六十条："当事人应当按照约定全面履行自己的义务。当事人应当遵循诚实信用原则，根据合同的性质、目的和交易习惯履行通知、协助、保密等义务。"

第六十一条："合同生效后，当事人就质量、价款或者报酬、履行地点等内容没有约定或者约定不明确的，可以协议补充；不能达成补充协议的，按照合同有关条款或者交易习惯确定。"

第六十二条："当事人就有关合同内容约定不明确，依照本法第六十一条的规定仍不能确定的，适用下列规定：（一）质量要求不明确的，按照国家标准、行业标准履行；没有国家标准、行业标准的，按照通常标准或者符合合同目的的特定标准履行。（二）价款或者报酬不明确的，按照订立合同时履行地的市场价格履行；依法应当执行政府定价或者政府指导价的，按照规定履行。（三）履行地点不明确，给付货币的，在接受货币一方所在地履行；交付不动产的，在不动产所在地履行；其他标的，在履行义务一方所在地履行。（四）履行期限不明确的，债务人可以随时履行，债权人也可以随时要求履行，但应当给对方必要的准备时间。（五）履行方式不明确的，按照有利于实现合同目的的方式履行。（六）履行费用的负担不明确的，由履行义务一方负担。"

明确了货物的使用地是该北美国家（美洲而非欧洲）。

其次，我们通过对双方证据的梳理，证明合同履行过程中，当事人双方对于货物的规格标准又进行了进一步明确：其一，订立合同后，申请人曾经在与被申请人的沟通中确认呼吸机的最终客户为某北美国家客户且插头是美式插头。其二，申请人代表曾收到该北美国家外交部信函，明确呼吸机将由该北美国家政府独家使用，而申请人也于 5 月 24 日向该北美国家政府发送了正式书面信函予以确认。

最后，我们重点强调了申请人的行业背景，无论如何，作为专业从事国际贸易的进出口公司，申请人理应充分知晓北美洲的插头、电压均与欧洲不同。若仲裁庭认为合同约定及当事人在履行过程中的再次确认仍旧不够明确具体，则本案呼吸机应当符合国家标准并且以有利于实现合同目的的方式确定。根据我国商务部发布的关于出口所有防疫物资均须"符合进口国（地区）的质量标准要求"的规定，我们主张出口该北美国家的医疗物资应为美标。而且，申请人自身证据也可以证明其对呼吸机的标准早已明知，其在 2020 年 6 月与上海公司、北京公司的相关合作协议、产品购销协议中也明确呼吸机的使用国是某北美国家，且规格为"美标"。

由此，我们基于合同约定、当事人在履行过程中的进一步确认、国家标准或有利于实现合同目的的标准，提出本案呼吸机的规格均应为美标而非欧标。通过以上分析，我们提出申请人有义务最晚于 2020 年 6 月 15 日向被申请人发送 100 台美标呼吸机，然而，其未能按约发货，实属违约。本案呼吸机规格应为美标，且无论如何，呼吸机的标准对本案并无实质性影响——因为申请人的迟延交货构成严重违约，被申请人已经在 6 月 16 日行使了法定解除权。此后，申请人找到的呼吸机是否满足原合同规格要求，均不能改变合同已经解除的事实。

（3）损失赔偿的范围。

根据《合同法》第九十七条 ① 之规定，合同解除后，已经履行的，根据履

---

① 《合同法》第九十七条："合同解除后，尚未履行的，终止履行；已经履行的，根据履行情况和合同性质，当事人可以要求恢复原状、采取其他补救措施、并有权要求赔偿损失。"

行情况，当事人可以要求恢复原状、采取其他补救措施，并有权要求赔偿损失。据此，在本案合同解除后，申请人应当退还被申请人已经支付的货款，并赔偿被申请人的损失。由此，我们提出退还货款的利息以及被申请人的转售利润都属于申请人的违约责任赔偿范围，且申请人在订立合同时，对于被申请人的转售利润是可预见的。

首先，就申请人作为违约方应承担的损害赔偿而言，《合同法》相关核心条款为《合同法》第九十七条和《合同法》第一百一十三条①，鉴于申请人未能按约发货，且致使被申请人无法实现其合同目的，故而被申请人有权主张《销售合同》应于 2020 年 6 月 16 日解除，并要求申请人退还全部货款及相应利息。就申请人主张的《销售合同》下第 14 条已经就出卖人责任限制作出约定的抗辩，我们基于该 14 条的文义，提出其适用的前提是申请人已经发货，但在相关货物给被申请人造成损失的前提下，对出卖人承担的违约责任有一定的限制。但本案下申请人尚未发货，故而前述条款的适用前提不成立、不应适用。

其次，被申请人向申请人采购的呼吸机是转售给某北美国家卫生部下辖的医疗机构，而由于申请人违约，被申请人也无法将对应数量的呼吸机予以转售给该卫生部，故该北美国家政府解除了部分呼吸机采购订单，被申请人所遭受的所有销售损失及相应利息应当由申请人进行赔偿。虽然，与某北美国家政府签订合同的是被申请人的关联公司，但是基于对双方证据的梳理，我们提出：被申请人通过关联公司转售涉案呼吸机在本案中是申请人在订立本案合同时就可以预见的，具体理由体现在以下三个方面：一是本案合同订立前即由该关联公司向申请人出具财务合作函，声明合同项下标的物系为某北美国家的政府采购，合同的预付款将由该关联公司支付；二是该关联公司的经办人员自始即参加买卖双方建立的聊天群，讨论相关交货安排并监督执行；三是申请人收到的

---

① 《合同法》第一百一十三条："当事人一方不履行合同义务或者履行合同义务不符合约定，给对方造成损失的，损失赔偿额应当相当于因违约所造成的损失，包括合同履行后可以获得的利益，但不得超过违反合同一方订立合同时预见到或者应预见到的因违反合同可能造成的损失……"

货款均由该关联公司实际支付。由此可见，该被申请人遭受的转售利润损失是申请人在订立合同时即可以预见的，故被申请人有权要求申请人赔偿销售损失及相应利息。

四、裁判结果

仲裁庭认为：

（1）针对 CISG 是否适用于本案的问题。

本案申请人为注册于中华人民共和国香港特别行政区且营业地在香港的公司，被申请人为注册于奥地利共和国且营业地在奥地利的公司。因此，本案当事人之间的合同关系为涉外民事关系。《中华人民共和国涉外民事关系法律适用法》第三条规定，当事人依照法律规定可以明示选择涉外民事关系适用的法律，而双方当事人在本案合同第 15 条中对法律适用作出了明确约定，即本案合同受中华人民共和国法律管辖，并按其进行解释。因此，本案合同适用中华人民共和国法律。

而对于 CISG 是否适用于本案的问题，仲裁庭认为，此实属对于本案合同第 15 条第一句的解释问题。鉴于双方当事人均明确主张本案合同争议不适用该公约，且本案合同第 15 条第一句"本合同受中华人民共和国的法律管辖"依双方真实意思，应仅指中国国内法，并不包括国际公约，故仲裁庭审理此案时不再适用 CISG 的规定。

（2）针对申请人是否违约的问题。

仲裁庭主要从合同订立的背景、货物的特殊性、双方对于交货期限的沟通等方面，结合法律法规进行分析：

第一，双方约定的呼吸机交货期限。

仲裁庭注意到，本案合同系国际贸易合同，但合同对于交货期限的约定，仅有"装运期：最早可能的日期"。由合同目的而体现出的实际交货的紧迫性必然影响对履行期限约定不明时合理期限的判断。结合前述合同目的的特殊性，应当认为，被申请人的内心意思是能以最快的速度接收合同项下货物，而申请人也同意尽早完成备货并交付。

对此，仲裁庭采纳被申请人的论述并认为《合同法》第一百三十九条规

定 ①，当事人没有约定标的物的交付期限或者约定不明确的，适用《合同法》第六十一条、第六十二条第（四）项的规定。而根据该法第六十一条之规定，合同生效后，当事人就有关合同内容约定不明确的，可以协议补充。该法第六十二条第（四）项进一步规定，依照上引法条仍不能确定履行期限的，债权人可以随时要求履行，但应当给对方必要的准备时间。

仲裁庭认为本案合同履行期间，双方当事人未就合同项下呼吸机的交付时间达成补充协议。但被申请人多次催促申请人明确交货时间，一再反复地要求申请人履行交货义务。申请人在 2020 年 5 月 24 日的正式函件中明确承诺交货日期在 6 月 2 日。可见，该日之前的期间为申请人当时自认的合理准备时间。申请人以标的物的生产需要一定周期作为解释合同交货期限相关因素的主张，并无合理性。因为本案合同并未对申请人取得标的物的相对方作出限制，其可购买市场上的现货。而且，申请人是否需要在订立本案合同前备妥相应数量的标的物、是否能够在本案合同生效后及时采购到相应数量的标的物均属于申请人应当能够预见的交易风险。

第二，双方约定的呼吸机规格。

综合合同约定的运输目的港为某北美国家国际机场，且双方自签约至履行初期期间的往来联系记录，尤其是申请人要求被申请人申请某北美国家政府方面出具官方函件的具体情形，仲裁庭认为可以认定申请人理应充分知晓本案合同项下货物的最终用户为某北美国家政府相关卫生机构。

此外，根据《合同法》第六十二条第（一）项之规定，在合同对质量标准不明确的情况下，申请人作为出卖人也有义务按照符合合同目的的特定标准履行。中国商务部、海关总署、国家药品监督管理局于 2020 年 3 月 31 日发布的

---

① 被申请人主张本案争议发生时《民法典》尚未生效，但根据《最高人民法院关于适用〈中华人民共和国民法典〉时间效力的若干规定》第 2 条的规定 "民法典施行前的法律事实引起的民事纠纷案件，当时的法律、司法解释有规定，适用当时的法律、司法解释的规定，但是适用民法典的规定更有利于保护民事主体合法权益，更有利于维护社会和经济秩序，更有利于弘扬社会主义核心价值观的除外"，应基于 "从旧兼从利" 原则适用《合同法》及《民法典》。该主张被仲裁庭所采纳，故而基于 "从旧兼从利" 原则，本案主要以《合同法》为依据。《合同法》第一百三十九条："当事人没有约定标的物的交付期限或者约定不明确的，适用本法第六十一条、第六十二条第四项的规定。"

《关于有序开展医疗物资出口的公告》，也特别作出了相应的规定，即出口医疗物资必须承诺符合进口国的质量标准要求。

因此，仲裁庭采纳了被申请人的主张，认定申请人有关合同未约定呼吸机必须是美标的主张不能成立。

第三，关于本案合同的解除。

仲裁庭认为，2020年5月29日，申请人称预计在6月17日发货往上海机场，此后又称6月25日可以工厂发货。但被申请人仅同意给予11—15日的发货窗口时间，即最晚6月15日发货。即便如此，截至被申请人在2020年6月16日通知申请人解除合同当日，申请人也不能应要求提供合同项下货物已经备妥的适当证据。

综合以上仲裁庭查明的事实，仲裁庭认定，在被申请人及时履行了支付货款义务的前提下，申请人未能在其承诺并可做好必要准备时间的期限内履行其交付货物的义务，且在被申请人给予的宽限期内也未能履行其交付货物的义务，申请人的行为已经构成根本违约。被申请人在2020年6月16日以书面通知的方式提出解除合同，符合《合同法》第九十四条第（三）项①规定的情形。同时，鉴于合同项下货物的最终用户代表反复在聊天群中宣布取消该项订单的事实，可以认定，被申请人通知解除本案合同的行为，也符合《合同法》第九十四条第（四）②项规定的情形。

总之，仲裁庭支持了被申请人的主张，认为申请人违约延期交付，被申请人有权解除本案合同。本案合同已经在2020年6月16日解除，申请人要求被申请人继续履行本案合同的请求没有法律依据。

（3）关于被申请人要求申请人赔偿损失的仲裁反请求。

仲裁庭认为，根据以上分析，申请人在合同下根本违约，被申请人有权解除本案合同，且本案合同已经在2020年6月16日解除。根据《合同法》第九十七条之规定，在本案合同解除后，申请人应当退还被申请人已经支付的所

---

① 《合同法》第九十四条："有下列情形之一的，当事人可以解除合同：……（三）当事人一方迟延履行主要债务，经催告后在合理期限内仍未履行。"

② 《合同法》第九十四条："有下列情形之一的，当事人可以解除合同：……（四）当事人一方迟延履行债务或者有其他违约行为致使不能实现合同目的……"

有货款，并赔偿被申请人的损失。具体而言：

第一，就申请人关于本案《销售合同》下第 14 条责任限制的相关主张，仲裁庭认为，对该第 14 条的条款内容应作完整、系统的解读。该"索赔"条款系对货物实际交付后，买受人发现货物在质量、数量、规格等方面与合同约定不符等情形下的索赔程序、期限和出卖方承担责任的范围等事项的具体约定，与本案合同中申请人作为出卖人没有实际交付货物的情形不符。换言之，该条款的约定不适用于本案被申请人的上述仲裁反请求涉及的情形。因此，仲裁庭对申请人关于其基于该第 14 条不应承担违约责任的主张不予支持。

第二，关于被申请人第二项反请求，请求申请人承担并支付应退货款在申请人占有期间的利息损失。仲裁庭认为，根据《合同法》第一百一十三条之规定，当事人一方不履行合同义务给对方造成损失的，损失赔偿额应当相当于因违约所造成的损失，包括履行合同后可以获得收益，但不得超过违反合同一方订立合同时预见到或者应当预见到的因违反合同可能造成的损失。据此，被申请人请求申请人承担并支付应退货款在申请人占有期间的利息损失于法有据。仲裁庭认为，对该部分利息损失应当按照以下标准进行计算：申请人赔偿上述利息损失的起算日期应为合同解除之日的次日，即 2020 年 6 月 17 日，同时参考本案合同解除时国际市场有担保隔夜融资利率（SOFR）并确定以 4% 的年利率计算本项利息损失。

第三，关于被申请人第三项反请求，请求申请人承担因其违约造成被申请人销售损失的赔偿，即被申请人转卖的总价与本案下合同总价之间的差额。仲裁庭认为，依照《合同法》第一百一十三条第一款，是否支持被申请人的此项反请求以及支持的范围，关键要看该项转卖是否在违约方订立合同时可预见的范围之内。

经仲裁庭审核相关材料，被申请人将本案合同项下的标的物通过关联公司转售给某北美国家政府卫生部所属机构，且转售单价高于本案《销售合同》下单价的情况属实。该公司从一开始就与被申请人属于联合体的关系，且申请人自始至终均知情——本案下的货款由该公司支付、该公司始终通过聊天软件参与申请人的合同履行协商过程。可见，申请人自始知晓其出售给被申请人所有呼吸机将由被申请人的关联公司转售给某北美国家政府机构，该北美国家政府机构为该产品的最终用户。关联公司与该北美国家政府机构之间的呼吸机买卖合同中的部分未能得到实际履行，这与申请人的违约行为直接相关，且未得到履行部分所致相关损失的发生亦未超出申请人在签约时可以预见的范围。因此，依照《合同法》第一百一十三条第一款的规定，申请人应当赔偿被申请人以本案《销售合同》下所有呼吸机被关联公司转售给北美国家政府机构的买卖合同价与本案合同价之间的差价总额计算的预期收益损失。

（一）裁决结果

仲裁庭裁决：确认《销售合同》已解除，申请人向被申请人退还货款并支付相应利息，申请人赔偿被申请人转售利润损失，申请人支付所有本请求仲裁费、支付 90% 的反请求仲裁费，并且裁决申请人承担被申请人绝大部分律师费等。

总的来说，我们协助被申请人在本案中大获全胜。

（二）案例亮点

本案展示了我们跨法域的专业涉外法律服务素养。在程序问题上，我们通过对中国法律及奥地利法律的全面检索，找到了有力的法律依据，成功代表被申请人在仲裁庭组庭之后反对仲裁委对边裁的指定，使被申请人得以重新自主选择边裁并提出反请求，确保了被申请人在仲裁过程中的合法权益得到充分保护。

本案对于法律适用的严格把控和确认，为后续厘清实质争议，准确适用相关法律奠定了坚实的基础。我们在法律适用问题上进行了深入研究，不仅关注了相关的国际条约，还细致解读了《合同法》和《民法典》的相关条款及其衔接使用，确保了法律适用的准确性和全面性。

本案涉及众多证据材料的全面梳理与利用，如何从完整性和逻辑性的角度梳理并且向仲裁庭展示相关证据材料，并巧妙地将相对方提交的证据转化为支持自己主张的有力论据等，展现了我们扎实的法律专业能力。

本案争议及其处理反映了在合同文本以外，律师还需密切关注国际贸易模式、特殊时期市场情况，综合考量以构建全面而有说服力的案件论证体系，为律师办理此类涉及国际贸易业务的案件具有一定的借鉴作用。

广州某投资有限公司等六家企业申请撤销仲裁裁决案

——最高人民法院审核制度下撤销仲裁裁决类案件的司法审查

刘景明[*]　张　婷^{**}

刘景明[*]　张　婷^{**}

一、案情介绍

广州某制药有限公司是一家有 30 多年历史的国家现代化高新技术医药企业，注册资本为 15 010 万元，主营业务为药品研发、生产及销售，拥有药品生产许可证和药品上市许可资质，拥有 23 项专利（其中 9 项发明专利）、67 个中西药品生产批文、58 个国药准字批文（其中一项全国仅 2 个）、广东省驰名商标，被国家发改委评定为"国家高科技产业化示范工程"，评估价值达 20 多亿元。

2020 年 3 月 9 日，某投资企业向某仲裁委申请仲裁，仲裁依据为某投资企业与广州某投资公司等六家企业签订的《股权转让合同》，合同内容为某投资等六家企业均以 1 元的价格向某投资企业转让持有的广州某制药公司合计 97.23%

的股权，仲裁请求为：1.请求裁决六被申请人协助办理其股权抵押涂销手续，并负担其费用；2.请求裁决六被申请人协助办理将其名下持有的广州某制药公司股权过户至申请人名下的手续。同日，某仲裁委受理某投资企业关于其与广州某投资有限公司等六家企业的股权转让合同纠纷的仲裁请求，仲裁依据为各方签署的《股权转让合同》，并决定适用简易程序审理该案。案外人陈某以其系广州某投资公司等六家企业的委托代理人参与仲裁案件的审理，并提交了授权委托书等材料。授权委托书的主要内容为广州某投资公司等六家企业委托陈某在其与某投资企业股权转让合同纠纷一案中作为其参加诉讼/仲裁的委托代理人，其中载明的委托权限为：提起诉讼或仲裁、申请诉前/诉讼财产保全、提出答辩、提交和接收证据、参加开庭、签署、送达、接收法律文书、代为增加、变更或者放弃请求、代为承认对方请求、提起反诉或反请求、进行调解或者和解、办理交、退诉讼/仲裁费用事宜。某仲裁委于2020年3月9日分别向某投资企业、广州某投资公司等六家企业送达了仲裁案件受理通知书、举证通知书、《仲裁规则》、仲裁员名册等材料。同日，某投资企业的法定代表人与陈某向某仲裁委提交了《简化程序申请书》，共同约定本案使用简易程序，一致同意放弃答辩期、举证期、选定仲裁员期限及组庭期限限制，委托委员会主任指定仲裁员，不受《某仲裁委员会仲裁规则》关于提前3天通知开庭的限制，要求仲裁庭尽快安排开庭。某仲裁委进而指定独任仲裁员，并于当日分别向某投资公司、广州某投资公司等六家企业直接送达了告知仲裁庭组成通知书及开庭通知。

2020年3月10日，仲裁庭在广州市天河区某地对该仲裁案件进行不公开开庭审理，并于同日根据调解协议内容制作了《仲裁调解书》。各方当事人在某仲裁委留存的《调解协议》主要内容为：广州某投资公司等六家企业在调解书生效后三个工作日内，按照法律规定协助办理将各自名下持有的广州某制药公司合计97.23%的股权过户至某投资企业名下的手续，由此产生的过户税费由某投资企业承担；本案仲裁费用9 000元由某投资企业承担。调解协议中申请人处由某投资企业法定代表人签订，被申请人处由陈某签字，签字日期为2020年3月9日。某仲裁委向某投资企业送达的文书材料均以直接送达的方式由某投资企业的法定代表人签收；某仲裁委向广州某投资公司等六家企业送达的文书材料均以直接送达的方式由陈某签收。

某投资企业以《仲裁调解书》生效为由向广州市中级人民法院申请执行。2020年6月，广州市中级人民法院向广州某投资公司等六家企业发出执行通知书，责令其履行《仲裁调解书》确定的义务。2020年6月12日，广州市中级人民法院作出《执行裁定书》，裁定冻结上述六家企业持有的案涉97.23%广州某制药公司股权，价值高达十多亿元的案涉股权即将以6元的价格被强制执行过户。

2020年6月1日，广州某投资公司等六家企业的法定代表人知悉仲裁案件及执行情况后，前往广州市中级人民法院向案件执行法官表示法院寄送的材料被陈某领取。广州某投资公司等六家企业对于股权转让、仲裁案件等均不知情，也从未授权陈某作为代理人参与仲裁以及调解等事宜。

2020年11月27日，代理律师代表广州某投资公司等六家企业向某中级人民法院申请撤销《仲裁调解书》，主要的理由为案涉《股权合同》系伪造、仲裁庭的组成和仲裁的程序违反法定程序等。某投资企业主张：（1）广州某投资公司等六家企业已超过申请撤销仲裁裁决的期限。案涉仲裁调解书于2020年3月10日作出，自作出之日起发生法律效力，且该调解书已于2020年5月12日立案执行，在此日期前仲裁调解书必然已向申请人送达，而本案于2020年11月27日立案，已超过申请撤销的六个月期限。另外广州某投资公司等六家企业的代理人陈某持盖有公章的授权委托书，即构成表见代理，其行为的法律后果应由广州某投资公司等六家企业承担。广州某投资公司等六家企业与陈某之间的委托代理关系不属于本案的处理范围；（2）广州某投资公司等六家企业应当举证证明仲裁裁决所依据的《股权转让合同》《股东会决议》等证据是伪造的，其无法提供证据证明，应当承担举证不能的后果。

某中级人民法院报请上级某省高级人民法院、最高人民法院审核后，作出撤销案涉仲裁调解书的裁定。

二、争议焦点

因人民法院对于仲裁裁决，仅能依据《仲裁法》第五十八条围绕撤销裁决的事实和理由进行有限性司法审查，案件争议焦点为案涉仲裁调解书是否存在《仲裁法》第五十八条规定的应当撤销裁决的情形。

三、法律分析

本案仲裁调解书是否属于人民法院审查撤销仲裁裁决类案件的审查范围。《中华人民共和国仲裁法》第五十八条规定："当事人提出证据证明裁决有下列情形之一的，可以向仲裁委员会所在地的中级人民法院申请撤销裁决：（一）没有仲裁协议的；（二）裁决的事项不属于仲裁协议的范围或者仲裁委员会无权仲裁的；（三）仲裁庭的组成或者仲裁的程序违反法定程序的；（四）裁决所根据的证据是伪造的；（五）对方当事人隐瞒了足以影响公正裁决的证据的；（六）仲裁员在仲裁该案时有索贿受贿，徇私舞弊，枉法裁决行为的。人民法院经组成合议庭审查核实裁决有前款规定情形之一的，应当裁定撤销。人民法院认定该裁决违背社会公共利益的，应当裁定撤销。"《仲裁法》仅规定了仲裁裁决可申请撤销以及申请撤销的情形，对于仲裁调解书是否属于人民法院司法审查的范围以及撤销的情形没有明确的规定，司法实践对此长期存在争议。部分法院对此持否认观点，主要理由为《中华人民共和国仲裁法》第五十八条明确规定撤销的对象为仲裁裁决，不包括仲裁调解书。认可仲裁调解书可申请撤销的系根据《中华人民共和国仲裁法》第五十一条第二款规定："调解书与裁决书具有同等的法律效力"，仲裁调解书与仲裁裁决书具有同等法律效力，因此对仲裁调解书应参照《中华人民共和国仲裁法》第五十八条审查其是否应予撤销。最高人民法院在（2020）最高法民再118号案件中明确仲裁调解书属于司法审查范围。

仲裁调解与仲裁裁决均是通过仲裁方式解决民事纠纷，具有同等法律效力，都具有强制执行力。因此，法律赋予司法对仲裁进行监督，不应狭义地理解为仅是对仲裁裁决的监督，还应包含对仲裁调解的监督，仲裁调解如存在《中华人民共和国仲裁法》第五十八条规定的撤销情形的，人民法院应当受理并予以撤销。其次，《中华人民共和国民事诉讼法》第二百零一条规定："当事人对已经发生法律效力的调解书，提出证据证明调解违反自愿原则或者调解协议的内容违反法律的，可以申请再审。经人民法院审查属实的，应当再审。"民事诉讼法对诉讼调解规定了当事人可以向人民法院申请再审，而无论是诉讼调解或仲裁调解，都存在违反自愿原则或者调解协议的内容违反法律，以及损害当事人、案外人利益甚至社会公共利益的可能。故仲裁调解当事人有权通过申请撤销仲裁调解书，获得司法救济。本案中，被申请人伪造证据、伪造《授权委托书》，导致某仲裁委员会作出错误仲裁调解书，符合《中华人民共和国仲裁法》第五十八条中规定应当裁定撤销的情形，且本案仲裁调解书在申请人不知情的情况下将申请人持有的价值高达十多亿元的股权以几乎无偿的方式处分给被申请人，严重损害了申请人的利益及案外人（申请人合伙人、股东）的利益，人民法院撤销仲裁调解书完全符合法律规定。最终，某中级人民法院采纳该肯定观点，认为"基于仲裁调解与仲裁裁决均是通过仲裁方式解决民事纠纷，具有同等法律效力，都具有强制执行力。为保障仲裁当事人获得平等司法救济的权利，制度设计上，法律赋予司法对仲裁进行监督，不应狭义地理解为仅对仲裁裁决的监督，还应包括对仲裁调解的监督，因此，本案属于人民法院的受案范围"。

本案是否存在《仲裁法》第五十八条规定的应当撤销的情形。仲裁是我国多元化纠纷解决机制的重要组成部分，在推动"把非诉讼纠纷解决机制挺在前面"方面发挥着越来越重要的作用。由于仲裁的"一裁终裁"制度，法律赋予当事人向人民法院申请进行仲裁司法审查的救济权利，人民法院对仲裁裁决有进行司法监督的权力，这也是我国法律赋予人民法院的职责。撤销仲裁裁决是对仲裁行为予以事后纠错的方式。因人民法院并非作出仲裁裁决的机关，在对申请撤销裁决案件进行审查时，为在维护当事人合法权益和依法行使法院职权、避免司法审查不当涉入仲裁裁决权中取得平衡，人民法院对于撤销仲裁裁决的司法审查具备有限性，仅能依据《中华人民共和国仲裁法》第五十八条规定中列举的当事人申请撤销仲裁裁决的具体理由作为司法审查范围，并严格进行审查，否则司法审查将成为仲裁裁决的"二审程序"。同时，当事人约定、仲裁委员会仲裁规则等不能限制、扩张、改变人民法院审查申请撤销仲裁裁决案件的审查范围。

根据《中华人民共和国仲裁法》第五十八条规定及本案的事实、证据情况，申请人提出本案存在如下应当撤销的情形：

（1）仲裁根据的证据是伪造的。涉案仲裁调解书依据的主要证据是被申请人提交的日期显示为2019年7月19日签订的《广州某制药有限公司股权转让合同》，该合同约定申请人分别将其持有的广州某制药公司的股权以1元的价格转让给被申请人，某仲裁委员会为争议解决机构。该合同实际上为伪造，申请人从未与被申请人签订该合同，也未召开过该股东会，更没有作出过被申请人进行该合同所约定的转让股权的意思表示。结合本案的证据来看，六申请人执行事务合伙人是 2020 年 5 月 29 日才偶然得知陈某冒领人民法院法律文书，其后才得知被申请人系通过伪造证据、串通进行仲裁非法转让广州某制药公司股权的情况。并且，申请人共计持有广州某制药有限公司 97.23% 的股权，广州某制药公司注册资本为 15 010 万元，主营业务为药品研发、生产及销售，广州某制药公司拥有四十几种药品批准文号及多项专利、商标，其独家生产的药品具有极高的商业价值。而被申请人伪造案涉股权转让合同，企图将价值高达十多亿元的股权以 6 元的价格转让给被申请人，申请人不可能签署此合同，该合同明显为伪造。此外，《股权转让合同》《股东会决议》存在诸多与客观事实相矛盾的情形，如《股权转让合同》《股东会决议》中关于股东出资额、股权比例、股东人数等的严重错误竟然能准确预知两个多月后发生的股权变更、《股权转让合同》没有加盖骑缝章，签字页也没有说明为该股权转让合同的签字页等，明显系伪造。

（2）《某仲裁委员会仲裁规则》第十五条第二项规定：仲裁代理人应当向本会提交委托人出具的授权委托书。授权委托书应当载明委托事项和权限。仲裁代理人代为提起、承认、放弃、变更仲裁请求或反请求，约定仲裁庭组成方式、选定或委托本会主任指定仲裁员，进行和解、调解，必须有委托人的特别授权。仲裁代理人的权限如果变更或解除，委托人应当书面告知本委。第十八条第二规定：由一名仲裁员组成仲裁庭的，应当由当事人共同选定或者共同委托本会主任指定仲裁员。第五十四条第四项规定：当事人对适用简易程序有异议的，可以提出书面意见，仲裁庭组成前由本会主任决定，仲裁庭组成后由仲裁庭决定。陈某向某仲裁委提交的《授权委托书》并未授权其放弃仲裁程序权利、并未明确其有申请人约定仲裁庭组成方式、选定或委托仲裁委员会指定仲裁员的特别授权，且该《授权委托书》存在诸多瑕疵及不合理之处，包括陈某并非申请人的合伙人、员工，也非律师等。并且，该《授权委托书》的授权内容上没有加盖任何申请人的公章或申请法定代表人签名或骑缝章，陈某未提交申请人的工商营业执照副本复印件，而是提交的在企业公示信息系统打印的工商信息等，某仲裁委未审慎审查陈某的授权权限、陈某以何身份代理六被申请人等，允许陈某代六被申请人放弃程序权利、签署调解协议等，并依据《调解协议》作出仲裁调解书，该仲裁的程序严重违反法定程序，且该等程序违法涉及当事人充分参与仲裁程序，对当事人的权利造成实质影响，足以影响案件的公正裁决，应当予以撤销。

（3）案涉仲裁程序中，陈某代表六申请人放弃一切程序权利甚至法庭辩论权利，对被申请人提出的诉请、证据等均不持异议，双方并不存在任何争议，并且在仲裁开庭当日便快速达成调解协议。案涉仲裁调解书存在多处不合理情形，均表明陈某与被申请人联合进行虚假仲裁，仲裁员在仲裁该案时未进行审慎审查及分析，仲裁存在明显枉法裁决的情形。

结合人民法院责令某投资企业法定代表人、陈某到庭就案件事实接受询问，但其均拒不到庭等情况，人民法院认为，授权委托书的委托权限中未包括约定仲裁庭组成方式、选定或委托仲裁委员会主任指定仲裁员的内容，因此某仲裁委根据陈某的申请指定独任仲裁员的行为违反了《某仲裁委员会仲裁规则》规定，裁定撤销案涉仲裁调解书。

司法实践中，裁定撤销仲裁裁决的案件的事由主要是前三项：没有仲裁协议的；裁决的事项不属于仲裁协议的范围或者仲裁委员会无权仲裁的；仲裁庭的组成或者仲裁的程序违反法定程序。而仲裁庭的组成或者仲裁的程序违反法定程序、裁决所根据的证据是伪造、对方当事人隐瞒了足以影响公正裁决的证据、仲裁员在仲裁该案时有索贿受贿，徇私舞弊，枉法裁决行为及违背社会公共利益四项事由适用次数很少。本案中人民法院对于当事人主张的申请撤销仲裁裁决的诸多理由中，重点对于仲裁程序是否合法进行审查，对于当事人主张的仲裁所依据的主要证据是伪造、违反公共利益、枉法裁决等事实和理由未作查明和论证。这是人民法院审查申请撤销仲裁裁决案件的通常做法，即更多地注重对于仲裁程序的合法性审查，除存在明显实体裁决错误的情况下，对于仲裁裁决实体内容不予审查或不予严格审查。

四、裁判结果

（一）裁判结果

某仲裁委员会根据陈某的申请指定独任仲裁员的行为违反了《某仲裁委员

会仲裁规则》规定，根据《最高人民法院关于适用〈中华人民共和国仲裁法〉若干问题的解释》第二十条的规定，仲裁程序违反当事人选择的仲裁规则，可能影响案件正确裁决的，属于《中华人民共和国仲裁法》第五十八条规定的违反法定程序的情形，裁定撤销某仲裁委员会调解书。

（二）案例亮点

本案成功撤销仲裁调解书对于当事人、仲裁司法审查制度等具有重要意义。

广州某制药公司是拥有 23 项专利（其中 9 项发明专利）、58 个国药准字批文（其中一项全国仅 2 个）的高新技术企业，被国家发改委评定为"国家高科技产业化示范工程"，评估价值达 20 多亿元。本案成功撤销《仲裁调解书》，拯救了濒临绝境的广州某制药公司，广州某制药公司控制权因案涉《仲裁调解书》的撤销恢复稳定，随着强制执行中止、终结逐步恢复正常生产，取得了可喜业绩。广州某制药公司是生物医药、医疗健康产业领域极具创新力和发展前景的医药公司，其研发生产的专利药品惠及民生健康，本案的胜诉保护了医疗健康与医药领域极具创新能力和发展潜力的重点企业，是法律护航民生的典型案例。

承办律师介入本案之时，对方当事人已依据生效的《仲裁调解书》向广州市中级人民法院申请强制执行，广州市中级人民法院已司法冻结 97.23% 股权，该股权即将被强制过户。广州某制药公司实际控制人因该《仲裁调解书》的强制执行逐渐失去对公司的控制，广州某制药公司陷入混乱之境，无法正常开展正常生产经营，工厂停工、生产停滞、员工工资无法及时发放、各种矛盾集中爆发，公司经营一度十分艰难。我所代理律师代理本案后，赶赴广州市中级人民法院，通过案外人申请不予执行等程序阻却了《仲裁调解书》的执行，为撤销《仲裁调解书》、保护企业的经营控制权争取了宝贵时间。在某仲裁委员会拒绝当事人调取案卷后，代理律师争取了广州市中级人民法院的支持，调取了案涉仲裁案卷，为本案胜诉提供了有力的证据支持。案件办理之时，正值新冠疫情暴发的紧张时期，为搜集证据、推动案件进程，承办律师辗转广州、某市、福州、北京多地，克服多重困难，最终维护了当事人的合法权益、维护了社会的公平正义。

仲裁司法审查在我国采用的是"双轨制 + 综合审查"，即对程序和实体分别进行审查。根据最高人民法院及各级各地法院的仲裁司法审查工作报告等资料，近年来法院受理的仲裁司法审查案件数量保持增长，申请撤销仲裁裁决的案件数量明显高于其他类型仲裁司法审查案件，说明我国仲裁司法审查的实际审查重心在于对仲裁的事后监督。由于全国法院关于仲裁司法审查案件的立场为司法支持仲裁，对于可以通过重新仲裁等方式修正相关仲裁瑕疵的，一般不予撤销，加之此前存在撤销仲裁需报最高人民法院审核的程序，因而仲裁司法审查案件一直保持低撤裁率。在公开的案件中，申请撤裁案件中 2019 年撤裁率为5.8%、2020 年撤裁率为 2.25%。在仲裁审查工作的救济程序上，仲裁司法审查案件为一审终审，根据现行法律及司法解释规定，最高人民法院的相关司法解释多次明确，根据《中华人民共和国仲裁法》第九条"仲裁实行一裁终局的制度。裁决作出后，当事人就同一纠纷再申请仲裁或者向人民法院起诉的，仲裁委员会或者人民法院不予受理"规定的精神，当事人不享有上诉、复议以及申请再审的权利，检察机关对此也不予抗诉。一旦出现错案，当事人缺乏有效的救济手段，因此法院对于仲裁司法审查案件的审理十分慎重，当事人申请撤销仲裁裁决的法律难度极大。本案于 2020 年 1 月立案，本案当事人住所地均在广州，而仲裁机构为省外某仲裁委员会，适用当时有效的《最高人民法院关于仲裁司法审查案件报核问题的有关规定》，本案需报高级人民法院及最高人民法院审核。本案开庭审理后，某中级人民法院采纳广州某投资公司等六申请人的承办律师意见，并将审查意见报某省高级人民法院审核，再经某省高级人民法院报最高人民法院审核，历时近一年半时间，最终某中级人民法院根据最高人民法院的核准意见，裁定撤销案涉仲裁调解书。因此，在人民法院审慎审查及报核制度下，本案代理意见经某中级人民法院、某省高级人民法院、最高人民法院认可并采纳，本案成为为数不多的撤销仲裁裁决案件。

本案于 2020 年 11 月 27 日立案，适用当时有效的《最高人民法院关于仲裁司法审查案件报核问题的有关规定》第三条规定："本规定第二条第二款规定的非涉外涉港澳台仲裁司法审查案件，高级人民法院经审查拟同意中级人民法院或者专门人民法院认定仲裁协议无效，不予执行或者撤销我国内地仲裁机构的仲裁裁决，在下列情形下，应当向最高人民法院报核，待最高人民法院审核后，方可依最高人民法院的审核意见作出裁定：（一）仲裁司法审查案件当事人住所地跨省级行政区域；……"因本案当事人住所地在广州，而仲裁调解书的作出机构为不在同一省级的仲裁委员会，因此本案需报某省高级人民法院及最高人民法院审核，当事人对该逐级上报制度无法参与并且无期限约束。2021 年 12 月 24 日，最高人民法院对《最高人民法院关于仲裁司法审查案件报核问题的有关规定》(法释〔2017〕21 号)进行修改，仲裁司法审查案件当事人住所地跨省级行政区域的情形不再需要报最高人民法院审核。因此，本案为最后一批因当事人住所地跨省级行政区域而需最高人民法院审核的仲裁司法审查案件。

图书在版编目(CIP)数据

锦天城律师事务所经典案例集. 诉讼与仲裁卷 / 上
海市锦天城律师事务所诉讼与仲裁专业委员会编.
上海 : 上海人民出版社，2024. -- ISBN 978-7-208
-19106-8

Ⅰ. D9-53

中国国家版本馆 CIP 数据核字第 2024YE1343 号

责任编辑　史桢菁
封面设计　谢定莹

锦天城律师事务所经典案例集·诉讼与仲裁卷

上海市锦天城律师事务所诉讼与仲裁专业委员会 编

出　　版　上海人民出版社
　　　　　（201101　上海市闵行区号景路 159 弄 C 座）
发　　行　上海人民出版社发行中心
印　　刷　苏州工业园区美柯乐制版印务有限责任公司
开　　本　720×1000　1/16
印　　张　32
插　　页　4
字　　数　498,000
版　　次　2024 年 9 月第 1 版
印　　次　2024 年 9 月第 1 次印刷
ISBN 978-7-208-19106-8/D·4386
定　　价　165.00 元